新编21世纪公共管理系列教材

·劳动与社会保障系列·

社会保险学

第三版

Social Insurance: Theory and Practice

孙树菡　朱丽敏　主编

中国人民大学出版社

·北京·

作 者 简 介

孙树菡 中国人民大学劳动人事学院教授，兼任中国社会保障学会荣誉理事、中国医疗保险研究会理事、中国慈善联合会学术委员会委员等职。长期从事社会保险领域的教学与研究工作，主要研究方向为社会保障理论、中国社会保障政策分析、救济与福利等。著（编、参编）《社会保险学》《员工安全健康管理》《工伤保险》等教材和专著 20 余部，发表论文百余篇。主持或作为核心成员承担国家社科基金项目及其他省部级以上课题 20 余项。

朱丽敏 济南大学政法学院副教授，兼任中国医疗保险研究会工伤保险专业委员会理事。主要研究方向为社会保障理论与政策、社会保险等。参编教材 5 部，发表论文近 20 篇。主持教育部人文社科青年项目 1 个，山东省本科高校教学改革研究项目 1 个，作为核心成员承担各级各类课题 10 余项。

内 容 简 介

由中国人民大学孙树菡教授领衔主编的《社会保险学》一书，是一部广受好评的社会保险学教材。全书阐述了社会保险的基本概念，介绍了国内外社会保险制度的产生与发展历程，分析了社会保险的制度效应，论述了社会保险管理与社会保险基金理论；在此基础上，对社会保险的五大险种——养老保险、医疗保险、失业保险、工伤保险、生育保险——进行了重点论述，对世界主要国家上述五大险种的不同制度模型进行了比较研究，并对我国社会保险制度的主要问题及改革趋势进行了深入探讨。

党的十八大以来，我国民生事业迅速发展，社会保障改革取得巨大成就，城乡基本养老保险制度全面建立，企业年金制度进一步发展，全民医疗保险制度体系逐步健全。党的十九大报告提出，要加强社会保障体系建设，全面建成“覆盖全民、城乡统筹、权责清晰、保障适度、可持续的多层次社会保障体系”，要在“幼有所育、学有所教、劳有所得、病有所医、老有所养、住有所居、弱有所扶”上取得新进展。本书第三版在吸收国内外社会保险理论新成果的同时，全面反映了我国社会保险领域的上述改革和发展情况，是一部成功地将理论与实践密切结合起来的优秀教材。

出版说明

现代意义上的公共行政与公共管理研究和教育始于 20 世纪初的西方。时至今日，随着公共管理职业化的发展，公共行政与公共管理的研究和教育事业在西方发达国家方兴未艾。自 20 世纪 80 年代起，为了适应政府改革与公共管理人才培养的需要，我国的公共行政与公共管理研究和教育在经历了发展的挫折之后，开始了恢复和重建的工作。经过多年的发展，特别是公共管理一级学科的设置和我国公共管理硕士（MPA）教育的启动以及高校公共管理专业的大量开设，公共管理已成为当代中国社会科学和管理科学领域的一个充满生机活力和具有远大发展前景的学科。

为了满足广大高校公共管理类专业的教学需要，在历届教育部高等学校公共管理类学科专业教学指导委员会的指导和支持下，中国人民大学出版社自 1999 年起，陆续出版了"21 世纪公共行政系列教材""21 世纪公共管理系列教材""21 世纪公共事业管理系列教材""公共管理系列教材""公共管理核心课程系列教材""21 世纪劳动与社会保障系列教材""21 世纪土地资源管理系列教材""21 世纪城市规划与管理系列教材"等多个本科系列教材。这些教材被国内高校公共管理类专业广泛选用，并得到了公共管理学界的支持和认可，数十种教材被评为"十五""十一五""十二五"国家级规划教材，普通高等教育精品教材，以及各省市精品教材，为我国公共管理学科发展和人才培养做出了积极的贡献。

我国高等教育改革的进一步深化，以及新技术和新媒体的不断发展，对高校教材提出了更高的要求。为了回应这种要求，我们在广泛调研的基础上，拟对上述系列教材进行整合和提升，推出"新编 21 世纪公共管理系列教材"，以满足国内高校公共管理一级学科下设的行政管理、公共事业管理、劳动与社会保障、土地资源管理、城市管理、海关管理、交通管理、海事管理、公共关系学等本科专业的教学需要。

"新编 21 世纪公共管理系列教材"将秉承中国人民大学出版社"出教材学术精品，育人文社科英才"的宗旨，从本科教育的特点出发，从公共管理教育的特点出发，为广大高校公共管理类专业师生提供一套高质量的本科教材。在教材编写和内容安排上，“新编 21 世纪公共管理系列教材”强调基础知识、基本理论和基本技能，同时，也尽可能地体现创新性和前沿性，反映相关领域理论与实践的最新发展情况。

“新编 21 世纪公共管理系列教材”由中国人民大学、中山大学、北京大学、清华大学、复旦大学、厦门大学、武汉大学、浙江大学、吉林大学、东北大学、北京师范大学、山东大学、四川大学、西北大学等数十所国内著名大学的知名学者领衔著述，我们期望通过这种强强联合、优势互补、资源共享的方式，为国内公共管理学界奉上一套体现系统性、权威性、通用性，并兼具创新性、前沿性、启发性的精品教材。

公共管理的实践是不断发展和变化的。随着公共管理实践的不断发展，公共管理学科研究的范围、主题和内容也在不断地发展和变化。我们将紧跟公共管理学科的发展，与所有作者一起，不断对本套教材进行修订和完善。望广大读者给我们反馈信息，对本套教材提出批评和建议，以使我们能够在所有读者和作者的帮助下，与中国公共管理学科共同成长。

中国人民大学出版社

前　言

本书第二版发行于2012年6月，同年11月，党的十八大胜利召开。党的十八大报告提出，要统筹推进城乡社会保障体系建设。要坚持全覆盖、保基本、多层次、可持续方针，以增强公平性、适应流动性、保证可持续性为重点，全面建成覆盖城乡居民的社会保障体系，顺应民意。其后的5年，是我国民生事业快速发展、全面改善的5年，改善速度之快、幅度之大前所未有。城乡基本养老保险制度全面建立；企业年金制度进一步发展，促进了多层次养老保险体系建设；全民医疗保险制度体系逐步健全。我国社会保障改革已经取得了巨大成就，2016年，国际社会保障协会将“社会保障杰出成就奖”授予中华人民共和国政府，这是国际社会对中国社会保障发展成就的高度认可。2018年3月，党的十九大召开，为全面建成中国特色社会保障体系构筑了新的时代背景与宏观路径，开启了社会保障改革发展的新篇章。党的十九大报告提出的幼有所育、学有所教、劳有所得、病有所医、老有所养、住有所居、弱有所扶等民生“七有”，构成了人民群众的基本民生诉求，也明确了社会保障体系建设的基本方向。报告提出，加强社会保障体系建设，按照兜底线、织密网、建机制的要求，全面建成覆盖全民、城乡统筹、权责清晰、保障适度、可持续的多层次社会保障体系。从国际层面看，许多国家的社会保险制度都呈现出新的动向，例如轰动一时的美国奥巴马医疗保险改革以及特朗普废除奥巴马医疗法案的行动等等。作为一项社会政策，社会保险制度受到社会政治、经济、文化等多种因素的共同影响。在这样一个瞬息万变的时代，立足于社会保险的改革实际，加强社会保险的理论研究无疑具有重要的理论意义和现实意义。本书正是在这样的背景下第三次再版的。

本书在第二版的基础上修订而成。第一版于2008年、第二版于2012年由中国人民大学出版社出版，凭借其独具特色的体例安排、开阔的研究视野、全面而丰富的知识体系，受到劳动与社会保障领域广大师生的青睐。与同类教科书相比，本书有着如下三个显著的特点：一是前沿性、理论性。每一章都对其所涵盖内容的理论基础做了系统的梳理，并对当前改革新动向有所介绍。二是作为高等院校劳动与社会保障专业社会保障基础课程的明确定位，尽可能地在引导学生进入社会保障专业领域的过程中，较为详细地向其提供全面的知识，这主要体现在思考角度的全面性以及研究对象的全面性：既将社会保险放在整个社会大系统中进行思考，分析国内外社会经济与社会保险体系之间的互动；又将其作为独立的体系，分别详细介绍其各个子系统。同时，在对社会保险制度进行解析的过程中，力求全面，不仅介绍国外的情况，而且鉴于制度的差异性，全面介绍我国各地的情况。三是理论性与实践性相结合，本书在对国内外制度进行理论探讨的同时，对其在实践过程中的问题特别是对我国现行制度的可借鉴之处加以剖析，增进读者对社会保险学理论与实践的理解。

在再版的过程中，我们力图保留和延续第一版及第二版的精华。与前两版相比，本书的改动及特色主要表现在以下几个方面：一是对部分章节进行了大幅删改，语言更加精练、行文更为严谨，从而使全书更具可读性；二是增加了新的内容，力求及时反映我国以及国际上社会保险制度理论和实践的最新动态，力求与时俱进；三是深化了国际比较的力度，在立足中国社会保险改革实践的同时，更为系统地介绍了国外社会保险系统，让读者能够在对比中加深对社会保险的理解和认识。总的来看，《社会保险学（第三版）》在对社会保险基本理论、运行机制和规律进行更为全面系统和深入细致探讨的基础上，更加注重社会保险的实践性和时效性，力求做到理论与实践密切结合。

本书的编写实现了我的一个心愿：把从事社会保险学教学多年来的研究与思考做个小结。同时，本书也凝结着所有编写者的心血。初稿完成花费了两年多时间，其中几易其稿；再版也用了近半年的时间，字斟句酌。本书第一版初稿的编写分工是：孙树菡、何伟，第 1 章；何伟、孙树菡，第 2 章、第 5 章；余飞跃，第 3 章；李莉、孙树菡，第 4 章；张鑫、孙树菡，第 6 章；李莉、程艳、孙树菡，第 7 章；洪燕、孙树菡，第 8 章；孙树菡，第 9 章；孙晓霞，第 10 章。全书由何伟初审、统稿，最终由孙树菡统稿、修订并定稿。第二版的修订工作由孙树菡、朱丽敏完成。第三版的修订工作亦由孙树菡、朱丽敏完成，孙树菡做了最终审校。在此，谨对所有上述工作人员表示衷心的感谢！

同时，还要感谢中国人民大学出版社为本书的出版提供的各项便利。感谢朱海燕等编辑，是你们的辛勤工作才使得本书得以顺利出版。

本书在编写的过程中，每一章都力图体现理论的深度、发展的历程以及最新的动态，每一章都附有参考文献以及可以浏览的相关学习网站，以便于读者学习。由于编者水平所限，本书难免存在不足之处，恳请各位专家和读者批评指正。

孙树菡

目　录

第 1 章　社会保险概述 …… 1
1.1　社会保险的基本概念 …… 1
1.2　社会保险学的研究方法 …… 6
1.3　社会保险学与其他学科的关系 …… 8
1.4　社会保险相关关系 …… 10
本章小结 …… 15
关键术语 …… 15
复习思考题 …… 15
参考文献 …… 16
学习网站 …… 16
第 2 章　社会保险制度的产生与发展 …… 17
2.1　社会保险制度产生与发展的理论基础 …… 17
2.2　社会保险制度的产生与发展 …… 23
2.3　我国社会保险制度的产生与发展 …… 32
本章小结 …… 38
关键术语 …… 39
复习思考题 …… 39
参考文献 …… 39
学习网站 …… 40
第 3 章　社会保险的制度效应 …… 41
3.1　社会保险制度效应概述 …… 41
3.2　社会保险制度的经济效应 …… 45
3.3　社会保险制度的政治效应 …… 47

3.4　社会保险制度的社会效应 …… 50
本章小结 …… 52
关键术语 …… 53
复习思考题 …… 53
参考文献 …… 53
学习网站 …… 54
第 4 章　社会保险管理 …… 55
4.1　社会保险管理的概念与特征 …… 55
4.2　社会保险的管理模式 …… 57
4.3　中国的社会保险管理 …… 61
本章小结 …… 67
关键术语 …… 68
复习思考题 …… 68
参考文献 …… 68
学习网站 …… 69
第 5 章　社会保险基金 …… 70
5.1　社会保险基金概述 …… 70
5.2　社会保险基金的筹集 …… 74
5.3　社会保险基金的投资 …… 78
5.4　社会保险基金的管理 …… 84
5.5　社会保险基金的给付 …… 86
5.6　社会保险基金的监管 …… 89
本章小结 …… 94
关键术语 …… 94
复习思考题 …… 95
参考文献 …… 95
学习网站 …… 96
第 6 章　养老保险 …… 97
6.1　养老保险制度概述 …… 97
6.2　养老保险的理论基础 …… 101
6.3　中国内地的养老保险制度 …… 106
6.4　中国港澳台地区的养老保险制度 …… 115
6.5　国外的养老保险制度 …… 120
本章小结 …… 128
关键术语 …… 128
复习思考题 …… 128
参考文献 …… 129
学习网站 …… 130

第 7 章　医疗保险 …… 131

7.1　医疗保险制度概述 …… 131

7.2　医疗保险的理论基础 …… 136

7.3　中国内地的医疗保险制度 …… 140

7.4　中国港澳台地区的医疗保险制度 …… 152

7.5　国外的医疗保险制度 …… 156

本章小结 …… 162

关键术语 …… 162

复习思考题 …… 162

参考文献 …… 162

学习网站 …… 164

第 8 章　失业保险 …… 165

8.1　失业保险制度概述 …… 165

8.2　失业保险的理论基础 …… 169

8.3　中国内地的失业保险制度 …… 173

8.4　中国港澳台地区的失业保险制度 …… 180

8.5　国外的失业保险制度 …… 183

本章小结 …… 190

关键术语 …… 190

复习思考题 …… 190

参考文献 …… 191

学习网站 …… 192

第 9 章　工伤保险 …… 193

9.1　工伤保险制度概述 …… 193

9.2　工伤保险的理论基础 …… 200

9.3　中国内地的工伤保险制度 …… 203

9.4　中国港澳台地区的工伤保险制度 …… 208

9.5　国外的工伤保险制度 …… 212

本章小结 …… 220

关键术语 …… 220

复习思考题 …… 220

参考文献 …… 220

学习网站 …… 222

第 10 章　生育保险 …… 223

10.1　生育保险制度概述 …… 223

10.2　生育保险的理论基础 …… 229

10.3　中国内地的生育保险制度 …… 232

10.4　中国港澳台地区的生育保险制度 …… 238

10.5　国外的生育保险制度 …… 241
本章小结 …… 246
关键术语 …… 246
复习思考题 …… 246
参考文献 …… 247
学习网站 …… 248

第1章

社会保险概述

本章导言

社会保险是工业社会的必然产物，是防范社会风险、维护社会稳定的重要手段，同时也是现代社会文明进步的标志。社会保险是以保障劳动者在遭遇年老、伤残、失业、患病、生育等风险时的基本生活需要为目的，由国家强制实施的一种社会制度。社会保险学就是运用社会学、历史学、经济学、心理学以及法学等其他诸多学科，通过跨学科、跨文化的研究视角和方法来解释、分析社会保险制度发展规律的学科。本章主要阐述社会保险的内涵与外延，即社会保险的基本概念，社会保险的产生原因、特性、功能，社会保险的险种以及社会保险学的研究方法、研究特点，社会保险学与其他学科的关系等。

重点问题

- 社会保险的基本概念
- 社会保险产生的原因
- 社会保险的特性
- 社会保险的功能
- 社会保险的项目构成
- 社会保险学的研究方法
- 社会保险学与其他学科的关系

1.1 社会保险的基本概念

社会保险是为保障劳动者（有些国家可能普及全体公民）在遭遇年老、伤残、失业、患病、生育等情况时的基本生活需要，在国家法律保证下强制实施的一种社会制度，它强调受保障者权利与义务相结合，其宗旨是维护社会稳定。社会保险制度就是社会保险行为的法律规范，其主要内容包括有关社会保险的法规政策、社会保险管理机构的设置、社会保险基金的筹集、社会保险基金的投资运营、社会保险的项目设置、保险金的给付标准和支付条件以及社会保险基金监管等。

1.1.1 社会保险产生的原因

人类社会的基本需求是以社会成员的个人需求为基础的。个人的需求包括生产上的需求和生活上的需求，同时也表现为个别性的需求和社会性的需求。其中，个人的社会性需求（包括生产上的需求和生活上的需求）是人类组成社会的纽带。在漫长的人类发展史中，对弱势群体的经济保障乃至服务保障的认识和对政府承担责任的认可，经历了一个漫长的过程。在生产力很不发达的时期，当意外灾祸（如战争、自然灾害等）降临时，往往只能通过家庭的力量来解决。进入工业社会后，现代的生产方式与生活方式为社会成员的个人风险转变为社会风险提供了条件，劳动的协作化、生活的社会化、信息传导的快捷化，以及致险因素的增加和阶层利益集团的形成等，都促使个人风险向社会风险转化。被传统社会视为个人及家庭问题的生、老、病、死、伤残、失业等事件，在工业社会中均可能通过群体方式演变成严重的社会问题与社会风险。此外，工业革命促进城市化，大工业生产方式强制性地改变了家庭模式及其功能，且劳动风险和经济收入损失已具有普遍性，从而导致单个人的风险增强，大大突破了“家庭保障”的屏障。因而，政府的社会政策不得不发生改变，但这是以一定的经济发展水平为前提的。通过制度安排来使化解风险成为常备对策，这样的制度安排就是社会保险制度。

1.1.2 社会保险的特性

与其他保险相比，社会保险具有以下特性：

1. 强制性

社会保险是以国家为主体，按照法律规定强制实施的一种社会安全制度。任何社会劳动者，只要符合有关社会保险法律的规定，都必须参加并有权享受社会保险，这就是社会保险的“强制性”。社会保险的强制性表现在社会保险基金的筹集主要借助法律或法令、法规，通过强制性的方式实现。这种强制性从根本上决定了它是一种政府行为，是国家的社会政策。凡属于法律规定范围的成员都必须无条件参加社会保险，并按规定履行缴纳保险费的义务。社会保险的缴费标准和待遇项目、保险金的给付标准等均由国家的法律法规或地方政府的条例规定统一确定，劳动者个人或劳动者所在单位作为被保险人和投保人均无自由选择与更改的权利①。

2. 适度性

社会保险的目的是保障劳动者在遭遇年老、伤残、失业、患病、生育等情况时的基

---

① 申曙光. 论社会保险的公共品性与政府管理. 学术研究，2001（6）.

本生活需要。这决定了社会保险待遇不可能太高，既不能保证劳动者在遭遇上述风险时收入水平不变，更不可能满足遇险劳动者全面的生活需求。社会保险的适度性有两层含义：一方面，社会保险待遇不能定得太低，必须能够保障人们在遭遇年老、伤残、失业、患病、生育等情况时的基本生活需要；另一方面，社会保险待遇不能定得太高，否则，国家财政负担不起，企业的劳动力成本也会上升，进而影响产品的国际竞争力，而且还会降低人们的工作热情，影响国民经济的发展。20 世纪 80 年代以来，欧洲部分发达国家出现的“福利病”现象就向我们揭示了社会保险待遇必须适度，要和社会经济发展水平相适应。

3. 互济性

社会保险实际上是国民收入的再次分配，秉承共同承担社会风险的原则。这意味着所有参加社会保险的人将在全国各企业之间或一个地区内各企业之间，每个人所遭遇到的生、老、病、死等风险集中起来，大家共同来承担。政府根据社会发展的不同时期，强制要求不同性质的劳动者参加社会保险。劳动者不是以人的生命或身体为标的，而是以劳动权力为标的，与政府形成权利与义务对等的社会保障关系。社会保险不以缴费多少来决定相应的经济补偿。政府应对所规定特殊人群尽保护义务，被保护人群也应在其具有劳动权利、能力和机会时尽缴费的义务。

4. 权利与义务相结合

社会保险资金主要来源于三个部分：国家财政拨款、企业缴费和个人缴费。国家财政向社会保险拨款属于收入再分配，体现国家对发展社会保险事业的责任；企业缴费主要来自企业的经营收入，属于初次分配，体现企业保障员工利益的社会责任；个人缴费无论是代扣还是自我积累都属于个人储蓄，体现劳动者自我保障的责任，也是为社会保险制度的顺利实施尽自己应尽的义务。人们要享受社会保险待遇的权利，就必须承担一定的义务，如照章缴纳社会保险税（费）。但权利与义务相结合并不等于权利与义务必须完全一致，如有些人缴的医疗保险费不多，得了一场大病，他们缴的社会保险费（税）根本不够他们的看病费用，社会保险经办部门也必须支付他们的看病费用，保障其基本生活。

5. 公平与效率相结合

公平是社会保险的主导原则。参加政府强制性社会保险的特殊人群，不受政治地位、经济地位、社会地位高低的影响，同等享受社会保险中的权利和义务，不存在经济利益和权利的继承。保险基金征集和支付直接受国家再分配的干预，起到调节收入悬殊、实现社会公平的作用。社会保险必须保障劳动者在遭遇年老、伤残、失业、患病、生育等情况时毫无例外地获得生存保障。社会保险的效率原则即社会保险待遇适当与缴费挂钩，以激励劳动者的劳动积极性，鼓励劳动者多缴多得。在社会保险制度实施过程中，必须将公平与效率相结合，不可偏向一方。

1.1.3 社会保险的功能

社会保险具有维护社会稳定、确保劳动力再生产顺利进行、缩小社会贫富差距、促进国民经济健康发展等功能。

1. 维护社会稳定

劳动通常是人们获得物质生活来源的主要手段。劳动者在身体健康并从事适当职业时，可以通过劳动获得相应的报酬，以满足本人及其家属的生活需要。而一旦丧失劳动能力或失去工作时，则无法通过劳动获取报酬，生活来源就此中断，本人及其家属的生活也就无法维持。在现代社会中，伴随着生产的高度社会化和分工协作的发展，劳动风险的存在日益普遍，影响面和危害程度日益加剧。当为数众多的劳动者面临种种不同的劳动风险和收入损失，并得不到及时解决时，就会形成一种社会不安定因素。社会保险制度的目的就是要使劳动者在遭遇年老、伤残、失业、患病、生育等风险时，通过这一制度获得基本生活保障，从而有效地促进社会和谐发展。

2. 确保劳动力再生产顺利进行

劳动者在劳动过程中，会遇到疾病、意外伤害以及失业的威胁等各种职业或非职业风险，影响其身体健康及劳动收入，进而使劳动力再生产过程受到影响。如医疗保险不仅为劳动者提供医疗费用补助，使劳动者能够获得必要的治疗服务，帮助劳动者早日康复，重返工作岗位，而且还对其因病治疗期间损失的经济收入予以一定的补偿，以保障患病的劳动者及其家人的基本生活。故而社会保险对劳动力的再生产起着保障和促进的作用。

3. 缩小社会贫富差距

市场经济不可避免地产生优胜劣汰，一些在市场经济中取胜的人能够迅速积累巨额财富，而另一些人因为种种原因不适应市场竞争，导致生活陷入困境。社会保险是国家通过法律保证下的经济手段，对社会个人消费品分配实行的直接干预，其资金来自劳动者本人、用人单位缴纳的保险费，以及国家财政的资助。国家财政来源于税收，国家通过对高收入者征收较高的费（税）以补充社会保险经费，扩大社会保险基金的来源，增加基金的积累。国家再通过社会保险给付对社会保险资金进行再分配，向失去收入来源的劳动者倾斜，如社会保险通过对暂时或永久丧失劳动能力或劳动机会的公民支付医疗补助、伤残抚恤金、失业金等，在社会成员之间实现转移支付，从而缩小社会贫富差距。

4. 促进国民经济健康发展

社会保险是国民经济的“减震器”，是国家干预国民经济的重要手段。在市场经济体制下，经济具有周期波动性，当经济处于膨胀期时，由于就业增加、失业率降低，社会保险支出相应减少，社会保险缴费增加（因为社会平均工资增加及失业的人减少，供款者多而领取待遇者相对减少），社会保障基金的存储规模会增大，减少了社会需求，进而对经济过热起到一定的抑制作用；相反，当经济处于衰退期时，失业率上升，社会保险支出会相应增加，不仅保障了失业者及其家庭的最基本生活，而且也会由于提高了失业者的购买能力，增加社会有效需求，进而在一定程度上抑制经济的衰退。社会保险也是国民经济的“助推器”，健全的社会保险制度可以消除人们对年老、伤残、失业、患病、生育等情况的后顾之忧，同时也解除了不同企业由于职工年龄结构、性别构成不同而导致的它们之间畸轻畸重的用工成本负担，使得这些企业能够轻装上阵，公平参与竞争。通过社会保险缴费或通过开征社会保险税筹集到的社会保险基金，除了满足当期社会保险待遇给付之外，还有相当一部分资金会存储起来，以备以后发放。经法律允许，这部分积累性或储蓄性的社会保险基金可以与市场机制融通，将这部分社会保险基金投入国家迫切需要长期资金投入的项目当中去，这样既获得了稳定的经济回报，又支援了国家的经济建设。

1.1.4 社会保险的项目构成

社会保险项目，亦称“险种”，是指该项社会保险制度是为遭受特定劳动风险的劳动者提供的基本生活保障。世界各国由于各自的国情以及经济状况不同，其社会保险的项目设置也会不同，一般包括养老保险、医疗保险、失业保险、工伤保险和生育保险、伤残保险、遗属保险等项目。在我国，主要是五大险种（见图1－1）。

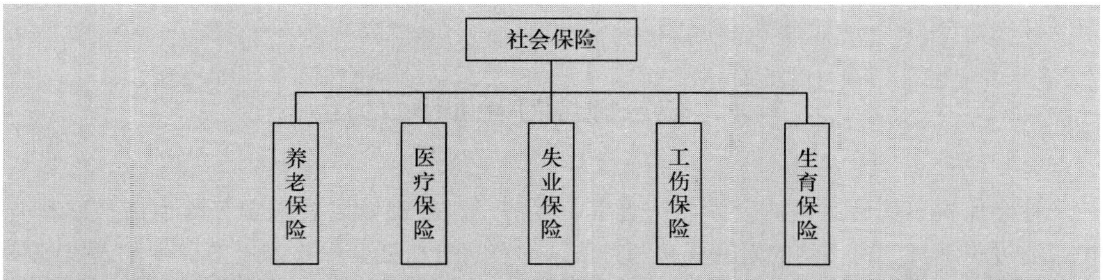

图1－1 我国社会保险结构图

养老保险是国家依据法律规定，强制性地征缴养老保险费（税），以保障劳动者达到国家规定退休年龄，或因年老丧失劳动能力退出劳动领域后的基本生活的一种社会保险制度。经过一系列的改革，目前，养老保险一般由基本养老保险、职业（企业）补充养老保险和个人储蓄型养老保险三大支柱构成。

医疗保险是国家依据法律规定，强制性地征缴医疗保险费（税），当参保人（被保险人）因患病、受伤等接受医疗服务时，为其提供基本的医疗服务，并由保险人（特定的组织或机构）提供经济补偿的一种社会保险制度。不少国家的医疗保险都是由基本医疗保险、企业补充医疗保险、商业医疗保险等部分组成。

失业保险是社会保险制度中的重要组成部分，它是指劳动者由于非本人原因失去工作、收入中断时，由国家和社会依法保证其基本生活需要的一种社会保险制度。其核心内容是通过建立失业保险基金，分散失业风险，为失业者提供基本保障，并通过转业培训、职业介绍等形式积极促进其再就业。

工伤保险是指劳动者在社会生产经营活动中或在规定的某些特殊情况下遭受职业伤害、职业病，以及因这两种情况造成劳动者死亡、暂时或永久丧失劳动能力时，受伤害者能够及时得到救治和康复，他本人及其供养亲属或死亡者遗属能够从国家、社会得到必要的物质补偿的一种社会保险制度。随着社会的发展，工伤保险的职能在不断地扩展，功能也在不断地完善。工伤预防、工伤救治与康复、工伤补偿，已形成工伤保险内容的三大支柱。

生育保险是国家和社会通过立法对劳动者在生育期间提供一定的经济、物质及服务等各方面帮助的一种社会保险制度，旨在保障受保的母婴在此特殊时期的基本生活和医疗保健需要，确保生育女性的身体健康和劳动力恢复以及整个社会的人口再生产。

除了上述五大险种之外，有些国家的社会保险体系还包括遗属保险，即有资格领取社会保险给付金者去世之后，由政府或社会保险机构对其遗孀（或鳏夫）或者父母及其未成年子女，定期或一次性给付遗属年金的保险待遇；伤残保险，即公民因伤残而享受的社会保险待遇，包括经济上的经常性补偿和一次性补偿以及医疗服务、假期等尽可能使伤残者恢复健康的保险待遇；护理保险，即对有需要的人群提供治疗护理，如某些内科慢性疾病或一些外科病患的医学、心理学康复护理、生活半自理或完全不能自理老年人的生活护理以及病危老年人的心理护理和临终关怀等保险待遇。由于上述五大险种是社会保险体系中最重要、最基本的项目，而且也构成了我国现行社会保险制度的框架，因此，本书将重点放在了对上述五大险种的介绍上。

1.2 社会保险学的研究方法

社会保险学就是运用社会学、历史学、经济学、心理学以及法学等其他诸多学科知识，通过跨学科、跨文化的研究视角和方法来解释、分析社会保险制度的产生和发展规律的学科。社会保险学的研究方法主要包括以下几种：

1.2.1 制度分析的研究方法

制度分析是在历史分析的基础上对事物与现象进行文化上的溯源，以揭示社会保险的制度基础、制度条件及制度安排背后深层次的生成原因。历史分析是制度分析的基础。客观事物都有一个产生、发展和变化的历史过程，同时，任何客观事物又都是一定历史条件下的产物。历史研究的方法通过对事物的历史的认识，把握事物发展的一般规律，以此来预测其将来发展变化的趋势。以史为鉴，总结经验教训，可以为未来提供借鉴。

社会保险学作为一门社会科学，它所研究的对象，甚至每一个具体的概念都是与一定的历史条件和背景相关联的。所以社会保险学的主要研究方法注重从历史的观点出发，通过对历史发展过程的纵向分析或反思去深刻把握社会保险的实质。社会保险学理论本身的形成更多地表现在历史实践活动的过程之中，因此考察社会保障制度的历史对社会保险学的研究尤其重要，我们只有掌握社会保险的历史发展过程，才能更好地理解社会保险的内核。

1.2.2 理论联系实际的研究方法

理论与实践是相辅相成的统一体，理论来源于实践又反过来指导实践。理论联系实际的方法是马克思主义认识事物的根本方法，也是进行社会保险研究的首要方法。在进行社会保险研究时我们必须把握两点：第一，理论来源于实践，并要求经过实践的检验；第二，实践需要理论的指导与校正。

社会保险是资本主义工业化大生产的必然产物，其产生与发展都来自当时社会经济发展的需要。作为人类发展过程中经验的抽象与概括，具有普遍适用性，即既可以指导资本主义发达国家的保险实践，又可为社会主义的保险事业所借鉴。当然，理论必须与各国国情相结合，为各国实践服务，并在应用过程中不断完善与发展。通过总结实践经验形成的理论往往对后来的实践有预示与指引作用，这也恰恰是理论的生命所在。我国社会保险在几十年的发展过程中，偏重于政策与运作层面的构建而不太注重理论层面的研究，从而影响了制度的稳定性和延续性。因此，我们在学习社会保险学这门课程时，必须将理论与实践紧密结合。

1.2.3 国际比较的研究方法

当今世界的社会保险制度“千差万别”，每一种制度的形成虽有其特殊的历史进程，但是作为反映人类某种社会性需要的产物又必然具有一定的共性，所以社会保险学的研究不仅要从历史的纵向分析去考察，也要注重从横向进行比较研究。通过不同国家的横向比较研究能够挖掘社会保险在不同国家的共性与个性，可以借鉴国外的成功经验，吸取其他国家失败的教训。通过进行纵向考察与横向比较，努力探索社会保险运行机制及其运行规律。在对不同的制度模式进行比较、经验教训分析以及对我国社会保险改革历程和各地改革经验总结的基础上，探索我国社会保险制度改革的思路。

1.2.4 系统的研究方法

社会保险处在国民经济的大环境中，因此我们必须对它采取系统的研究方法。一方面，社会保险作为国民经济这一大系统的一个重要组成部分，与其他部门及子系统之间有密不可分的联系。其在一定时期的发展必然受制于并同时作用于其他部门与子系统的发展。所以在研究社会保险时，必须把它同整个社会经济发展的大背景紧密结合，进行系统的、全面的、多角度的分析。另一方面，社会保险与社会保障制度之间有着不可抹杀的“血缘关系”。无论是在思想渊源上，还是在制度内容等其他方面，无不存在着天然的、内在的紧密联系。作为整个社会保障系统的核心组成部分，它与社会保障系统的其他构成部分同时不可或缺。研究社会保险，必须把它放入整个社会保障系统的构建与发展过程中，认清其地位、性质、目标与功能。

1.2.5 精算技术与数理统计方法

社会保险汲取商业保险的经验及技术，运用精算技术，计算各险种的费率及应提存的责任准备金；应用概率与数理统计方法，结合经济、金融、投资、人口学等基本知识和原理，确定模式并且预测征缴及给付比率等。

1.2.6 归纳演绎方法

归纳是指由具体的事实概括出一般原理，演绎则是通过一般原理推出特殊情况下的结论。这是我们对社会保险制度及立法研究的一种很重要、很实用的方法。我们可以通过对国内外社会保险制度的具体分析，找出制度发展的规律，概括出一般原理，然后再用这一概括出来的原理对我国的社会保险制度改革进行分析和展望。

1.3 社会保险学与其他学科的关系

社会保险从缴费到待遇给付的过程实质上是国民收入的分配与再分配过程，要用到经济学的知识；社会保险是为社会稳定发展服务，是国家通过法律强制实施的社会政策，这又属于政治学的范畴；社会保险的任务是解决人们在劳动和生活中遇到的各种风险与困难，其内容是解决各种特定的社会问题，这又要用到社会学的知识；在运营社会保险基金的过程中，又需要用到金融学、精算学、统计学、管理学等方面的知识，而社会保险的基本理论与技术则来源于保险学。社会保险学强调跨学科研究，在研究社会保险时，必须引入经济学、法学、社会学、政治学等其他学科的知识，通过跨学科、跨文化的研究视角和方法才能更好地解释、分析社会保险制度产生与发展的规律。

1.3.1 社会保险学与经济学的关系

经济学是研究各种经济关系和经济活动规律的科学，而社会保险则是通过经济手段进行国民收入的分配与再分配来达到为全体社会成员提供基本生活保障的目的。社会保险学中探讨的一系列理论和实践问题，如社会保险基金的投资与运营、投保制社会保险中劳动者个人与企业缴费比例的设计、社会保险税率的厘定等，都需要运用到经济学及金融学的理论与知识。经济学是社会保险学的重要理论基础，经济学所揭示的普遍原理与方法，对社会保险有着特别重要的指导意义，经济政策亦是社会保险政策的重要基础。福利经济学的产生与发展，更直接推动着社会保险理论的发展与进步①。

社会保险基金从缴费、管理、投资运营到给付都要运用到经济学的知识，但是经济学绝不是社会保险的全部理论基础，二者在一些方面也存在本质区别。经济学提倡的是效率优先的原则，以最小的成本换取最大的收益。社会保险也研究社会保险反作用于经济发展的一般规律，但侧重研究社会经济发展过程中的稳定机制，因此不能仅仅以经济效益的好坏决定社会保险项目的取舍和保障水准的高低。衡量一项社会保险活动的价值要从政治、经济、文化等多方面考虑，看它是不是能更好地解决人们在年老、伤残、失业、患病、生育等情况时的基本生活需要，能不能促进社会和谐，而不能仅仅以投入产出比等衡量经济效率的指标作为衡量社会保险的唯一标准。

1.3.2 社会保险学与法学的关系

社会保险学与法学有着密不可分的关系，社会保险是国家通过立法强制建立的一种社

① 郑功成. 社会保障学：理念、制度、实践与思辨. 北京：商务印书馆，2000：65-67.

会制度。在各国现行的法律中，大多都规定社会保险是公民应当享有的基本权利。我国宪法也体现这一基本原则，即中华人民共和国公民在年老、疾病或者丧失劳动能力的情况下，有从国家和社会获得物质帮助的权利。可见，社会保险制度的推行必须通过国家立法的程序。

社会保险法律关系的主体是国家、用人单位与个人，在社会保险费缴纳方面，强调国家、用人单位和个人三方的责任，目的在于扩充社会保险基金的积累，调动制度受益人的积极性①。社会保险费率、投资规定、保险金的给付以及社会保险的管理都有相应的法规进行规定，可以说社会保险制度的制定、实施、日常管理、监督处处都体现了法律的痕迹，社会保险制度比较完善的国家，无不有一套配套的、完善的社会保险法律体系。

1.3.3　社会保险学与社会学的关系

社会学是对人类生活、群体和社会的研究②，是关于社会良性运行和协调发展的规律性的综合性具体社会科学。社会结构及变迁、社会流动、社会问题等都是社会学的研究对象。如果从社会保险的出发点与追求目标来考虑，则社会学无疑是社会保障最重要的理论基石之一。社会学研究的社会公正、社会稳定、社会价值、社会进步、社会风险、种族与移民、家庭与社区、社会阶层、人口问题、贫困与社会排斥、教育与福利，等等，直接指导着社会保险理论研究和制度实践的发展③。社会学的重要理论成果如马斯洛的需求层次理论、帕森斯的结构功能理论、拉尔夫·达伦多夫的冲突理论等，为社会保险研究奠定了坚实的理论基础。社会保险问题总是跟社会问题有着千丝万缕的联系。社会保险制度的建立有助于社会问题的解决，在市场竞争中，风险是客观存在的，优胜劣汰是不可避免的，社会保险中的失业、养老、工伤、医疗等保险制度，正是为了保障人们在遇到上述风险时的基本生活，是社会发展的稳定机制。

社会保险起于各种社会问题，止于解决各种社会问题，在问题的解决过程中需要考虑到文化、道德、价值观等精神领域的东西，中间需要运用到政治的、经济的和法律的手段，另外社会保险本身也是一个非常复杂的系统，因此就需要从整个社会经济的全局考虑，统筹把握。社会学的优势正在于将社会看成一个整体，这种整体观对于研究社会保险问题有着非常直接的启示。

1.3.4　社会保险学与政治学的关系

政治学是以国家及其活动为主要研究对象的科学，包括国家的起源及发展和消亡、国家本质、国家制度、国家结构、国家职能、政党制度等。政治学具有鲜明的阶级性。一个国家政权、政治制度的确定或变更，都是由阶级斗争的具体条件所决定的，是和国家的根

---

① 杨华. 试论社会保障法的价值. 长春大学学报，2003（4）.

② 吉登斯. 社会学. 4 版. 北京：北京大学出版社，2004：2.

③ 郑功成. 社会保障学：理念、制度、实践与思辨. 北京：商务印书馆，2000：83-87.

本性质相适应的，而社会保险作为国家一定政治制度形态下的政策安排，实际上是统治阶级维护政治统治的社会控制手段，二者之间有着密切的联系。

在社会结构变迁的诸多因素中，社会经济的变化与发展对社会结构变迁具有决定性的作用，政治制度既可以为社会的经济发展创造一个有利的环境，又可以限制或束缚经济的发展，而且，政治制度的性质和稳定与否，在一定条件下，甚至决定了社会结构变迁的方向和过程。社会保险制度的发展同样受政治制度的影响，有时甚至是决定性的影响因素。正如有的学者所说："社会保障制度和政策是社会财富和资源的再次分配。在现代社会，财富和资源的分配始终受到政治和市场双重力量的支配。如果说社会财富和资源的初次分配主要由市场力量决定，那么社会财富和资源的再次分配就主要取决于政治体系的运作了。"①

从社会保险的整个发展史看，每次社会经济发生动荡、社会关系日益紧张的时候，社会保险就会取得突破性的进展。现代社会保险的出现，其初始动因也是维护国家政权的稳定。从某种意义上说，政治已成为决定社会保险发展的重要因素。

社会保险制度从本质上来说，是统治阶级为了维护自身的经济和社会利益，为了维护统治秩序和政局稳定而做出的制度安排。因此，我们在进行社会保险研究时，必须结合一项社会保险政策、法规出台的政治背景，当权政府所代表的阶层及政党的主张、利益，这样才能对社会保险问题有更加透彻的理解。

1.3.5 社会保险学与保险学的关系

社会保险制度可以被视为一种拥有传统社会保障思想"内核"，同时又披上商业保险精算技术"外壳"的崭新的经济保障制度。它是传统社会保障和现代商业保险精算技术相结合的产物，是现代政治国家与传统市民社会相互渗透的产物。一方面，它借助商业保险的精算技术，克服了传统社会救济的不力，使经济保障走向社会化；另一方面，它又借助"国家之手"，克服了私人保险领域中市场失灵所带来的不利后果，使经济保障更趋公平②。

社会保险学实际上是在保险学的基础上，经过一定时期才产生壮大的。社会保险的很多预测方法、精算方法都来自保险学。保险学当中的很多理论也适用于社会保险学。

1.4 社会保险相关关系

1.4.1 社会保险与社会救济、社会福利的比较

社会保险与社会救济、社会福利属于社会保障制度安排中的三个重要组成部分，它们之间既有联系，又有着明显的区别（见表 1-1）。

---

① 童星，赵海林．影响农村社会保障制度的非经济因素分析．社会保障制度，2003（2）．

② 覃有土，吕琳．社会保险制度本质及具体模式探析．中南财经政法大学学报，2003（2）．

表 1-1　　社会保险与社会救济、社会福利的比较

比较内容	社会保险	社会救济	社会福利
保障对象	薪金收入者、其他劳动者	生活在贫困线以下的公民	全体公民
实施目标	补偿劳动者在遭遇社会风险后引起的收入损失，使他们仍能维持基本生活，以解除后顾之忧	帮助贫困人群维持最低生活水平	● 减轻受益者的家庭负担（狭义） ● 提高全体社会成员的生活质量（广义）
资金来源	个人、企业缴纳为主，政府财政补贴为辅	政府财政拨款和社会捐赠	财政拨款、企业利润分成、社会自筹、捐赠
保障水平	基本生活水平	最低生活水平	提高生活质量
给付标准	被保险人原有收入水平、缴费额的大小	根据资产调查情况	以平均分配为主
经办主体	政府专设机构	政府有关部门、社会团体	政府、社会组织、基层单位、行业主管机构
保障手段	投入-返还性	选择性	普遍性
保障方式	提供津贴为主，相关服务为辅	资金、物资并重	以提供相关服务和设施为主，以货币为辅

资料来源：林义．社会保险．2 版．北京：中国金融出版社，2003：31．

社会救济是指国家和社会依据法律规定，面向不能维持最低生活水平的低收入家庭提供经济帮助的一项社会保障制度。社会福利的含义有广义和狭义两种。广义的社会福利等同于社会保障。狭义的社会福利是社会保障体系的重要组成部分，是国家和社会为提高全社会成员的物质文化生活水平和生活质量而提供福利设施和福利服务的一项社会保障制度。在中国，社会福利是社会保障体系的一个子系统，包括老年人福利、残疾人福利、妇女儿童福利以及有关福利津贴，乃至教育福利、住房福利等各项公共福利事业。

1.4.2　社会保险与商业保险的异同

社会保险起源于商业保险，社会保险的很多理论内容直接来源于商业保险。社会保险和商业保险都承担投保人的意外伤害、疾病、生育、残疾、养老、死亡等风险；两者的最终目标都是保障人们生活安定，促进经济发展。但是，社会保险和商业保险的区别还是很明显的。它们既有联系，又有区别。二者的联系表现如下：

社会保险和商业保险的社会目标相同，都是为了完善和健全社会保障体系，为健全的经济运行体系配套服务；其社会作用也是相同的，都是解决社会成员因生、老、病、死、伤、残、失业等造成的生活上的困难，提供生活保障的需要，从而保障和改善人民生活，促进经济发展，维护社会稳定。

社会保险和商业保险在共济性和经济补偿功能以及保险责任上，亦有所交叉。社会保险的共济性比商业保险更为广泛。在经济补偿功能方面，社会保险的补偿表现为一般性和基本性；而商业保险的补偿更高级和更广泛（视投保人所购买的产品而异）。在保险责任

上，商业保险涵盖了社会保险的责任范围。

但是，它们之间也有着本质的区别。社会保险是国家规定的劳动者应该享有的基本权利，体现着国家和劳动者双方的责任、权利和义务的关系，在立法方面属于劳动立法的范畴。商业保险体现的是合同双方的责任、权利和义务的关系，属于经济立法的范畴。二者之间的区别通过以下“五个不同”反映出来：

1. 目的不同

社会保险建立的目的是保障劳动者（有些国家可能普及到全体公民）在年老、伤残、失业、患病、生育等情况时的基本生活需要，维护社会稳定，而不是以营利为目的。虽然社会保险在运作上也需要借助于精确的计量手段，但不能以经济效益的高低来决定社会保险项目的取舍和保障水平的高低。如果社会保险财务出现赤字影响其运作，国家财政负有最终责任。而商业保险是一种以营利为目的的经济活动，商业保险是在被保险人和保险人双方完全自愿的前提下，通过相互自由选择而结成的互利关系，并根据投保额来决定补偿额，多投多保、少投少保、不投不保，投保出于自愿，基本属性是自愿性的商业经营活动，因而属于商业性质。商业保险在财务上实行独立核算，自负盈亏，国家财政不应以任何形式负担其开支需求。

2. 性质不同

社会保险属于强制性保险。所谓强制性，是指国家通过立法强制实施，劳动者个人和所在单位都必须依照法律的规定参加。社会保险的缴费标准和待遇项目、保险金的给付标准等，均由国家或地方政府的法律、法规统一规定。劳动者个人作为被保险人一方，对于是否参加社会保险、参加的项目和待遇标准等，均无权任意选择和更改。而商业保险属于自愿性保险，它遵循的是“谁投保、谁受保，不投保、不受保”的原则。其险种的设计、保费的缴纳、保险期限的长短、保险责任的大小、权利与义务的关系等均按保险合同的规定实施，一旦合同履行终止，保险责任即自行消除。虽然有些商业保险项目也是采取强制参保的方式，如汽车第三者责任险，但是投保人对投保的保险公司、保险金额等都有选择的权利。

3. 保险对象不同

社会保险是以社会劳动者及其供养的直系亲属为保险对象。不论被保险人的年龄、就业年限、收入水平和健康状况如何，一旦丧失劳动能力或失业，政府即依法提供收入损失补偿，以保障其基本生活需要，社会保险除了现金支付以外，通常还为劳动者提供医疗护理、伤残康复、职业培训和介绍、老年活动等多方面的服务。保障大多数劳动者的基本生活需要，由此稳定社会秩序，这可以说是实施社会保险的根本目的。商业保险则是以投保人为对象，在被保险人遭遇到规定保险事故时，给予对等性的经济补偿，不具备调节收入分配、维护社会公平的职能。

4. 待遇水平不同

社会保险的目的是保障劳动者在年老、伤残、失业、患病、生育等情况时的基本生活需要，这决定了社会保险待遇不可能太高，一般在贫困线以上，而在社会平均工资水平线以下，过高的社会保险待遇会让人产生依赖和惰性。商业保险的待遇水平是根据风险的概率及保险费缴纳的高低来确定保险金额的大小，其待遇水平是多样的，通常要比社会保险待遇高（仅限保险期内）。

5. 权利与义务对等性不同

社会保险待遇的给付一般不与个人劳动贡献直接相关联。享受者要做出贡献，但其享受并不与其贡献完全一致。做个形象的比喻，叫作“要乘凉必须先栽树”，但栽了大树的人并不一定乘大树的凉。社会保险分配制度是以有利于低收入阶层为原则的。因为同样的风险事故，对于低收入劳动者所造成的威胁通常要高于高收入者。而商业保险则严格地遵循权利与义务对等的原则，这种原则规定，投保人权利的享受是以“多投多保、少投少保、不投不保”为前提的，也就是说，被保险人享受保险金额的多少，要以投保人是否按期、按数量缴纳了合同所规定的保费以及投保期限的长短为依据。保险合同一旦期满，保险责任自行终止，权利与义务的关系也就不复存在。

1.4.3　社会保险与财政的关系

在实行公共财政的条件下，整个社会由政府和公民两大部分组成，其中公民是经济活动的主体，政府是政治活动的主体，两者之间由比较完善的制度屏障分开。从功能上讲，经济活动的功能是创造财富，政治活动的功能则是生产和提供个人不能生产或不愿生产的公共产品或公共服务，如社会保险服务。而作为公共产品的价格，税收将两者联系起来。政府的收入主要来自税收，政府的支出用于向公众提供公共产品和服务，其中主要一项就是社会保险支出。

1. 社会保险对国家财政的影响

社会保险的基金收支与管理从多个方面影响着国家财政的收支与运行。

（1）社会保险基金从根本上属于一种消费基金，它的规模、结构影响着国民收入中积累和消费的比例关系。而社会保险基金的筹集是由国家、企业、个人三方共同出资的，当社会保险资金入不敷出时，要由财政资金来兜底。另外，作为消费基金的社会保险基金和作为积累基金的生产建设基金，在一个时期内是可以相互转化的。社会保险基金历年来的滚存结余可以看作一种延期的消费基金，而它被广泛地运用于购买国债支持国家建设，从而成为一种现实的积累基金，在国债到期归还时，这部分资金又恢复到社会保险基金状态。通过改变社会保险基金的数量和结构来改变国民收入中积累基金和消费基金的比例，就是社会保险的资源配置作用。社会保险的资源配置职能从效率的方面影响着经济的运行。

（2）社会保险的支出形式对财政的影响。主要表现在：若社会保险基金纳入国家预算管理，社会保险支出就成为财政的重要支出之一，财政必须按照有关规定及时拨付保险支出；若社会保险基金没有纳入预算管理，支出形式对财政的影响就比较少，通常在国家预算上列收列支即可，但当保险基金出现支付危机时，需要财政给予补贴①。

2. 政府对社会保险的财政管理

财政是社会保险的“最后保障”，一旦社会保险基金入不敷出，财政则扮演“最后风险承担者”的角色。各国财政几乎都要对社会保险基金给予适当补助，有的是弥补保险基

---

① 申曙光. 论社会保险的公共品性与政府管理. 学术研究，2001（6）.

金赤字，有的是承担保险费开支。如瑞典《国家保险法》（1962 年）就规定社会保险基金来源于雇主缴纳的保险费，基金不足时由国家财政补贴①。一般而言，凡是采取现收现付制和国家财政直接供款的国家，其社会保险财政往往纳入国家财政进行一体预算，财政直接参与社会保险收支管理，组织和管理社会保险收支成为财政部门的一项经常性工作；凡是采取完全积累制或国家财政仅体现税收优惠的国家，则均采取将社会保险财政与国家财政完全分离的单独管理模式，通过对基金的使用做出政策性限制而间接参与保险基金的收支管理；实行部分积累制的国家或这些国家社会保险制度中的部分项目，则主要选择社会保险财政与国家财政适度融合的模式，即现收现付部分将社会保险财政纳入国家财政进行一体预算，而完全积累制部分与国家财政完全分离。

1.4.4 社会保险与储蓄的关系

储蓄是个人或独立经济单位将暂时闲置的资金积存起来以备后用的一种经济行为。储蓄与社会保险特别是养老保险之间存在着补充或“挤出”的效应。可以说，虽然都是以消费的生命周期理论以及对未来需求的不确定性为出发点的，但是，社会保险与储蓄属于不同的范畴，其区别表现在以下几个方面：

1. 基金的属性不同

社会保险基金是由全体成员共同出资积聚的财产，属社会所有，专款专用，并可以在短期内依据法律规定强制性地大量积聚起来。储蓄则是个人或独立经济单位的财产，属个人私有或集体所有，其使用方向由储蓄人根据自己的意愿决定，只能在较长时期逐渐积聚而成。

2. 行为的目的性不同

社会保险的目的是保障劳动者在丧失劳动能力或失业时的基本生活需要，是特定目的的行为。储蓄则是多目的的行为，主要是满足计划内较大款项的消费支出，预防意外事故损失只是次要目的。

3. 权利与义务的关系上表现不同

社会保险具有明显的福利性质，在互助共济原则下，用全体成员的共同储蓄，补偿少数遇险成员的经济收入损失，权利与义务要求基本对等。储蓄则是私有财产的积蓄行为，不具有互助共济的福利性质。它的存储和支付不涉及权利与义务的对等关系，属于自助性的行为，储蓄本金加上利息之和，与储蓄人所拥有的提款权是完全相等的。

1.4.5 社会保险与工资收入的关系

社会保险与工资收入都是消费品分配的形式，两者的分配所得都能起到维持生活需要、维系劳动力再生产的作用。但它们在性质上存在如下明显区别：

1. 分配原则不同

社会保险分配是根据收入损失补偿和基本生活保障原则进行的，其成员不论劳动贡献大小，一旦遭遇劳动危险事故，都能获得基本生活保障。而工资分配则要依据劳动者所付

① 刘志国，姜浩. 社会保障财政责任的界定. 北方经贸，2006 (2).

出劳动的数量和质量进行，劳动贡献和工资收入是紧密相连的，一旦不能劳动，就失去参加工资分配的资格。

2. 目的不同

社会保险是在劳动者丧失劳动能力或失去劳动机会时，予以基本的经济补偿；而工资则是在劳动者正常劳动时的一种收入分配形式，在一定程度上满足劳动者及其家属在各方面的发展需要，而且工资是以劳动量为依据，鼓励多劳多得，对符合劳动差别的工资差别应予承认。

3. 分配渠道不同

社会保险属于再分配渠道，而工资则属于初次分配渠道，是在进行各项社会扣除之外，对个人必需消费品的分配。

本章小结

社会保险是为保障劳动者在遭遇年老、伤残、失业、患病、生育等情况时的基本生活需要，在国家法律保证下强制实施的一种社会制度，它强调受保障者权利与义务相结合，其宗旨是维护社会稳定。人类自进入工业社会以后，劳动的协作化、生活的社会化、信息传导的快捷化，以及致险因素的增加和阶层利益集团的形成等，都促使个人风险向社会风险转化。被传统社会视为个人及家庭问题的生、老、病、死、伤残、失业等事件，均可能通过群体方式演变成严重的社会问题与社会风险。为了防范社会风险、维护社会稳定、促进社会发展，有必要由国家建立一套规范的社会制度，这样的制度就是社会保险制度。

社会保险具有强制性、适度性、互济性、权利与义务相结合、公平与效率相结合的特性，具有维护社会稳定、确保劳动力再生产顺利进行、缩小社会贫富差距、促进国民经济健康发展的功能。本章介绍了养老保险、失业保险、医疗保险、工伤保险和生育保险五大险种；探讨了社会保险学的研究方法，包括制度分析、理论联系实际、国际比较、系统的研究方法等；总结出了社会保险学的研究特点。社会保险学把目光投向了人们在劳动和生活中遇到的各种风险与困难，通过对制度发展过程的纵向分析把握社会保险的实质，通过对不同国家的横向比较研究挖掘社会保险在不同国家的共性与个性，运用多学科的知识进行研究探讨。最后，本章论述了社会保险学与经济学、法学、政治学、保险学等其他学科的关系以及社会保险和与之相关部分的关系。

关键术语

社会保险　养老保险　医疗保险　失业保险　工伤保险　生育保险　遗属保险　护理保险　制度分析　商业保险

复习思考题

1. 什么是社会保险？

2. 什么原因促使了社会保险的产生？
3. 社会保险有哪些特性？
4. 社会保险的功能有哪些？
5. 社会保险学的研究方法有哪些？
6. 社会保险学与经济学的关系是怎样的？

参考文献

[1] 奥肯. 平等与效率. 北京：华夏出版社，1999.
[2] 侯文若，孔泾源. 社会保险. 2版. 北京：中国人民大学出版社，2008.
[3] 邓大松. 社会保险. 北京：中国劳动社会保障出版社，2002.
[4] 李珍. 社会保障理论. 北京：中国劳动社会保障出版社，2001.
[5] 李怀康，刘雄. 社会保险和职工福利概论. 北京：北京经济学院出版社，1990.
[6] 丛树海. 社会保障经济理论. 上海：上海三联书店，1996.
[7] 任正臣. 社会保险学. 北京：社会科学文献出版社，2001.
[8] 郑功成. 社会保障学：理念、制度、实践与思辨. 北京：商务印书馆，2000.
[9] 布坎南. 民主财政论：财政制度和个人选择. 北京：商务印书馆，1993.
[10] 森. 以自由看待发展. 北京：中国人民大学出版社，2002.
[11] 张洪涛，郑功成. 保险学. 2版. 北京：中国人民大学出版社，2008.
[12] 刘东霞，徐春普，司选明. 社会保险原则探讨. 改革与开放，2010 (4).
[13] 鲁全. 德国的社会保障制度与社会公平. 中国人民大学学报，2009 (2).
[14] 孙敏莉. 两种社会保障观与政府责任的定位. 理论月刊，2010 (11).
[15] 袁国敏，林治芬. 中国社会保障统计的转型及其对策思考. 统计与决策，2010 (20).
[16] 张伟兵. 发展型社会政策理论与实践：西方社会福利思想的重大转型及其对中国社会政策的启示. 世界经济与政治论坛，2007 (1).

学习网站

[1] http://www.issa.int
[2] http://www.ilo.org
[3] http://www.caoss.org.cn
[4] http://www.cnss.cn
[5] http://www.mohrss.gov.cn

第2章

社会保险制度的产生与发展

本章导言

和其他社会制度的产生与发展一样，社会保险制度的产生与发展也有其自身的规律。本章通过对社会保险制度的产生与发展过程的系统梳理，从历史分析的角度研究社会保险制度产生与发展的规律。基于以上理念，本章开篇先介绍了社会保险制度产生与发展的理论基础，然后考察了国外社会保险制度产生与发展的实践，分析了国外社会保险制度改革的背景，以及不同阶段社会保险制度的特点、经验教训。本章最后对我国社会保险制度产生与发展的过程进行考察，分析了我国社会保险产生与发展的背景以及各个不同阶段的特点。

重点问题

- 新历史主义理论
- 旧福利经济学理论
- 新福利经济学理论
- 《贝弗里奇报告》的主要内容
- 德国能最早建立现代社会保险制度的原因
- “福利病”的概念
- 社会保险制度产生与发展的历程
- 我国社会保险制度产生与发展的历程

2.1 社会保险制度产生与发展的理论基础

社会保险制度的产生与发展遵循着一定的规律。为了更好地理解社会保险制度产生与发展的过程，我们首先需要研究分析社会保险制度产生与发展的理论基础。

2.1.1 新历史主义理论

新历史主义理论出现于19世纪下半叶的德国，其主要代表人物有德国学者古斯塔夫·斯穆勒、路德维希·希伦坦诺、阿道夫·瓦格纳等。从19世纪70年代直至第一次世界大战前夕，该学派曾盛行一时。它提倡劳资合作和实行社会改良政策，一方面反对自由放任的经济模式，主张国家干预经济；另一方面又竭力反对马克思主义，处处维护刚刚统一的德意志帝国①。新历史主义理论是德国率先实施社会保险制度的理论依据。

新历史主义理论的主要观点是：国家的职能不仅仅在于安定国内秩序和发展国家军事力量，同时国家还应具备管理经济生活的职能，担负起促进“文明和福利”的职责；国家的法令、法规、法律至上，并决定着经济发展的进程，但解决经济问题也应同伦理道德联系起来。该学派认为，19世纪的德意志帝国所面临的最严重的社会经济问题是劳工问题，如何缓和劳资矛盾关系着帝国的前途和命运，因此，国家应直接干预经济生活的管理，通过立法建立起包括社会保险、孤寡救济、劳资合作以及工厂监督在内的一系列社会政策措施，自上至下地实行社会改革，改善工人的劳动和生活条件，缓解劳资冲突。

1872年，新历史主义的代表人物斯穆勒在该学派举行的爱森纳赫会议上致辞时指出，“要改革经济主张和现有生产形态及各个社会阶级现存的教养和心理状态”，随即提出了一系列改良的政策主张：（1）强化国家职能。国家除了为社会提供安全保卫之外，还应该直接干预和控制经济生活，参与经济管理。（2）强调法律制度的重要性。国家的经济发展和社会进步要建立在法律和法规之上。（3）强调经济与伦理的相关性。人类的经济活动不应局限于满足物质需要，而应同时满足道德和伦理的需要。指出劳工问题是国家面临的最严峻的问题，主张国家通过立法增加社会福利，实施社会保险和社会救助，加强劳资合作，通过建立机制解决劳资冲突：制定“全国最低生活标准”，扩大对工人损失补偿原则，支持老年人年金制度，改革“济贫法”，改善住房条件，增加教育设施等等。

德国的新历史学派既反对亚当·斯密放任的经济自由主义，也反对“激进”的社会主义和共产主义。他们的折中主义主张很对俾斯麦政府的胃口，因而顺利地被政府采纳。在新历史主义理论的指导下，德国于1883年推出了世界上第一部医疗保险法《企业工人疾病保险法》，1884年颁布了《工伤事故保险法》，1889年颁布了《老年与残障保险法》。这些法律规定由国家负责建立针对工人的健康保险、工伤事故保险和退休养老保险计划，这也是当时世界上最完备的社会保险法律体系。以上三部社会保险法律的颁布，标志着德国在世界上率先建立起自己的社会保险制度，也标志着人类社会保险制度的正式诞生。

德国的新历史学派长期以来是英国工党指导思想的理论基础，对西欧各国社会民主党的纲领也产生过深远的影响，其中关于社会保险的一些积极主张，对福利国家制定公共政策起了很大的作用。

---

① 李珍. 社会保障理论. 北京：中国劳动社会保障出版社，2001：37-42.

2.1.2　需求层次论

社会保险制度的产生与发展可以从马斯洛的需求层次论入手来分析。马斯洛将人的需求分为五个层次：生理需求、安全需求、社交需求、尊重需求和自我实现的需求①。

生理需求是人们最原始、最基本的需求，即满足人们衣、食、住、行、医药等生存的需求，这是推动人们行动的强大动力。安全需求要求劳动安全、职业安全、生活稳定，希望免于灾难、未来有保障等。社交需求也叫归属与爱的需求，是指个人渴望得到家庭、团体、朋友、同事的关怀、爱护和理解，是对友情、信任、温暖、爱情的需求。尊重需求可分为自尊、他尊和权力欲三类，包括自我尊重、自我评价以及尊重别人。与自尊有关的，如自尊心、自信心，表现在对独立、知识、成就、能力的需求等。自我实现的需求是最高等级的需求。马斯洛认为这种需求就是“人希望越变越完美的欲望，人要实现他所能实现的一切欲望”②。

马斯洛认为，在特定的时刻，只有在低层次需求获得满足之后，才能发展到较高层次的需求，而此时低层次的需求仍然继续存在，只是对行为的影响作用降低了而已。尽管马斯洛的需求层次论有一定的局限性，但它确实反映了绝大多数人的一般需求规律。在现代社会里，社会成员需求的满足离不开社会保险，社会保险制度正是促使社会成员需求获得满足并由低级向高级转移的良好的社会机制。层次越低的需求，社会保险发挥的作用越大。目前社会保险的触角已经扩展到第三层次社交需求，德国、日本等国建立的护理保险不仅能够满足老年人及其他需要护理人员的基本生活需求，而且还能够满足他们的情感、归属需求。

2.1.3　旧福利经济学理论

随着社会保险在社会发展中扮演越来越重要的角色，关于社会保险福利的研究也随之增加，西方经济学中先后出现了一些关于社会保险福利方面的理论和观点，它们被称为福利经济学。

福利经济学作为经济学的一个分支体系，最早出现于 20 世纪初期的英国。它的产生以庇古的《福利经济学》（1920 年）一书的出版为标志，1926 年、1928 年庇古又分别出版了《产业变动论》和《财政学研究》，三者构成了福利经济学体系的三部代表作，庇古也因此被称为“福利经济学之父”。

庇古的福利经济学主要是建立在边际效用价值学说基础上。他认为，社会的经济福利是组成社会的元素，而个人福利又是个人满足的总和。他从资源配置最优的角度提出了最优收入分配学说，主张国家干预经济，实行收入均等化，以增大“经济福利”。在福利与国民收入分配问题上，庇古认为：“在很大程度上，影响经济福利的是：第一，国民收入的大小；第二，国民收入在社会成员中的分配情况。”因此，他指出，低收入阶层的货币边际效用与高收入阶层的货币边际效用是不同的。通过国家征收累进税，实行财富由富人

①② MASLOW A. A theory of human motivation. Psychological review，1943：370-396.

向穷人的转移，是可能达到“收入的均等化”的。把收入从相对富裕的人转移到相对贫困的人，从整体来说，一定能够得到更大的满足。因而，在不减少国民收入总量的前提下，提高穷人所获得的实际收入的绝对份额，一般来说，“将增加经济福利”。同时，他还提出建立社会福利设施等措施，来提高整个社会的福利水平。

庇古把西方经济学界对于财富的注意力转移到了国民福利方面，使增加社会福利成为经济增长追求的目标。他提出的社会福利理论后来成为西方福利国家制定社会保障政策的依据。但他的理论也有诸多漏洞，引起了众人的质疑，后来成为经济学家争论的焦点，随后人们在庇古福利经济学思想的基础上又发展出了新福利经济学。

2.1.4 新福利经济学理论

在新福利经济学家看来，基数效用论存在严重的缺陷，边际效用不能衡量，个人之间的效用无法比较，因此，不能用基数词表示效用数值的大小，只能用序数词表示效用水平的高低。这样，新福利经济学根据帕累托最优状态和效用序数论提出了自己的命题：个人是福利的最好判断者，社会福利取决于社会上所有个人的福利，如果至少有一个人的境况好起来，而没有一个人的境况变坏，那么整个社会的福利状况就会得到改善。

19 世纪 30 年代，资本主义世界爆发了经济危机，庇古的福利经济学已经不能继续适应垄断资产阶级的需要，因此受到了以罗宾斯为首的众多经济学家的批判。罗宾斯认为经济学家不应该对经济分析做出价值判断，经济理论应该把价值判断排除在外。他还指出效用的可衡量性和效用的可比较性是不能成立的，庇古的福利经济学是没有科学根据的①。

继罗宾斯之后，许多经济学家在对旧福利经济学进行修改、补充和发展的基础上形成了新福利经济学。要增进社会福利就必须进行社会变革，但变革又降低福利，针对这种二律背反情况，卡尔多提出了补偿原则。此补偿原则是构成新福利经济学的重要内容之一。卡尔多研究的出发点是 19 世纪末 20 世纪初意大利经济学家帕累托的最佳条件论或最优境界论。卡尔多认为国家任何经济政策的改变都会使一部分人受益而使另一部分人受损。因此，国家应通过财政、价格和税收等政策，让变革的受益者补偿受损者，使后者保持原有的福利水平。如果受益者在补偿受损者后仍有剩余，则社会福利提高，此种变革就应肯定；反之，受益者所得不能补偿受损者损失，或所得等于所失，则社会福利降低或不变，此种变革就应否定。卡尔多的补偿原则是一种虚拟补偿，而不是一种真实补偿。

希克斯对卡尔多的评判标准又做了补充和发挥。他认为，根本不需要受益者对受损者进行补偿，只要假定受损者最终能够得到补偿就行。因为经济变革是经常发生的，此次变革的受损者可能是下次变革的受益者，而此次变革的受益者又可能是下次变革的受损者。从长期来看，受益和受损彼此相互抵消。其核心论点是：如果生产和交换的任何改变使一部分人的福利增加而使另一部分人的福利减少，那么，只要增加的福利超过减少的福利，就可以认为这种改变是可取的。

总的来说，新福利经济学认为只要坚持效率原则，国民收入就能较快增长，个人福

① 丁冰．现代西方经济学说．北京：中国经济出版社，1995：501-509.

利就能提高。这是它与以庇古为代表的旧福利经济学的显著区别。新福利经济学否定收入再分配论点，提出了自己的补偿原则，而社会保险制度就是实施这一补偿的有效机制。

2.1.5 《贝弗里奇报告》

在第二次世界大战期间，英国政府于 1941 年 8 月，由内阁不管部大臣格林伍德负责，以 W. H. 贝弗里奇为主席的社会保险和联合事业部委员会着手为战后"重建计划"提出建议。1942 年 11 月，贝弗里奇勋爵经过周密调查研究，向英国政府提交了一份题为《社会保险及有关服务》的长篇报告，即著名的《贝弗里奇报告》。报告指出英国存在"五大弊病"，即贫困、疾病、无知、脏乱和懒惰。《贝弗里奇报告》设计了一个全面的、系统的社会保险计划，包括三种社会保障方法：社会保险、社会救济和自愿保险。社会保险满足居民的基本需求，社会救济满足特殊需求，自愿保险满足高收入居民更高的需求。这一普遍、全面保障的计划，为后来各国社会保险制度的建立与实施提供了理论依据。英国也因工党采纳《贝弗里奇报告》而使社会保险政策相继出台，最终建成了其他西方发达国家纷纷效仿的福利国家制度。

《贝弗里奇报告》确立了战后英国福利体系建设的四条基本原则：（1）普遍性原则。社会保障应是普遍而非选择性的。（2）满足最低需求原则。社会保障应旨在维持生存所需的最低限度的收入并防止贫困。（3）充分就业原则。贝弗里奇认为，一个没有维持充分就业以防止大规模失业的社会保障计划是不能令人满意的。他一再强调，社会保障必须与充分就业联系起来。（4）费用共担原则。社会保险计划实行由雇员、雇主和财政部三方共同承担社会保障费用的原则。贝弗里奇在报告中指出，社会保障计划的核心是社会保险，所有处于工作年龄段的公民都需要根据自己的保障需求缴纳相应费用，已婚的妇女则由丈夫替其缴费。只要每周缴纳社会保险费，这些人的所有基本需求就可以得到有效的保障。主要的现金福利待遇——失业、伤残和退休等都是由社会保险基金支付，而且只要需要存在，待遇就会一直支付下去，不需要任何经济状况调查。社会保险基金由参保人及其雇主缴费形成，在一些情况下，还包括政府资金①。贝弗里奇设计的社会保险制度涵盖了养老、疾病、残疾、死亡、工伤、失业和家庭津贴七大保险项目。

《贝弗里奇报告》是一部具有划时代意义的历史文献，描绘了一幅较为完整的社会保险体系的蓝图。一些西方经济学家认为："《贝弗里奇报告》已经成为社会保障思想发展史上的一个里程碑，它的影响已经遍及世界所有主要国家。它树立了系统地实行社会计划、不零敲碎打地解决个别需要的一种政策的典型。"它所提出的建立福利国家的基本思想不仅决定了战后英国社会保险的发展方向（战后英国正是在这一报告的思想基础上率先建立起一整套现代社会保障制度，使得英国成为人类历史上第一个福利国家，从而有效缓和了战后英国所面临的社会矛盾），同时刺激了英国资本主义经济的进一步发展。此后，英国福利国家的社会实践一再为其他资本主义国家所仿效，并相继建立起日益完善的社会保险制度。

---

① 贝弗里奇．贝弗里奇报告．北京：中国劳动社会保障出版社，2004：9-11.

2.1.6 其他相关理论

1. 马克思主义

马克思在其著作中，从两个不同的角度阐述了社会保障相关理论。

一是从收入和分配的角度。在《对德国工人党纲领的几点意见》中，他指出："如果我们把'劳动所得'这个用语首先理解为劳动的产品，那末集体的劳动所得就是**社会总产品**。现在从它里面应该扣除：**第一**，用来补偿消费掉的生产资料的部分。**第二**，用来扩大生产的追加部分。**第三**，用来应付不幸事故、自然灾害等的后备基金或保险基金。从'不折不扣的劳动所得'里扣除这些部分，在经济上是必要的，至于扣除多少，应当根据现有的资料和力量来确定，部分地应当根据概率论来确定，但是这些扣除根据公平原则无论如何是不能计算的。剩下的总产品中的其他部分是用来作为消费资料的。在把这部分进行个人分配之前，还得从里面扣除：**第一，和生产没有关系的一般管理费用**。和现代社会比起来，这一部分将会立即极为显著地缩减，并将随着新社会的发展而日益减少。**第二，用来满足共同需要的部分**，如学校、保健设施等。和现代社会比起来，这一部分将会立即显著增加，并将随着新社会的发展而日益增加。**第三，为丧失劳动能力的人等等设立的基金**，总之，就是现在属于所谓官办济贫事业的部分。"① 可见，马克思认为，社会保障是以国家为主体，通过国民收入的分配和再分配，依法对社会成员的基本生活权益予以保障的社会保障制度。

二是从社会经济运行的角度。在《资本论》中，马克思指出："如果我们再把剩余劳动和剩余产品缩小到社会现有生产条件下一方面为了形成保险基金和准备金，另一方面为了按照社会需要所决定的程度来不断扩大再生产所要求的限度；最后，如果我们把有劳动能力的人必须总是为社会中还不能劳动或已经不能劳动的成员而进行的劳动的量，包括到1. 必要劳动和2. 剩余劳动中去，也就是说，如果我们把工资和剩余价值，必要劳动和剩余劳动的独特的资本主义性质去掉，——那么，剩下的就不再是这几种形式，而只是它们的为一切社会生产方式所共有的基础。"② 从这一角度讲，马克思认为社会保障是保证劳动力再生产和社会再生产顺利进行的手段，是社会稳定协调发展的均衡机制。

2. 凯恩斯主义

美国经济学家 J. M. 凯恩斯在 1936 年出版的《就业、利息和货币通论》中，提出了一套对付资本主义经济危机的理论和政策，成为战后西方国家制定经济政策和社会保障制度的主要理论依据。1929 年爆发的震撼整个资本主义世界的经济危机，宣告了以亚当·斯密和萨伊为代表的自由放任主义的破产，凯恩斯正是在否定这一学派的过程中形成了自己的经济学说。他提出，政府要积极干预经济，推行扩张性的财政政策；要实行社会保障，消除贫民窟，推行累进税制，制定最低工资法和进行限制工时立法；等等。他强调维护资产阶级民主制度，反对自由主义的消极国家，被视为官方经济学。

凯恩斯主义不仅对美国社会保障制度的建立和完善具有十分重要的指导意义，而且亦

① 马克思，恩格斯．马克思恩格斯全集：第 19 卷．北京：人民出版社，1963：19-20．

② 马克思．资本论：第 3 卷．北京：人民出版社，2004：992．

成为第二次世界大战后西方市场经济国家建立和完善社会保障制度的主导理论。

3. 社会民主党的福利社会主义

第二次世界大战以后，西欧社会民主党的"福利社会主义"占据主导地位，其中英国的工党和瑞典的社会民主党在继承和发展福利国家理论及政策方面影响最大。英国工党继承了"讲坛社会主义"和"费边社会主义"的传统，提出了"民主社会主义"的理论和纲领，并制定了"政治自由、混合经济、福利国家、凯恩斯主义和平等"五项原则。瑞典社会民主党执政几十年，在福利国家的实践方面起了示范作用，被称为"福利国家的典范"。社会民主党把建立福利国家看作通向社会主义的途径，这种"福利社会主义"主张以国有化和计划经济来推进福利国家政策；提倡通过集体谈判或工人参与企业管理来实现"劳资合作"；强调通过高额累进税制对收入进行再分配，以缩小贫富悬殊差距。西欧社会民主党的"福利社会主义"把过去的一种政治思潮发展为执政的社会民主党的政治纲领和施政政策，在巩固和发展福利国家的同时，也埋下了福利国家危机的种子。

4. 有关"社会公正"的理论争议

平等与幸福是人类追求的终极目标，而现代社会保障制度的核心就是不排斥效率的公平、公正。但有关这方面的争议也是很多的。如 1974 年诺贝尔经济学奖获得者哈耶克就认为，实行计划经济是一条"通向奴役的道路"。"为救济贫困而设计的制度性安排已经逐渐变成一种对收入进行再分配的手段：这种再分配在表面上所依据的乃是某些人认为的社会正义原则（现实中并不存在这种社会正义原则），然而，在实质上却是由特定的决策所决定的。"1976 年诺贝尔经济学奖获得者米尔顿·弗里德曼也认为，在社会保障方面，政府通过征收累进所得税和遗产税的办法干预分配过程是违背竞争的、自由的资本主义社会的道德准则的，其职责只是补充私人慈善事业和私人家庭对不能负责的人的照顾，允许私人企业和私人机构参与这些领域的竞争，允许个人自由选择。他还主张实行负所得税制，逐步取消社会保险。

而 1974 年与哈耶克共同分享诺贝尔经济学奖的缪尔达尔则认为，不发达国家应积极进行平等主义的改革，主张确立现代化理想，并主张通过社会保障等方式，实现社会平等、经济平等及机会均等。1998 年诺贝尔经济学奖获得者阿马蒂亚·森长期致力于社会最贫困人口的福利问题研究。他主张政府在追求经济增长的同时，要注意改善贫富悬殊不平等现象①。

2.2　社会保险制度的产生与发展

追溯社会保险制度的渊源，我们可以发现有关社会保险的思想和认识最早产生于古代的巴比伦。据史料记载，巴比伦国王曾命令僧侣、法老和市长向其管辖地区的居民征收赋税，以筹集火灾救济金。古希腊法学家萨隆曾在各个城市倡导设立"公共柜"，以平时投入的钱作为战时救护伤亡费用和战死者家属的抚恤金。公元前 1800 年以前，古印度的陶

---

① 郑功成. 社会保障学：理念、制度、实践与思辨. 北京：商务印书馆，2000：9，82.

工、染工、象牙工等手工工人，建立了世界上最早的行会组织——基尔特组织，其保障对象是参加该行会的成员及其亲属，所需费用来自各会员定期缴纳的会费。保障给付项目有疾病津贴、寡妇津贴和丧葬费等①。

在工业化进程中，为防范经济与社会风险，工人自发组织了诸如友谊社、工会俱乐部、建筑社、信托储蓄银行等私人保险和互助组织，其中，友谊社是最具典型性的、发展较快的一个组织。到19世纪80年代，英国的友谊社已拥有450万名成员。

这类形式已比较接近现代的社会保险，但未形成一种正式的制度。其后，商业保险在西方蓬勃开展，形成现代社会保险制度的雏形和重要基础。

2.2.1 社会保险制度的产生

西方传统的社会保险制度是植根于其特定的社会结构、制度文化结构基础上的，具有客观必然性和合理性，采取这种形式亦符合其生存发展的经济、社会及文化土壤。从19世纪末到第二次世界大战之前是现代社会保险制度的产生时期。

19世纪后半叶，欧洲各国相继完成了工业革命，完成了从自然经济到商品经济的飞跃，确立了资本主义的社会、政治、经济新秩序。之后，资本主义社会从自由竞争阶段过渡到垄断资本主义阶段，工人阶级与资产阶级的基本矛盾日益尖锐，工人阶级为了争取生存权利，与资产阶级展开了激烈的斗争。随着斗争的不断深入，工人力量开始发展壮大，成为一股重要的力量走上政治舞台。劳动者的健康和生活保障问题日益得到社会各个阶层人士的关注，资产阶级为了维持劳动力再生产，标榜所谓的“民主”，在对工人运动进行镇压的同时，不得不考虑建立一种社会化的保护体系或社会安全网，来安抚工人阶级，现代意义上的社会保险开始产生。

西方现行社会保险制度的基本结构根源于以互助共济为核心，以法律契约为保障，以精算技术为运行条件的商业保险模式。社会保险就是在这一基础上，由政府干预，强制在更大范围内推行并扩展为一种重要的社会政策。

1. 德国——社会保险制度的发源地

现代意义上的社会保险制度产生于德国。从当时的情况来看，德国并不是世界上最发达的国家，能够第一个建立起完整的社会保险制度，与德国当时国内的政治、社会背景有着密切关联，而经济因素无疑起主要作用。德国工业革命使大批的农民进城，城市工业中心交通拥挤、住房紧张，城市工人的劳动条件差、劳动强度大、工伤事故和职业病剧增，工人的基本生活难以保障成为严重的社会问题，工人的罢工斗争也迅速遍及全国，而镇压政策没有收到预期的效果。设法缓解工人运动造成的压力，消除工人运动的威胁，仍然是当时德意志帝国一项迫在眉睫的任务。社会保险制度的建立也因此提上日程。

由于社会保障制度的实行以及工业化带来的更多就业机会，当时的德国成为经济繁荣、社会安宁的典范，社会各阶层似乎都表现出普遍的满足感。这种显著成效引起当时欧洲其他与德国面临同样困境的资本主义国家的极大关注，社会保险制度迅速在全球范围内扩展开来。

---

① 邓大松. 社会保险比较论. 北京：中国金融出版社，1992：67-71.

2. 继德国之后，其他国家纷纷建立社会保险制度

由于看到社会保险制度具有维护社会稳定的作用，因此继德国建立社会保险制度后，世界上其他国家开始纷纷仿效。到 20 世纪 20 年代，大多数资本主义国家都相继建立了本国在经济发展中所迫切需求的各种社会保险制度，对于缓解当时整个欧洲工业革命完成后资本主义矛盾的凸显与激化起到了极其重要的作用。

美国是最早建立综合、全面的社会保险制度的国家之一。1933 年，罗斯福就任总统后，为了摆脱危机，重振美国经济，缓和国内阶级矛盾，开始实行一系列新的社会经济政策，历史上称为“罗斯福新政”。罗斯福新政与凯恩斯主义不谋而合，从实践上拒绝了传统的自由放任主义。二者都以“积极国家”作为政策核心，主张政府积极干预经济，反对传统的保守政策。罗斯福把充分就业作为新政的首要目标，不惜实行赤字财政和不平衡预算，推行大规模的公共工程，包括福利设施计划，从而把资本主义世界引上了福利国家的道路。1935 年，在罗斯福的领导和主持下，美国国会通过了历史上第一部《社会保障法》，首次提出了“社会保障”这个概念。美国的社会保障主要体现了保障的全民化和统一管理的特点，以区别于德国的与职业相关的分散管理的社会保险制度①。继美国建立社会保险制度后，阿根廷、墨西哥、巴拿马等国也先后建立了社会保险制度。

3. 这个时期社会保险制度的特点

这个时期的社会保险制度具有以下几个特点：

（1）社会保险制度的各个子项目纷纷出台。社会保险主要作为应急措施，由各单项保险项目一一推出，还没有成为国家长期发展战略和经济发展的配套措施。当时，出于尽快摆脱经济危机的考虑，西方发达资本主义国家强化了国家干预经济以及扩大社会保险支出的政策。

（2）社会保险的涵盖范围并不广。这个时期社会保险计划的实施对象主要针对受雇者，以解决其失业、工伤和退休问题，并没有覆盖到全体社会成员，保障面还很窄。以德国最早颁布的社会保险方面的法令为例，只对周工资少于 40 马克的体力劳动者适用。

（3）社会保险体系还不完整。不少国家虽然建立了某几种社会保险项目，名目繁多，但体系混乱，还没有形成按照劳动者或全体公民可能遭遇的所有风险设计的一整套社会保险计划，只有极少数国家形成了完整的社会保险体系。

（4）社会保险侧重“治疗”功能。这个时期的社会保险是作为社会的安全政策，主要是为遭遇风险的劳动者提供收入补偿，如为因公受伤者提供伤残津贴、向失业者提供失业救济金等，属于善后的措施，而不注重预防功能，如在失业保险环境下并没有配合积极的就业促进措施②。

（5）社会保险基金的筹集主要依靠劳动者及其雇主。

（6）社会保险制度在欧洲广泛推行。继德国之后，各欧洲国家先后实施了某个或几个方面的单项保险。

（7）社会保险的立法和管理由分散到集中化。19 世纪末 20 世纪初，社会保险制度主

---

① 王石泉. 论社会保障理论的历史演变. 毛泽东邓小平理论研究，2004（4）.

② 王云昌，张茂松. 社会保险理论与实务. 郑州：黄河水利出版社，2001：41-42.

要靠劳动者及其雇主的捐款维持，国家干预不多。因此，立法管理多以行业性、地方性的为主。19世纪30年代的经济大萧条，使国家的卷入加深，即使是主张“政府最后出台”的美国，也在1935年通过了《社会保障法》，并建立了社会保障署。其他一些国家也开始了统一社会保险法令的尝试。

2.2.2 社会保险制度的发展与完善

以美国罗斯福新政时期的《社会保障法》的颁布为起点，到第二次世界大战结束，为社会保险制度的发展阶段，社会保险制度呈现蓬勃发展之势，开始在世界各国普及。而从战后到20世纪70年代，社会保险则进入成熟阶段。

第二次世界大战之后，在和平环境下，科学技术得以快速发展，并应用于工业生产中。各国都在迅速地抚平战争创伤，大力发展国民经济，世界经济开始呈现平稳快速增长的势头，社会保险制度亦开始在世界各国普及。在《贝弗里奇报告》的影响下，西方发达国家都在向福利国家的方向努力，逐步建立了内容齐备的统一的社会保险制度。如英国的《社会保险计划》，就包括失业、残疾、疾病、养老、生育、遗属、死亡7个项目。

1949年，至少有一种社会保险项目的国家只有58个，到1958年，世界上已经有80多个国家至少建立了一种项目的社会保险制度。到1977年猛增到129个，比1949年增长了1.22倍，其中增长最快的是养老保险，由1949年的44个，增加到1977年的114个，增长了1.59倍。普及率最高的是工伤保险，129个至少有一种社会保险项目的国家都建立了工伤保险。目前，168个国家或地区至少建有一种社会保险项目（ISSA/OECD/IOPS [2017年]）。

1. 福利国家的诞生

第二次世界大战结束以后，西方各国都进一步完善了原有的社会保障制度。著名的《贝弗里奇报告》对以往的社会保险、社会保障制度进行了总结和反思，提出应该建立以“普遍和全面”为原则，以社会保险为主、社会救助为辅的新型的社会保障制度。受该报告的影响，英国政府先后颁布了一系列社会保险法案，成为当时拥有最先进社会保险制度的国家，并于1948年正式宣布成为第一个福利国家。

继英国之后，瑞典也推行公共年金制度和全民医疗制度，并建立包括年金保险、医疗保险、失业保险、工伤保险在内的社会保险体系，其福利设施的完善程度在西方国家中名列前茅，被誉为西方社会的“福利橱窗”。随后，挪威、丹麦、芬兰等北欧国家放弃了原来的社会保险和社会扶助制度，实行普遍的年金制度，建成了“福利国家”式的社会保险体系，其他西欧国家、北美洲国家、大洋洲国家、亚洲发达国家和地区，也开始宣布实施“普遍福利”政策。

2. 各种新型的社会保险制度开始出现

在这个时期，所出现的社会保险制度也是千差万别，除了“福利国家”和传统的“社会保险”制度类型外，还出现了国家保险制度和强制储蓄型保险制度等。

（1）国家保险制度。

20世纪中叶，苏联、中国及东欧一些社会主义国家纷纷建立了一种与资本主义国家完全不同的社会保险制度——国家保险制度，这种制度是由政府负责全民的保障，个人不需要缴纳社会保险费。

（2）新加坡的中央公积金制度。

新加坡放弃了简单模仿他国做法的想法，而考虑建立一种独特的社会保险制度，于 1955 年开始实施与传统的社会保险完全不同的中央公积金制度，该制度以雇主与雇员自己为责任主体，通过立法强制雇主和雇员参加公积金制度，并按照规定缴纳公积金；政府只实施监督职能，公积金由官方性质的中央公积金局负责管理；采取完全积累模式。但该制度因无互济性，每个劳动者的公积金账户的资金属于劳动者个人所有，政府不能将其取出接济其他劳动者而受到质疑。自 1968 年开始，政府极大地扩展了中央公积金的职能，使它能够为住房、健康保险、人寿保险、医疗保险、养老保险等目标融资，至此中央公积金制度已从一个简单的养老保险制度转变为由政府立法强制个人储蓄，采取完全积累模式和集中管理模式的综合的社会保险制度①。

（3）智利的私营养老金制度。

在改革之前，智利的基本养老保险计划名义上是采取“部分积累”模式。尽管国家和个人的缴费在逐年增加，但由于人口老龄化加逗，加之经济出现滑坡，要积累养老保险基金还是变得越来越困难，到 20 世纪 70 年代末，智利“部分积累”制的养老保险制度实际上已经沦为“现收现付”制的养老保险制度。

20 世纪 70 年代末 80 年代初，智利开始在养老保险制度方面进行大胆的私营化改革探索。经过几十年的发展，养老保险基金不仅摆脱了亏空状态，而且私营化、资本化管理也给其带来了丰厚的投资回报，从而提高了养老金的替代率，减轻了政府的财政压力，降低了个人的缴费率。由于养老保险账户是采用完全积累方式，参保人员将资金存入个人养老保险基金账户，这样便提高了国民储蓄率，增加了国民经济建设资金的来源。当然，新制度也有不足之处，如着重强调了养老金的储蓄功能及资本化运作，弱化了再分配功能，偏离了社会共济方向，致使一部分人由于收入太低被排除在这种养老保险制度之外②。

3. 这个时期社会保险制度的特点

这个时期的社会保险制度具有以下几个特点：

（1）社会保险制度从欧洲推向美洲乃至全球。第二次世界大战以后，社会保障制度广泛地为亚洲、非洲和拉丁美洲国家所接受。

（2）模式多样化。继德国俾斯麦模式之后，英国等国建立了福利国家模式，新加坡等国创立了“完全积累”模式的公积金制度。

（3）社会保险的涵盖范围逐渐扩大。德国模式的社会保险制度在一些国家发生了重要的变化，如有的国家的养老保险制度已经转为覆盖全民的福利性国民年金，生育保险被普遍性生育津贴取代，失业保险向就业保障发展，医疗保险向全国健康保险发展，等等。而 20 世纪 90 年代在一些发达国家还兴起了护理保险。

（4）保障范围和内容不断扩展。许多国家已经不仅仅将人的生老病死作为防范对象，

---

① 李珍，孙永勇，张昭华．中国社会养老保险基金管理体制选择：以国际比较为基础．北京：人民出版社，2005：108-113．

② 刘子兰．如何看待智利社会保障私有化改革．经济体制改革，2003（4）．

而且还将影响人类生活质量的因素如环境、精神状况、教育和培训等也纳入了社会保险的内容。社会保险从单项保险向综合保险转变，形成一套相互联系的社会保险体系。

（5）欧美各国政府对社会保险制度的干预增强，由自愿保险向强制保险转变。第二次世界大战前，很多国家的社会保险项目多为自愿保险，如工伤、残疾、失业保险等。第二次世界大战后，为减轻雇主的负担，促进低收入劳动者参加保险，各国纷纷实行强制保险，除比利时的工伤保险，瑞士的医疗保险，丹麦、荷兰、瑞典的失业保险等仍实行劳动者自愿参保之外，其他西方发达国家均将以前的自愿保险改为强制保险。各国政府加强了社会保险的监督管理。

（6）福利国家的社会保险制度危机开始显现。20 世纪初，西欧 65 岁以上的人口占总人口的 5%，75 岁以上的人口仅占总人口的 2%。之后，由于出生率降低、科学技术的发展，以及居住、营养、医疗卫生条件的不断改善，人口结构也随之发生急剧变化。到 20 世纪 70 年代，65 岁以上的老人已占到总人口的 13%，70 岁以上的人口则接近 5%。在这种情况下，各国的养老金开支急剧上升。

大部分福利国家社会保险开支的增长速度开始超过国民生产总值和政府财政支出的增长速度。进入 20 世纪 70 年代中期，西方社会保障制度也逐渐显现出一些局限和弊端：首先，日益增多的福利支出使许多国家出现了巨大的财政“黑洞”，它们面临着赤字庞大、众多的福利项目难以为继的困难局面。其次，全面的福利使一部分人丧失工作的积极性，导致社会生产率下降。最后，由于积极增长缓慢，通货膨胀严重，企业和政府的收入都受到一定影响，福利国家的社会保险制度危机开始显现①。

2.2.3 社会保险制度的改革与调整

20 世纪六七十年代是世界经济迅速发展的黄金时期，因此即便一些西方发达国家社会保险开支逐年递增，但它们仍可以负担得起。但是到 20 世纪 70 年代末期，特别是 80 年代以后，西方发达国家的经济开始出现衰退，而社会保险开支仍在增长，从而造成社会保险开支的年增长率大大超过消费价格指数和国内生产总值（GDP）的年增长率的局面，庞大的社会保险和福利开支，使许多显赫一时的福利国家逐渐陷入困境。从那时起直到现在，西方国家的社会保险制度进入了改革与调整期。

1. “福利病”开始出现

20 世纪 80 年代以来，发达资本主义国家的国民经济进入了“滞胀”时期，一些国家的社会保险制度开始陷入财务危机，开始出现“福利病”的现象。这些国家实行所谓的“从摇篮到坟墓”的福利政策，社会保险项目庞杂，标准较高，社会保险支出的增长速度普遍超过了经济增长的速度，社会保障开支占国民生产总值的比重不断提高，从而引发了以下问题：

（1）政府社会保障开支猛增，国家财政负担过重。

英国社会福利费用占 GDP 的比重由 1970 年的 15.9%增加到 1981 年的 23.5%；法国社会保障费用占 GDP 的比重由 1970 年的 19.2%增加到 1981 年的 27.2%。庞大的社会保

① 邵能．西方社会保障制度及其启示．经济论坛，2000（14）．

障开支，成了政府财政的沉重包袱，导致政府财政赤字累累。

（2）资本投资下降，经济增长放缓。

随着社会保险开支的不断增加，国家的经济资源也开始向社会保险项目倾斜，导致资本投资的增速下降，国民经济增长放缓。如瑞典的经济增长速度由 1960—1965 年间的平均每年 5.7%，变为 1970—1974 年间的平均每年 3.0%，到 1975—1979 年间已经下降至 0.3%。

（3）劳动力成本上升，国际竞争力下降。

由于社会保险与福利开支迅猛增长，进一步推动了职工工资水平的上涨，其增长速度甚至超过了经济增长速度。同时，由于经济发展放缓，以及企业为支付日益增长的社会保险费（税）的开支越来越大，致使产品成本不断提高。为了应付高额的社会保险待遇支出，实行福利国家制度的国家，其员工必须缴纳高额所得税和社会保险费。1973 年，瑞典一名年收入 3 万克朗的单身职工应缴纳的税款（包括社会保险税）达 15 220 克朗，占其收入的 51%。

（4）人们的工作积极性降低。

由于福利国家的高福利政策向公民提供基本的生活费用，加之这些国家的失业保险待遇比较容易获取和享受期限较长，待遇标准使人们能维持基本的生活，而且这种收入不纳税，却要将工资收入的很大一部分交给国家，这就使得人们的生产热情减退，工作积极性降低。再加上当时西方发达国家的经济普遍萎靡不振，社会无法提供充分的就业机会，经济衰退又造成大量工厂破产或减产，大批工人被解雇。到 1983 年底，德国的失业率为 9.5%，意大利为 11.2%，荷兰为 11.4%，英国为 11.9%，比利时为 14.9%。

由于失业人员不缴纳社会保险费，因此失业率的上升不仅意味着缴费人员的减少，而且还导致社会保险开支的增加。在多数国家社会保险是相当慷慨的，失业人员一般可以领取失业前工资的 65%～95%额度的失业保险待遇，有的甚至是 100%的补偿。这就使得人们缺乏寻找工作的激励，一些人有意使自己的工作时间符合领取失业保险待遇的标准，还有一些人把失业看作职业，整天无所事事，一心一意等着排队领取失业保险待遇。

2. 现代社会保险制度的改革与调整

自 20 世纪 80 年代以来，世界各国都对本国的社会保险制度进行了不同程度的调整与改革。即便是社会主义国家，过去那种适应计划经济的国家一包到底的社会保险方式也已不能适应发展市场经济的需要，存在一个进一步改革与完善的问题。20 世纪 90 年代以来，随着苏东剧变的发生和社会、经济制度的变化，使传统的国家社会保险制度式微。这一时期，社会保险制度改革与调整的重心主要着眼于在现行体制结构下如何缓解社会保险制度的财务危机，抑制日益膨胀的社会保险支出，具体措施主要包括以下几方面：

（1）降低社会保险的待遇给付水平。

西方发达国家的社会保险制度普遍是以《贝弗里奇报告》为蓝本建立起来的，社会保险待遇给付有着浓厚的社会福利色彩。随着社会保险支出的日益膨胀，资金供求矛盾凸显，不少国家开始进行调整。

1）调整保险待遇给付公式。在收入关联的社会保险制度下，保险金给付主要取决于三个基本因素，即某时期内的平均收入水平、计算方式与缴费年限。许多国家采取直接调整保险金给付公式的方式来降低保险金的给付，或是采取调整保险金计算基数的方法来调整保险金给付的待遇水平，在一定程度上克服了保险金给付中的高福利色彩，降低给付标准。

2）谨慎运用养老保险金的指数调节机制。在养老保险制度中普遍运用保险金的指数调节机制，使保险金给付水平随动态经济的变化，如工资增长和价格变化而进行必要的调整，是 20 世纪 70 年代中期以来许多工业化国家社会保险制度发展中的一个重要特点。一方面，指数调节机制有助于抑制通货膨胀对养老保险金实际价值的不利影响；另一方面，较为宽松的调节幅度也无疑加剧了社会保险支出的膨胀。所以，近年来，许多国家对其进行了不同程度的修正和调整，试图控制社会保险支出的过度膨胀。这种调整主要表现在三方面：第一，变换使用指数调节指标，如英国从 1980 年起，改变以价格和工资调节就高不就低的做法，规定仅以适度的价格变化进行指数调节。第二，推迟指数调整期限。第三，实施工资或价格指数的阶段性调整。需要指出的是，谨慎地运用指数调节机制，有助于缓解短期内社会保险财务机制的压力，但它不可能有效地解决现收现付制所面临的严重财务危机。

3）提高保险待遇的领取条件。降低社会保险支出的另一措施是提高保险待遇的领取条件，即提高法定退休年龄和延长保险缴费期限。

（2）提高法定退休年龄。

由于科技、医疗技术水平的进步，各国劳动者的平均寿命普遍延长。为了减少社会保险的开支，各国开始尝试提高或逐步提高法定退休年龄，从而在一定程度上缩短劳动者退休期限，以此达到增加社会保险缴费人数、减少退休人员比例的目标，从而缓解社会保险制度资金供求的矛盾。

需要指出的是，调整法定退休年龄是一项涉及面广且异常复杂的社会政策，尤其与特定的经济发展环境、劳动力市场供求状况、失业率高低密切相关。因而，这种调整会产生某种程度的偏差与冲突，如提高退休年龄势必加剧劳动力市场供求矛盾；而居高不下的失业率，又迫切要求一些国家降低法定退休年龄，以缓解尖锐化的失业问题。有鉴于此，许多国家都谨慎地对待退休政策并逐渐调高法定退休年龄，在一个相对长的时间内完成①。

（3）进行医疗保险改革。

医疗保险开支的急剧上升，是社会保险开支上升的主要原因之一。为了遏制医疗保险开支急剧上升的势头，各国普遍对医疗保险进行了重大调整。如德国对某些药品不再实行免费供应。此外，各国还积极推行补充医疗保险制度，这是由国家提供政策支持、私营机构（如商业保险公司）提供服务、人们自愿参与的医疗保险制度，主要是为了满足人们更高的医疗保险服务需求。

（4）进行社会保险制度财务调整。

调整社会保险制度的财务结构主要是为了调节资金供给方，以增加社会保险制度可供

---

① 刘京胜．西欧社会保障制度的发展及改革//杨祖功．西欧的社会保障制度．北京：劳动人事出版社，1986：45.

分配的社会资源。

1）提高社会保险缴费水平。在现收现付制下，提高缴费水平是增加社会保险资金供给的最直接手段，亦是实现收支平衡的重要措施。20 世纪 80 年代以来，为了缓解社会保险制度的财务危机，各国都不同程度地提高社会保险的缴费水平，以增加社会保险的资金来源，实现社会保险的财务收支平衡。这些增加的缴费除应付当年的社会保险开支外，还提留一部分作为社会保险信托基金，以便为缓解未来社会保险制度将面临的资金供求矛盾做财务或基金准备。

2）调整社会保险制度财务结构。为缓解社会保险面临的财务危机，调整财务结构亦是一项重要措施。一方面，调整个人缴费与企业缴费的比例，适当增大了企业和个人负担的份额；另一方面，一些国家加大了政府对社会保险的投入，具体体现在政府从财政收入中增拨一部分资金以增加社会保险资金供给，同时，通过适当削减政府其他社会福利项目，增加对老年保障计划的投入等。

3）调整社会保险制度财务机制。选择恰当的财务机制，是目前许多国家社会保险制度改革中关注的一个根本问题。尤其是着眼于中长期发展战略，现收现付的社会保险制度在严峻的老龄化进程中，面临前所未有的困境。将现收现付制转变为完全积累制或部分积累制，已成为当前社会养老保险制度改革的趋势之一。通过预提积累的财务机制，在老龄化高峰到来之前，积累部分基金以便从根本上缓解资金供求的突出矛盾。但是由于受制于各国政府、经济、人口发展的具体情形，除个别国家外，多数国家尚未实施这一转换。实施这一转换突出的矛盾在于，由现收现付向基金制转化，意味着现有生产性劳动者不但要负担现有退休人员的退休费用，而且要负担自己未来退休的费用，双重负担使得这一改革难以进行。于是，一些国家的专家提出部分转换或平滑式过渡的方式，即通过各种手段的共同作用，暂时将缴费额度提高几个百分点，提留部分基金减缓老龄化高峰期实行现收现付制的压力，发行债券以减轻转换时的压力。所以，实行部分积累制是实现社会保险制度财务机制转换的一个突破口，亦是未来许多国家社会保险制度改革的重要组成部分。

（5）发展企业保险计划和私营保险计划。

为应付日趋严重的社会保险制度财务危机，各国社会保险制度改革的另一重要发展趋势是大力促进企业保险计划和私营保险计划的发展。20 世纪 80 年代后期以来，不少国家都将鼓励和刺激发展企业保险计划和私营保险计划视为解决社会保险制度危机的重要政策主张而提上议事日程，并相应地在税收政策等方面提供优惠，以促其发展。20 世纪末，欧美等发达国家的企业年金规模快速增长，美国、瑞士和荷兰来自第一支柱的替代率仅为 40%，来自企业年金和个人储蓄型养老计划的养老金收入占到了退休收入的 60%以上。1997 年，瑞典和荷兰的企业年金资产甚至超过了这两个国家当年的 GDP①。

截至 2003 年底，美国企业年金更达到了 9.057 万亿美元的总规模，高于同期美国共同基金 7.414 万亿美元的规模，年均增长 7.95%。美国 1.511 亿雇员中有 42%即 6 350 万

① JUAN Y. Pension funds in Latin America：recent trends and regulatory challenges. 2000. http://www.oecd.org/doc/M00024000/M00024985.doc.

雇员参加了企业年金计划，20 岁至 64 岁的全职雇员企业年金计划参与率达 57.1%，而上市公司全职雇员企业年金计划参与率高达 75.8%①。

2.3 我国社会保险制度的产生与发展

我国社会保险制度的产生与发展经历了以下几个阶段：

2.3.1 我国社会保险制度的创建（1949—1956 年）

1949—1956 年是我国社会保险制度的创建期。1949 年 10 月 1 日，中华人民共和国成立，当时充当临时宪法的《中国人民政治协商会议共同纲领》（简称《共同纲领》）为建立新中国的社会保险制度提供了最基本的法律保障。《共同纲领》明确规定要在我国“逐步实行劳动保险制度”。新中国成立初期是我国恢复国民经济最困难的时期，旧中国留下来的是一个烂摊子，在一些大中城市，市场停滞，工商业凋敝，甚至关厂、停业，造成大批工人失业。在这种背景下，1950 年 5 月 19 日政务院第三十七次政务会议通过了《救济失业工人暂行办法》，并于同年 6 月 17 日发布施行。《救济失业工人暂行办法》对救济的目的、范围、标准和方法，以及救济基金的来源与失业工人的职业和文化教育等问题做了详细的规定。此办法的实施，对于减轻失业工人的生活困难，保护劳动力，帮助失业者逐渐就业、转业，特别是恢复各国营、私营企业的生产起到了重要作用。

1. 城镇职工社会保险制度的建立

1950 年，我国的部分省、市和少数产业部门根据实际情况，自行制定了本地区、本系统的社会保险暂行办法，但各地区社会保险的险种不一样，保险待遇高低不一，组织架构也不健全，管理起来相当烦琐②。因此，政务院于 1951 年颁布了《中华人民共和国劳动保险条例》（简称《劳动保险条例》），这是新中国第一部社会保险法律，该条例全面确立了适用于我国城镇职工的劳动保险制度，它的实施范围包括城镇机关、事业单位之外的所有企业职工。

《劳动保险条例》对保险的项目，保险费的征集、保管和支配标准，以及保险事业的管理和监督都做了详细规定。同时为了确保《劳动保险条例》的顺利执行，劳动部和有关部门制定颁布了一整套确保《劳动保险条例》顺利实施的规章制度，如 1951 年 2 月颁布了《中央人民政府劳动部关于劳动保险登记手续的规定》、1951 年 3 月颁布了《关于工资总额组成的规定》、1951 年 4 月颁布了《劳动保险基金会计制度》。1953 年 1 月 2 日政务院颁布了《关于〈中华人民共和国劳动保险条例〉若干修正的决定》，把劳动保险对象范围扩大到职工在 100 人以上的工厂、矿场和交通事业的基本建设单位与国营建筑公司。1956 年政务院又对《劳动保险条例》进行了再次修订，把保险对象范围进一步扩大到商业、外贸、粮食、供销合作、金融、民航、石油、地质、水产、国营农牧场、造林等十几个产业部门。

---

① COPELAND C. Mutual funds and the U.S. retirement market in 2003. EBR issue brief 274，2004.

② 邓大松. 社会保险. 北京：中国劳动社会保障出版社，2002：294-295.

2. 国家机关、事业单位职工社会保险制度的建立

国家机关、事业单位职工与城镇职工的社会保险制度是不一样的，他们的社会保险制度是以颁布单项法规的形式逐步建立起来的，也就是说，自社会保险制度创建之初到现在，我国国家机关、事业单位工作人员的社会保险制度与城镇职工的社会保险制度还一直处于并行格局。1950 年 12 月，国家公布了《革命工作人员伤亡褒恤暂行条例》，对国家工作人员的伤残和死亡待遇做了规定。1952 年、1953 年和 1955 年进行了三次修改。1952 年 6 月 27 日，政务院颁布了《关于全国人民政府、党派、团体及所属事业单位的国家工作人员实行公费医疗预防措施的指示》，扩大了公费医疗的实施范围。1955 年 4 月 26 日，国务院颁发了《关于女工作人员生产假期的通知》，建立了面向机关、事业单位人员的生育保险制度。国家机关和事业单位工作人员的退休制度是以 1955 年 12 月 29 日国务院颁发的《国家机关工作人员退休处理暂行办法》《国家机关工作人员退职处理暂行办法》《关于处理国家机关工作人员退职、退休时计算工作年限的暂行规定》等法规为建立标志的。它与企业职工退休制度所规定的内容大体相同，使国家机关工作人员在生、老、病、死、伤、残等方面的待遇都有了法规依据，但因为这些规定是相互独立的制度安排，因此在一些地方不免存在差异。

3. 农村社会保险制度的建立

农村出现正式的合作医疗制度是在 1955 年农业合作化时期。随着农业合作化的发展，山西、河南等地先后实行了农村合作医疗。1960 年，中共中央转发了卫生部的《关于人民公社卫生工作几个问题的意见》，要求各地参照执行。合作医疗由此得到政府重视并在全国推广开来，成为我国农村一项重要的医疗保险制度。

2.3.2　我国社会保险制度的调整（1957—1966 年）

1957—1966 年是我国社会保险制度的调整期。1957 年，随着新中国成立初期三大改造任务的基本完成，国家转入有计划地全面进行社会主义经济建设的时期，为了适应新形势的发展，中央政府开始对社会保险制度进行有计划的调整。

1. 统一退休规定

城镇职工实行的《劳动保险条例》的退休待遇规定和国家机关、事业单位人员实行的退休办法的规定不统一，城镇职工的退休待遇高于机关、事业单位人员。国务院于 1958 年 2 月 9 日公布了《关于工人、职工退休处理的暂行规定》，统一了企业、事业、国家机关职工的退休制度。规定还提高了机关、事业单位人员的退休待遇标准，提高了有特殊贡献职工的退休待遇。

2. 医疗保险制度的调整

为了遏制公费医疗费用迅猛上升的势头，从 1960 年开始，国家颁布了一系列的法规、规定，对公费医疗的报销范围做了详细规定，明确了自费与公费的界限，并对药品的使用做出了限制，要求看病要收挂号费，除批准使用的公费医疗药品之外的营养滋补品一律实行自费。

与此同时，政府也开始对国营企业职工的劳保医疗制度进行调整。1964 年 1 月 27 日，财政部、劳动部、国家统计局、全国总工会联合颁发了《关于国营企业提取工资附加费的补充规定》，劳动部和总工会于 1966 年 4 月发出了《改进企业职工劳保医疗制度几个问题的通知》，这些法律规定都旨在遏制医疗费用激增和药品浪费的现象。

3. 规定职业病范围和职业病患者处理办法

为做好职业病防治工作，确保劳动者的健康，妥善处理、安置职业病患者，卫生部于 1957 年 2 月 28 日颁布了《职业病范围和职业病患者处理办法的规定》。规定中明确指出职业病的诊断应按卫生部颁发的《职业病诊断管理办法》及其有关规定执行。凡被确诊患有职业病的职工，职业病诊断机构应发给其《职业病诊断证明书》，使其享受国家规定的工伤保险待遇或职业病待遇。1957 年，卫生部和全国总工会联合颁布了《批准工人、职员病、伤、生育假期的试行办法（草案）》，办法中明确规定保证工人、职员在患病受伤或者生育的时候获得合理的休养和正确地支付工人、职员享受的劳动保险待遇，并对批准病、伤、生育假期的手续以及医师批准病、伤、生育假期的责任做了指导性的规定。

2.3.3 我国社会保险制度陷入停滞（1996 — 1976 年）

1966—1976 年的“文化大革命”，使我国的社会保险制度陷入停滞。在极左思想的指导下，城镇经济由国有经济统一指导，农村则全面进入“一大二公”的公社化时期。

在社会保险方面，1968 年底国家撤销主管救灾救济、社会福利等事务的内务部，负责劳动保险事务的工会亦陷入瘫痪状态，社会保险金的征集、管理和调剂使用制度随之停止。为了满足劳动保险费的发放，1969 年 2 月财政部发布《关于国营企业财务工作中几项制度的改革意见（草案）》，规定国营企业一律停止提取劳动保险金，原来由劳动保险金开支的劳动保险费用改在企业营业外列支，形成待遇标准按照国家政策规定执行，所需费用由企业实报实销的“企业保险”模式。自此，“劳动保险”就失去了其统筹调剂职能，演变成“企业保险”或单位化保障。

2.3.4 我国社会保险制度的改革与发展（1976 年至今）

1976 年，粉碎“四人帮”后，“文化大革命”结束，我国的社会保险制度亦进入了改革与发展时期。20 世纪 80 年代的经济体制改革动摇了“企业保险”的基础，企业本身的经营风险使许多企业难以抵御职工可能出现的大额支出风险，难以保证待遇的兑现。新老企业之间在劳动保险特别是养老保险方面的负担、不同职业风险企业之间在工伤保险方面的负担、男女职工比例不同的企业之间在生育保险方面的负担畸轻畸重。大量出现的失业风险亦冲击着国有企业及其职工，劳动保险已失去其原有风采。在这个时期，社会保险的改革从养老保险开始推向失业、医疗、工伤、生育等保险领域，其目的是重新构建国家、企业和个人与社会的关系，探索新时期的社会保险模式①。

1. 统一社会保险行政管理机构

为了改变传统社会保险管理体系多头管理、各自为政、互相掣肘的问题，1998 年 3 月经九届全国人大一次会议批准的国务院机构改革方案中明确了过去由劳动部管理的城镇职

---

① 进入 21 世纪，中国社会保险制度进一步改革完善，特别是党的十八大以来，改革步伐加快，详见本书各章，此不赘述。

工社会保险、由人事部管理的机关事业单位社会保险、由民政部管理的农村社会保险、由各行业统筹的社会保险以及由卫生部管理的医疗保险统一交由新成立的劳动和社会保障部管理，标志着传统的部门分割管理体制的终结和中央统一管理体制的形成。2008 年组建人力资源和社会保障部加强了统筹城乡就业和社会保障政策职责。

2. 养老保险制度的改革与发展

（1）基本养老保险制度的改革与发展。

1978 年 6 月 2 日，国务院颁布了《关于安置老弱病残干部的暂行办法》和《关于工人退休、退职的暂行办法》，1980 年 10 月 7 日，国务院发布了《关于老干部离职休养的暂行规定》。一种待遇特殊的退休制度——离休制度由此确立，并与城镇职工的退休制度一并构成了中国的离退休养老制度。1997 年 7 月，国务院又发布了《关于建立统一的企业职工基本养老保险制度的决定》，明确规定我国的基本养老保险制度为社会统筹与个人账户相结合的筹资模式，实现由“现收现付”模式的养老保险制度向“部分积累”模式的养老保险制度过渡，这无疑是一种理论和实践的创新①。但从实施效果上来看，这种“互通式”部分积累模式的养老保险制度并没有达到制度设计的初衷。

2005 年 12 月 3 日，国务院在充分调查研究和总结东北三省完善城镇社会保障体系试点经验的基础上，颁布了《关于完善企业职工基本养老保险制度的决定》（国发［2005］38 号）。这意味着我国的养老保险制度开始由“互通式”部分积累模式向“板块式”部分积累模式过渡。

我国从 20 世纪 80 年代开始，就着手养老保险制度的建设。经过多年的努力，我国从制度层面已基本建立起覆盖大多数人群的“保障网”，纳入“老有所养”的人数逐年增长。然而，随着养老保险制度的不断深化，也逐渐暴露出一些深层次的问题。我国的养老金制度体系是“制度覆盖人员”，制度本身是强调公平的，但由于不同人群的养老保险制度是不同时期逐步建立起来的，这导致制度的“碎片化”：城市人和农村人、事业单位和企业职工的养老金制度设置不同，缴费和保障标准不一，待遇差别大，极易成为社会不稳定的新诱因。目前已经开始建立城镇居民养老保险制度的试点工作。2011 年 6 月 13 日颁布的《国务院关于开展城镇居民社会养老保险试点的指导意见》开始了城镇居民以及其后的城乡居民社会养老保险试点，为实现全民社会养老保险创造了条件。

（2）补充养老保险制度的产生与发展。

1991 年国务院《关于企业职工养老保险制度改革的决定》第一次明确提出，提倡、鼓励企业实行补充养老保险。文件规定：国家鼓励用人单位根据本单位的实际情况为劳动者建立补充保险。1994 年颁布的《中华人民共和国劳动法》以法律的形式将其确定下来，进一步明确国家鼓励用人单位根据本单位实际情况为劳动者建立补充养老保险。1998 年，国务院办公厅将制定补充保险政策和承办机构资格认定标准及对补充基金实施监督列为新成立的劳动和社会保障部的职能之一，由此奠定了建立和发展企业年金的政策框架雏形。2000 年底，国务院批准《关于完善城镇社会保障体系的试点方案》，规定将企业补充养老保险正式更名为“企业年金”，并实行市场化运营和管理。2003 年 12 月 30 日，经劳动和

① 中国社会科学院中国社会保险制度研究课题组. 中国社会保险制度研究. 中国社会科学，1999（4）.

社会保障部第七次部务会议通过的、自 2004 年 5 月 1 日起正式实施的《企业年金试行办法》对企业建立企业年金的基本条件、决策程序、资金来源、管理办法、待遇给付、企业年金基金管理机构、投资运营等提出了指导性意见。2004 年 2 月 23 日，中华人民共和国劳动和社会保障部、中国银行业监督管理委员会、中国证券监督管理委员会、中国保险监督管理委员会，以联合规章的形式发布了《企业年金基金管理试行办法》，该办法自 2004 年 5 月 1 日起正式施行，该办法是企业年金基金管理方面的重要法规，对企业年金的治理结构、企业年金基金管理和市场服务主体行为等方面都做出了规定。《企业年金试行办法》和《企业年金基金管理试行办法》的出台奠定了我国当前企业年金制度的基本框架，标志着我国开始全面推行企业年金制度。

3. 医疗保险制度的改革与发展

新中国成立初期建立的公费医疗、劳保医疗制度对享受公费医疗和劳保医疗的职工所提供的医疗服务几乎全部免费，这大大刺激了消费者不合理医疗需求的增加，诱导过度医疗服务，从而导致医疗费用的逐年递增。政府采取了多方面的措施，希望改变医疗费用连年超支的状况，但这些措施在本质上只是对原公费医疗与劳保医疗制度的小修小补，并没有对制度进行根本性变革，亦未能抑制医疗费用增长的势头。

1996 年 5 月，国务院发布了《国务院办公厅转发国家体改委等四部委关于职工医疗保障制度改革扩大试点意见的通知》。1998 年 12 月 14 日，国务院下发了《关于建立城镇职工基本医疗保险制度的决定》，提出医疗保险费由用人单位和职工个人共同负担，并具体规定了各自的缴费比例，从而确定了我国城镇职工基本医疗保险制度的基本框架。

继城镇职工基本医疗保险制度和新型农村合作医疗制度推行后，党中央、国务院为进一步解决广大人民群众的医疗保障问题，不断完善医疗保障制度，采取了重大举措：从 2007 年起开展城镇居民基本医疗保险试点，2010 年在全国全面推开，逐步覆盖全体城镇非从业居民。这一制度的出现在中国社会保险制度改革的历程中具有重大意义。

4. 工伤保险制度的改革与发展

计划经济时期，工伤保险转变成了单位责任保障，工伤保险待遇也变成了一种企业福利。应该说，这种工伤保险体制起到了保障工伤职工基本权益的作用。但随着计划经济向社会主义市场经济的转变，单位工伤福利的形式已难以适应新形势下保障工伤职工权益的要求。

1996 年劳动部发布了《企业职工工伤保险试行办法》。该办法第一次明确提出工伤保险实行社会统筹，建立工伤保险基金，对工伤职工提供相应补偿和实行社会化管理服务，并将工伤保险的保障对象扩大到我国境内的各类企业及其职工，第一次明确提出了工伤保险还应搞好工伤预防与工伤康复。与此同时，还发布了中华人民共和国国家标准 GB/T16180—1996《职工工伤与职业病致残程度鉴定标准》。《企业职工工伤保险试行办法》的实施，对保护劳动者权益起到了很大的作用，是我国探索建立符合市场经济要求的工伤保险制度迈出的一大步，但还存在着不少计划经济的痕迹，远不能适应当前的形势。

2003 年 4 月 27 日国务院颁布了《工伤保险条例》（2004 年 1 月 1 日起实施），并于

2010 年加以修订。这是我国继 1951 年颁布《劳动保险条例》后第一次制定关于工伤保险的行政法规。这一条例的颁布标志着我国开始全面建立适应社会主义市场经济体制需要的工伤保险制度。

5. 失业保险制度的改革与发展

我国进行的市场经济体制改革动摇了劳动保险的经济基础，从而使解决失业问题的制度需求开始显现出来。1986 年启动的劳动体制改革以及随后的企业制度改革，使企业职工下岗失业的可能性增大，当时建立了一种称之为“待业保险”的制度，并开始为失去工作的国有企业职工提供生活保障。1986 年 7 月 12 日，国务院发布《国营企业实行劳动合同制暂行规定》和《国营企业职工待业保险暂行规定》。

1993 年 4 月 12 日，国务院修订并颁布了《国有企业职工待业保险规定》；1998 年针对国有企业改革深化、下岗职工迅速增加的情况，中共中央、国务院于 6 月 9 日发出《关于切实做好国有企业下岗职工基本生活保障和再就业工作的通知》，下岗职工基本生活保障制度这个具有显著中国时代特色的过渡性社会保障制度自此确立。

1999 年 1 月 22 日，国务院颁布《失业保险条例》，中国的失业保险从制度象征变成了一项真正制度化的社会保障，构建了我国失业保险制度的基本框架。2005 年 3 月 10 日，劳动和社会保障部与财政部联合印发了《关于切实做好国有企业下岗职工基本生活保障制度向失业保险制度并轨有关工作的通知》。该通知要求，2005 年底原则上要停止执行国有企业下岗职工基本生活保障制度，企业按规定关闭再就业服务中心。并轨人员和企业新裁减人员通过劳动力市场实现再就业，没有实现再就业的，按规定享受失业保险或城市居民最低生活保障待遇。“并轨”工作完成之后，存在了 7 年的再就业服务中心不复存在，全国的失业保险制度走向统一。

同时，为了充分发挥失业保险制度促进再就业的功能，劳动和社会保障部、财政部根据国务院的明确指示，于 2006 年 1 月 11 日发布《关于适当扩大失业保险基金支出范围试点有关问题的通知》，自 2006 年 1 月起在北京、上海、江苏、浙江、福建、山东、广东 7 省、直辖市开展适当扩大失业保险基金支出范围试点工作。这些切实反映了我国失业保险制度的发展方向，通过基金的合理配置将其重心从生活保障不断向基本保障和促进再就业双重目标完善。

6. 农村社会保险制度的改革与调整

我国一直以来非常重视农村社会保险制度的发展，1986 年民政部和国务院有关部门在江苏省沙洲县召开了全国农村基层社会保障座谈会，确定以一些发达地区为试点，在这些地方启动了建立农村社会养老保险制度的工作。

1991 年 6 月，民政部农村养老办公室制定了《县级农村社会养老保险基本方案》，确定了以县为基本单位开展农村社会养老保险的原则，1992 年 1 月 1 日起在全国公布实施。到 1997 年底，已有 8 200 万农民投保。1998—2002 年为制度的调整期，1998 年 3 月国务院机构改革方案决定将农村社会保险管理职能划入新成立的劳动和社会保障部，这一时期农民参保人数下降，国务院决定对已有的业务实行清理整顿，停止接受新业务。

与此同时，在农村还有以下一些补充式的养老保险形式，如农村计划生育养老保险，是为解决农村计划生育户的后顾之忧，由计生委组织开展的养老保险计划，1985 年开始在辽宁省和福建省的部分地区试点，其后逐渐在全国铺开；农民退休金制度，是我国一些富裕乡村，实行了以村办集体经济为主体的养老金制度。

农村的合作医疗制度经历了一个曲折的发展过程。1978 年五届全国人大一次会议通过重新修改制定的《中华人民共和国宪法》把“合作医疗”加了进去。从 1978 年开始，以家庭联产承包责任制为主体的农村改革在全国开始推广，家庭成为农村基本生产经营单位，全国绝大多数地区的集体经济开始衰落甚至瓦解，而以集体经济为主要支柱的农村合作医疗制度也跌入了低谷。为了恢复和重建农村合作医疗制度，1991 年国务院批转了卫生部等部委《关于改革和加强农村医疗卫生工作的请示》，提出稳定推行农村合作医疗保健制度。1997 年 1 月，中共中央、国务院在《关于卫生改革与发展的决定》中，提出要积极稳妥地发展和完善农村合作医疗制度，并确定了举办合作医疗的原则。

2002 年 10 月 29 日，中共中央和国务院发布了《关于进一步加强农村卫生工作的决定》。2003 年 1 月 23 日，国务院办公厅转发了卫生部、财政部和农业部《关于建立新型农村合作医疗制度的意见》。2006 年，卫生部等七部委局联合下发《关于加快推进新型农村合作医疗试点工作的通知》，推动了新型农村合作医疗的试点工作在全国各地的普遍开展。

本章小结

本章开篇先介绍了社会保险制度产生与发展的理论基础，包括新历史主义理论、需求层次论、旧福利经济学理论、新福利经济学理论、《贝弗里奇报告》以及其他相关理论，然后阐述了社会保险制度的产生和发展过程：现代意义上的社会保险制度产生于德国。德国之所以能第一个建立起完整的社会保险制度，既与德国当时国内的政治、社会背景有着密切关联，也与新历史主义理论的盛行和“铁血宰相”俾斯麦的大力推进有关。由于社会保险制度具有维护社会稳定的作用，因此继德国建立社会保险制度后，世界上的其他国家开始纷纷仿效。

第二次世界大战之后，社会保险制度开始在世界各国“生根发芽”，福利国家制度、中央公积金制度和私营养老金制度相继出现。这个时期，社会保险制度呈现从单项保险向综合保险转变、社会保险保障对象范围扩大、由自愿保险向强制保险转变等发展趋势。进入 20 世纪 80 年代，西方发达国家的经济开始衰退，而社会保险开支仍在增长，从而造成社会保险开支的增长率大大超过消费价格指数和 GDP 的年增长率的局面，庞大的社会保险和福利开支使许多显赫一时的福利国家逐渐陷入困境。世界各国开始对西方发达国家的“福利病”进行反思，对整个社会保险制度进行改革与调整。

本章还介绍了我国社会保险制度的产生与发展，分别对我国社会保险制度的创建、调整、停滞等不同时期的情况进行了说明，并从统一社会保险行政管理机构、养老保险制度的改革与发展、医疗保险制度的改革与发展、工伤保险制度的改革与发展、失业保险制度的改革与发展、农村社会保险制度的改革与调整六个方面对我国社会保险制度的改革与发展情况进行了论述。最新改革发展将在下面各章节中分别加以介绍、分析。

关键术语

新历史主义　“福利病”　新福利经济学　《贝弗里奇报告》　社会保险制度改革　统账结合

复习思考题

1. 什么是新历史主义？
2. 请用你自己的观点说明社会保险制度产生的原因。
3. 新福利经济学和旧福利经济学有何异同？
4. 《贝弗里奇报告》对英国的社会保险制度产生了哪些影响？
5. 请说明“福利病”的由来。
6. 请你谈谈我国农村社会保险制度的发展历程。

参考文献

[1] YAZIGI A F. The Chilean pension system. Chile: Los Trabajadores Press, 2003.

[2] COPELAND C. Mutual funds and the U. S. retirement market in 2003. EBRI issue brief 274, 2004.

[3] 贝弗里奇. 贝弗里奇报告. 北京：中国劳动社会保障出版社，2004.

[4] 陈信勇. 中国社会保险制度研究. 杭州：浙江大学出版社，2010.

[5] 邓大松. 社会保险. 北京：中国劳动社会保障出版社，2002.

[6] 丁冰. 现代西方经济学说. 北京：中国经济出版社，1995.

[7] 丁建定. 社会福利思想. 武汉：华中科技大学出版社，2009.

[8] 李怀康，刘雄. 社会保险和职工福利概论. 北京：北京经济学院出版社，1990.

[9] 李珍. 社会保障理论. 北京：中国劳动社会保障出版社，2001.

[10] 李珍，孙永勇，张昭华. 中国社会养老保险基金管理体制选择：以国际比较为基础. 北京：人民出版社，2005.

[11] 彭华民. 西方社会福利理论前沿：论国家、社会、体制与政策. 北京：中国社会出版社，2009.

[12] 谭崇台. 西方经济思想发展史. 北京：武汉大学出版社，1993.

[13] 王云昌，张茂松. 社会保险理论与实务. 郑州：黄河水利出版社，2001.

[14] 杨波. 中国社会保险制度：基于企业的视角. 北京：中国社会科学出版社，2010.

[15] 杨祖功. 西欧的社会保障制度. 北京：劳动人事出版社，1986.

[16] 张洪涛，孔泾源. 社会保险案例分析：制度改革. 北京：中国人民大学出版社，2008.

［17］郑功成．中国社会保障制度变迁与评估．北京：中国人民大学出版社，2002.

［18］中国社会科学院中国社会保险制度研究课题组．中国社会保险制度研究．中国社会科学，1999（4）.

［19］周三多，陈传明，鲁明泓．管理学：原理与方法．上海：复旦大学出版社，2004.

［20］曹瑞明．社会保障体系对“按需分配”目标实现的促进作用．社会科学辑刊，2010（3）.

［21］岑子彬．《贝弗里奇报告》的社会保障理念及启示．重庆科技学院学报（社会科学版），2010（15）.

［22］刘钧．西方福利经济学发展浅探．中央财经大学学报，2001（3）.

［23］刘子兰．如何看待智利社会保障私有化改革．经济体制改革，2003（4）.

［24］王文龙，金丽馥．对西方社会保障理论的评述与借鉴．北京工业大学学报（社会科学版），2005（3）.

［25］王石泉．论社会保障理论的历史演变．毛泽东邓小平理论研究，2004（4）.

［26］张德元．中国农村医疗卫生事业发展历程回顾与分析．卫生经济研究，2005（1）.

［27］张秀兰，徐月宾，方黎明．改革开放 30 年：在应急中建立的中国社会保障制度．北京师范大学学报（社会科学版），2009（2）.

［28］郑功成．中国社会保障改革与制度建设．中国人民大学学报，2003（1）.

学习网站

［1］http://www.mohrss.gov.cn

［2］http://www.worldbank.org

［3］http://www.oecd.org

［4］http://www.issa.int

第3章

社会保险的制度效应

本章导言

社会保险是一定制度条件下的产物，其作为一种制度安排产生后，必然以自身的逻辑发展与演进，对外部制度产生一定的影响与效应。社会保险从根源上讲是一种风险分担、互助共济机制，其本质上是一种国家、企业、个人三方利益的协调机制。所谓社会保险的制度效应，即其在经济、政治以及社会层面的表现形式。社会保险制度本身的优势决定了其对经济、政治、社会等方面的正制度效应。其经济效应主要体现在对市场失灵的补救作用、对经济发展的直接促进作用，以及社会保险基金对经济的宏观调控作用；其政治效应则主要是维护政权稳定、巩固统治，以及削弱工会的力量、影响政党的政治走向等；其社会效应主要体现在化解劳动者的群体风险、减少社会贫困、调节两极分化。当然，社会保险制度制定实施的人为性也可能导致其超前发展或滞后发展，从而给经济、政治、社会等带来一定的负制度效应。

重点问题

- 社会保险制度效应概述
- 社会保险制度的经济效应
- 社会保险制度的政治效应
- 社会保险制度的社会效应

3.1 社会保险制度效应概述

社会保险是一定制度条件下的产物，其作为一种制度安排产生后，必然以其自身的逻辑发展与演进，而对外部制度产生一定的影响与效应。社会保险从根源上讲是一种风险分担、互助共济机制，其本质上是一种国家、企业、个人三方利益的协调机制。所谓社会保险的制度效应，即社会保险制度在经济、政治以及社会层面的表现形式，它是测量社会保险制度合理与否的晴雨表。

3.1.1 社会保险制度效应的发挥条件

社会保险制度的产生与发展是经济、社会、政治，乃至道德、历史文化等各方面因素综合作用的结果。反过来，社会保险制度也会对社会发展的各方面产生或大或小、或缓或急的影响，从而与其在互制互促中共存。另外，影响社会保险制度发展的各方面因素之间也是紧密联系着的。生存环境的复杂性决定了社会保险制度效应的实际发挥须各方协调，需要一个配套工程。

首先，社会保险系统内部各子项目之间需要协调发展。社会保险发展至今，已基本具备了养老、医疗、工伤、失业、生育五大板块。这些项目的产生无疑都是源于社会经济发展的需要，并且由于各种社会风险的发生与发展并不是完全孤立的，社会保险各子系统之间要想完全独立也是不可能的。以医疗保险与生育保险为例，由于二者都与医疗密切相关，因而不可避免地产生联系。在一些国家，因“疾病医疗”和“生育医疗”的界定不清而纠纷不断，使劳动者的权益受损。也正因如此，一些国家将生育保险合并到医疗保险当中，却又在合并中实施相对分立的管理。此外，由于处在同样的经济发展水平中，社会保险各项目的保障水平也应相互协调。任何一个项目的过高或过低的待遇标准都可能会导致新的社会问题的产生，影响其他项目作用的有效发挥。

其次，社会保险作为社会保障体系的重要组成部分，需要与社会保障的其他各子系统合理衔接。社会保障各子系统之间虽然在保障对象、保障内容、保障标准等各方面存在差异，但实际上却是一个责任分担、功能互补的体系。社会保险虽然在整个大体系中占有首要地位，但其作用的发挥仍然离不开其他子系统的支持与配合。如失业保险与失业救助、医疗保险与医疗救助等都是缺一不可的，同样，养老保险如果没有老年福利的配合，也不会使老年保障问题得以合理解决。各个子系统之间必须在待遇的享受资格和保障的水平上适当拉开距离，才不至于形成彼此之间的对立或重叠，才能避免对社会成员的保障残缺不全。

最后，社会保险的制度应置于一国社会结构、经济政治制度、历史文化传统及社会习惯与心理的背景下发挥作用。以社会养老保险为例，其对经济发展的影响，离不开特定的经济条件。因此，考察养老保险制度对经济增长的影响，不仅要分析其制度本身的内部结构，还必须分析它所处的外部条件。依据总需求与总供给的对比关系，现实经济可以分为两种基本类型：一种是需求约束型经济，其基本特征是社会总需求不足，而总供给相对过剩；另一种是资源约束型经济，其基本特征是社会总需求过剩，而总供给不足。经济条件不同，养老保险制度对经济发展的影响就不同。总的来看，在总供给不足的条件下，储蓄积累制的养老社会保险制度可能更有利于促进经济增长。但是，这种促进作用的大小，还要视强制储蓄对居民个人自愿储蓄“挤出”效应的大小及资本市场效率的高低等因素而定。与之相反，在总需求不足的条件下，现收现付式的养老保险制度则有利于提高边际消费倾向，从而有利于扩大消费需求。在总需求与总供给对比关系不发生逆转的条件下，其他因素不变，养老保险缴费率越高，再分配效应越大，对国民收入增长的促进作用越大①。

此外，各国政治历史环境、社会文化与习惯的差异也会对社会保险的发展进程及制度设置产生不同影响。国家的民主或专制、国民的自由与效率偏好或平等与公平偏好，以及各国社会关系的紧张或和谐也会影响社会保险制度的设置。社会保险制度只有与其周围的大环境达到协调发展才会使其制度效应得以充分发挥。

3.1.2　社会保险制度比济贫制度和商业保险更具进步性

社会保险制度脱胎于济贫制度与商业保险，但是其与济贫制度和商业保险相比，更具进步性，具体表现如下：第一，济贫制度解决的只是部分人的现时或现实风险，而社会保险制度的根本目的是解除劳动者的后顾之忧，为未来的或可能的风险建立防范机制，在减轻劳动者现时顾虑的同时为其未来生活提供保障。第二，社会保险制度强调享受者个人的责任，避免了济贫制度的施舍与恩赐之嫌，社会保险制度将缴费义务与待遇享受权利相结合，维护了劳动者在享受社会保险待遇时的人格尊严，化解了劳动者在劳动过程中因年老、工伤、疾病、失业等方面原因而发生的收入骤减或丧失的风险。第三，与济贫制度极端低下的维持贫困人口最低生活水平的救助标准相比，社会保险制度保障的是劳动者及其家人的基本生活水平。作为工业化和市场经济的产物，社会保险已经具备了为个体社会成员提供基本生活保障的经济基础，因此可以为其提供普遍高于社会救助标准的保障。第四，从保险的发展逻辑来看，社会保险的前身是商业保险，商业保险的精算技术与保险原则为社会保险的制度设计奠定了技术基础。同时，社会保险制度本身也是对商业保险制度的扬弃：在商业保险市场中，由于信息不充分的缘故，投保人往往做出不利于保险合同规定的选择，即逆向选择问题。由于逆向选择问题的存在，保险市场上低风险群体不愿参加保险，而由于竞争因素的影响，保险公司也不愿在不利条件下提供保险，这样便难以实现对全体风险群体的全面保障。社会保险通过政府干预，强制实施，能较好地解决因保险市场的逆向选择所带来的部分劳动者被遗漏在风险保障网络之外的问题。此外，社会保险的责任三方分担机制更有利于保险的健全与稳定发展。社会保险保障的是最广大劳动者的利益，如果像济贫制度和商业保险一样完全由政府包办或完全由个人承担，将不利于这一制度的健康发展。而责任三方分担机制一方面避免了政府、企业、个人任何一方的不堪重负，保证了制度的可持续性；另一方面，由于政府财政的支持，制度的发展也有了坚实的后盾。

3.1.3　社会保险制度的扩展使其制度作用范围更加广泛

目前，世界上绝大多数国家都建立了相应的社会保险制度，这主要得益于各国政府的重视以及各国际组织的推动。

首先是各国政府的重视。19 世纪 80 年代，德国为化解因工业生产的社会化和规模化

---

① 郑怡．浅论社会保险三大财政职能对社会经济的影响．广西教育学院学报，2001（3）．

而迅速扩展的社会风险及由此引发的尖锐的阶级矛盾而创立了社会保险制度。此后，世界各国政府纷纷效仿，社会保险作为社会动荡的“减震器”与“安全网”得以大力推进。其次是各国际组织的推动。国际劳工组织以“促进充分就业和提高生产水平，促进劳资双方合作，扩大社会保障措施，保护工人生活和健康”为宗旨，制定了一系列国际公约与建议书；国际社会保障协会也致力于敦促各成员国通过技术与管理的改进，保护、促进和发展全世界各国的社会保险制度；世界银行作为联合国的专门金融机构，多年来为发展中国家发展社会保障提供专业调研与贷款支持。

从第二次世界大战后直到 20 世纪 70 年代中期，社会保险制度全面发展并走向鼎盛，实现了在全球范围内的推进，不但在发达国家，而且在发展中国家也全面建立起来，形成了多种模式、多种形式共存的日益完备和规范的体系。总之，社会保险制度经过 100 多年的发展，发生了很多重要的变化。

社会保险制度的发展具有里程碑式的作用，它使社会保障制度由统治者的恩赐和临时性的救济转变为社会成员的一项基本权利。但是在社会保险制度建立之初，由于险种单一、待遇较低、覆盖面窄等原因，其收支并没有构成影响一国经济的重要力量，政治上也只是着眼于熄灭工人阶级的斗争，以维护稳定为保障的限度，制度本身没有构成对国家政治生活的巨大冲击。随着社会保险制度的扩展，尤其是福利国家的建成，社会保险基金的收支成了影响经济发展的重要力量，保险项目的培养也成了国家政治生活的中心议题之一。社会保险制度由局部性走向普遍性与统一性，由单一社会组织的活动变为国家对社会、经济、政治生活的全面干预，由一项防止工人阶级反抗的社会政策演变为对劳动者甚至全体国民的基本生存和发展权利的尊重与保障。

3.1.4 社会保险制度本身的超前与滞后带来的负面效应

社会保险制度的有效构建及其作用的充分发挥都离不开相应的经济基础和适当的经济援助手段，也就是说，社会保险制度必须与当时当地的经济发展状况相适应。任何超前或滞后的社会保险措施都将使其结果与初衷相背离，从而破坏社会保险制度的可持续发展。

社会保险水平超前发展，必然会成为经济发展的负担，损伤企业乃至国家的经济竞争力。社会保险是采用经济手段来解决社会问题的，因此它必须有一定的经济条件来支持。一方面，经济发展达不到一定的水平，即使社会问题极其严重，劳动者的需求极其迫切，国家和社会也只能是心有余而力不足。另一方面，如果国家无视本国的经济发展水平，只顾提供高标准的社会保险待遇，取悦于民，其最终结果也只能是加重财政压力和企业负担，甚至使其不堪重负，而且，由于社会保险的刚性增长特质，政府将陷于“骑虎难下”之境地，从而影响社会保险制度的进一步发展与推广。

如果社会保险水平严重滞后，那么劳动者的劳动风险就无法得以有效化解，最终风险将积聚成影响社会安定的隐患，甚至会破坏社会的正常秩序。工业化的发展带来了不断提高的经济发展水平，同时也带来了日益多样化的社会风险。前者要求社会保险原有各项目的保障水平适时跟进，以真正做到保障劳动者的基本生活水平；后者要求社会保险必须不断完善其原有体系，适时增建新的保险项目，以防社会保险这个“安全网”出现漏洞。而若社会保险的发展在这两者中的任何一方面滞后，都将无法满足劳动者的社会保险需求，从而影响社会保险制度效应的发挥。

3.2　社会保险制度的经济效应

社会保险是工业化大生产的产物，是经济发展到一定阶段后分散社会风险和进行收入再分配的制度安排。所谓社会保险制度的经济效应是指其在经济层面的作用机制与表现形式。

3.2.1　社会保险对市场经济的兜底作用

经济发展水平影响着社会保险政策的价值取向、社会保险待遇的标准，制约着社会保险的规模大小与体系结构。同时，社会保险反过来亦促进或制约经济发展。

市场经济是实现资源优化配置的有力手段，因而也是一国实现经济繁荣、社会不断进步的重要途径。而健全的社会保险制度恰恰是市场经济的润滑、维系与促进机制，是市场经济不可或缺的有机组成部分。市场经济强调竞争与效率，由于人的禀赋等因素的差异，必然会出现竞争中的失败者，当市场经济与工业化大生产相连、市场的规模巨大时，失败者群体会制造新的社会问题。社会保险是一种预防贫困产生的强制性制度安排。社会保险制度是在德国快速工业化的社会条件下，作为政府干预的一种重要形式为解决德国当时劳工问题与贫困问题而登上历史舞台的。正是因为其应对劳工问题与贫困问题上的优越表现，世界其他各国纷纷仿效，目前已经发展为绝大多数国家的制度选择。

当然，如前文所讲的由于社会保险制度推行而造成的新的不公平，以及社会保险的超前发展对经济造成的重大压力等。所以，政府在社会保险的制度设计与推行实施过程中，必须注意政府机制与市场机制的适度结合，以充分发挥社会保险对市场失灵的补救作用，促进整个社会与经济的健康发展。

3.2.2　社会保险对经济发展的直接促进作用

一国的产出主要由资本和劳动力两种要素共同决定，经济增长主要取决于劳动力数量、素质和资本积累数量两个因素。社会保险作为收入风险转移机制与收入再分配机制直接影响着经济增长的这两个主要决定因素。

1. 有利于劳动力资源的保护与开发

社会保险制度对劳动力资源的保护与开发是多层次的。首先，它避免了劳动者因遭遇风险和意外事件而陷入贫困境地，保障了劳动者的基本生活来源，为其维持健康的身体素质提供了可能。其次，当社会保险的待遇提高时，其对劳动力不仅仅停留在“维持”的层面，还具有一定的促进发展功能。此外，社会保险由于在一定程度上解除了劳动者的许多后顾之忧，有利于保证其健康的心理素质，使其可以维持高水平的工作效率。劳动者患病有医疗、失业有保险、工伤有补偿，这些都有利于劳动力得以顺利恢复，从而提高社会的劳动效率。由此可见，不能简单地把社会保险视为单纯的消费支出，而应把它看成生产性的人力资本投资，以促进劳动者的身体、心理、技能等素质的提高，进而为经济增长提供合格的劳动者。从长远来看，一国的经济竞争力靠低成本的劳动力优势是难以持久的，促进劳动力资源向人力资本转化才是治本之策。而社会保险在这一转化过程中起促进作用。

2. 维持劳动力再生产

如前所述，劳动力的再生产是生产可持续发展的最重要的前提条件。从某种意义上讲，社会保险对劳动者的补偿同时具有劳动力再生产的功能，社会保险对劳动力再生产的保障机制主要体现在两个方面：一方面，由于社会保险减轻了劳动者本人及其家庭的经济负担，使其能够将一部分资金投资于家庭子女教育与自身的继续教育，从而促进劳动者自身及其子代素质的提高，保证劳动力再生产的质量。生育保险更是通过保障生育期间女性的收入与医疗待遇，缓解了职业女性生育与工作之间的冲突。另一方面，社会保险基金中一部分直接用于劳动者劳动能力的康复与劳动技能的提高，如工伤保险中的工伤康复与医疗康复的费用支出；在失业保险中，失业者在按规定领取失业救济金、获得基本的生活条件保障的同时，还可以接受新教育与培训，掌握新岗位所要求的必备知识与技能，以达到尽快实现重新就业的目的。可见，社会保险通过对劳动者及其家人的保障，不仅促进了劳动者自身体能的维持与恢复，而且促进了劳动者智能的提高以及后续劳动力的有效提供。

3. 转移企业风险，促进资本积累

一般来说，资本积累是经济增长的巨大推动力。处于经济起飞阶段的发展中国家，资本缺乏成为制约经济增长的主要“瓶颈”，如何保护企业，分散企业经营风险，是资本积累的手段之一。

企业经营过程中，会面临工人因遭受职业伤害而索赔的风险，也会遭遇核心员工离职的风险。而社会保险制度正是应对这些风险的制度安排之一。例如工伤保险制度通过定额赔付的无过失责任制度安排，转移了企业与员工的风险，让企业在客观的职业伤害发生率面前对补偿水平有一个稳定且可承担的预期，也让员工对职业伤害的发生有一定的预防，促进了劳资关系的和谐，进而促进企业的生产发展、资本积累。而企业养老保险、职业年金等制度安排则成为稳定核心员工的人力资源管理利器。

3.2.3 社会保险基金对经济的宏观调控作用

社会保险制度对经济的宏观调控作用是通过社会保险基金的收入支出以及滚存结余的投资总量和投资方向来实现的。

在市场经济条件下，经济运行往往具有周期性的特点，经济膨胀期和衰退期会交替出现。首先，政府可以根据国民经济的整体情况，通过调节社会保险费的征收范围和数量对国民经济进行调控。当经济发展时，可以扩大征收范围、增加征收数量来减少需求、抑制投资，避免经济过热；当经济处于萧条期时，可以缩小征收范围、减少征收数量来增加需求、促进投资，刺激经济消费水平。其次，社会保险基金的支出对市场经济运行过程中出现的周期性的经济波动具有一定的调节作用。最后，社会保险基金历年来的滚存结余成为经济投资的积极因素。政府可以利用社会保险基金历年来的滚存结余，配合国家的财政政策和货币政策进行投资，并通过控制投资总量和投资方向来达到调节社会供求关系的目的，以平衡供求的总量和结构。由此可见，社会保险正是通过社会保险基金来调节市场经济中的社会需求关系，使社会总需求与社会总供给达到一定的平衡，从而促进市场经济的良性运行。

3.2.4　社会保险水平的经济效应

若社会保险制度与经济发展水平和规模相适应，就会促进经济的良性发展；若社会保险制度超越或落后于经济发展水平和规模，则不仅不会发挥良好的制度效应，而且还会阻碍经济的发展。

对于一国政府来说，社会保险开支过大，会造成财政赤字严重，导致一国经济实力下降、政府在市场中的作用难以有效发挥。社会保险制度作为一种收入保障制度，其作用的发挥需要一定的经济基础。在一定的经济发展水平下，过分追求社会保险的保障水平，必然会使政府不堪重负，且由于国家一般在社会保险中承担“兜底”的责任，社会保险收不抵支而产生的赤字负担将最终转嫁至国家财政，长期下去，极有可能引发财政赤字，从而破坏整个国民经济的发展，致使本国在国际市场上的竞争力不足。

对企业来说，过高的政府开支，势必加重税收，提高企业生产成本，降低企业的竞争力。财政的主要来源是税收，由于社会保险水平“易升难降”，面对社会保险带来的巨大财政压力，政府只能依靠提高税收来保障财政对社会保险的支持力度，而企业缴税是要列入生产成本的，相对于其他国家较高的税收自然会提高国为企业产品的价格，在产品质量相差无几的情况下，国内企业必然不敌国外企业的竞争。

对国民来说，社会保险待遇过高，会降低劳动积极性，甚至会导致技术熟练职工过早退休，不利于人力资本作用的发挥。在劳动还只是人们维持生计的手段的今天，社会保险水平过高，极易助长国民的惰性，导致“贫困陷阱”“失业陷阱”[①] 等现象，即人们会认为努力工作、努力增加收入还不如靠吃社会保险度日，从而使劳动者丧失寻找工作或继续工作的动力，不利于社会劳动力资源的充分利用，造成人力资本浪费。此外，在全球化的背景下，高税收必然导致企业到国外寻找廉价的劳动力，在国外投资设厂，甚至把已经在国内建立起来的企业搬迁到国外去。这样，一方面增加了资本的外流，另一方面也加重了国内的就业压力，而大量的失业又会加重社会保险的负担，从而导致恶性循环的发生。

同样，社会保险开支过少，待遇过低，甚至普遍无保险，也必然会带来相同的经济后果：经济发展受阻甚至遭受危机。

20 世纪 90 年代以来，国际社会在评价各国的经济竞争力时，越来越把社会保障开支水平作为评价指标中的一个重要因素。可见，社会保障与经济发展的联系日益紧密。劳伦斯·汤普森认为，国际竞争力得分与社会保障支出和雇主缴费率之间的相关性表明存在支出带来的积极影响和雇主缴费带来的消极影响。不适当的社会保障支出的削减和将过多成本转移到雇主身上的尝试，都可能会对国际间竞争产生不利影响[②]。

3.3　社会保险制度的政治效应

社会保险制度作为国家一定政治制度下的政策安排，本质上是统治阶级维护政治统治

① 郑功成. 社会保障学：理念、制度、实践与思辨. 北京：商务印书馆，2000：348.

② 汤普森. 老而弥智：养老保险经济学. 北京：中国劳动社会保障出版社，2003：70.

的社会控制手段。

3.3.1 维护政权稳定，巩固统治

从社会保险制度的产生来看，其在本质上是资产阶级为维护自身的经济和社会利益，维护本阶级的统治秩序而策略性地做出的适当让步，以使资本主义民主形式与所有制的冲突得以减缓。社会保险制度在德国建立的初衷即是为了缓和社会矛盾，以维护统治阶级的根本利益，保持政局的稳定，防止人们因为绝对贫困铤而走险，以暴力手段谋求利益。

从社会保险制度的整个发展史来看，每次社会经济发生动荡、社会关系日益紧张的时候，社会保险都会取得突破性的进展。1929—1933 年的世界性经济大危机促成了世界上第一部社会保障法，即美国的《社会保障法》的诞生；第二次世界大战后以及 1973 年中东石油危机的爆发，更是促进了社会保险乃至整个社会保障事业的蓬勃发展，实行各种社会保险的国家从 50 多个增加到 140 多个①，英国、日本等国的社会保险制度均是在这一时期得以完善的，而这些成就的取得有着深刻的政治、经济原因。

3.3.2 削弱工会的力量

社会保险制度是资产阶级政府平抑劳工运动的一种形式，也是工人长期斗争的结果。当初，德国俾斯麦政府建立社会保障制度，就是企图控制工人运动的发展。瑞典社会保障制度的建立也与工人运动有相当大的关系。1909 年瑞典爆发的全国总罢工是迫使政府制定出台《老年和残废年金法案》（1912 年）的重要推动力量。

从社会保险的产生过程可以看出：社会保险权利是工人阶级在工会及政党组织的领导下集体维权的结果。100 多年前，现代意义上的社会保障在欧洲蓬勃发展的工人运动下催生而至，此后，社会保险在各国范围内覆盖面的不断扩大以及在国际范围内的推广更是离不开工会组织的不懈努力。

当然也存在另一种情况，即在以立法形式确保制度的稳定与严肃性后，社会保险便从统治者的临时性的恩赐与某一社会组织的局部性的慈悲，转变为劳动者的一项广泛的社会权利，并以国家强制干预为后盾。工会作为维护劳动者权益的组织，部分职能开始因此衰微甚至丧失，其地位下降。一些国家的工会甚至在经济与社会转型的过程中逐渐陷入分裂状态。此外，社会保险将劳动者按统筹层级分类，在一个统筹区域，法定的劳动者履行缴费义务，享受伤、残、病、失业等方面的劳动风险保障，劳动者之间形成一个互助共济、共担风险的无形的社会网络，而各风险管理组织也相应起着纽带作用，这大大冲击了劳动者对工会的归属感与忠诚度。尽管法律依然赋予工会在社会保障中的监督与补充作用，但工会力量在总体上的弱化趋势使得其依法享有的监督作用极易流于形式，其对劳动者权益的保护作用更加微乎其微。

3.3.3 影响政党的政治走向

以社会保险为核心的社会福利制度对现代政党政治的影响越来越深刻。具体表现在：

① 任正臣．社会保险学．北京：社会科学文献出版社，2001：16.

政党的竞选与施政均受社会福利制度的影响甚至左右。

究其原因主要有以下几方面：首先，社会福利是现代政治制度追求的价值目标。许多政党和政府以给予社会成员的社会福利来论证其存在的合理性及追求的进步性，它们以追求社会成员福利的最大化和最优化为其价值目标。其次，社会福利是现代政治生活的基础，为现代政治提供合理性依据。现代政治生活中的民主建设需要包括弱势群体在内的大多数社会成员的支持，而基本物质生活需求——物质福利是社会弱者最迫切渴望得到的满足，社会弱者只有从根本上摆脱了生存的低层次性和脆弱性，才能谈得上满足更高层次的需求——民主。再次，社会福利是现代政治发展水平的标准。当今各国，社会福利日益成为民主政治进一步实现的方式和途径。最后，社会福利是现代政治活动的中心。第二次世界大战以后，国家权力的传统观念发生了根本变化，国家和人民的关系转变为依社会契约产生的权利义务关系。人民权利和利益的保护成为现代政治的中心。人民对于政治的关注热点是社会福利，整个国家乃至国际的政治中心问题也是社会福利①。

社会保险制度的改革同样关系着政党命运的兴衰。2003 年 3 月，德国施罗德政府宣布《2010 年议程》的改革计划，提出福利制度改革的整体方案：削减社会福利开支，提高医疗保险中由个人承担的医疗医药费用比例，并对劳动力市场、失业保险金等都进行较大幅度的改革。这一改革方案引来党内和全社会的强烈反响。党内大批党员退党，社会的中下层人士也坚决反对此方案，使社会民主党失去了大量的选票。正所谓“社会保障因选举而贵，选举因社会保障而胜（败）”。

3.3.4　影响执政党的执政能力建设

随着各国经济实力和综合国力竞争的日趋激烈，经济和社会发展的任务变得日益重要，着眼于国内经济建设、协调国内社会问题、加强政党的执政能力建设成为世界各国政党特别是执政党的首要任务。社会保险制度对执政党的执政能力建设既意味着机遇也提出了挑战。

执政党加强执政能力建设以谋求自身地位的巩固，需要包容与整合不同阶层与利益集团的利益。社会保险制度作为协调劳资矛盾的平衡机制，对减缓社会冲突尤其显著。首先，要求执政党在配套改革的过程中不断完善社会保险制度。完善社会保险制度可以修复部分失衡，平滑改革过程中的利益对立，使社会保险制度成为改革的润滑剂与减震器。其次，要求执政党在实施领导职能的同时积极参与社会。如何参与社会关系党的执政稳定与健康，而社会保险制度作为调节国家、企业与个人的利益的机制，是实现国家与社会联结的纽带之一，积极构建全面的社会保险制度是执政党实现领导的良好方式之一。

在我国，社会保险制度面临改革与完善的双重任务。一方面，社会保险制度设计的现存弊端及制度本身的不完善引发新的不公平。这些问题的存在对执政党的执政能力提出质疑。另一方面，社会保险改革的远期规划、改革方式与步骤、最终建设具有中国特色的社会保险制度对执政党的制度设计能力以及制定并实施政策的能力提出了挑战。

① 曹满珍. 论社会福利与现代政治. 武汉理工大学学报（社会科学版），2005（8）.

3.3.5 消极效应：泛政治化带来的社会保险制度对政党政治的左右

社会保障泛政治化，是指政党通过强调社会保障缓和社会矛盾、强化社会控制的政治性功能，运用公共权利、动员公共资源实现社会保障围绕政党竞选，为政党竞选、政党执政提供服务的目标的倾向。社会保障泛政治化在各国各个历史时期均存在，其基本特征是，每到选举期，社会保障、社会福利便成为各政党参加选举的工具，各种有关就业政策、社会保障与社会福利政策方面的承诺满天飞；而民选政治人物上台后为不失信于选民，会不遗余力地推进社会保障，从而产生社会福利不断膨胀的危机。政党政治与社会保障、社会福利结合过于密切，使政党的政治命运和执政地位不可避免地受社会保障与社会福利制度的左右。泛政治化带来的是福利异化，原因在于：首先，社会保障作为制度安排同时又是人性的普适性愿望，有其自身演变发展的规律，违背这一规律，必然导致“异化”。其次，执政党地位的巩固仅凭社会保障片面进行现有资源的分配干预是远远不够的，加强综合执政能力建设才是根本的巩固之道。

3.4 社会保险制度的社会效应

在社会发展进程中，社会保险制度作为风险干预机制，能够预防、消减与化解社会成员因伤残、老年、疾病、失业、死亡风险带来的基本生活危机，促进社会稳定、良性、持续发展。

3.4.1 化解劳动者的群体风险

劳动作为人类生存与繁衍的基本手段，同时也会面临一定的风险。随着社会的发展，风险的防范与控制机制、手段和方法都与时增进，但同时风险的种类及破坏的程度和范围也与日俱增。如19世纪被资产阶级称为“机器与事故的年代”。风险酿成的后果远远超出个人及其家庭的抗拒能力与储备，原始的通过自我保障以化解风险的手段已经远远达不到目的。因此，如何在社会层面建立风险保障机制，帮助劳动者化解这种群体性风险便成为必要。社会保险制度正是在这种情况下应运而生的，从而为劳动者构筑一个安全的社会环境保险网。它以国家为坚实的后盾，通过向劳动者提供各种形式的帮助，使其在遭遇风险而无法自我规避的情况下能够及时摆脱困境。

3.4.2 减少社会贫困

与其他社会保障项目相比，社会保险政策的制定并不是以减缓和消灭贫困为中心目标的，但其却在更大的范围内防止了社会劳动者因各种社会性风险而陷入贫困。工业社会中不断出现的种种风险越来越超出大多数个人能控制的范围。在这种情况下，自然需要一种更加强有力的调节与控制手段来进行干预，而能担此重任的只能是国家和政府。政府减缓贫困的措施与手段是多种多样的，社会保险制度可算是重中之重。社会保险制度通过国家的再分配安排，调节劳动者之间的收入分配，对劳动中因遭受意外而沦为贫困群体的劳动者进行多种方式的收入与支出补偿，以实现缓和乃至消灭贫困的目标。国际劳工组织认为："在社会政治历史上，没有什么事情比社会保险更能急剧地改变普通人们的生活了，这种保险制度，使人们在因公害事故、健康不良、失业、家庭生计承担者死亡，或因任何其他不幸使收入受到损失的情况下，不至于沦为赤贫。"①

与社会救助通过事后补偿以缓解贫困的手段有所不同，社会救助所保障的是那些已经陷入贫困的社会成员，它所起的作用只是"治贫"；社会保险对劳动者的收入补偿更多的是起到防止贫困的作用，通过防止贫困的发生来尽量减少社会贫困人口的总量，是一种更积极的措施。

3.4.3　调节两极分化

市场经济是一种竞争经济，也是一种风险经济，面临市场经济中的种种风险，高收入阶层自有办法去化解，而低收入阶层却极有可能因此陷于贫困，以至于无法凭借自己的力量维持生计，从而使得已有的贫富两极分化更为严重。社会保险具备所得再分配功能，它通过对生活在贫困线以下的公民、暂时或永久丧失劳动能力或劳动机会的公民支付救济金、伤残抚恤金和失业金等，在社会成员之间转移支付，从而降低收入差别的程度，防止贫富悬殊的出现，减少市场经济负效应。

所得再分配有"垂直性再分配"和"水平性再分配"两种。所谓"垂直性再分配"，是指进行从高收入阶层向低收入阶层的所得转移；所谓"水平性再分配"，是指在劳动时与非劳动时、健康正常时与伤病残废时不同的阶段所进行的收入转移。社会保险兼备了上述两种不同的所得再分配功能。

社会保险的垂直性再分配功能主要是通过社会保险费在不同收入人口中的分担来实现的。目前，世界各国社会保险基金的征收方式主要包括征税制和征费制两种，无论采用哪一种筹资方式，国家都必然要指定相应的缴费（税）比率。而不论是根据劳动者的薪资标准规定不同的费（税）率，还是对所有劳动者实行同样的社会保险费（税）率，其实都会起到高收入者多缴费、低收入者少缴费的作用。这是社会保险对国民收入进行再分配功能的重要体现。从社会保险待遇的享受来看，低收入者由于处于较为弱势的地位，因此发生疾病、伤残、失业、工伤的可能性相比高收入者来说会更大，享受社会保险待遇的机会也更多。可见，社会保险通过"收""支"的调整，客观上起到了缩小高低收入者之间贫富差距的作用。

社会保险的水平性再分配功能，可从两个方面得以体现。首先，社会保险按照一定的原则在全社会范围内筹集社会保险费，将社会风险分散至同一社会的不同个人和群体，水平地调节收入分配，实现减少贫困的功能。其次，具体到每一个个人身上，社会保险以个人缴费为享受待遇的前提条件，通过向劳动者在具备劳动能力、拥有工作岗位时收取一定的保险费，使其为因年老、失业、疾病等而丧失或中断劳动收入时得到一定的收入补偿做准备。社会保险的这种延期付款的特点实现了劳动者个人不同人生阶段间的收入调节分配，最大限度地降低了劳动者陷入贫困的可能性，间接地起到了调节两极分化、缓解社会

① 国际劳工组织．社会保障基础．长春：吉林大学出版社，1987：21.

不公平的作用。

此外，劳动者与企业向社会保险机构缴纳保险费或向政府纳税，无形中社会保险作为纽带把劳动者与企业联结起来，更有利于社会的融合与稳定。

3.4.4 社会保险制度的负社会效应

社会保险制度对于工业社会的稳定与调节功能是大家所公认的，但随着市场经济的不断发展，由于社会、经济等因素的制约以及其制度设计本身的缺陷与不足，社会保险对社会发展的一些负面效应也逐渐显现出来，而这些负社会效应的根源是社会保险制度资源覆盖的非均衡性造成的不公平。

1. 社会保险制度并非覆盖全体公民而产生的不公平

1941年，贝弗里奇在《贝弗里奇报告》中赋予社会保险四条基本原则，其中之一便是“普遍性原则”，即社会保险应该是普遍而非选择性的。然而，由于种种因素的制约，目前社会保险在世界绝大多数国家只是覆盖到部分工资劳动者，极少覆盖到非正规就业者，实行普遍的全民社会保险制度的国家还较少。一般来说，有固定职业的人参加社会保险的概率要大于非正规就业者，而前者的收入一般高于后者，这就产生了“马太效应”，社会保险参保人和未参保人之间的贫富分化将进一步加剧。

2. 制度模式变更产生的代际不公平

制度模式变更的过程中，可能会损害一代人的利益，产生新的不公平。如养老保险制度从现收现付制向基金制转变，在转变的过程中，转轨一代的福利必然受到影响。维邦利用一个两期的交叠世代模型证明，在一个小的开放经济中，从现收现付制到基金制的转变不可能是一个帕累托改进。不管以什么样的政策进行转轨，总是要有至少一代的人蒙受损失①。

3. 制度统筹层次低产生的不公平

社会保险的核心原则就是风险分担，因此制度统筹层次的高低将会影响社会公平。如养老保险统筹层次低，将导致一些地区缴费率高，负担重，地区之间不公平；工伤保险统筹层次低，将导致一些工伤风险大的行业保险费高，没有体现风险共担的原则。

本章小结

社会保险作为当今世界各国政府用来解决社会问题的一种经济手段，必然对其所处的社会环境、经济环境以及政治环境产生一定的影响和效应。与济贫制度和商业保险相比，社会保险的权利与义务相结合原则、责任三方分担原则以及保障基本生活水平原则等使其在合理分担社会风险的情况下提供的保障更全面、更稳定，产生的效应更积极。但不可否认，社会保险制度的超前或滞后发展也会使其制度效应转正为负。

社会保险制度的发展需要一定的经济基础，当其与经济发展相适应时，便会在补救市

---

① VERBOR H A A. Conversion police for public pension plans in a small open economy//GUSTAFSSON B A，KLEVMARKEN N A. The political economy of social security. Elsevier Science Publishers (Northholland)，1988：83-95.

场失灵的前提下，通过对劳动力资源的保护与开发促进经济的发展，而社会保险的雄厚基金也会通过影响人们的储蓄与投资倾向对经济发展产生一定的作用；当社会保险超越或滞后于当时当地的经济发展水平时，则会阻碍经济的发展。

在政治方面，社会保险作为一项重要的社会政策，对于维护统治阶级的政权，巩固其统治地位具有举足轻重的作用。同时，它也会对工会、政党等组织产生一定的影响。然而，社会保险的泛政治化会使其工具性的价值被过分夸大，导致异化。

社会保险制度是为解决工业社会的矛盾激化而产生的，因此其对于化解工业社会日益扩大的群体风险，减少不可控制的社会因素导致的社会贫困，调节扩大的收入分配差距等都会产生积极的制度效应，但由于社会保险制度标准的不统一以及覆盖的不全面，也使其带来新的社会不公平，产生负的社会效应。

因而，社会保险制度效应的有效发挥需要有一个配套工程，即不仅需要社会保险各子项目之间，而且需要社会保险系统与社会保障其他子系统之间合理衔接，且应与一国的政治、经济、文化、社会背景相协调。

关键术语

制度效应　社会效应　社会风险　两极分化　经济效应　市场失灵　劳动力资源　储蓄与投资　政治效应　政党政治　负效应

复习思考题

1. 与济贫制度和商业保险相比，社会保险制度的进步性体现在哪些方面？
2. 社会保险制度是如何调节社会成员之间的两极分化的？
3. 社会保险制度的负社会效应体现在哪些方面？
4. 如何理解社会保险制度的经济效应？
5. 社会保险制度效应的有效发挥需要哪些条件？

参考文献

[1] 陈银娥．社会福利．2 版．北京：中国人民大学出版社，2009.
[2] 邓大松．社会保险比较论．北京：中国金融出版社，1992.
[3] 邓大松．社会保险．2 版．北京：中国劳动社会保障出版社，2009.
[4] 国际劳工组织．社会保障基础．长春：吉林大学出版社，1987.
[5] 侯文若．社会保险．北京：中国劳动社会保障出版社，2009.
[6] 任正臣．社会保险学．北京：社会科学文献出版社，2001.
[7] 郑功成．社会保障学：理念、制度、实践与思辨．北京：商务印书馆，2000.
[8] 汤普森．老而弥智：养老保险经济学．北京：中国劳动社会保障出版社，2003.
[9] 米什拉．资本主义社会的福利国家．北京：法律出版社，2003.

[10] 金斯伯格. 福利分化：比较社会政策批判导论. 杭州：浙江大学出版社，2010.

[11] 卡特琳. 社会保障经济学. 北京：法律出版社，2003.

[12] 考夫曼. 社会福利国家面临的挑战. 北京：商务印书馆，2004.

[13] 董永在. 市场与国家之间：社会保障理论主要流派. 中国社会保障，2009 (2).

[14] 刘东霞，徐春普，司选明. 社会保险原则探讨. 改革与开放，2010 (4).

[15] 杨红燕，王辛梓. 社会保险产生的制度嵌入性分析：德国与英国比较的视角. 齐齐哈尔大学学报（哲学社会科学版），2010 (4).

[16] 张向达，李宏. 社会保障与经济发展关系的思考：基于社会保障扩大内需作用的角度. 江西财经大学学报，2010 (1).

学习网站

[1] http://www.mohrss.gov.cn

[2] http://www.mof.gov.cn

[3] http://www.worldbank.org

[4] http://www.ilo.org

[5] http://www.issa.int

第4章

社会保险管理

本章导言

社会保险管理是实现社会保险制度目标的必要途径。社会保险管理是对社会保险活动进行规划、组织、指挥、协调和控制的过程，包括社会保险行政管理、社会保险业务管理、社会保险基金管理和社会保险监督管理四个方面。社会保险管理涉及管理模式的选择、社会保险政策的制定、社会保险事务的运行以及对社会保险政策贯彻过程的监督和控制，决策协调机构、业务经办机构、基金管理机构和监督机构都介入了社会保险管理的过程。各国社会保险管理模式各有特点，本章将介绍各种社会保险管理模式，并就我国社会保险管理的权责分工、社会保险管理的历史沿革及其现行制度模式做相应阐述。

重点问题

- 社会保险管理的特征
- 社会保险管理模式的分类
- 中国社会保险管理的权责分工
- 中国社会保险管理制度的历史沿革

4.1 社会保险管理的概念与特征

管理的一般定义存在于组织之中，是指为了实现组织目标而进行的一系列计划、组织、指挥、协调和控制的活动。而社会保险是存在于一个国家之中，由国家强制实施的体现权利与义务相结合的保障计划。社会保险管理与一般组织管理的概念有所区别，它既具有一般组织管理的含义，也具有行政管理的性质。虽然很多国家的社会保险管理采取自治管理的模式，但最终责任人都是政府。

社会保险管理是指通过特定的机构和制度安排，采取一定的方法和手段对社会保险计划的实施进行计划、组织、协调、控制与监督，以实现社会保险制度目标的过程。在不同的模式下，社会保险管理的内容各有差异。大致来说，社会保险管理包括社会保险行政管理、社会保险业务管理、社会保险基金管理以及社会保险监督管理。社会保险行政管理的主体是政府负责社会保险事务的部门，如我国是人力资源和社会保障部。社会保险行政管理规范社会保险的运行过程，其作用体现在选择社会保险目标模式、制定社会保险有关法律法规方面。社会保险业务管理、基金管理的主体可以是提供社会化服务的非营利机构，如社会保险事业中心、社会保险公司等。业务管理、基金管理负责社会保险活动的具体实施、社会保险基金的筹集和分配等方面。社会保险监督管理的主体来自政府、民间各个方面，如政府审计部门、财政部门、工会、社会舆论监督部门、由不同主体组成的监督委员会等。监督主体负责对社会保险运行过程进行监督、提供反馈信息。总之，社会保险管理是在政府行政部门的宏观指导下，设置合理的机构对社会保险运行进行管理和监督，以保障社会保险制度的有效运行。社会保险管理要注重效率，以最小的管理成本实现最大的社会效益，同时提高制度运行的有效性，避免社会资源的浪费。

各国社会保险在制度设计、目标确定方面各有特点，但是社会保险管理的规则基本是一致的。社会保险管理的规则在于，无论采取何种管理模式，行政管理、业务管理、基金管理以及监督管理之间的责任划分必须是明确的，协调机制必须是有效的，社会保险管理一定是有章可循的。社会保险具有公共产品的性质，即非竞争性和非排他性，同时在一定程度上也具有私人产品的性质。社会保险管理是对社会保险这种具有公共产品性质的项目进行的管理，是对社会保险运行环节的设计、实施与监督，是关于社会政策和社会事务的管理。良好的社会保险制度设计与高效的公共服务、高度的保障目标之间并没有必然的因果关系，但如果机构设置重叠、各部门权责划分不清、缺乏有效的监督约束机制，即使有最好的制度设计，社会保险运行也会陷入一定程度的混乱，无法达成良好的运行效果。只有对社会保险的运行环节通过合理的机构设置和实施有效的管理策略，才能产生激励机制和监督机制之间的互动，建立规范、科学的社会保险体系，从而发挥社会保险的保障功能，实现社会保险增进国民福利、提高生活质量的预期目标。

一般来说，社会保险管理具有以下几个特征：

1. 依法性

社会保险管理必须以相关法律、法规、规章、政策、办法为依据，各部门必须按照法定的程序实施管理。社会保险管理各部门的职责必须按照法律规定进行划分。从纵向看，不同层级的社会保险管理部门各自的责任、权限都应有明确的界限；从横向看，不同职能的社会保险管理部门之间也必须合理分工，在各自的职责范围之内行事，既不能推卸职责，也不能超越范围行使职责。

2. 协调性

社会保险管理由社会保险行政管理、社会保险业务管理、社会保险基金管理和社会保险监督管理四个方面构成，涉及行政部门、经办机构、基金运营机构、监督部门的工作职责，而从中央到地方，又涉及纵向的权责划分。因此，要做好社会保险的管理工作，必须形成一种运作顺畅、配合密切的协调机制，使与社会保险管理相关的部门之间能进行有效的衔接、沟通与合作。社会保险的项目众多，主要的五大项目是养老保险、医疗保险、失业保险、工伤保险和生育保险。在这些不同的项目之间也应有良好的衔接机制。比如，享受失业保险待遇的失业者在失业期间达到退休年龄的，要考虑失业保险与养老保险的衔接；享受失业保险待遇的失业者在失业期间患病就医的，要考虑失业保险与医疗保险的衔接。

3. 有效性

社会保险的一个重要特征是公平性，比如养老保险要使劳动者个人一生中的消费水平保持在合理的范围内，不因退休而使生活水平降到过低的水准，同时缩小不同人群之间养老待遇和生活水平的差距。同时，社会保险管理作为一种组织、协调的过程，也必须以效率为目标，社会保险管理过程中出现资源浪费、办事拖沓的现象是对参保人利益的损害，对社会保险的制度运行形成障碍。社会保险管理机构的合理设置、人员的科学配置、资源的高效利用都是保证社会保险有效性的手段。这里所指的社会保险管理的有效性含有制度运行有效性的含义，管理的有效性是实现制度运行有效性的前提。

4. 社会性

社会保险管理的社会性包含了两层含义。第一层含义是社会保险作为社会公共事务依法公开运行。社会保险机构是为参保人服务的机构，其管理职责是由国家法律法规确定的，其工作程序、办事规则都应向社会公开，以便社会各界对其进行有效监督。社会保险基金是国家、缴费单位和缴费个人共有的，基金的筹集、运营以及支付过程必须在透明的环境中进行，社会成员的社会保险权利在这种情况下才能得到更好的维护。第二层含义是社会保险实行社会化管理。社会保险的社会化管理使社会保险工作向社区等基层延伸，利用社区服务的平台，使社会保险管理工作深化和细化。社会化管理是指社会保险基金筹资的社会化、经办机构的社会化、待遇发放的社会化以及保障对象的社会化。社会保险的社会化管理使政府部门在资源有限的情况下，把主要精力用在制定规则和监督制度运行方面，而让社会化的主体负责社会事务的具体运行，从而降低社会保险管理成本、提高社会资源利用的有效性。

4.2 社会保险的管理模式

社会保险管理模式是指社会保险行政管理机构、业务管理机构、基金管理机构和监督管理机构在社会保险管理过程中形成的体例和框架，它主要涉及不同层级的社会保险机构之间的权责划分、各管理部门之间的协调等内容。社会保险的管理模式与特定国家的经济发展条件、历史文化传统以及特殊政治背景密切相关，比如，集权制国家与分权制国家所采取的社会保险管理模式就有所差异。由于不同的社会保险项目具有各自不同的特点，特定国家的不同社会保险项目的立法时间也各不相同，所以即使是同一国家，也有可能在不同的社会保险项目上选择不同的管理模式。

4. 2. 1　政府直接管理模式

政府直接管理模式采取纵向领导的方法，由中央到地方设置不同层次的管理机构，中央对地方的管理机构实行垂直领导。中央制定社会保险的政策法规、对社会保险运行过程进行监督，地方社会保险管理部门把中央的政策法规细致化、负责具体业务的实施。社会保险行政管理、业务管理都由政府负责，行政管理部门规定社会保险的实施范围、享受对象、基金筹集、待遇支付以及各方的权利义务，对法律法规的实施进行检查和监督，受理社会保险有关的行政争议；业务管理部门作为政府部门的派出机构对社会保险事务进行管理，负责参保人登记和审查、社会保险基金的筹集和支付、为被保险人提供咨询等服务。

在政府直接管理模式下，从中央到地方都设立了专门的机构，政府权力的作用发挥明显，政府的强制力能保证社会保险政策规范统一，政府制定的社会保险制度目标较容易实现。但是，这种管理模式需要政府部门投入很多人力物力从事具体的社会保险事务，管理成本较高。由于官僚机构的膨胀，容易引起部门之间的矛盾，经办机构的工作效率也容易出现低下的倾向。在政府直接管理模式下，行政管理部门和业务管理机构的工作人员都属于政府公职人员，约束和监督机制难以有效发挥作用。

政府直接管理模式可以再划分为统一管理模式、分散管理模式和统分结合管理模式。

1. 统一管理模式

统一管理模式把不同的社会保险项目置于一个统一的管理体系之中，建立统一的社会保险管理机构对全国的社会保险事业进行自上而下的纵向统一管理，而地方层层设置社会保险管理机构，实行统一的制度、统一的政策和管理标准。统一管理模式使社会保险政策的决策权集中于一个体系，有利于社会保险的统一实施，能有效避免由不同部门管理所引起的部门冲突和矛盾，社会保险基金的集中程度较高，其使用效率也较高。然而，实行统一管理模式需要具备一定的客观条件，若是在具有分散式管理传统、社会保险情况复杂的国家实行统一管理模式必定会遭遇众多的阻力。

英国是实行统一管理模式的典型代表。英国的社会保障部由总部和五个执行局组成。总部负责在政策发展方面提供支持，组织协调社会保障部的内部管理，向部内和卫生保障部提供法律、统计等服务。待遇计发局、缴费征收局、信息技术服务局、儿童供养局和战争养老金局五个执行局分别负责社会保险政策的具体实施，具有相对独立性，职责划分明确，各执行局有独立的机构系统，各局局长负责本局的具体管理事务。在行政管理和业务管理之外，有独立法定机构对社会保险的工作过程进行监督。这些独立法定机构包括独立仲裁庭、中央裁判庭、社会基金独立审查署和养老金申诉调查办公室。独立监督体系的建立对于英国社会保险管理起到一定的约束作用。

在医疗保险的管理方面，英国的卫生保障部是最高管理机关，统一领导全国和地方的医疗保险管理，负责医疗卫生系统的管理。英国在各地区设置社会保险局，在县市设立国民保险办事处，形成了从中央到地方的完善的医疗保险管理网络。

英国设有社会保障部对社会保险项目的发展、维持和给付进行全方位的管理。社会保障国务大臣全权负责社会保障事务，社会保障和福利改革国务大臣负责社会保障长期规划、项目变动、待遇计发、基本开支检查以及工作激励等问题，负责上议院的助理国务大臣管理因病失去工作能力补贴、严重伤残补贴、工伤以及战争养老金等事项，负责下议院的助理国务大臣管理国家养老金、职业和个人养老金、国家保险缴费征收、法定医疗及生育待遇等事项。

2. 分散管理模式

由于社会保险项目较多，各个社会保险项目的保障对象、管理方法各异，采取过于集中的管理方式未必适合不同社会保险项目的特点，因此，在政府对社会保险进行统一协调决策的前提下，有必要对不同的社会保险项目进行分散管理。分散管理模式采取与统一管理模式相反的管理方式，由不同的政府部门对不同的社会保险项目进行横向多头管理，不同的社会保险项目都有各自对应的保险经办机构、基金运营机构和监督管理机构，各社会保险项目之间具有相对独立性，各项目所筹集到的社会保险基金专款专用。

在实行分散管理模式的国家，养老保险、医疗保险、生育保险、工伤保险、遗属保险和失业保险分别由不同的政府部门管理。比如，劳动部门管理劳工保险，卫生部门管理医疗保险。在分散管理的情形下，不同的社会保险项目往往实行不同的管理模式。我国长期以来实行的是分散管理的模式，但在社会保险改革过程中，我国逐步将原来过于分散的社会保险管理加以集中，使社会保险的管理难度有所降低。

3. 统分结合管理模式

统分结合管理模式是统一管理模式和分散管理模式的结合。在统分结合管理模式下，对共性较强的适宜归为一类的社会保险项目进行集中管理，而对具有特殊性的社会保险项目实行分散管理。比如，有的国家把养老保险、医疗保险等社会保险项目集中起来进行统一管理，而失业保险和工伤保险分别由劳动部门和其他部门进行管理。有的国家设置特定的部门管理养老保险，而医疗保险、工伤保险和失业保险则集中由劳动部门管理。在不同的国家，由于部门设置和部门分工的不同，各部门对应的社会保险的管理职责也存在较大差异。

实行统分结合的管理模式，既适应了社会保险集中管理的趋势，又兼顾了不同性质社会保险项目的特殊要求，能够发挥统一管理模式和分散管理模式各自的优势，社会保险的管理效率能够得到提升，而管理成本也可以相应减少。在这种模式下，有两个或者两个以上的部门对社会保险事务进行管理，至少有一个部门集中管理几个具有同质性的社会保险项目的具体事务，而另外有少数部门负责某个特殊社会保险项目的管理。

日本的社会保险采取统分结合的管理模式。日本的中央政府设立厚生劳动省管理全国的养老、遗属、残疾医疗以及失业和工伤等保障项目。厚生劳动省的年金局及社会保险厅是日本养老金的中央管理组织。厚生劳动省的年金局主要负责拟订厚生年金保险及国民年金的法规、政策，并负责计算厚生年金及国民年金。而厚生劳动省的社会保险厅主要负责实施年金制度和健康保险制度。日本的地方管理组织包括都、道、府、县、厅和地方事务所。都、道、府、县、厅负责实施国民年金制度，对国民年金基金进行指导监督，同时负责实施健康保险制度、船员保险制度、厚生年金保险制度，并对健康保险会、厚生年金基金、保险医疗机构进行指导监督。

美国的社会保险也实行这种社会保险管理模式。美国的社会保障总署负责管理各种主要社会保障事务，而劳工部只负担少数管理责任。社会保障总署属于独立机构，不隶属于任何行政部门。美国的社会保障项目有八项：养老保险，遗属保险，失去生活能力保险，老人、残疾人和肾衰竭患者的住院和医药保险，硅肺病福利，提供给低收入老年人、残疾人以及失明人的补充保障收入，失业保险，公共援助和福利帮助。前六项由联邦政府管理，后两项以州的管理为主。社会保障总署负责的项目是养老保险、遗属保险、失去生活能力保险以及补充保障收入。美国社会保障总署实行垂直领导体制，全国按大区设立分署，分署之下设地区办公室。

从社会保险管理模式的划分可以看出，社会保险管理是一个由各个社会保险项目所组成的涉及不同管理部门的复杂体系。有的国家为了实现管理体系的统一性，采取以政府集权为核心的统一的管理模式，以保证社会保险政策实施的有效性和协调性。而有的国家各个社会保险项目建立和完善的背景不统一，因而针对不同社会保险项目的特点采取不同的管理机构和管理模式。但无论如何，社会保险管理模式都要适合特定国家国情和历史发展趋势。

4.2.2 自治机构管理模式

自治机构管理模式是指社会保险的业务管理由非政府组织承担，政府只负责社会保险立法、对社会保险政策的实施提供监督和指导。负责业务管理的非政府组织是由政府代表、雇主代表和雇员代表三方组成的独立机构，也可能是其中两方组成的管理组织，其名称比较多元化，可以是基金会、董事会、委员会、理事会等。这些独立机构依照相关法律法规的实体性规定和程序性规定对社会保险的具体业务进行管理，实行民主管理，接受来自政府和社会的监督。在自治机构下面设有办事机构，在法律规定范围内开展各种业务活动。自治机构管理模式的管理机制较为灵活，各方主体的利益分别有各自的代言人，能充分体现民主管理的精神，在得到各方认可的前提下，实行各方均能受益的管理办法。因此，该模式的工作效率较高，各利益主体的满意度也较高。

德国是自治机构管理模式的典型，德国的社会保险机构不是政府部门的派出机构，而是独立法人，实行自治管理。德国社会保险自治机构的影响力很大，一般实行地区管理与行业组织管理相结合的方式，自治机构成员由雇主代表和雇员代表共同组成。对社会保险管理机构的监督主要由联邦政府劳动和社会事务部实施，社会保险缴费、社会保险待遇支付等事项由联邦和地方的经办机构以及雇主和雇员组成的特别保障委员会负责。联邦薪金雇员保障协会则负责管理公务员的养老保障事务。

德国社会保险的行政管理与业务管理是完全独立的。联邦政府劳动和社会事务部是社会保险的最高行政管理机关，在劳动和社会事务部下设置独立的社会保险管理监督办公室作为独立的监督部门。社会保险的业务管理按照不同的保险项目进行设置。

4.2.3 以私营机构为行为主体的管理模式

以私营机构为行为主体的管理模式是在实行社会保险基金完全积累制的前提下，由私营机构对社会保险基金的投资和运营进行管理，以实现基金的保值增值。政府不直接参与社会保险基金的管理，而是对社会保险的具体实施过程进行监督。比如，新加坡实行中央公积金制度，具有半官方性质的中央公积金局负责社会保险的管理和具体实施，而劳动部对社会保险管理进行监督。在同样实行完全积累制模式的智利，社会保险的具体实施由社会保险公司和私营养老基金管理公司负责，基金投资风险管理委员会、社会保障总署对社会保险管理进行监督。印度、印度尼西亚等国也采取这种管理模式。

在以私营机构为行为主体的管理模式下，政府付出的管理成本较低，政府责任较轻。但是私营机构管理社会保险近年来出现了管理效率下降的趋势，被保险人的利益与社会保险基金在资本市场的收益直接相关，此种模式给被保险人带来的风险较大。如智利的社会保障部门只负责政策制定和监督，而社会保险的具体事务和基金运营由民间机构承担，政府对基金运营过程进行监督。

4.3 中国的社会保险管理

中国的社会保险制度自新中国成立以来经过了 60 多年的发展，逐步趋向成熟和完善，但是在发展过程中也出现了一些问题。

4.3.1 中国社会保险管理的权责分工

社会保险管理是一张由横向关系和纵向关系构成的网络。从横向看，社会保险管理涉及不同的政府部门之间的管理权限问题、政府部门与社会保险管理机构之间的职责分工问题。从纵向看，社会保险管理涉及中央与地方之间的关系问题。

1. 社会保险行政管理部门的设置及其职责

社会保险行政管理的主要内容是设计社会保险发展规划、制定社会保险政策、完善社会保险管理制度；设置相应的社会保险管理机构并进行人员配置；监督各项社会保险政策、规章、制度的实施情况；监督社会保险基金的收支、管理，并指导和监督经办机构的业务工作。社会保险行政管理的首要特征就是依法性，因此，社会保险的实施和运行必须有相关的法律、法规作为依据。在我国，与社会保险管理有关的立法主要是国务院以及省、自治区、直辖市颁布的法规、规章及实施办法。这些法规、规章及实施办法规定了社会保险的实施范围、享受条件、待遇标准、资金筹集办法以及有关部门的职责权限等。全面的《中华人民共和国社会保险法》于 2011 年 7 月 1 日起实施。

在社会保险行政管理机构设置方面，许多国家在中央和地方都设有社会保险行政管理机构，分别拥有相应的管理权限。我国的社会保险行政管理机构是各级人力资源和社会保障行政部门，按照属地原则对社会保险进行管理，并对其派出的经办机构的业务活动进行指导和监督，对于违反法律、法规的行为及时发现并予以纠正，解决社会保险经办机构与用人单位或个人之间产生的行政争议，保证社会保险制度的正常运行。

社会保险行政管理部门一般按纵向划分不同层级管理机构的职责。我国的社会保险行政管理实行行政区划分级管理的模式，依据属地原则对社会保险进行行政管理。按照纵向划分的方式，我国的社会保险行政管理部门划分为中央管理部门、中层管理部门和基层管理部门。中央管理部门是人力资源和社会保障部，中层管理部门是地方各级人力资源和社会保障部门，基层管理部门是直接为被保险人服务的管理部门。

2. 社会保险业务管理部门的设置及其职责

社会保险业务管理以社会保险资金筹集和待遇支付的具体过程为核心并相应延伸，我国的社会保险业务经办机构是行政管理部门的派出机构，为被保险人提供各种社会保险服务，接受行政管理部门的监督。采取这种方式能在一定程度上减少资金筹集和待遇支付环节的管理成本，保证社会保险基金按时、足额征缴，减少待遇支付中的损失。

社会保险业务管理部门和行政管理部门是分开的。业务管理部门是社会保险政策法规的执行机构，为独立的法人机构，具有非营利性。其主要职责包括：负责社会保险基金的征缴和待遇发放，依法承办社会保险关系变更、提供咨询服务等；负责对被保险人的基本信息进行登记、调查和统计；负责社会保险基金的预算、决算的编制和执行；按照《社会保险基金财务制度》和《社会保险基金会计制度》的有关规定，负责社会保险基金的财务管理和会计核算工作；核定社会保险待遇、为被保险人开具社会保险待遇的单证。业务管理部门还要依法审核被保险人是否有资格享受社会保险待遇，并确定其享受社会保险待遇的标准和期限。此外，社会保险业务管理部门是为社会提供服务的窗口，要通过多种方式，如现场咨询、电话咨询、网站查询等，为被保险人提供服务。社会保险业务管理部门是社会保险业务的具体经办机构，属于非营利性质的事业单位，具体办理社会保险基金的收支和管理工作，向社会保险对象提供各种服务（见图 4-1）。社会保险管理社会化，主要体现为社会保险待遇发放的社会化、社会保险服务的社会化等，体现了社会保险管理的精简化趋势。

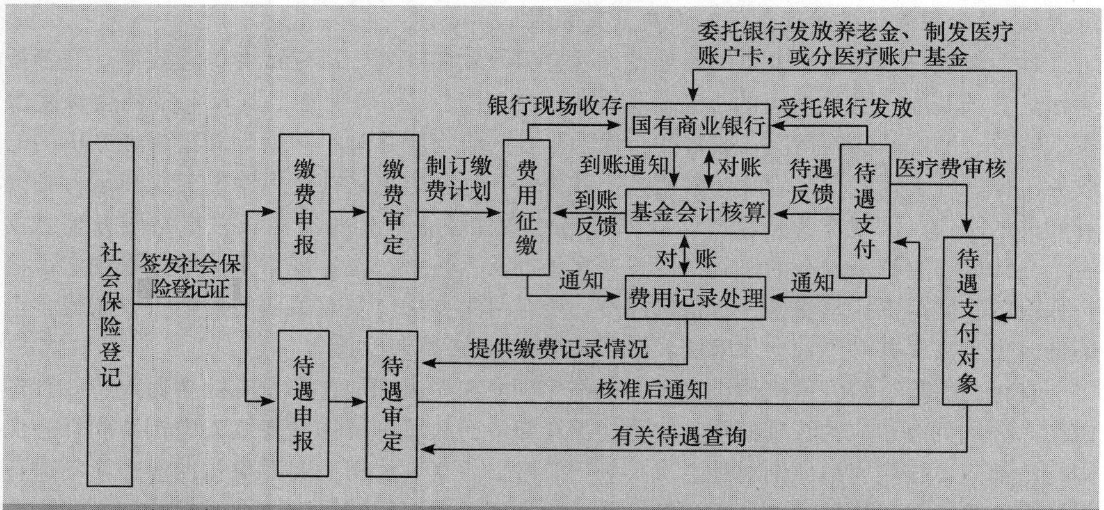

图 4-1 中国社会保险业务流程图

说明：社会保险业务经办主要涉及社会保险登记、基金征缴、基金财务管理、待遇支付等内容。该图从经办机构的角度显示了社会保险业务管理的整体流程。

资料来源：http://www.wfgx.gov.cn.

3. 社会保险基金管理部门的设置及其职责

社会保险基金筹资由雇主、雇员和国家财政中的一方、两方或三方承担，体现了分散风险的原则。社会保险基金管理主要是指基金的运营管理，包括社会保险基金的财务管理和投资管理等方面。

社会保险基金管理的重要目标是安全性，使之发挥保障被保险人基本生活的功能。社会保险基金的运营管理不应由行政部门管理，而应成立专门的机构，以非行政性独立法人的身份负责基金运营管理。社会保险基金管理部门的活动受行政管理部门、业务管理部门以及监督管理部门的监督。

成立于 2000 年 8 月的全国社会保障基金理事会为国务院直属正部级事业单位，是负责管理运营全国社会保障基金的独立法人机构。其主要职责是：管理中央财政拨入的资金、减持国有股所获资金及其他方式筹集的资金；制定全国社会保障基金的投资经营策略并组织实施；选择并委托全国社会保障基金投资管理人、托管人，对全国社会保障基金资产进行投资运作和托管，对投资运作和托管情况进行检查，在规定的范围内对全国社会保障基金资产进行直接投资运作；负责全国社会保障基金的财务管理与会计核算，定期编制财务会计报表，起草财务会计报告；定期向社会公布全国社会保障基金的资产、收益、现金流量等财务情况；根据财政部、人力资源和社会保障部共同下达的指令和确定的方式拨出资金；承办国务院交办的其他事项。根据《中共中央关于深化党和国家机构改革的决定》，2018 年 3 月 13 日，国务院机构改革方案公布：将全国社会保障基金理事会由国务院管理调整为由财政部管理，承担基金安全和保值增值的主体责任。

4. 社会保险监督管理部门的设置及其职责

社会保险监督管理部门是独立于行政管理部门、业务管理部门和基金管理部门之外的独立机构，负责对社会保险运行过程、社会保险其他管理部门的活动、社会保险基金的运营过程、社会保险体系的运作过程进行全面的监督管理。

社会保险监督包括内部监督和外部监督，分别由不同的主体对社会保险管理活动进行监督，纠正管理过程中出现的偏差，保证社会保险管理活动依法、规范运行。社会保险内部监督有财务监督和内部审计两个方面，主要是内部审计机构对财务收支、财务核算、会计科目设置等情况进行审计。外部监督分为三个层次：行政监督、专职监督和社会监督。行政监督由行政主管部门实施，主要是指行政主管部门（如人力资源和社会保障部门、税务部门、财政部门）对业务经办机构进行行政监督。专职监督包括预算监督、缴费监督和财务监督三个方面。预算监督是对社会保险预算的执行情况进行监督，防止基金被违规使用。缴费监督是对用人单位和个人社会保险费的申报、缴纳等情况进行监督，避免拒缴、少缴社会保险费情况的发生。财务监督是审计业务部门（如国家审计机关、社会保险经办机构的内部审计组织）对社会保险基金的收支、使用、运营行为等进行监督。社会监督是由社会保险的利益相关主体、群众性的组织成立的监督委员会对社会保险管理进行监督，以形成来自社会的约束力。社会监督组织通常由政府代表、用人单位代表、劳动者代表以及学者代表组成。

4.3.2　中国社会保险管理制度的历史沿革

我国社会保险管理制度的历史沿革主要体现为社会保险管理部门的设置及社会保险管理权限配置的变迁。从新中国成立到现在，我国的社会保险管理经历了三个阶段。

1. 社会保险管理制度建立和发展的阶段（1949—1978 年）

新中国成立初期，中央人民政府成立了专门的机构负责社会保险的管理工作，1949 年成立了内务部和劳动部。当时的分工是：内务部管理机关事业单位的社会保险工作，劳动部负责企业的社会保险工作。内务部接受政务院政治法律委员会的指导，内务部设置了办公厅、干部司、民政司、社会司、地政司和优抚司等部门。1954 年一届全国人大一次会议召开后，中央人民政府内务部改称为中华人民共和国内务部。内务部设办公厅、民政司、社会司、地政司、户政司、救济司和优抚局。1956—1968 年，内务部的厅局机构为：办公厅、民政司、农村救济福利司、城市社会福利司、优抚局和政府机关人事局。1951 年出台《劳动保险条例》以后，各地工会组织成为劳动保险业务管理的基层单位，中华全国总工会成为全国劳动保险的最高领导机关，统筹管理全国的劳动保险；各地劳动部门负责监督检查企业缴纳劳动保险费和实施劳动保险业务的情况，处理有关劳动保险方面的争议，劳动部成为全国企业劳动保险业务的最高监督机关，检查全国劳动保险制度的实施和执行情况。政府精简机构后，劳动部的社会保险管理职能移交中华全国总工会统一管理。“文化大革命”开始后，我国社会保险管理工作遭受重创，陷入混乱状态，主管企业劳动保险的各级工会组织不能发挥其正常作用。1968 年，国家计委发文要求由劳动部门统一管理企业劳动保险工作。1969 年，内务部被撤销，以前由其主管的事务分别移交财政部、卫生部、公安部和国务院政工组多个部门管理。

1949—1978 年是我国社会保险管理制度的确立和发展阶段，形成了我国机关事业单位社会保险与企业社会保险分开管理的局面，此种状态持续了几十年，初步形成了社会保险分散管理的格局。这一时期的社会保险管理主要是“单位包办”，行政管理与业务管理、政府与单位之间并没有明确的权责界限，单位的功能广泛、负担较重。

2. 传统社会保险管理制度调整和改革的阶段（1978—1998 年）

1978 年，我国设立了民政部，负责军队离退休干部的安置和管理工作，指导农村五保户供养、举办敬老院、扶持农村贫困户以及城镇困难户和被精减职工的救济、社会福利等工作。1979 年，国家劳动总局和各地劳动厅也相应设立保险福利局、处等，加强对劳动保险工作的领导和管理。各级工会组织也同步开始恢复，与劳动部门一起共同领导和管理企业社会保险工作。1982 年，劳动人事部成立，下设保险福利局，重新统一管理企业的社会保险工作。为了保证养老金如期支付，劳动人事部对企业养老保险进行了改革，建立了养老保险基金的社会统筹，设置了社会保险经办机构，初步形成社会保险行政管理和业务管理分开设置的框架。养老保险以县（市）为单位进行社会统筹，由劳动人事部下属的社会保险业务管理机构统一筹集、统一支付、统一管理。企业从“办社会”的工作中脱离出来，企业负担得到减轻，社会保险业务管理社会化开始迈出步伐。

1984 年，集体所有制企业的养老保险由中国人民保险公司经办。1986 年，民政部设立农村社会保险司负责指导、管理和监督农村养老保险工作。1988 年，劳动人事部被拆分成劳动部和人事部，分别管理企业和机关事业单位的社会保险工作。国务院 1991 年颁布的《关于企业职工养老保险制度改革的决定》和 1995 年颁布的《关于深化企业职工养老保险制度改革的决定》确定了由劳动部和地方各级劳动部门负责管理城镇企业职工的养老保险工作，由人事部、民政部负责国家机关事业单位和农村的养老保险工作，并且规定了劳动部门所属的社会保险管理机构是非营利性的事业单位，负责经办基本养老保险和企业补充养老保险的具体业务，负责管理养老保险基金，并接受财政、审计、银行和工会的监督。通过一系列的改革，社会保险行政管理部门的分工开始明确，社会保险业务管理逐步形成了自上而下的从中央到地方的经办网络，社会保险监督管理也得到加强。

在我国传统的社会保险管理制度调整和改革阶段，社会保险管理机构根据全国人大及其常委会、国务院制定的法律、法规，对社会保险进行管理，形成了较为分散的管理格局。各级政府的劳动部门负责管理城镇企业职工的社会保险。其中，养老保险形成了地方统筹和行业统筹并存的局面，铁道、邮电、水利、电力、中建总公司、煤炭、石油、交通、有色金属、民航、金融 11 个行业分别负责管理养老保险行业统筹的有关事务。在这一阶段，劳动部、人事部、财政部、民政部、卫生部、体改委、中共中央组织部等部门都参与了社会保险的管理。劳动部的社保司负责城镇企业职工的基本养老保险、医疗保险、工伤保险和生育保险管理以及养老基金经办。劳动部的就业司负责城镇企业职工的失业保险管理。人事部的社保司负责机关事业单位职工养老保险的管理。财政部的社保司负责全国养老保险基金的财务监督。民政部的农保司负责农村养老保险。民政部的基金管理中心作为基金经办机构而存在。此外，民政部还负责管理国家离退休干部、军队离退休干部的养老和公费医疗。卫生部的政策法规司管理机关事业单位职工的公费医疗和医疗保险。体改委的分配和社会保障体制司也对社会保险进行管理。中共中央组织部也管理国家干部的退休待遇和公费医疗。中央军委政治部总后勤部主管现役军人的公费医疗。

这一时期的社会保险管理制度是一种分散的、权责划分不明确的、管理效率低下的制度，这种制度与中国社会保险发展的内在要求不相适应，对社会发展、经济发展形成了障碍。在这种多头管理的社会保险管理体制下，各部门之间难以进行统一规划和协调，政策难以统一；在资金管理上条块分割，不利于资金有效使用；政策的不统一阻碍了劳动力的合理流动；企业的经营积极性受到严重压抑。这种体制不顺、运行不畅、条块分割的管理方式使社会保险政策难以实现有效衔接，不利于社会保险制度改革的有效推进。因此，建立统一协调的、体现社会化管理特征的社会保险管理制度改革呼声渐高。

3. 现行社会保险管理制度建立的阶段（1998 年至今）

1998 年，根据国务院机构改革方案和国务院关于机构设置的通知，在劳动部的基础上组建了劳动和社会保障部，将以前一些较为分散的社会保险管理职能集中在一起，归劳动和社会保障部管理。比如，以前由人事部负责的机关事业单位社会保险、以前由民政部负责的农村社会保险、以前由卫生部和财政部负责的机关事业单位职工医疗保险、以前由国务院职工医疗保险制度改革领导小组办公室负责的医疗保险制度改革等职能，在 1998 年机构改革后都划归给劳动和社会保障部。原来的行业统筹按照其行政区划变为属地管理。养老保险实行省级统筹，医疗保险实行地市级统筹，各项社会保险待遇实行社会化发放。2000 年，全国社会保障基金理事会成立。

1998 年以后的社会保险管理主管部门主要是劳动和社会保障部、人事部和财政部。劳动和社会保障部的养老保险司负责基本养老保险、遗属待遇、机关事业单位及企业补充养老保险、养老保险社会化服务等事项的管理；失业保险司负责失业保险的管理；医疗保险司负责医疗保险和生育保险的管理；工伤保险司负责工伤保险的管理；农村社会保险司负责农村养老保险的管理；社会保险基金监督司负责社会保险基金的监督管理。人事部综合管理公务员事务。财政部则负责管理社会保险基金的预算和决算。国务院机构改革后民政部专注于社会救济、社会福利、优抚安置等保障项目。现行社会保险管理制度厘清了社会保险各管理部门的权责关系，使社会保险的管理情况比 1998 年以前得到很大改善。

我国的社会保险管理从分散的、管理与运营不分的单位管理体制逐步走向统一的、管理与运营相分离的社会化管理体制。社会保险行政管理关系初步理顺；社会保险经办业务得到发展，基本形成了从中央到地方的管理网络；社会保险基金监督得到加强；适应社会主义市场经济体制要求的社会保险管理框架已经初步形成。在此过程中，国家的统一立法、统一决策得到加强，专门的社会保险管理机构得以建立。这种统一的社会化管理方式大大改善了社会保险制度的管理效率，增强了企业的市场竞争力，使社会保险的服务水平大为提升，更好地满足了劳动者的社会保险需求。

值得一提的是，现行的社会保险管理基本上都采取了信息化管理方式，把管理理念与信息技术结合起来，形成社会保险管理信息系统。如图 4－2 所示，市、区县社会保险经办机构提供核心平台，相关主体都能与之对接，社会保险的管理效率较以前大为改善。

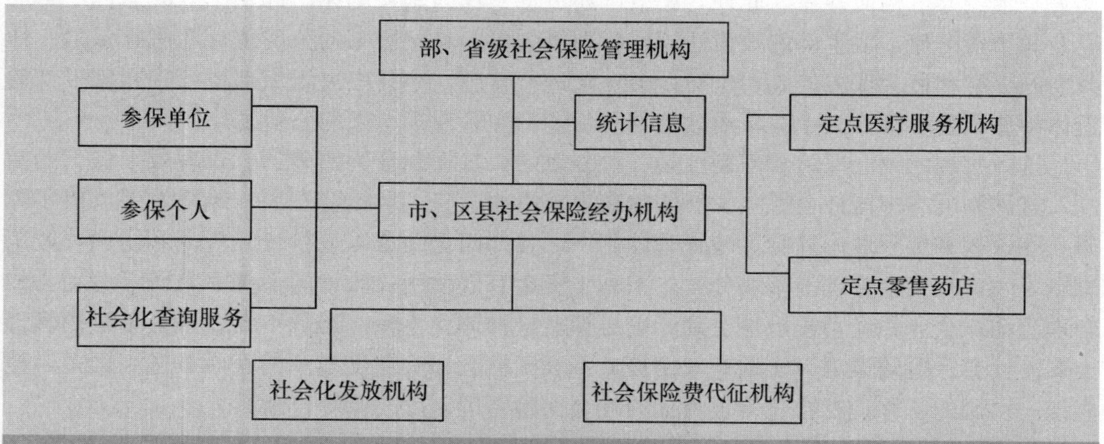

图 4－2　中国社会保险经办机构图示

截至 2017 年底，我国社会保险管理的主要部门是人力资源和社会保障部。其主要职责是：拟订人力资源和社会保障事业发展规划、政策；拟订统筹城乡的就业发展规划和政策，完善公共就业服务体系；统筹拟订城乡社会保险及其补充保险政策和标准；负责就业、失业、社会保险基金预测预警和信息引导，拟订应对预案；等等。

社会保险事业管理中心是人力资源和社会保障部的直属机构。其主要职责是：(1) 拟订社会保险经办机构进行社会保险登记、审核社会保险缴费申报、开展社会保险费征缴以及办理社会保险关系建立、中断、转移、接续和终止工作的办事程序和操作规范并组织实施；(2) 在人力资源和社会保障部的统一组织下，汇总编制全国养老、失业、医疗、工伤、生育保险基金的年度、季度、月度财务报告，指导社会保险经办机构执行社会保险基金财务、会计制度；(3) 制定社会保险社会化管理规范，指导社会保险经办机构的社会保险社会化管理工作，做好离退休人员的社会化服务；(4) 承担全国社会保险信息与统计数据的采集、整理、分析以及管理工作，参与全国社会保险信息系统规划建设工作；（5）拟订社会保险基金稽核制度并组织实施，指导社会保险经办机构建立健全防范瞒报少缴社会保险费和虚报冒领社会保险待遇的工作制度。

养老保险司、医疗保险司、失业保险司和培训就业司、工伤保险司、农村社会保险司分别承担对应社会保险项目的社会保险管理职责。社会保险基金监督司是进行内部监督的重要部门。社会保险事业管理中心则是社会保险业务管理部门。

党的十九大全面推进各方面各领域的改革，不断开创社会保障事业改革发展新局面。根据《中共中央关于深化党和国家机构改革的决定》，2018 年 3 月 13 日，国务院机构改革方案公布：将人力资源和社会保障部的城镇职工和城镇居民基本医疗保险、生育保险职责，国家卫生和计划生育委员会的新型农村合作医疗职责，国家发展和改革委员会的药品和医疗服务价格管理职责，民政部的医疗救助职责整合，组建国家医疗保障局，作为国务院直属机构。这一举措将进一步促进实施“健康中国”战略。

本章小结

社会保险管理是指通过特定的机构和制度安排，采取一定的方法和手段对社会保险计划的实施进行计划、组织、协调、控制与监督，以实现社会保险制度目标的过程。社会保险管理具有依法性、协调性、有效性和社会性等特征。

社会保险的管理模式可以分为政府直接管理模式、自治机构管理模式和以私营机构为行为主体的管理模式。其中，政府直接管理模式还可以细分为统一管理模式、分散管理模式和统分结合管理模式。

社会保险管理包括社会保险行政管理、社会保险业务管理、社会保险基金管理以及社会保险监督管理。社会保险行政管理主要指社会保险政策法规的起草制定、社会保险整体规划的拟订以及社会保险行政部门对社会保险运行过程的指导。社会保险业务管理主要指社会保险税或社会保险费的征缴、被保险人领取社会保险待遇的资格审核、社会保险待遇的发放以及与社会保险相关的信息管理等方面。社会保险基金管理主要指对社会保险基金的运营进行管理，使社会保险基金保值增值，保证基金的稳健运行。社会保险监督管理主要指社会保险行政管理部门、政府财政部门和审计部门、社会舆论以及民间组织对社会保险基金收支情况、社会保险政策法规执行情况、社会保险管理机构进行内部和外部监督。

社会保险管理的权责划分涉及横向和纵向两个方面。横向的权责划分是按照职能划分社会保险相关机构的职责，社会保险行政管理部门、业务管理部门、基金管理部门和监督管理部门分别履行不同的职责。纵向的权责划分是按照管理级别把职能部门划分为中央管理部门、中层管理部门和基层管理部门，纵向权责划分一般用于社会保险行政管理部门。我国的人力资源和社会保障部是中央层次的行政管理部门，下设社会保险业务经办机构和基金经营机构，并指导地方各级政府的工作。地方人力资源和社会保障行政部门是地方层次的行政管理部门，下设社会保险业务经办机构和基金经营机构。在基层政府设立基层社会保险办事处。中央和地方各级政府都设立社会保险监督机构，对社会保险的行政管理部门、业务经办机构以及基金经营机构的活动进行监督。因此，形成了我国权责分明的纵横结合的社会保险管理体系。

从新中国成立到现在，我国的社会保险管理经历了三个阶段：1949—1978 年是中国社会保险管理制度建立和发展的阶段，形成了我国机关事业单位社会保险与企业社会保险分开管理的局面；1978—1998 年是传统社会保险管理制度调整和改革的阶段，此阶段的社会保险管理制度是一种分散的、权责划分不明确的、管理效率低下的制度，这种制度与中国社会保险发展的内在要求不相适应；1998 年至今是现行社会保险管理制度建立的阶段，人力资源和社会保障部是社会保险的主要管理部门。

针对我国社会保险立法、部门协调、业务管理、基金运营管理、监督管理以及社会保险管理体系几个方面的问题，我国应加快社会保险的法制化进程；加强部门之间的协作，明确划分中央和地方的职责；提高经办机构的业务管理能力，构建社会保险社会化服务体系；选择合适的基金运作管理模式，防范运营风险；完善社会保险的行政监督、专职监督和社会监督；明确划分社会保险管理体系各组成部分的职能，逐步建立自治的社会保险管理体系。

关键术语

社会保险管理　社会保险管理模式　政府直接管理模式　自治机构管理模式　统一管理模式　分散管理模式　统分结合管理模式　社会保险行政管理　社会保险业务管理　社会保险基金管理　社会保险监督管理

复习思考题

1. 社会保险管理具有哪些特征？
2. 社会保险管理模式如何划分？英国、美国、德国、日本分别采取哪种管理模式？
3. 社会保险管理体系有哪些部分构成？其职责划分如何？
4. 阐述新中国成立以来我国社会保险管理的历史沿革。
5. 当前中国社会保险管理存在哪些问题？如何解决？
6. 试述中国未来社会保险管理的模式选择。

参考文献

[1] 郑大松．社会保险．2 版．北京：中国劳动社会保障出版社，2009．
[2] 洪进，杨辉．社会保障导论．合肥：中国科学技术大学出版社，2006．
[3] 康士勇．社会保障管理实务．北京：中国劳动社会保障出版社，1999．
[4] 穆怀中．社会保障国际比较．北京：中国劳动社会保障出版社，2001．
[5] 屈祖荫．市场经济国家社会保险概况．北京：改革出版社，1995．
[6] 孙光德，董克用．社会保障概论．3 版．北京：中国人民大学出版社，2008．
[7] 杨方方．从缺位到归位：中国转型期社会保险中的政府责任．北京：商务印书

馆，2006.

[8] 郑功成. 论中国特色的社会保障道路. 武汉：武汉大学出版社，1997.

[9] 郑功成. 社会保障学. 北京：中国劳动社会保障出版社，2005.

[10] 米红，王丽娜. 从覆盖到衔接：论中国和谐社会保障体系“三步走”战略. 劳动保障世界（理论版），2010（1）.

[11] 孙仲. 促进劳动就业的发展研究：基于社会保险政策. 山西财经大学学报，2010（2）.

[12] 杨宜勇，谭永生. 全国统一社会保险关系接续研究. 宏观经济研究，2008（4）.

[13] 周沛. 福利国家和国家福利：兼论社会福利体系中的政府责任主体. 社会科学战线，2008（2）.

[14] 国务院机构改革方案. 新华网，2018-03-17.

学习网站

[1] http://www.mohrss.gov.cn/

[2] http://www.worldbank.org

[3] http://www.oecd.org

[4] http://www.issa.int

第5章 社会保险基金

本章导言

社会保险基金是为保障劳动者在年老、伤残、失业、患病、生育等情况时的基本生活需要而采取的，在国家法律保证下向劳动者及其所在单位强制征缴和以财政拨款形式集中起来的由专门机构掌握的、专款专用的资金。社会保险基金是社会保险制度的核心环节，对于保证社会保险制度的正常运行和促进国民经济建设的健康发展有着极其重要的作用。本章开篇首先介绍社会保险基金的概念和作用，社会保险基金的来源；阐述社会保险基金的投资原则、投资渠道以及我国社会保险基金的投资情况。然后，辨析社会保险基金公营管理模式和私营管理模式的区别以及政府在这两种管理模式下分别所起的作用；阐明社会保险基金给付的原则和类型。最后，论述社会保险基金监管的原则、社会保险基金监管的模式和如何构筑社会保险基金安全网。

重点问题

- 社会保险基金的性质
- 社会保险基金的功能
- 社会保险基金的投资原则
- 政府在社会保险基金公营管理模式和私营管理模式下的作用
- 如何构筑社会保险基金安全网

5.1 社会保险基金概述

社会保险基金是在社会经济生活中，国家为实施各项社会保险计划而预先建立起来的，用以保障劳动者（有些国家可能普及全体公民）在年老、伤残、失业、患病、生育等情况时的基本生活需要而采取的，在国家法律保证下向劳动者及其所在单位强制征缴和以财政拨款形式集中起来的由专门机构掌握的、专款专用的资金。社会保险基金一般由养老保险基金、医疗保险基金、失业保险基金、工伤保险基金、生育保险基金和其他社会保险项目的基金构成。

5.1.1　社会保险基金的性质

1. 社会保险基金是劳动者创造的价值的一部分

马克思曾指出，社会总产品只有在对其做了各项必要的扣除后，才能用于劳动者的个人分配。社会总产品的扣除主要包括六项。社会保险基金就是马克思所说的用来应付不幸事故、自然灾害等的后备基金或保险基金，以及为丧失劳动能力的人等设立的基金。从社会再生产的角度来看，马克思经济理论认为，社会再生产的顺利进行是以物质资料的再生产和劳动力的再生产为基本条件的。因此，从本质上说，社会保险基金是劳动者创造的价值的一部分，是劳动者应得利益的重要组成部分，而不是政府或者雇主对劳动者的恩赐。

2. 社会保险基金是用于社会保险事业的后备金

社会保险基金是参加社会保险制度的广大劳动者所创造的剩余价值的一种转化形式，是国家在国民收入初次分配中为劳动者建立的具有调剂、互助功能的专项基金，是从国家财政收入、企业收入和劳动者收入中分解出来用于社会保险事业的后备金。也就是说，国民收入经过初次分配形成国家、企业或集体、个人的原始收入，政府再通过法定程序将财政拨款、企业或单位以及个人缴费汇集成社会保险基金，由经办机构向需要帮助的社会成员提供经济援助和发放社会保险待遇，实现国民收入的再分配。

3. 社会保险基金是一种延期的个人消费基金

在市场经济中，收入分配是依据劳动者拥有的生产要素的市场稀缺程度和要素价格进行的。不同要素所有者由于拥有要素的数量或质量不同、个人能力的不均等，导致其收入不一致。这种纯粹的市场调节，使得有相当一部分劳动者的收入不能满足其劳动力再生产的需要，特别是当劳动者发生失业、生病、工伤等情况时，从而造成社会不稳定的隐患。市场机制在收入分配上的缺陷需要政府通过法律手段实施社会保险制度。从消费角度看，劳动者的消费可分为即期消费和远期消费，前者是用于维持劳动者目前的消费，后者则是用于劳动者退休后或遇到各种意外时的消费。可见，社会保险基金是一种延期的个人消费基金。

5.1.2　社会保险基金的特性

1. 基金建立的强制性

社会保险制度作为现代国家社会政策的体现，其建立和实施具有鲜明的强制性。因而，作为社会保险制度物质前提和基础的社会保险基金的建立，必然要以国家法律和政策为依据，并受法律和政策的保护与监督。实施社会保险制度的国家，一般都从法律和政策上要求为这种制度建立基金，并对基金的来源、筹集、储存、管理及运营做出种种法律上的规定，以确保社会保险制度的正常运行。基金管理机构的投资渠道、投资组合方式等都必须依法执行。

2. 基金来源的广泛性

社会保险险种不同，其基金来源也各不相同。除工伤保险完全由企业负担外，其他保险项目的基金，一般由劳动者个人和用人单位共同缴费。此外，社会保险基金构成还包括国家财政补贴以及基金的投资运营收益和滞纳金等。社会捐赠也构成一些国家社会保险基金的来源之一。

3. 基金使用的严格性

社会保险基金是为保障广大劳动者因年老、伤残、失业、患病、生育等原因而暂时或永久丧失劳动能力或者失去工作机会时的基本生活需要而建立的有专门用途的专项资金。社会保险基金一旦出现差错，将会引发一系列的社会问题，甚至危及社会稳定。因此，有必要对社会保险基金的运用做严格规定，其本金和收益只能用于被保险人的各项保险给付，而不能挪作他用。

4. 基金给付责任的长期性

通过各种方式积累起来的社会保险基金实质上是对社会保险参保人的负债。社会保险基金的给付责任是长期的，如养老保险待遇的给付从社会成员退休开始一直要持续到他们死亡为止，可能需要支付 10 年、20 年或更长的时间，绝不能中途停止。

5. 基金的保值、增值性

筹集起来的社会保险基金，除了满足当期社会保险待遇给付之外，还有相当一部分资金存储起来，以备将来发放。这些存储起来的基金不可避免地会受到通货膨胀的侵蚀，为避免这一风险，同时也为了降低人们的社会保险缴费负担、提高社会保险待遇，世界各国无不通过基金的投资运营来确保社会保险基金的保值、增值。

6. 基金的统筹互济性

社会保险基金是通过立法强制的手段，通过统一征管社会保险基金，集合社会力量以保障社会安全的。应按照大数法则原理，充分发挥社会保险基金分散风险、统筹互济的功能。

5.1.3 社会保险基金的功能

社会保险基金是社会保险制度的物质基础，规模庞大的社会保险基金对于确保社会保险制度的正常运行和促进国民经济的健康发展起着极其重要的作用。

1. 确保社会保险制度的顺利实施

社会保险制度建立的目的是保障劳动者遭受风险、丧失生活来源后的基本生活。社会保险制度要正常运行，发挥其应有的作用，必须有雄厚的资金做保证，而这正是设立社会保险基金的宗旨。社会保险基金主要通过两方面来确保社会保险制度的顺利实施。一方面，通过储备充足的社会保险基金，满足社会保险待遇的发放，保证社会保险制度的顺利实施；另一方面，社会保险基金通过投资运营确保保值、增值应对通货膨胀的风险，确保在不增加社会保险缴费率的同时，提高待遇水平。

2. 经济功能

（1）维持劳动力再生产。

社会保险基金通过对遭受风险的家庭的经济等补偿，帮助其恢复和增强“人”的生产与再生产，特别是劳动力的生产与再生产的功能，保障社会生产可以周而复始地延续下去。

（2）市场经济的稳定器。

社会保险基金通过保障资金的“沉淀蓄水”来达到自动调节经济波动的目的：在经济高涨时期，企业开工率增加，就业人数增加，劳动者收入水平提高。社会保险基金用于失业救济的补助金减少，而缴费却会有较大幅度增加，这在一定程度上降低了家庭的货币收入，削弱了社会购买力，从而有助于减少社会总需求，抑制经济的过快增长，而此时社会保险基金收入大于支出，出现结余。在经济萧条时期，企业开工率下降，就业人数减少，失业增加，劳动者及其家庭收入水平下降。此时，社会保险基金用于失业救济的补助金大大增加，缴纳的社会保险费大幅度减少，导致社会保险收入减少，甚至可能出现赤字，不得不动用结余基金。原本处于储蓄状态的一部分基金又被重新注入经济之中，使家庭的货币收入有所增加，购买能力增强，社会总需求上升，促进经济复苏。

在市场经济条件下，经济运行往往会呈现出膨胀期和衰退期交替的周期性，而社会保险基金则对市场经济运行过程中出现的这种周期性经济波动具有一定的调节作用。通过社会保险支出可以调节市场经济中的供求关系，使社会总需求与社会总供给达到一定的平衡，促进市场经济良性运行。

（3）促进资本市场的发展。

社会保险基金对资本市场的重要意义主要表现在：有助于调节当前的储蓄结构与习惯，改变私人存款方式与方向。社会保险基金的建立和发展创造了非银行存储机构，有助于吸收和提高长期存款份额，鼓励长期投资特别是有效的投资，有助于促进银行系统和银行服务业的专业化和多样化。社会保险基金中不用即时支付的那部分就形成了国家建设资金而能够对金融市场的繁荣起到积极作用。不仅促进资本市场的发展，增进资金的流动性，推动市场资本化、多元化。社会保险基金对于资本市场的介入还可以推动证券市场的发展。从长远来看，社会保险基金的发展可以促进各种新型金融工具的出现，如大面额CD、长期基建债券、长期国家债券等。与此同时，为了满足机构投资者的需要，金融服务机构，如“信用评级公司”，也会得到相应的发展。在美国，养老保险基金对资本市场的影响已经发展到影响利率和金融创新的方向。发达国家的养老保险基金所持有的外国资产比重逐年增长，养老基金越来越积极地参与国际金融市场。从长远来说，养老基金通过风险转移等业务介入国际资本市场，密切了本国资本市场和国际资本市场之间的联系，促进了资本市场国际化。

3. 社会功能

（1）体现社会公平。

市场经济遵循竞争原则和效率原则。但一些人因社会的或个人的原因，无法适应市场经济环境，被边缘化为社会的弱势者，而且由于经济运行的周期性，出现市场“失灵”。社会保险基金通过收入再分配途径，一方面以累进方式向高收入阶层征收社保基金，另一方面以累进方式向弱势人群提供资助，以克服市场竞争所造成的财富分配不公平，既保持市场经济的活力，又照顾到社会弱者利益。

（2）维护社会稳定。

作为国家重要的社会政策，社保基金在调节收入、缩小贫富差距，维护社会稳定，具有社会“减压器”“安全阀”的功能。

5.2 社会保险基金的筹集

社会保险基金来源于各个险种自身形成的基金。从世界各国形成社会保险基金的实践看，一般遵循以下四种做法：一是靠企业与劳动者个人共同出资形成，目前美国、以色列、新加坡、马来西亚、印度尼西亚等国的老年、残疾和遗属保险，法国、挪威、阿根廷等国的生育保险，芬兰、厄瓜多尔等国的失业保险都是采取这种形式；二是靠国家和企业双方出资形成，目前新西兰、韩国、日本、埃及等国的工伤保险，意大利、埃及、美国的失业保险，瑞典等国的医疗保险都是采取这种筹资模式；三是靠企业全部负担，目前绝大多数国家的工伤保险基金普遍采用这种筹资模式；四是靠劳动者个人、企业和国家三方出资形成，目前世界上大多数国家的社会保险基金都是采取这种筹资模式。

5.2.1 社会保险基金的来源

建立稳定可靠的筹资方式是一国社会保障体系构建中的核心环节。从国际经验来看，在目前世界上已经建立起社会保障制度的国家和地区中，筹集社会保障资金的方式主要有两种类型：一是建立个人储蓄账户；二是征收社会保障税。各国社会保险基金的来源渠道主要有社会保险缴费（税）、政府拨款或补贴、基金的投资运营收益以及社会捐赠等。一般养老、医疗等保险基金往往要求国家、用人单位和个人三方出资或至少后两方出资，而工伤保险基金一般不要求劳动者个人出资。

1. 社会保险缴费（税）

社会保险税（费）是由企业或事业单位和被保险人个人按规定向社会保险机构或国家授权单位缴纳的税（费）。社会保险费是社会保险基金的主要来源，是构成社会保险基金的基石。在整个社会保险基金总额中，社会保险费所占比例最高，而且一般比较稳定，基本维持在全部社会保险基金的一半左右。不少国家中，企业按本企业工资总额、个人按本人工资的一定比例缴纳社会保险费。除工伤保险外，其他险种大部分由企业与被保险人共同缴纳。

2. 政府拨款或补贴

社会保险是以政府为主体举办的强制性保险，因此，社会保险的最终财政责任是由政府承担的。国家在社会保险基金形成时的贡献可以有两种表现方式：一是政策上间接资助；二是财政上向保险基金直接供款。政策上的资助主要通过税收政策和利率政策来实现。税收政策上的资助表现为社会保险费按税前收入提取，劳动者和企业收入中的一部分免除了所得税，这样从国家财政角度就失去一部分收入，这部分收入以间接的方式进入了社会保险基金。利率政策上的资助表现为国家对社会保险基金的储蓄规定一种高于一般储蓄的利率，而高出的部分由国家财政支出。政府的社会保险拨款一般分三类：一是将社会保险支出纳入国家预算的预算拨款；二是根据社会保险项目的实际需要，分项补助；三是临时拨款，即根据意外事件，拨付应急性款项。政府拨款的方式有两种：一是事先拨付，即按社会保险发展规划预先向社会保险部门支拨；二是事后拨付，即待社会保险部门收付后，如有缺口，由政府拨款填补，这也就是通常所说的“国家扮演最后出场者的角色”。但国家不论采取哪一种拨款形式，所给出的资金都构成社会保险基金的一部分。

社会保险的政府拨款或补贴，各国所采取的形式各不相同。有的国家按财政收入的一定比例直接投入，如德国、日本等；有的国家采取在需要时政府资助，以实现社会保险基金的收支平衡，如美国，在这种情况下，政府承担着社会保险的最终支付责任；有的国家则表现为在税收政策上的资助，如按税前收入提取保险费，这样，劳动者和企业的社会保险缴费部分便不再课征所得税，而这部分是国家失去的财政收入，即为国家对社会保险事业的资助；还有的国家除按照规定从财政预算中直接拨款社会保险基金外，还为扩大社会保险基金的来源设立特别捐税予以资助，此项新税的收入直接进入社会保险基金特别账户，由有关社会保险机构独立使用。实行特别捐税补助的国家主要有加拿大、瑞士、挪威、法国、比利时、希腊、智利、芬兰等。各国现行征收的社会保险税一般包括财产税、超额所得税、出口税等，还有的国家从指定的专用税款或消费税（如燃油税、烟草税）中拨款。

3. 基金的投资运营收益

基金的投资运营收益即社会保险基金投资所获得的收益。实行完全积累制或部分积累制筹集社会保险基金的国家，可用当年的保险基金总额扣除当年保险给付后的余额来进行投资运营，其投资营运的收入也是社会保险基金的来源之一。

4. 社会捐赠

社会捐赠是由社会团体、经济组织和个人自愿向社会保障部门捐款。在西方国家，个人进行慈善捐款是每个公民和家庭应尽的基本义务，由此所募集的资金，也成了社会保险基金的重要来源之一①。

5.2.2　社会保险基金的筹集原则

社会保险基金的筹集一般遵循以下原则：

1. 强制筹资原则

社会保险基金的筹集由于涉及国家、法人团体和个人的权利与义务及经济利益，因此，筹资的方式必须以法律做保证，以法律约束各方的义务和经济责任，同时，也以法律明确各方的权利和经济利益，由此确保社会保险制度的严肃性和稳定性。雇主和雇员必须依法按时、按法定费率缴纳社会保险费，逃费和欠费都属于违法行为。

2. 效率原则

社会保险基金作为国民收入再分配的重要途径，在其筹集过程中，也必须遵循充分发挥资源有效利用的原则，以最小的成本完成社会保险基金的筹集，避免在社会保险基金筹集过程中造成不必要的资金浪费。这样，社会保险基金才能筹集到更多资金，才能更有效地发挥社会保险基金对保障劳动者遭受风险、丧失生活来源后的基本生活需求的功能。

3. 收支基本平衡原则

社会保险基金是社会保险制度运行的物质基础，因此，社会保险基金收支应基本平

① 邓大松. 论我国社会保险基金的运用. 经济评论，2000（4）.

衡：既要保证当期某社会保险项目的收支基本平衡，同时也要保证被保险人和投保人在投保期间所缴纳的社会保险基金总和与享受该项保险待遇期间所需支付的费用总和保持基本平衡。

4. 共同出资原则

社会保险基金一般实行共同出资原则，即要求被保险人在从事有收入劳动期间，从工资收入中拿出一部分投保，一旦发生某种风险时才有资格享受社会保险待遇。同时，企业也要负担一部分费用。对于职工来讲，这是一种福利；而从企业的角度来看，为职工缴纳的保险费是作为劳动力价格的扣除计入成本的，它既是人工成本的一个组成部分，也是利润、产品服务价格、收益和税收的一部分，这笔费用最终要转移到消费者身上。因此，实际上，这部分资金是由全社会负担的。国家在社会保险资金的来源上也负有一定责任。在国际劳工组织所确定的以社会保险基金为主的社会保障基金筹集的原则中，就要求受保职工个人负担的费用不应超过全部费用的一半，并应避免低收入者负担过重，具体负担比例应充分考虑本国的经济状况。

5.2.3 社会保险基金的筹集模式

从世界各国社会保险基金的筹集模式来看，无外乎以下四种：

1. 现收现付制

现收现付制是目前最普遍的社会保险基金的筹集模式，有100多个国家实行这种制度。现收现付制是以近期横向收支平衡原则为指导的基金筹集方式，基本上不留积累基金。其中，社会保险基金的预测一般是根据上年度实际开支总额加上年度预计增支的总额求得。提取比率则是根据预测需求总额占工资总额的比例确定的。此种筹资方式一般要使提取总额略大于预测支付总额，使支付之后能略有结余。

现收现付制的优点是：政府通过集中筹集资金，在投资管理中形成规模经济效应，降低投资管理成本，而且这种模式简便易行，可依需求增长及时调整征缴比例保持收支平衡，同时也可以避免通货膨胀造成的基金贬值的风险。

现收现付制的缺点是：由于这种投资管理类型强调行政干预，因此在具体业务管理中，极易受制于政治压力，甚至产生渎职和低效率后果。另外，这种筹资模式缺乏长远规划，没有必要的储备积累，难以应付人口老龄化的危机。随着一国人口年龄结构的变化（如人口老龄化趋势加快）和社会保险待遇水平的提高，社会保险缴费提取比例亦会随之上升，个人、企业、国家的负担加重，甚至还将导致支付危机。

2. 完全积累制

完全积累制的创建时间较晚，直到20世纪50年代才在新加坡有了初次实践，但是其发展势头很快，到21世纪初已在31个国家实行。其中新加坡等19个国家采取公共管理方式，积累基金由政府集中管理和投资；智利等12个国家采取私营管理方式，积累基金由企业或个人自主选择基金管理公司并按市场化的规则进行基金运营。完全积累制是将当年的社会保险缴费完全用于社会保险基金积累，并全部计入受益人的个人账户，在达到一定条件后（如退休）再从社会保险个人账户支取社会保险待遇。这种模式的主要特征是：建立个人账户，雇主与雇员的缴费全部计入雇员的个人账户；保险待遇支付是缴费确定型；个人账户积累基金进行投资运营，缴费额和投资回报率决定保险待遇水平。

完全积累制的优点是：社会成员为自己参加社会保险缴费，这样可以大大提高个人缴费的积极性，同时也可以实现自我保障，在人口老龄化高峰到来时，不会引起代际冲突。

完全积累制的缺点是：互济性差。以养老保险为例，完全积累制的筹资模式不能改变那些终生收入低、年老劳动能力下降后的社会成员的困境，也很难抵御社会成员因长寿而带来的风险。另外，庞大的基金储备也难以抵御通货膨胀等市场风险。

3. 部分积累制

为吸纳上述两种模式的优点，消除其不利因素，不少国家在社会保险改革过程中，采取了这种模式，将社会保险基金的筹资分成两个部分，即社会统筹部分和个人账户部分。社会统筹部分采取现收现付制，保证当前开支需要；个人账户部分采取基金积累制，满足将来开支的需要。但是，部分积累制度也存在着缺点：既受到利率、工资增长率、通货膨胀率等经济因素的影响，又受到人口因素变动的影响，收支平衡模型复杂。而且如果社会统筹基金与个人账户基金不严格执行分账管理，当社会统筹基金不能满足社会保险待遇发放需要时，就很有可能动用个人账户积累的基金支付社会保险待遇，这样将导致个人账户成为“空账”，仅仅是作为一个社会保险待遇计发的办法，部分积累制实际上又变成了现收现付制。现阶段我国的养老保险基金和医疗保险基金都是采取这种形式。

4. 国家福利制

这种模式在北欧国家比较普遍，瑞典、丹麦、荷兰、冰岛等国实行的就是国家福利模式。国家福利制的特点是：全民保障，只要是本国的老人，均可以享受养老金待遇。待遇支付，有的国家一律等额发放，有的只给达不到最低养老金的老人补偿。保障资金来自国家的一般税收。这些国家社会保险基金采取的是财政支出账户的管理模式，即根据各项社会保险支付需要决定支出，不存在投资运营环节，其监督机制与财政监督同轨。

国家福利制的优点是：管理比较简单，通常通过税收的形式将社会保险费收缴上来，然后再根据社会保险待遇的领取条件发放社会保险待遇，基本是当期收缴，当期发放，不存在投资运营环节，也就不存在基金贬值的风险。人们领取的社会保险待遇标准基本一致，这样就消除了制度内的不公平因素，不会造成收入差距扩大。

国家福利制的缺点是：由于发放的社会保险待遇较高，导致人们的工作积极性降低，而且国家福利制以国家财政担保社会保险待遇发放，这样会给国家财政带来较大的负担，容易造成社会保险开支增长快于整个经济的增长速度，从而使国家财政不堪重负。

5.2.4 社会保险基金缴费率的制定

社会保险基金缴费率是指被保险人集体或个人在单位时间内应缴纳的社会保险费与其工资总额或个人工资收入的比率。它是法定的国家、集体和个人对社会保险基金的分担份额，来自劳动者个人和企业的社会保险基金，一般分别按各个险种基金的总投资保险费率提取。各个险种的总缴费率等于个人缴费率与企业缴费率之和。有些险种，如工伤保险不需个人缴费，那么该险种的总投保费率则只要计算企业缴费率。

1. 社会保险基金缴费率的制定原则

在制定社会保险基金缴费率时，必须遵循以下原则：

第一，合理性原则。社会保险费率制定时的数理基础是大数法则；社会保险费率的制定要考量风险事故发生的概率，并要考虑事故发生后的损失分布或保险金给付的水平。社会保险基金缴费率的制定要以能保证偿付能力和正常的业务费支出为标准，要以历史经验和科学测算得出的计算结果为依据。

第二，收支平衡原则。收支平衡原则要求在一定期限内，社会保险基金筹集到的资金与需要支付的各项开支维持平衡。在现收现付制的基金筹集方式下，这种平衡是一种横向的平衡，即当年（短期内）提取的基金总额与所需支付的各项开支总和保持平衡；在基金积累制的筹资模式下，这种平衡是一种纵向平衡，即所有社会保险计划参与人在整个缴费期间所提取的基金总和加上基金的投资收益应与其所有的保险给付保持平衡。

2. 社会保险基金缴费率的制定

社会保险基金缴费率的制定是一项十分复杂的工作，要考虑多方面因素的影响和制约。一般而言，是依据保险项目的性质、范围、劳动风险发生的频率及损失量大小、单位和国家财政补贴情况，并根据以支定收、合理负担的原则确定的。在制定社会保险基金缴费率时一般是按参保者工资的一定比例缴纳，具体计算方法如下：

劳动者个人投保费率，等于劳动者个人缴费额与个人工资总额之比，计算公式是：

$$\text{个人缴费率}=\frac{\text{个人缴费额}}{\text{个人工资总额}}\times 100\%$$

企业投保费率则等于企业缴费额与职工工资总额之比，计算公式是：

$$\text{企业缴费率}=\frac{\text{企业缴费额}}{\text{职工工资总额}}\times 100\%$$

企业缴费额是指从职工工资中提取的部分，与劳动者的其他收入无关。劳动者的收入来源不仅仅只有工资，还有储蓄利息收入、兼职收入、奖金收入、遗产收入等，由于这些收入难以度量且计算起来非常复杂，因此，各国的社会保险费率一般只按其工资额的一定比例提取①。目前我国也采用这种方法。

5.3 社会保险基金的投资

社会保险基金是为实施社会保险制度筹集的资金。通过社会保险缴费或通过开征社会保险税筹集到的社会保险基金，除了满足当期社会保险待遇给付之外，还有相当一部分存储起来，以备后期发放。这笔资金，如果以货币的形式存在，随着经济的增长，其价值（总购买力）将会降低，这就需要使其保值和增值。社会保险基金的保值就是通过一定的资金运营方式，保持基金总的购买力不降低；而增值就是在保值的基础上，使其购买力增加。在社会保险基金保值与增值的关系上，只有首先实现基金的保值，其次才能达到增值的目的。但是，在物价不断波动的市场经济条件下，为了基金的保值往往要以增值为努力

① 侯文若，孔泾源．社会保险．北京：中国人民大学出版社，2002：89-90．

目标，因而，社会保险基金的投资运营就显得非常重要了。

5.3.1　社会保险基金的投资原则

综观各国社会保险基金运用的情况，在运用社会保险基金进行各项投资活动时，基本遵循以下原则：

1. 安全性原则

作为投资，其目的总是要追求尽可能多的回报，社会保险基金投资的安全性原则是指保证社会保险基金投资资本金及时、足额地收回，并取得预期的投资收益。但一般来说，投资风险与收益相伴相生：预期收益越高，投资要冒的风险就越大；反之，没有风险的投资没有收益，或收益很少。社会保险基金的投资要求是安全第一、营利第二。应当根据基金性质和收益需要预先确定一种合适的风险与收益标准，在选择投资项目时，严格以此标准为依据，同时必须将社会保险基金投资的风险分散，即所谓“不把鸡蛋放在同一个篮子里”。风险分散的办法有两种：第一，将社会保险基金分别投向多个项目，以避免风险集中和造成重大损失；第二，根据社会保险基金的具体用途，分类进行投资。

2. 收益性原则

社会保险基金投资的最终目的是增值，但不同于财政资金，社会保险基金投资的唯一目的就是确保劳动者社会保险待遇的发放和待遇水平的提高，社会保险基金投资必须获得收益。没有收益的投资是对社会保险参保人权益的损害，在社会保险基金投资过程中是不应考虑的。为此，在保证投放资金能够安全回流的前提下，社会保险基金应尽可能地选择那些能带来可观投资收益的项目，使基金在不断积累的过程中逐渐雄厚起来，为社会保险制度的发展和完善奠定经济基础。只有获得较高的收益，社会保险基金才能真正抵御通货膨胀的影响，降低市场风险，在减轻国家、企业和个人的缴费负担的前提下提高社会保险的待遇水平。

3. 流动性原则

流动性是指基金将投资资产转变为现金的难易程度和速度。投资资产应在不发生价值损失的条件下可以随时变现，以满足随时可能支付社会保险待遇的需要。这就要求社会保险基金的投资要具有较强的流动性。在具体操作上，要求对社会保险基金的收支进行预测，留足现金和一定的短期投资以备短期支付之用；要求对长期投资进行统筹安排，使社会保险基金持有证券的持有期同社会保险待遇的支付期匹配，或者有稳定的可预期的股息、利息流入，以向符合条件的参保者提供待遇，确保投资资产与现金的适度比例和投资资产变现的灵活性。

4. 社会性原则

在很多国家，政府财政拨款是社会保险基金的重要来源之一，而政府的财政拨款来源于广大人民的缴税，因此，社会保险基金具有公有性质，这笔基金的投资应该讲求社会效益，必须有利于国民经济增长，有利于经济结构优化，有利于社会的发展进步。如可以将社会保险基金投向那些投资回收期较长但有高额收益的国家基本建设项目，这样既获得了稳定的经济回报，又支援了国家的经济建设。

5.3.2 社会保险基金的投资渠道

人们生活水平的提高、物价的上涨、世界人均寿命的延长以及福利刚性的存在，决定了在社会保险缴费不变的情况下，社会保险基金支出在不断增加。实现社会保险基金的增值，可以缓解其收入减少、支出增加带来的保障收支矛盾。目前，对社会保险基金增值的需求已越来越迫切。

社会保险基金在选择投资时要考虑的影响因素既有投资方式本身的（风险和收益、流动性），也有基金本身的（基金筹集模式）。另外，国家有关政策及利率和通货膨胀水平也对其有一定的影响作用。从世界各国的经验来看，社会保险基金有多种投资途径，一般可分为以下六类：

第一种类型是将保险基金存入银行或其他信用机构，以此获得利息收入。这种投资方法风险小，利息收入比较稳定，能很好地满足基金安全性和流动性的要求，但收益率较低。

第二种类型是购买国债。国债是国家发行的债券，有政府财力作后盾，信誉高，一般可以认为是无风险的，符合安全性原则；同时利率高于银行存款，利息所得免税，但流动性不如银行存款。

第三种类型是购买公司债券和金融债券。公司债券和金融债券一般利率较高，但是由于其发行主体为处于市场竞争的企业或金融机构，一旦发行债券的企业或金融机构倒闭，那么该公司债券或金融债券将一文不值，因此该种投资方式存在较大风险。国外的社会保险基金一般投资于那些效益好、信誉高的企业或金融机构发行的债券，且债券一般都有担保，相对来说，风险还是比较低的。

第四种类型是利用社会保险基金积累期较长、较稳定的特点，进行资本投资，购买股票或证券投资基金，以期取得投资收益。西方发达国家的社会保险基金投资之所以能取得较高收益，其中一个很重要的原因就是股票在投资组合中占有较大比重。据统计，1991—2000 年的十年间，在美国、日本、澳大利亚、瑞士等 7 个世界主要社会保险金市场中，社会保险基金投资证券的比例都在逐年上升①。但是由于股票和证券投资存在较高的投资风险，因此在投资管理和技术上需要由专门的机构负责社会保险基金的投资项目，以确保基金的安全。

第五种类型是把社会保险基金“借”给国家进行项目开发，由政府在预算中支出，列专门项目偿付利息和本金②。采取这种投资方法实现社会保险基金的保值、增值，可以将社会保险与国家预算直接结合起来，既可以保证基金的增值，又可以直接体现社会保险与政府责任的本质联系，还可以缓解国家在开发某些大型项目时的财政紧张状况。

第六种类型是将社会保险基金投资于海外证券市场，一般情况下，这种投资途径能够获得较高的收益率，还可以通过资产组合的国际多样化来减少国内资产组合的风险，但是社会保险基金海外投资需要承担国际政治经济关系变化带来的风险。

---

① 孙建勇．社会保障基金运营与监管．北京：中国财政经济出版社，2004：228-230.

② 丛树海．社会保障经济理论．上海：上海三联书店，1996：217-223.

5.3.3　我国社会保险基金的投资情况

1. 我国社会保险基金的投资现状

我国目前对社会保险基金采取的是非常保守的投资方式。在养老保险基金方面，对社会统筹部分的基本养老保险基金，规定基金结余额预留相当于两个月的支付费用外，其余全部购买国债和存入银行专户，严格禁止其他投资。对于已做实的个人账户部分的养老保险基金，从辽宁、黑龙江和吉林等试点省份的实践来看，也主要是用于购买国债和银行协议存款。医疗保险基金、工伤保险基金、生育保险基金除了满足当期发放之外，结余部分也是主要用来购买国债、存入银行或是放在财政专户里。

由于社会保险基金（主要是养老保险基金）要为广大人民提供基本生活保障，决定了它的未来收益应该具有确定性，因此对社会保险基金的投资运营应将安全性放在重要位置。但是面对通货膨胀的压力及人口老龄化速度的加快，为实现最初设定的政策目标，客观要求社会保险基金投资管理不仅要使社会保险基金保值，而且还要使其增值，为了保值、增值，我国社会保险基金绝大部分存放在银行或用于购买国债。1995 年以前我国银行存款利率和国债利率往往低于同期通货膨胀率，1995 年以后由于通货紧缩等原因导致银行存款利率和国债利率也一直在低水平徘徊（见表 5-1）。

表 5-1　　我国商品零售价格指数、银行存款利率和国债利率

年份	商品零售价格指数	银行存款利率（1 年定期）/%	银行实际存款利率（1 年定期）/%	国债利率（3 年期国债）/%	国债实际利率（3 年期国债）/%
1985	8.8	4.32	−4.48	N/A	N/A
1990	2.1	10.08	7.98	14	11.9
1991	2.9	7.56	4.66	10	7.1
1992	5.4	7.56	2.16	10.5	5.1
1993	13.2	10.98	−2.22	13.96	0.76
1994	21.7	10.98	−10.72	N/A	N/A
1995	14.8	10.98	−3.82	N/A	N/A
1996	6.1	7.47	1.37	N/A	N/A
1997	0.8	5.67	4.87	9.18	8.38
1998	−2.6	4.77	7.37	7.11	9.71
1999	−3.0	2.25	5.25	4.72	7.72
2000	−1.5	2.25	3.75	2.89	4.39
2001	−0.8	2.25	1.55	2.89	2.19
2002	−1.3	1.98	2.78	2.42	3.22
2003	−0.1	1.98	0.78	2.52	1.32
2004	2.8	2.25	−1.65	3.37	−0.53
2005	0.8	2.25	0.43	3.24	1.44
2006	1.0	2.52	1.02	3.14	1.64
2007	3.8	4.14	−0.66	5.74	0.94
2008	5.9	2.25	−3.65	5.17	−0.73

续前表

年份	商品零售价格指数	银行存款利率（1 年定期）/%	银行实际存款利率（1 年定期）/%	国债利率（3 年期国债）/%	国债实际利率（3 年期国债）/%
2009	N/A	2.25	2.95	3.74	4.44
2010	3.1	2.75	N/A	3.73	N/A
2011	4.9	3.50	N/A	5.18	N/A
2012	2.0	3.00	N/A	5.58	N/A
2013	1.4	N/A	N/A	5.00	N/A
2014	1.0	2.75	N/A	4.25	N/A
2015	0.1	2.00	N/A	4.92	N/A
2016	0.7	1.50	N/A	3.80	N/A

注：N/A 表示数据暂缺；2007 年和 2008 年，1 年期存款利率调整了几次，本表使用了最后一次调整的数据。

资料来源：3 年期国债利率数据来自中华人民共和国财政部历年公告，其他数据来自中华人民共和国国家统计局公布的材料，包括：中国统计年鉴 2000. 北京：中国统计出版社，2001：289，642；中国统计年鉴 2003. 北京：中国统计出版社，2004：317，706；中国统计年鉴 2009. 北京：中国统计出版社，2010；中国统计年鉴 2012. 北京：中国统计出版社，2013；中国统计年鉴 2017. 北京：中国统计出版社，2018。

社会保险基金的投资收益率只有高于同期通货膨胀率才能保证最基本的保值需要，从表 5－1 我们很容易看出，将社会保险基金存入银行或购买国债很难实现社会保险基金的保值、增值的目标。生活水平的提高以及老龄化趋势的加快，使得我国社会保险基金面临的增值压力越来越大。

2. 对我国社会保险基金的投资建议

长期以来，我国社会保险基金投资渠道狭窄，仅限于国债和存款，过于强调资金的安全性，而忽视了资金的营利性。从国际经验来看，社会保险基金的投资必须同时兼顾安全性、营利性和流动性。因此，我国社会保险基金的投资渠道必须进行改革。改革的方向是：第一要利用多种金融工具进行多元化投资；第二要允许社会保险基金入市，投资于股票①。

（1）证券投资建议。

从美国、智利等国的经验来看，资本市场能使社会保险基金根据预定的风险收益率进行积极有效的投资组合管理，带来较高的投资收益。由于我国证券市场只有十几年的发展历史，市场秩序和法规建设还很不完善，监管体系也不够严密和成熟。因此，社会保险基金的证券投资必须以安全稳健的投资策略为主，初期可以选择进入风险较小的一级股票市场，成为上市公司的稳定持股者，或者以投资那些业绩好、流通性好、具有良好发展前景的蓝筹股为主，这样即便二级市场行情不佳，通过“长期持有策略”，社会保险基金依然可以获得稳定的股票分红回报，然后再根据股票市场的发展情况和流动性需求，决定以后的投资策略。

社会保险基金还可以向其他金融工具投资，如现金存款、住房抵押贷款、房地产、期

---

① 我国社会保险基金直接投资 A 股的步伐已经迈开，该项投资以沪深两地的成分指数股和上证 ETF 为主要投资对象，采取指数化的方式投资股票和相关指数产品。

货、期权等，但这些投资要与金融机构和资本市场的发育相适应，这样才能从资产组合多样化中获利。特别是对新出现的衍生金融工具要持谨慎态度，只有当这些金融工具本身具备较为稳定的风险转移机制后，才可以成为社会保险基金投资的选择对象。

（2）海外投资建议。

海外资本市场近年来也为各国的社会保险基金所广泛关注。海外成熟的资本市场为社会保险基金的运作提供了一个广阔的国际舞台，解决了国内投资渠道狭窄和工具单一的问题。智利政府自 20 世纪 90 年代初开始允许养老保险基金投资国外证券资产，从 90 年代开始，智利养老保险基金的投资收益率几乎年年提高（见表 5－2），截至 2002 年 3 月，智利养老保险基金海外投资金额已达 52.43 亿美元，占养老保险基金总额的 14.27%，超过本国公司债券的投资比例。

表 5－2　　智利养老保险基金海外投资比例与实际投资收益率对照表　　（%）

项目	1992 年	1993 年	1994 年	1995 年	1996 年	1997 年	1998 年	1999 年	2000 年	2001 年
海外投资比例	0	0.57	0.90	0.20	0.54	1.10	5.54	13.22	10.64	13.14
实际投资收益率	3.00	16.20	18.20	−2.50	3.50	4.70	−1.10	16.30	4.40	6.70

资料来源：YAZIGI A F. The Chilean pension system. Chile：Los Trabajadores Press，2003：227，228.

虽然智利养老保险基金投资收益率较高不能完全归功于其放松对海外投资的限制，但是毕竟随着社会保险基金投资范围的扩大、资产结构的调整，其投资组合变得更加积极，从而有利于促使养老保险基金的投资组合多元化，在分散国内资本市场风险的同时分享世界经济发展的成果，从而促进养老保险基金投资收益率的提高。

欧洲退休保障联盟对欧盟各国养老保险基金投资收益水平所做的一项研究也表明，1984—1993 年间养老保险基金实际收益率最高的是没有任何投资限制的爱尔兰和明显侧重于国外证券投资的英国。

2006 年 5 月 1 日，由财政部、劳动和社会保障部、中国人民银行批准发布的旨在规范社会保险基金境外投资运作的《全国社会保障基金境外投资管理暂行规定》开始实施，这标志着我国社会保险基金已经可以进行海外投资。

社会保险基金进入海外资本市场的优点是可以利用资产组合的国际多样化来减少国内资产组合的风险，缺点是由此而要承担国际政治经济关系变化带来的风险。由于海外资本市场难以控制，因此在社会保险基金投资领域的排序中往往处于较后的位置。当然，如果选择政局比较稳定、经济比较发达国家的资本市场进行投资，风险也可降低至可接受的水平。允许社会保险基金海外投资不但可以扩大养老保险基金的投资范围，调整其资产结构，促使养老保险基金的投资多元化，还可以推动本国资本项目的对外开放，提高对外开放水平，以便更好地适应国际资本市场一体化的发展需要。因此，社会保险基金海外投资可以扩大投资范围，调整投资组合，促使资产的国际多样化，有助于更加迅速有效地规避和控制投资组合风险特别是系统性风险。

（3）基本建设项目投资建议。

相对而言，我国社会保险基金投资的特殊优势在于我国各个地区都在进行大开发，而这其中很多基本建设项目的资金需求都很大，如西部大开发工程、南水北调工程、西气东输工程、长江三峡工程等，这些基本建设项目的投资特点是投资回收期长、固定回报率高和风险低，正好与社会保险基金的投资原则相符。社会保险基金投资这些基本建设项目，既有利于社会保险基金的保值、增值，又有利于缓解国家在开发这些大型项目时的资金压力，是我国社会保险基金不错的投资选择。

5.4 社会保险基金的管理

社会保险基金管理是指为实现社会保险制度的基本目标和正常稳定运行，对社会保险基金的运行条件、管理模式、投资运营进行全面规划和系统管理的总称。

5.4.1 社会保险基金的管理模式分类

按照社会保险基金运营管理主体的不同，其管理模式可分为公营管理模式和私营管理模式。

1. 公营管理模式

公营管理模式，是指以建立社会保险基金预算或直接列入财政预算的方式管理社会保险基金。建立社会保险基金预算的公营管理模式强调社会保险预算与政府一般预算项目相分离，作为专项预算，社会保险基金预算在政府预算中保持相对独立性，不能直接动用社会保险基金弥补财政赤字。社会保险基金管理的这种方式侧重于向一级市场购买国债。定向认购社会保险债券或直接列入财政预算，这都体现了国家财政集中管理的特性。一般来说，依照国家立法推行的基本保障项目（如公共养老金计划）的保险基金，多采用公营管理模式，如OECD国家、东欧各国、中国、新加坡、印度等。

在社会保险基金公营管理模式下，由一家机构（官方机构或半官方机构）负责管理社会保险基金，这样能够聚集起庞大的社会保险基金，从而实现规模经济。同时财政集中可以兼顾社会公平，有利于实现社会保险制度的生活保障和收入替代的双重目的，并且可以降低市场竞争的成本，最大限度地实现国家社会发展的目的。但是由于这种投资管理类型强调行政干预，在具体业务管理中，容易受制于政治压力，极易出现低效率的后果。另外，对政府集中管理的社会保险基金的稳定性要求较高，导致社会保险基金投资仅限定于银行储蓄、购买政府债券等领域。投资风险是降低了，但投资收益也随之降低。如果遇到通货膨胀，实际投资收益率会更低。为避免危机，通常要通过提高缴费率或减少给付来解决，这在实质上会影响参保人利益①。

新加坡的中央公积金制度是公营管理模式的典型代表。它是由政府立法强制、由中央公积金局直接进行全面管理的、一个完全积累的强制储蓄计划。中央公积金局隶属于劳工部，但性质是半官方机构，实行董事会领导下的总经理负责制，依法独立工作，其他部门不得干预其日常事务。中央公积金局的主要业务包括征收费用、保存记录、支付待遇和投资。相关投资决定由两个政府机构执行：新加坡货币管理局和新加坡政府投资管理公司，

---

① 赵丹竹. 论我国基本养老保险基金投资管理模式的选择. 沿海企业与科技，2006（3）.

前者负责中央公积金对国债和银行存款的投资管理；后者负责把积累的基金投资于国内的住房和基础设施建设等方面，也可把资金投资于国外证券以获得较高的收益。这种集中管理体制最突出的优点是运作高效，成本较低。中央公积金从汇集、运营、储存、结算到待遇发放，都独立于政府财政，因而，政府财政是赤字还是盈余对中央公积金都没有直接的影响，政府无权动用中央公积金弥补财政赤字，并且政府财政还负有担保中央公积金发放的义务。

2. 私营管理模式

私营管理模式，是指将社会保险基金委托给私营的银行、信托公司等金融机构运营管理，通过这些金融机构进行信托投资。这种社会保险基金管理模式具有手续简便、个人拥有充分的选择权等特点。

私营管理较少受政治因素影响，社会保险基金投资管理机构依据市场原则进行投资，由于存在市场竞争，每家社会保险基金管理公司都会努力提高自身的管理效率和提高基金的投资收益率，以获取更大的市场份额，从而促使社会保险基金的整体管理效率和投资收益率的提高。因此，与公营管理模式相比，社会保险基金私营管理的效率一般较高。

智利的养老基金管理模式是私营管理模式的典型代表。智利的养老保险基金是让获得资格认定的养老基金管理公司（AFP）来管理。养老基金管理公司是从事养老保险基金投资、运营、管理和发放的私营公司。养老保险参保人可以选择养老基金管理公司来管理自己养老保险个人账户中的资金，如果认为不满意也可以更换养老基金管理公司。养老基金管理公司将参保人账户中的资金汇集起来进行投资运作，以实现资金保值增值的目标。

经改革之后，智利政府只对养老基金管理公司的日常运营进行监管，并在养老基金管理公司破产时提供最终担保。为了防止参保人员个人账户上的资金受养老基金管理公司违规操作的损害，智利政府设立了专门对养老基金管理公司进行监管的机构——养老保险基金监管局（SAFD），对养老基金管理公司的投资运营和养老金的发放进行监管。

智利的社会保险基金私营管理模式大受经济自由主义人士赞赏的主要原因是它市场化程度很高，在这种管理模式下，参保人享有充分的投资选择权。但是过度的竞争又导致社会保险基金管理成本高昂，其中的一个突出表现是营销成本居高不下。

5.4.2　政府在社会保险基金管理中的作用

社会保险基金管理过程中，不管选择何种管理模式，政府均发挥着非常重要的作用。

1. 私营管理模式下政府的作用

政府在社会保险基金私营管理模式下的作用，主要体现在以下几个方面：

首先，政府必须通过实施一系列的政策来保障社会保险基金的安全，以保证高覆盖率。税收优惠政策无疑是最好的鼓励手段。税收优惠政策可以体现在雇主和雇员的缴费、投资收益以及养老金领取环节上。

其次，对于社会保险基金的投资运营，需要政府设置相应机构进行审慎的监管，以保证其健康运作。监管者需要规定社会保险基金的投资管理模式，对各类主体进行市场准入审查，定期公布相关主体的财务信息，监督社会保险投资运营管理机构的投资行为。

再次，为了避免社会保险基金出现亏损，政府可以采取最低收益率担保制度。最低收益率担保是一种对社会保险基金管理公司的监管和控制措施，旨在保证任何一家社会保险基金管理公司的绩效不比其他社会保险基金管理公司差太多。当社会保险基金管理公司的投资绩效太差，不能满足担保要求时，社会保险基金管理公司必须承担担保的成本，因此，担保机制能激励每一家社会保险基金管理公司采取能够满足或超过担保的投资组合。政府在向社会保险基金提供最低收益率担保中起着主导作用，其具体做法是成立专门的社会保险基金担保公司，规定社会保险基金管理公司提取的准备金率和制定相应的政策。

最后，需要制定专门的法律来规范社会保险基金的运作。从国外经验来看，任何成功实施社会保险基金私营管理模式的国家，都建立了系统完备的社会保险基金法规体系，以确保社会保险基金的安全和社会保险制度的顺利实施。

2. 公营管理模式下政府的作用

在公营管理模式中，一种是政府全面负责社会保险基金的管理，包括社会保险基金的收缴、发放、监督、投资等；另一种是政府将其中某一项职能分离出来，如社会保险基金的投资，通过市场化竞争的方式由政府选择投资管理机构，并委托其负责社会保险基金的投资运营，以便提高社会保险基金的增值能力。公营管理模式下，社会保险偿付责任最终由政府承担，社会保险基金市场化运营的风险也最终由政府承担。

在社会保险制度改革的过程中，大多数西方国家的政府对社会保险基金管理的直接作用逐步弱化，如限制社会保险基金投资限额，放松投资管理，鼓励更多的私营机构进入。当然，严格立法、严格规则仍是社会保险基金管理的重点。另外一些国家，由于不同的社会、经济、政治、文化和制度环境，政府在社会保险基金管理中的作用要直接和重要得多，并且社会保险基金投资的范围、种类、方式等都颇具特色。显然，在社会保险基金的公营管理模式中，政府应高度重视监督体系、自律体制的构建，防止政府官员的腐败和社会保险基金的流失和挪用①。

5.5 社会保险基金的给付

社会保险基金给付是和社会保险基金缴费相对应的概念，它是指当特定风险（如失业、患病等）发生并造成经济损失时，由社会保险经办机构根据社会保险制度规定的条件、标准和方式将社会保险金付给被保险人或其受益人、法定继承人，以保障他们的基本生活需要。社会保险基金的筹集、投资只是满足社会保险基金给付的手段，只有劳动者领取了社会保险金，才能保障劳动者在遭遇失业、患病等风险时的基本生活需要，才能真正实现社会保险制度的目标。一般情况下，社会保险金的给付对象是被保险人，在特殊情况下也可付给其法定继承人，如丧葬补助费、抚恤金、家属的医疗费等。

---

① 林义. 社会保险基金管理. 北京：中国劳动社会保障出版社，2002：207.

5.5.1 社会保险基金给付的原则

社会保险基金是用于保障社会保险对象的社会保险待遇，是在国家法律的保证下，在全社会范围内向劳动者及其所在单位强制征缴的社会保险费和以财政拨款形式集中起来的由专门机构掌握的、专款专用的经费，社会保险基金只能用于社会保险待遇给付，这是社会保险基金给付的大原则。具体到实践中，社会保险基金的给付一般需要遵循以下几个原则：

1. 统一性原则

社会保险制度是国家立法强制实施的，社会保险基金的给付标准一般是由国家法律、政策规定的，在社会保险基金给付过程中必须严格按照国家的法律、政策统一执行。如果给付标准不统一，势必造成地区之间的给付标准差异或单位之间的给付标准差异，从而造成劳动者之间社会保险待遇的巨大差别，不仅会影响社会保险制度执行的统一性和法律的严肃性，还会加剧不同地区、不同单位之间劳动者间的矛盾。

2. 适度性原则

社会保险基金的给付既要维持合理的给付水平，满足保险对象最基本的生活需要，又不能超越生产力发展水平及各方面的承受能力。社会保险基金的给付标准不能过低，如果给付标准过低就不能保障参保人在年老、伤残、失业、患病、生育等情况时的基本生活需要。社会保险基金的给付标准也不能定得太高，定得太高，会使得人们在遭遇失业、患病等情况时的生活优于参加劳动时的生活，这样人们就不会再积极地寻找工作、摆脱目前的困境，这样不仅不利于劳动力资源的持续增长也有悖社会保险制度的原则。因此，社会保险基金给付标准必须适度。

3. 与时俱进原则

社会保险基金给付必须与时俱进，这里说的与时俱进有两层含义：一方面，对于社会保险参保者来说，具有重要意义的不是社会保险基金给付的名义货币量，而是实际货币量，即社会保险基金给付必须考虑通货膨胀的影响，物价上涨必然导致社会保险基金待遇贬值，因此在社会保险基金给付时必须将通货膨胀的因素考虑在内；另一方面，应随着国民经济的发展逐步提高社会保险基金给付标准，国民经济发展得越快，社会保险的经济实力就越强，对劳动者的基本生活保障能力也就越强，这样还能够让民众共享国民经济发展的成果。因此，随着国民经济的发展，政府应逐步提高社会保险基金的给付水平。

5.5.2 社会保险基金给付的类型

从周期上来看，社会保险基金给付分为定期给付和一次性给付两种。一般长期性保障都是采取定期给付方式，如养老保险、由工伤导致的伤残补贴等。短期性保障则多采用一次性给付方式，如短期病假补贴、死亡丧葬费等。

从社会保险基金的给付形式来看，社会保险基金的给付可分为固定金额制和固定比率制两种形式。固定比率制这种方式适用于享受社会保险前有劳动收入的社会成员，如养老保险、失业保险等常采取这种方式。采取这种方式时，国家根据经济发展状况和不同的保险项目，确定各个保险项目的保险金支付比率。其保险金给付标准是以被保险人停止工作前某一时期上的平均工资收入或某一时点上的绝对工资收入为基数，根据被保险人资格条件的不同，乘以一定的百分比来确定的。享受社会保险待遇水平的高低，与其在此之前的货币收入高低直接相关。

固定金额制与固定比率制最大的不同就是，它不是以被保险人停止工作前的工资收入为计算基数，而是规定某些统一的资格条件，如是否是该国国民、是否达到一定的年龄等。凡符合规定者，可按固定的数额领取社会保险金。它既适合无劳动能力的社会成员，又适合有劳动能力的社会成员。如一些国家的国民年金、生育津贴、医疗补助等社会保险项目。

根据社会保险实施范围、基金来源与管理机构等的不同，社会保险基金的给付又可分为“自保公助”型社会保险基金给付模式、“福利国家”型社会保险基金给付模式和“储蓄积累”型社会保险基金给付模式①。

“自保公助”型社会保险基金给付模式是最早出现的社会保险基金给付模式，目前包括美国、日本在内的大多数国家采用的都是这种模式。这种模式的特点是：对不同的社会成员选用不同的保险标准，并以劳动者为核心建立社会保险制度，强调劳动者个人在社会保险方面的责任；社会保险费由国家、雇主和劳动者三方负担，以劳动者和雇主的社会保险缴费为主，国家财政给予适当支持，社会保险基金的给付与社会保险缴费相联系；社会保险缴费中只记录个人缴费情况，不建立以给付为目的的个人账户，实行现收现付制；社会保险基金的给付充分体现互助共济、共担风险的原则。

“福利国家”型社会保险基金给付模式以英国、瑞典为典型代表。这种模式的特点是：社会保险按普遍性和统一性的原则建立，所有公民都享有获得社会保险待遇的权利；社会保险基金主要通过税收筹资；社会保险基金给付范围广泛，除养老、医疗、生育、伤残、失业保险待遇之外，还提供遗属、单亲家庭、住房、教育、护理等众多项目的津贴和补助，而且待遇给付标准较高。

“储蓄积累”型社会保险基金给付模式以新加坡和智利为代表。这种模式的特点是：以个人账户为核心，个人账户资金来自劳动者和用人单位的缴费，并作为社会保险待遇发放的唯一依据。个人账户储蓄积累额越高，社会保险基金的给付标准就越高，这种给付模式互济性差，更多地体现效率。

按社会保险基金的给付标准划分，又可将社会保险基金的给付分为工资比例制和均一制两种给付方式。

工资比例制又称“工资相关制”，其社会保险基金给付标准是以被保险人停止工作前某一时期的平均工资收入或某一时点上的绝对工资收入为基数，根据被保险人的资格条件，乘以相应的比例确定。我国公务员的养老保险待遇就是实行的工资比例制的给付方法，国家机关公务员退休后，其基础工资和工龄工资按本人原标准的全额计划，职务工资和级别工资两项之和按规定工资比例计发。

均一制的社会保险基金给付标准与工资比例制的不同之处在于，它不以被保险人停止工作前的工资收入为计算基数，而是规定某些统一的资格条件，如缴纳保险费的期限和数量（所有成员同意绝对额标准，不与工资挂钩）、就业年限（或工龄）以及其他收入的水

① 邓大松. 社会保险. 2版. 北京：中国劳动社会保障出版社，2009：72-73.

平等。凡符合规定条件者，可按同一绝对额标准给付社会保险待遇。均一制的典型例子就是英国国民保险制度的基本养老保险金的给付，法律规定凡是参加国民保险的公民，达到退休年龄之后，都可以领取一定相同数额的养老金。

5.6 社会保险基金的监管

社会保险基金监管是指由国家监管机构、专职监管部门以及利益相关者对社会保险基金经办机构、运营机构和中介机构的管理过程及结果进行评审、认定和鉴定，以保证社会保险基金管理符合国家有关政策、法规，并最大限度地保障参保人的利益。

5.6.1 社会保险基金监管的必要性

社会保险基金具有保障劳动者在年老、伤残、失业、患病、生育等情况时的基本生活需要的社会属性，这决定了社会保险基金运营应将安全性放在首位。但是为了应对通货膨胀的压力，社会保险基金管理机构又需将积累的资金进行投资运营，以实现社会保险基金的保值、增值，这便不可避免地把社会保险基金暴露在风险环境之中。社会保险基金运营过程中的风险一般分为两类：一类是外部风险，一类是内部风险。外部风险包括市场风险和制度风险，内部风险包括道德风险和实施风险（见图 5－1）。

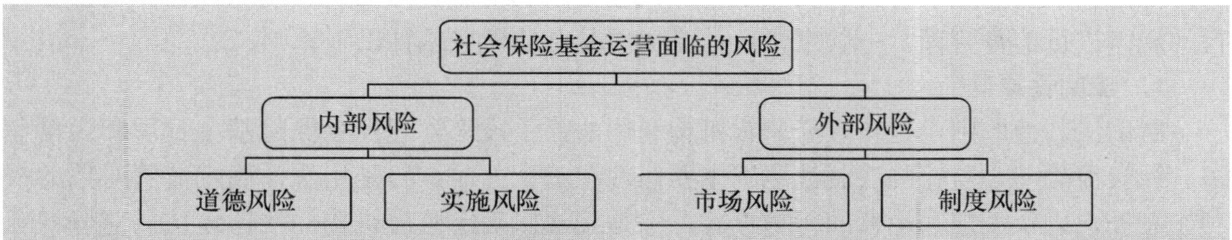

图 5－1 社会保险基金运营面临的风险系统图

在社会保险基金投资运营过程中存在着道德风险，即从事经济活动的人在最大限度地增进自身效用时做出不利于他人的行为①。阿罗把从事经济活动的人的信息优势划分为“隐蔽行动”和“隐蔽信息”②。前者包括不能为他人准确观察或臆测到的行动，后者则指从事经济活动的人对事态的性质有某些但可能不够全面的信息，这些信息足以决定他们采取的行动是恰当的，但他人不能完全观察到。社会保险基金投资运营过程中存在信息不对称的情况，社会保险基金管理机构知道基金的实际财务状况，而参保人和监管机构不了解，因为他们不直接参与社会保险基金的投资管理，并且社会保险基金的投资委托期较长。以养老保险为例，从养老保险参保人缴费到受益人领取养老金待遇之间有一段 20～40 年不等的时间间隔，这更加剧了社会保险基金投资管理机构与参保人、监管机构之间信息

---

① 新帕尔格雷夫经济学大辞典：第 2 卷. 北京：经济科学出版社，1996：588.

② ARROW K. The economics of agency//PRATT J，ZECKHAUSER R. Principles and agents：the structure of business. Boston：Harvard Business School Press，1985：37－51.

不对称的程度。正是由于信息不对称的存在，为社会保险基金投资管理机构产生道德风险提供了方便。

在社会保险基金投资运营的过程中，还存在着实施风险（可分散风险）和市场风险（系统风险）。在发达的资本市场上有多种多样的投资工具可供社会保险基金选择。

社会保险基金监管的主要目标之一就是确保社会保险基金资产组合分散化，同时把某些风险太大且没有流动性的资产排除在社会保险基金投资机会之外。不过，即使在进行恰当的分散化之后，社会保险基金仍然面临着市场风险。这可能归因于各种因素，如利率变动、通货膨胀、汇率波动等。时间跨度和持有期越长，市场风险显现的可能性越低①。

制度风险包括社会保险制度的设计缺陷，政治压力对社会保险基金投资决策的影响，以及缺少相应的社会保险基金运营的法律、法规。在竞选年度快要来临时，政策制定者可能为了连任，过分注重短期目标，而忽视社会保险基金的长期收支平衡②。

正是因为上述风险的存在，为了确保社会保险基金的安全，避免参保人的利益受到损害，世界各国无不对社会保险基金的运营管理实施监管。

5.6.2 社会保险基金监管的原则

社会保险基金具有特殊性，它对基金资产的安全性、流动性要求较高，因此其投资应接受社会保险基金监管部门的监管。社会保险基金的监管部门应监管社会保险基金投资管理机构是否遵循谨慎的投资原则与既定的投资方针，是否存在损害社会保险参保人利益以及其他基金利益的违规行为。在实践中，社会保险基金监管部门必须按照社会保险基金运行的规律进行监督管理。一般来说，社会保险基金监管应遵循以下原则：

1. 法制性原则

所谓法制性原则，是指政府监管机构利用法律手段来管理社会保险基金管理和运营业务。社会保险基金监管的法制性原则主要体现在三个方面：一是用法律确定监管对象的权利、义务，以及管理和运营的行为标准；二是用法律确定监管机构的法律地位、监管权威与监管职责，及其行为标准和管理办法；三是用法律确定监管机构与其他机构之间的关系，涉及政策制定部门、中介机构、国内外相关机构等。目前，社会保险制度比较完善的国家无不制定一套严格的社会保险基金管理法律体系。

2. 安全性原则

所谓安全性原则，是指社会保险基金监管机构通过监管，从宏观上维持社会稳定，保护国家利益，维护社会保险基金安全与稳健运行；从微观上保护参加社会保险人员的合法权益，防止以权谋私、违规违纪运作，避免社会保险基金损失以及由此引发的支付困难。社会保险基金经办机构和运营机构要安全稳健地进行管理和投资业务，这是各国政府都坚持的社会保险基金管理政策之一，安全稳健是社会保险基金监管部门监督管理工作的基本目标。

---

① KRISHNAMURTHI, SUDHIR, Applying portfolio theory to DB and DC plans (paper presented at World Bank Conference) //Pension systems in Eastern Europe and the Middle East: achieving effective fund management, Paris, March, 1999: 22-24.

② GOLINAWSKA S, KUROWSKI P. Rational pension supervision. CASE Reports, 2000 (36): 8-9.

3. 独立性原则

所谓独立性原则，是指社会保险基金监管机构依照法律独立行使监管权力，不受其他机关、企业、社团和个人干预。独立性原则确保了社会保险基金监管的严肃性、强制性、权威性和有效性。该原则主要体现在两个方面：一是监管机构与监管对象、其他机构既要密切合作，又要划清职责界限，互不干涉、越位；二是监管机构对经办机构和运营机构执法时，不受其他机构左右，保持独立性①。除了要求社会保险基金达到最低的审慎性监管要求外，还要对社会保险基金的机构、运作和绩效等具体方面进行严格监管。

4. 多方共同监管原则

由于社会保险基金从筹集到投资运营，直到最后的待遇发放，整个过程涉及税务、金融、财政等方方面面，因此，对社会保险基金的监管，离不开政府多个部门的共同合作。如，英国社会保险基金的监管机构由国家税务局、社会保障部、职业退休金管理局、财务监督局等部门构成。这些机构分别执行不同的职能对养老金进行监管。其中，职业退休金监管局主要是对职业（公司）退休金计划进行监管的法定监管者。

5.6.3 社会保险基金的监管模式

世界各国通常根据本国的社会保险制度和经济发展状况，从以下两种模式中选择适合本国国情的社会保险基金监管模式：

1. 审慎的监管模式

审慎的监管模式，即根据审慎性原则对社会保险基金进行监管。这种监管模式适合于经济发展比较成熟、金融体制比较完善、资本市场和各类中介组织比较发达、基金管理机构有一定程度发展、相关法律比较健全的国家。在这种监管模式下，社会保险基金监管机构较少干预社会保险基金的日常活动，只是在当事人提出要求或社会保险基金出现问题时才介入。在很大程度上，社会保险基金监管机构依靠审计师、精算师、资产评估机构等中介组织对社会保险基金的运营进行监管。

美国基本养老保险的监管模式就属于审慎的监管模式。美国的基本养老保险由联邦政府集中统一管理。主要由其职能部门社会保障署、卫生保健金融管理局、税务局、财政部以及信托基金委员会等参与运作管理。在这种监管模式下，监管机构较少干预基金的日常活动，只是在当事人提出要求或基金出现问题时才介入，在很大程度上，监管机构依靠财务、审计、精算等中介组织对基金运营进行监督。

美国劳工部下属的劳工权益安全委员会（EBSA）是对养老金市场进行监管的主要政府职能部门，监管的内容和对象主要是基金运行发展预测和对策研究。EBSA 并不直接管理养老基金，而是通过规范养老基金受托人的方式间接管理养老基金。美国养老基金监管的法律体系是由多次修订的《雇员退休收入保障法案》（ERISA）为主的一系列法律构成的。在美国，完善的法律体系对养老基金的运作起到了重要的保证和推动作用。除了健全的法律体系外，美国养老保险基金监管科学分工，权责明确，部门之间互相制约，使监督

① 胡晓义，施明才. 社会保险基金管理与监督. 北京：中国劳动社会保障出版社，2001：133-139.

蕴含在管理之中，真正做到了事前、事中监督。

美国财政部的国税局也从税收角度对养老保险基金市场承担了部分监管责任，通过颁布条例对养老金计划是否符合税收优惠做出明确规定。

2. 严厉的监管模式

在严厉的监管模式下，监管机构的独立性强，一般都是成立专门的监管机构进行监管。这种模式除要求社会保险基金投资运营机构达到审慎性监管的要求之外，还对社会保险基金管理机构的治理、运作和绩效等具体方面进行严格的限量规定，监管机构根据这些规定，通过现场和非现场监管的方式密切监控基金的日常运营①。

在智利，养老基金的监管机构是养老保险基金监管局，作为独立的监管机构，监管局的职责主要包括：制定相关法律、法规和实施细则，批准养老基金管理公司的建立和注册，对养老基金管理公司的日常工作进行监督，对违规行为进行处罚等。

养老保险基金监管局和养老基金管理公司职能分工十分明确，监管局负责监督与规范，养老基金管理公司是养老基金的法定经营管理者，它只能管理养老基金，而不能经营其他金融资产。监管局对基金管理公司监管的内容涵盖了投资计划的方方面面，在监管方式上，监管局对基金管理公司实行严格的限量监管。而且智利还非常重视社会监督，基金管理公司定期必须就基金投资计划和收益状况发布公告。波兰、匈牙利等国也是采用的这种模式。

5.6.4 构筑社会保险基金的安全网

社会保险基金监管的目的是确保社会保险基金的投资安全，使其在风险最小的前提下获得最大收益。从国际经验来看，为了确保社会保险基金的投资安全，各国政府无不着力构筑社会保险基金的安全网，其措施主要包括：对社会保险基金投资管理机构进行资格认定、设置社会保险基金的投资比例限制、实施最低相对收益率担保、建立完备的信息披露与报告制度和充分发挥中介服务机构的监督作用。

1. 对社会保险基金投资管理机构进行资格认定

对社会保险基金投资管理机构进行资格认定就是由政府出面审核相关机构是否具备管理社会保险基金的资格。社会保险基金投资管理机构只有拿到政府颁发的“资格证”才能开展社会保险基金投资管理业务。这样做能确保社会保险基金投资管理机构具备一定的资质和诚信度，而且使得撤销资格认定成为一项很重的处罚，从而使社会保险基金投资管理机构不敢轻易侵害社会保险参保人的利益。

社会保险基金投资管理机构资格认定程序在不同的国家存在一定的差异。有些国家采用审慎的原则对社会保险基金投资管理机构进行资格认定，由有关监管机构审核社会保险基金投资管理机构的职业证书和信誉，并在其发生问题时撤销其资格认定，获得社会保险基金投资管理机构资格的金融机构还可以管理其他基金。有些国家则采取严厉监管的原则。

智利的养老保险基金监管局在实施养老保险计划过程中的一项主要职责就是对养老保

① 王信．养老基金运营监管的国际经验及启示．经济社会体制比较，2000（2）．

险基金管理公司进行资格认定，并在必要的时候解散养老保险基金管理公司；监督和检查养老保险基金管理公司每四个月进行一次的养老保险基金资产的全面信息披露。尽管智利的养老保险基金是由私营机构进行运作的，但是由于养老保险基金监管局严把资格认定关，确保了养老保险基金管理公司的质量，在保障养老保险基金安全方面发挥了巨大的作用。

2. 设置社会保险基金的投资比例限制

设置社会保险基金的投资比例限制，包括设置社会保险基金的投资工具限制和投资数量限制。对社会保险基金的投资工具限制即限制社会保险基金进行股票、债券等高风险投资；对社会保险基金的投资数量限制包括两个方面：一是对投资某一种股票的数量限制，即规定基金投资于任何一家公司股票的股份总额不得超过该公司已发行股份总额的一定比例；二是对某一种股票的投资总额在社会保险基金资产净值中所占比例的限制，即规定社会保险基金对于某一种证券的投资额不得超过社会保险基金资产净值的一定比例。

目前世界各国都对社会保险基金的投资比例做了严格的限制。规定社会保险基金的投资比例限制有两个目的：第一，确保投资的安全，有效防范社会保险基金投资管理机构的冒险投资行为，避免因社会保险基金投资过于集中而带来的风险；第二，有利于国家控制对某一类证券资产的需求。

3. 实施最低相对收益率担保

最低相对收益率担保是一种对社会保险基金投资管理机构的监管和控制措施，旨在保证任何一家社会保险基金投资管理机构的绩效不比其他社会保险基金管理机构差太多。在缺乏这种担保的情况下，由于投资组合不同，费用相对较高，或是由于财务不健全或出现渎职，社会保险基金投资管理机构可能出现亏损，造成社会保险基金的流失，实施相对最低收益率担保可以避免这种情况发生。当社会保险基金投资管理机构的投资绩效较差不能满足担保要求时，社会保险基金投资管理机构必须承担担保的成本，因此，担保要求能激励每一个社会保险基金投资管理机构采取能够满足或超过担保的投资组合。

4. 建立完备的信息披露与报告制度

资本市场中会计信息失真，中介机构造假屡见不鲜，即便是资本市场发展比较成熟的美国也时常爆出上市公司造假丑闻。因此，为了确保社会保险基金的安全，规范会计审计制度、提高社会保险基金投资管理机构的信息披露透明度、提高市场交易效率成为当务之急。国际经验告诉我们，完备的信息披露与报告制度是建立有效风险防范机制的必要条件。建立完备的信息披露与报告制度，有两方面的作用：一方面，建立完备的信息披露制度有助于提高社会保险基金经办机构、基金管理公司的透明度，使职工获得充分的信息，减少职工因信息不完全甚至虚假错误信息导致的风险和损失；另一方面，可以降低监管部门的监管成本。社会保险经办机构、投资机构将社会保险基金投资的成本、效益及其他重大事项及时进行披露，监管机构着重审查信息披露的真实性，这就将社会保险基金投资管理机构置于监管机构和广大参保人员的双重监督之下，通过市场的力量监管社会保险基金投资管理机构，可以有效防范违法、违规行为的发生，降低监管部门的监管成本。

5. 充分发挥中介服务机构的监督作用

社会保险基金的中介服务机构是指为社会保险基金管理提供服务的投资顾问公司、精算咨询公司、律师事务所、会计师事务所等专业机构。社会保险基金中介服务机构要对社会保险基金的运营管理进行合法、合规检查，如会计师事务所定期出具审计报告等。国外的通行做法是，社会保险基金管理机构的财务报表和基金财务报表必须接受独立审计机构的审计；社会保险基金管理机构的资信等级必须经信用评级机构的评定。在美国，企业通常会聘请审计机构来监督其养老保险基金管理公司的各项活动，如果经审计发现养老保险基金管理公司运营不合规，或是在信息披露中造假，企业可以马上通知监管部门，并更换养老保险基金管理公司。

在我国，中介服务机构同样也是对社会保险基金运作进行非政府监管的主体力量，审计、会计、精算和信用评级机构等都是整个监管机构不可或缺的组成部分。充分发挥中介服务机构的作用，依靠审计、会计、精算和信用评级机构等提供的及时、客观、准确的资料，监管机构和社会保险参保人就能比较全面地了解社会保险基金的运营状况，并及时采取相应的措施，从而有效防范社会保险基金运营过程中出现的各种风险。

本章小结

社会保险基金是为保障劳动者在年老、伤残、失业、患病、生育等情况时的基本生活需要而采取的，在国家法律保证下向劳动者及其所在单位强制征缴和以财政拨款形式集中起来的由专门机构掌握的、专款专用的经费。社会保险基金具有确保社会保险制度的顺利实施，维持劳动再生产、市场经济的稳定器和促进资本市场发展，体现社会公平、维护社会稳定的作用。社会保险基金来源于社会保险缴费（税）、政府拨款或补贴、基金的投资运营收益，在西方一些发达国家，社会捐赠也是社会保险基金的主要来源之一。社会保险基金的筹集模式有现收现付制、完全积累制、部分积累制和国家福利制四种。

通过社会保险缴费或通过开征社会保险税筹集到的社会保险基金，除了满足当期社会保险待遇给付之外，还有相当一部分存储起来，以备以后发放。这些存储起来的基金不可避免地受到通货膨胀的侵蚀，为了确保社会保险基金保值、增值，必须对这部分存储起来的社会保险基金进行投资。在社会保险基金投资过程中必须遵循安全性原则、收益性原则、流动性原则和社会性原则。社会保险基金的投资渠道有：银行存款，购买国债、公司债券、股票，国家基本建设项目投资等。社会保险基金管理是指为实现社会保险制度的基本目标和正常稳定运行，对基金的运行条件、管理模式、投资运营进行全面规划和系统管理的总称。按社会保险基金运营管理主体的不同，可分为公营管理模式和私营管理模式。

社会保险基金的筹集、投资只是满足社会保险基金给付的手段，而只有劳动者领取了社会保险金，才能保障劳动者的基本生活需要，才能真正实现社会保险制度的目标。本章阐明了社会保险基金给付的原则和类型。最后，本章论述了社会保险基金监管的原则、社会保险基金的监管模式和如何构筑社会保险基金的安全网。

关键术语

社会保险基金　　现收现付　　完全积累　　部分积累　　国家福利　　私营管理模式　　公营管理模式　　审慎的监管模式　　严厉的监管模式

复习思考题

1. 什么是社会保险基金？
2. 社会保险基金的功能有哪些？
3. 社会保险基金有哪些筹资模式？
4. 社会保险基金的投资原则有哪些？
5. 什么是社会保险基金审慎的监管模式？请举例说明。

参考文献

[1] ARROW K. The economics of agency//PRATT J，ZECKHAUSER R. Principles and agents：the structure of business. Boston：Harvard Business School Press，1985.

[2] KRISHNAMURTHI，SUDHIR. Applying portfolio theory to DB and DC plans (paper presented at World Bank Conference) //Pension systems in Eastern Europe and the Middle East：achieving effective fund management，Paris，March，1999.

[3] LABOUL A. Private pension systems：regulatory policies. Ageing working paper，AWP 2.2，OECD，Paris，1999.

[4] GRUBER M J. Identifying the risk structure of mutual fund returns. European financial management，2000，7 (2).

[5] GOLINAWSKA S，KUROWSKI P. Rational pension supervision. CASE reports，2000 (36).

[6] 陈佳贵. 中国社会发展报告（1997—2001). 北京：社会科学文献出版社，2001.

[7] 丛树海. 社会保障经济理论. 上海：上海三联书店，1996.

[8] 邓大松. 社会保险. 2 版. 北京：中国劳动社会保障出版社，2009.

[9] 胡晓义，施明才. 社会保险基金管理与监督. 北京：中国劳动社会保障出版社，2001.

[10] 侯文若，孔泾源. 社会保险. 北京：中国人民大学出版社，2002.

[11] 焦凯平. 养老保险. 北京：中国劳动社会保障出版社，2004.

[12] 李怀康，刘雄. 社会保险和职工福利概论. 北京：北京经济学院出版社，1990.

[13] 李珍，孙永勇，张昭华. 中国社会养老保险基金管理体制选择：以国际比较为基础. 北京：人民出版社，2005.

[14] 林义. 社会保险基金管理. 北京：中国劳动社会保障出版社，2002.

[15] 刘雄. 社会保险通论. 北京：中国劳动出版社，1997.

[16] 吕学静. 社会保障基金管理. 北京：首都经济贸易大学出版社，2010.

[17] 王云昌，张茂松. 社会保险理论与实务. 郑州：黄河水利出版社，2001.

[18] 王晓军. 社会保险精算原理与实务，北京：中国人民大学出版社，2009.

[19] 孙建勇. 社会保障基金运营与监管. 北京：中国财政经济出版社，2004.

［20］邓大松．论我国社会保险基金的运用．经济评论，2000（4）．

［21］丁一文．社会保险基金监管的国际比较及对我国的启示．北方经贸，2006（5）．

［22］何伟．社保基金海外投资主动出击还是被动选择．证券日报，2006-07-11．

［23］李晓西，袁培红．中国社会保障监督体系框架设计//中国社会保险优秀论文集．北京：中国劳动社会保障出版社，2006．

［24］李志明，章空尽．新加坡中央公积金制度对中国养老保障的启示．理论界，2006（2）．

［25］刘世锦，罗纲，李绍光．中国养老保险模式选择与养老保险金进入资本市场问题探讨．管理世界，1997（3）．

［26］唐旭，等．中国养老基金的投资选择．金融研究，2001（1）．

［27］汤媛媛．社会保险基金的运营．东北师大学报（哲学社会科学版），2010（6）．

［28］于天义，于爱平．关于社会保险基金的几点思考．经济研究参考，2002（59）．

［29］杨一帆，张新明．对社会保险基金性质的再认识．保险研究，2004（9）．

［30］赵丹竹．论我国基本养老保险基金投资管理模式的选择．沿海企业与科技，2006（3）．

学习网站

［1］http://www.mohrss.gov.cn

［2］http://www.worldbank.org

［3］http://www.oecd.org

［4］http://www.case.com

第6章

养老保险

本章导言

本章首先介绍了养老保险制度的定义、类型、特征、功能和历史沿革，阐明了养老保险的理论基础。其次是对中国内地城镇职工基本养老保险制度和城乡居民基本养老保险制度的发展历程进行了脉络清晰的梳理，并对未来发展提出一定的政策建议。在此基础上进一步对目前中国内地补充养老保险的发展现状和前景加以分析。最后介绍了我国港澳台地区以及国外养老保险制度的基本情况，以期对发展我国内地养老保险制度带来一些启示。

重点问题

- 养老保险制度概述
- 养老保险的理论基础
- 中国内地城镇职工基本养老保险制度的建立、改革及发展
- 中国内地城乡居民基本养老保险制度的建立、改革及发展
- 中国港澳台地区养老保险制度的现状
- 国外养老保险制度的发展与现状

6.1 养老保险制度概述

养老保险发展至今，已有100多年的历史，其理论与内容也随实践发展而日益丰富。

6.1.1 养老保险制度的概念与特征

1. 养老保险的定义

养老保险的定义有多种形式。就目前看来，国内学者中比较有代表性的阐述包括："国家和社会通过相应的制度安排为劳动者解除养老后顾之忧的一种社会保险，目的是增强劳动者抵御老年风险的能力，手段是提供相应的收入保障"①；"国家和社会根据一定的法律法规，当劳动者到达法定年龄或退休时，由社会保险机构或由指定的其他单位按规定给付养老年金的保险"②；"政府通过法律形式的制度安排，使劳动者在老年丧失劳动能力退出劳动力队伍后能得到基本生活的保障"③。

虽然以上定义各具特色，但我们仍然可以从中发现养老保险的共性：第一，养老保险具有一定的法律强制性，是国家实行的制度安排；第二，养老保险的对象必须是达到法定退休年龄或缴费年限的劳动者；第三，养老保险只是保障老年人的基本生活所需；第四，由特定的机构以货币的形式向退休人员提供养老金。综上所述，养老保险就是国家和社会根据一定的法律和法规，在劳动者达到国家规定的退休年龄或因年老丧失劳动能力退出劳动领域后，采取一定的方式以保障退休者基本生活的一种社会保险制度。

2. 养老保险的类型

1994年，世界银行首次提出并向世界各国推介养老保险"三支柱"概念，即公共养老金计划（第一支柱）、职业养老保险计划（第二支柱）、个人储蓄计划（第三支柱）。2005年，世界银行在总结各国实践的基础上，把"三支柱"扩展至"五支柱"：非缴费型养老金（零支柱）、与本人收入水平挂钩的缴费型养老金（第一支柱）、不同形式的强制性个人储蓄账户（第二支柱）、灵活多样的雇主发起的自愿性保险（第三支柱）、家庭成员之间或代与代之间的非正规保障形式（第四支柱）。世界银行的思想对各国政府的政策选择产生了重要影响。总的来看，目前的养老保险制度主要有以下几种类型：

（1）国民年金或社会养老金，是由国家统一实施的，对其国民普遍性地发放的养老保险待遇。养老保险基本来源于税收，个人不需要缴费或缴纳低标准的养老保险费；强调普遍性，国民资格是享受待遇的前提；养老金通常是定额式的，用于提供最低水平的保障。

（2）基本养老保险制度，也即社会养老保险制度，是由国家强制实施的一种公共养老保险计划。养老保险基金来源于雇主和雇员缴纳的保险费，由财政予以资助和补贴，履行缴费义务是享受待遇的前提；养老保险待遇与收入水平挂钩，目的在于保障劳动者退休之后的基本生活。该制度遵循代际再分配原则，实行现收现付制的基金筹资模式，但随着人口老龄化带来的支付压力的增强，一些国家逐渐转向完全积累制或部分积累制，强制性地建立起个人养老保险储蓄账户。如新加坡的公积金账户、智利的养老保险个人账户以及中

---

① 郑功成．社会保障学．北京：中央广播电视大学出版社，2004：171．

② 邓大松．社会保险．北京：中国劳动社会保障出版社，2002：14．

③ 董克用，王燕．养老保险．北京：中国人民大学出版社，2000：3．

国的统账结合养老保险模式。

(3) 补充养老保险，即职业养老保险计划，泛指雇主自愿对雇员实施的与就业相关联的养老金计划，形式灵活多样，是对国家法定基本养老保险的补充。补充养老保险待遇与缴费和投资回报率相联系，更多地体现效率机制。企业年金作为典型的补充养老保险制度，在发达国家有较长的发展历程，法律完善且制度稳定，并具有成熟的管理经验，现已成为很多发达国家养老保险体系中的重要支柱。我国机关事业单位实行的职业年金制度也属于补充养老保险的范畴。

(4) 个人储蓄养老保险，是个人基于经济能力和生活需求而自愿参加的养老保险。国际上通常的做法主要有两种：一是进行储蓄，即由个人自愿在银行或投资公司开设个人退休账户，每年自愿存一定的钱作退休养老所用，账户资金完全由自己管理和投资。如美国的个人退休账户（IRA），为了鼓励个人参与，美国政府还给予缓征个人所得税的优惠支持。二是购买商业人寿保险，即自行到保险公司选择并购买适合自己的养老保险产品，通常来讲，保险待遇越高，保费也越高。

3. 养老保险制度的特征

(1) 普遍性。每一个人都会经历年老的过程，因此老年风险具有普遍性和可预见性，养老保险制度是确保老年人口晚年生活幸福和社会稳定的重要制度安排，因此各个国家都有相应的养老保险制度的安排。

(2) 重要性。养老保险因缴费比例高，覆盖面广，给付待遇高，领取时间长，在社会保险体系中占据着最重要的位置。

(3) 长期积累性。养老保险涉及的时间跨度很大，从参保人缴纳养老保险费到受益人领取养老金之间有一段 20 年到 40 年的时间间隔。对个人而言，涵盖了劳动者从年轻到死亡的大半个人生；对制度本身而言，其设计、运行管理等涉及几代人的社会福利分配，具有很强的代际性。

(4) 复杂性。养老保险制度的设计需要周全考虑社会各方面的承受能力，要考虑经济发展与社会福利之间的平衡，还要考虑养老保险制度的可持续发展，以及养老保险基金的收支、运营和管理等方方面面。

(5) 保障方式的多层次性。养老保险制度几乎在所有国家都不是单一形式的。世界银行所提出的“三支柱”和“五支柱”代表的均是多层次养老保险体系，倡导从国民年金、基本养老保险、补充养老保险、个人储蓄养老保险等多个层次提供养老保障。

6.1.2 养老保险制度的功能

养老保险作为社会保险体系的一个子系统，除具有类似于社会保险的保障人们基本生活、维护社会稳定等一般性功能外，还有一些不可替代的功能。

1. 公平功能

养老保险具有调节收入分配、促进社会公平的功能。养老保险在国民收入中属于再分配的层次，通过养老保险可以使在初次分配中收入差距较大的劳动者在年老退休后领取到的养老保险金数额的差别相对缩小。很多国家都实行弹性养老金制，即根据经济发展水平和通货膨胀情况来调整养老金的发放额度，使退休人员无论贫富都能够分享到经济发展的成果。

2. 发展功能

从宏观角度看，养老保险基金规模庞大，不仅能有效促进资本市场规模的扩大和流动性的增强，而且它本身也要求实施稳健的投资策略。这决定了养老保险基金更倾向于选择长期机构投资者，资金投向也以那些能带来长期稳定收益的资产组合为主，从而强化一国证券市场中的长期投资。从微观角度看，劳动者通过领取养老金或享受养老保险提供的服务实现“老有所养”，继而实现“老有所乐、老有所学、老有所为”，使年老者不会因退出劳动领域而感到与社会隔离，产生孤独感，从而可以不断地实现个人的发展①。

3. 文化功能

养老保险的文化功能在于其在实施中既能宣扬中华民族尊重老人的传统美德，又能影响人们在生育问题上的看法，改变以往“养儿防老”“多子多福”的传统观念。养老保险制度的发展终将塑造新的老龄社会文化、生育文化和孝文化。

6.1.3 养老保险制度的历史沿革

1. 养老保险制度的产生

在传统农业社会中，家庭担负着多重责任，它既是生产者、消费者，也是赡养老人的基本单位。中国传统社会的养老是一种“反馈模式”，即甲代抚养乙代，乙代赡养甲代，乙代抚养丙代，丙代又赡养乙代。这种以双向的两代人之间收入转移支付为特征的家庭养老保险方式有成本低、方法灵活、适应性强等特点，但这种养老方式存在着很大的不稳定性，家庭中主要劳动力的病残或早逝都可能导致家庭养老保障机制的瓦解。随着社会的进步，人类从农业社会发展到工业社会，城市化进程加快，家庭养老存在的政治、经济、社会环境和文化思想基础都发生了巨大的变化，促使养老要探索一种更适合社会现实的新型模式，即实现家庭养老向社会养老保险模式的转化。

1869 年，法国在《年金法典》中明确规定，对于不能继续从事海上工作的老年海员发给养老金。奥地利和比利时也分别在 1854 年和 1868 年实施了矿山劳动者养老金制度。但真正现代意义上的养老保险制度建立的标志是德国于 1889 年颁布的《老年与残疾保险法》。19 世纪七八十年代的德国已凭借工业革命积累起了大量的社会财富，但同时，工业社会竞争的加剧也使得包括养老在内的社会问题日益突出。面临空前高涨的工人运动，在新历史学派改良政策的影响下，俾斯麦改变原来的单纯镇压策略，转而采用“胡萝卜加大棒”的方法，将社会保险制度作为“消除革命的投资”。特殊的社会、经济和政治背景促使德国成为世界上最早建立包括社会养老保险制度在内的社会保险制度的国家。由此可见，养老保险是在社会变迁、生产力发展的推动下产生的，并客观上解决了一定的社会问题，它的产生标志着人类文明的发展和社会的进步。

2. 养老保险制度的发展

养老保险制度自 1889 年在德国建立以来，在随后的几十年间得到了快速而全面的发展，主要表现在以下两个方面：

---

① 郑功成. 社会保障学. 北京：中央广播电视大学出版社，2004：174.

第一，大多数国家都建立了社会养老保险制度。丹麦于 1891 年、挪威于 1894 年、新西兰于 1898 年、瑞典于 1903 年、奥地利于 1906 年均建立了社会养老保险制度①。20 世纪 30 年代的经济大萧条以后，罗斯福“新政”中的一项重要措施就是颁布《社会保障法》，建立了老年、遗属和残障保险。十月革命胜利后的苏俄和一些东欧国家，先后建立了覆盖范围广泛的由国家承担全部责任的养老保险制度。我国在 20 世纪 50 年代也建立了类似于苏联的养老保险体系。

第二，养老保险制度呈多样化发展。不同国家都根据自己的实际情况建立了或迥然不同或稍有相似的养老保险制度；就算在同一国家，不同历史时期所采取的养老保险制度也不尽相同。德国作为第一个建立社会养老保险的国家，实行雇主和雇员共同供款的养老制度；20 世纪 40 年代末，英国建立了世界上第一个个人不用缴费的养老金制度，开创了福利国家的先河；20 世纪 50 年代，新加坡建立了中央公积金制度，是一种“国营强制性储蓄积累”模式；20 世纪 80 年代初，智利进行养老金私有化改革，建立了“民营强制性储蓄积累”的养老保险模式；等等。养老保险制度的多样化发展，表明随着人们对养老保险认识的深化，各国政府对养老保险的驾驭能力加强，各国政府都会趋于理性地分析实际存在的问题，选择与自身国情相适应的养老保险制度。

在各国养老保险制度的发展进程中，既有辉煌的成就，也有失败的教训；在多国纷纷开展的养老保险制度改革中，既有细枝末节的修补，也有大胆的创新，如新加坡的中央公积金制度、智利的个人账户制度。这些改革都对养老保险制度产生了一定的影响，虽然也存在各自的问题，但从中可以看到人们对养老保险制度的重视以及对发展养老保险制度的不同思路。

6.2 养老保险的理论基础

养老保险制度的发展离不开养老保险理论的指导，理论源于实践，同时也指导制度改革的方向，下面将介绍几种重要的养老保险理论：

6.2.1 储蓄的生命周期理论

著名的现代凯恩斯主义学者美国经济学家佛朗哥·莫迪利亚尼（Franco Modigliani）和理查德·布伦伯格（Richard Brumberg）共同提出了一种新颖的储蓄理论——储蓄的生命周期理论。该理论将储蓄与终生收入和个人的生命周期紧密联系在一起，富于创见地探讨了影响储蓄行为的各种因素。莫迪利亚尼认为，一个典型的消费者对于他在各个年龄阶段的消费安排，将取决于他的终生收入，即一生的全部收入，而不是取决于当期收入。储蓄的生命周期理论的主要观点如下：

1. 人生的收入曲线为驼形

人们在早年与晚年，生产能力低，因而收入较低；在青壮年时期生产能力较高，收入达到高峰（见图 6-1）。

---

① 郑功成. 社会保障学. 北京：中央广播电视大学出版社，2004：171.

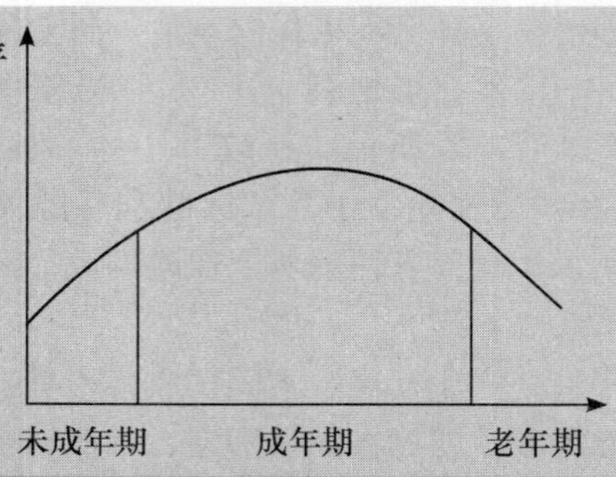

图 6－1　人生的收入曲线图

2. 人生的消费曲线呈斜向上的曲线

从未成年期到成年期这个阶段，随着人们收入的增加，消费也随之增加。由于消费有一定刚性，而且人到老年时相应的医疗开支会急剧增加，因此，总体上消费呈斜向上的曲线（见图 6－2）。

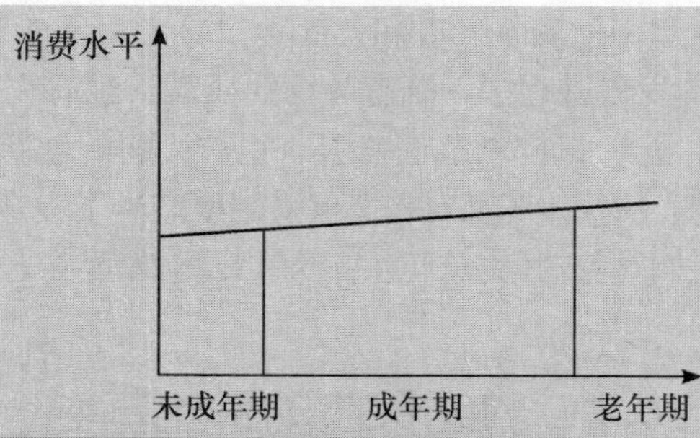

图 6－2　人生的消费曲线图

3. 人们在未成年期和老年期是负储蓄

人们在未成年期往往是净负债者，收入很少，储蓄为负值。成年期之后，人们收入不断增加，这时收入大于消费，储蓄为正值。在老年期，人们退出工作岗位，这时收入减少，但消费却在不断增加（主要是医疗保健费用不断增加），导致这个时期储蓄为负值（见图 6－3）。

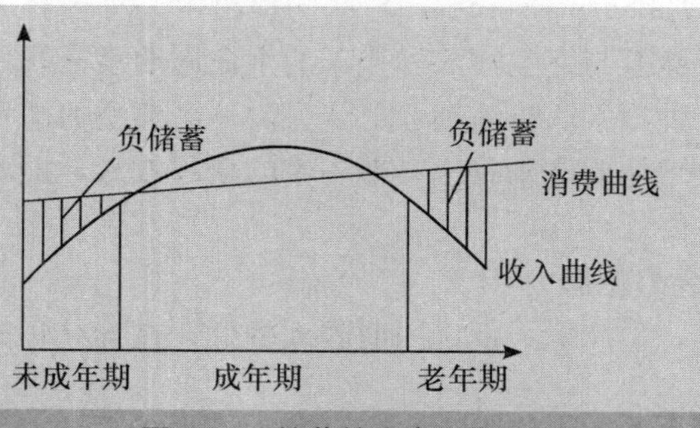

图 6－3　储蓄的生命周期图

佛朗哥·莫迪利亚尼认为，人们在心理上总是试图将其所掌握的资源在一生中进行适当的分配，以便使消费在一生中保持在一个相对稳定的水平上。但是，在现实生活中有两种重要的因素会使人们无法按照生命周期理论很好地安排储蓄：一是人们很难准确地预测其生存的时间；二是人们对未来的收入预期与实际收入存在偏差，这种收入的不确定性使人们在消费时，无法实现一生中各时期的等额消费。养老保险制度的出现，消除了人们这方面的顾虑，方便了人们的储蓄活动①，即通过养老保险的缴纳与退休金的支取，来代替以往人们的储蓄行为。按照这一理论假说，在理想状态下，有着完善的劳动市场和资本市场，没有税收，没有不确定性，人们缴纳的养老准备金被看作人们为保证自己退休阶段的收入而进行储蓄的一种实现形式。生命周期假说构成了以储蓄方式提供劳动者退休收入的养老金理论依据。

6.2.2　隐含协议理论

隐含协议理论是由德国经济学家马肯诺斯（Markenroth）1952 年提出来的。马肯诺斯认为，所有受益人的消费必须来自当期的生产，不管从个人角度看是积累的基金还是储蓄。不管养老保险制度的形式怎样，所有的养老金待遇都必须由在职劳动的一代人来支付。尽管个人当前进行储蓄以备将来养老之需，但届时只能由那时处于劳动阶段的社会成员来提供消费资料。因此他认为，现收现付方式的养老保险制度是唯一可行的养老金制度。

美国经济学家萨缪尔森进一步发展了马肯诺斯的思想，提出了“隐含协议理论”。该理论的基本内容为：每一代人只在生命的工作阶段创造消费品，因此，每一代人在他们具有生产能力的阶段上，通过赋税的形式将所生产的一部分产品交给国家，用于赡养正处于退休阶段的一代。他们之所以愿意这样做，是因为可以通过国家的作用，使每一代人达成与国家之间的隐含协议，当他们支付退休一代的收入时，他们就取得了一种权利，即当他们处于退休阶段时，下一代人将用自己创造的生活资料养活他们。德国经济学家施瑞博（Schreiber）也指出，在市场经济条件下，人们为了使自己只能在工作阶段获得的收入在一生中得到重新分配，就必须加入这种隐含协议。他认为，在税率、人口增长率以及预期寿命不变的情况下，退休人员可以享受到社会生产率增长的好处，也就是说退休一代人的投资“回报”相当于生产率的增长率。

萨缪尔森和施瑞博都认为纳税人支付退休者的收入就是与政府之间形成的一种隐含的交换，通过支付退休者的收入，交换政府的预期承诺，即政府将采取强制手段向后代征税以支付自己退休时的收入。由此可见，在这一理论中，劳动者的养老金来源于他退休期正在工作的一代职工所创造的财富，其实现形式是以政府为主体、以现收现付制为特征的公共养老保险计划②。

6.2.3　持久收入理论

该理论最早是由弗里德曼提出来的，它与储蓄的生命周期理论有相似之处，即都认

---

①　ANDO A，MODIGLIANI F. The life-cycle's hypothesis of saving：aggregate implications and tests. American economic review，1963（53）：55－84.

②　陈少晖. 养老金来源：马克思的观点与新古典学派的解析. 当代经济研究，2003（1）.

为长期平均消费倾向和边际消费倾向具有稳定性。该理论认为居民消费不取决于现期收入的绝对水平，也不取决于现期收入和以前最高收入的关系，而是取决于居民的持久收入。

持久收入理论将居民收入分为暂时收入和持久收入。暂时收入是指在短期内得到的收入，是一种暂时性的、偶然的、非连续的收入，如奖金、馈赠、意外所得等；持久收入是指在相当长时间里可以得到的收入，是一种长期平均的预期收入，它实际上是每个家庭或个人长期收入的一个平均值，是消费者使消费行为与之相一致的稳定性收入。相应地，消费也分为暂时消费和持久消费，持久消费是指长期的确定的有规律的消费，暂时消费是指一时的偶然的消费。暂时消费和暂时收入之间、暂时消费和持久收入之间不存在任何固定比例关系，但是，持久消费和持久收入之间存在固定的比例关系。

弗里德曼的持久收入理论说明个体的消费行为包含长期因素，消费者在任何年龄上的消费支出与即期收入完全无关，而是要依靠其持久收入，这意味着个人的消费支出在其生命周期的每个年龄段都要选择一个稳定的、接近于他的预期的平均消费率进行消费，而不能采取即期收入即期消费的方式。人的一生分为工作期和非工作期，人们在非工作期（如退休时）的消费只能依靠工作期的储蓄来安排。因此，人们要有风险和忧患意识，在工作期要考虑非工作期的困难。

养老保险制度就是通过在工作期（或劳动能力保有期）与非工作期之间进行收入分配，来确保人们在非工作期能维持正常的基本生活。人们在工作时虽能得到收入，但一旦不能工作，就会失去收入。在工作期，如果把一切收入都用于消费，虽然暂时能获得较大效用，但是，到老年期丧失劳动能力时，就会陷入困境。因此，人们在工作阶段并不消费他们的全部收入，而是拿出一部分作为储蓄用于退休阶段的消费，从而使全部收入在一生中形成一个稳定的消费流。养老保险制度的出现是为了方便人们的这种储蓄活动，是通过养老保险的缴费与退休金的支取，来代替人们传统的储蓄行为。因此，养老保险制度的出现，就使得人们对以后的收入有一个持久收入的预期①。

6.2.4 世代交叠理论

世代交叠模型（overlapping-generations model）是由阿莱、萨缪尔森和戴蒙德等人创立的。它弥补了生命周期假说的缺憾——生命周期假说只将一代人的寿命分为两个时期，不涉及两代人之间的关系。而世代交叠模型的出发点是：任何时候都有几代人共同生活着，每一代人在其生命的不同周期都可以和不同代人进行交易。

世代交叠模型的基本形式是一个跨时的一般均衡模型。在世代交叠模型中，每个消费者都生存两期：年轻时期（t 期，有工资收入）和年老时期（$t+1$ 期，无工资收入）。每个消费者在年轻的时候靠出卖自己的劳动力（L）或人力资本获取工资收入（W），并将收入用于消费和储蓄；年老的时候退休，没有工资收入，拥有年轻时的储蓄所形成的资本（K），并依靠自己的储蓄度日。经济在每一时刻都是年轻人和老年人共存的，年轻人所拥有的劳动或人力资本和老年人所拥有的物质资本相结合，形成经济中的产出。在这样一个

① FRIEDMAN M. A theory of the consumption function. Princeton University Press，1957：103-145.

模型中，由于每个人都有年轻和年老的区别，因此可以很自然地引入养老保险制度中。

在没有养老保险制度的情况下，个人在其预算约束条件下追求一生效用（U）最大化，即

$$\text{Max}U(C_t^1, C_{t+1}^2)$$
$$s.t.\ C_t^1=(1-s_t)W_t$$
$$C_{t+1}^2=(1+r_{t+1})s_tW_t$$

式中，C_t^1和C_{t+1}^2分别代表个人在年轻时期和年老时期的消费水平；s_t代表私人自愿储蓄率；r_{t+1}为私人自愿储蓄的利率，这显然是标准的世代交叠模型。

如果引入的是现收现付制的养老保险制度的话，那么个人消费的预算约束变为：

$$C_t^1=(1-s_t-P_t)W_t$$
$$C_{t+1}^2=(1+r_{t+1})s_tW_t+B_{t+1}$$

式中，P_t为个人在年轻时期或工作期间必须要缴纳的养老保险税（费）率；B_{t+1}为个人在年老时领取的养老金。政府如果实行养老保险收支平衡政策，则政府当期支付出去的养老金之和应当等于当期收取的养老保险费：

$$B_{t+1}=P_tW_t$$

从以上的式子可以发现，这种养老金制度实际上是代际之间收入进行重新分配的政策。这种政策改变了个人预算约束，影响到个人不同时期的效用水平，从而引发个人重新选择最优的消费和储蓄。

在完全积累制的养老保险制度下，个人当年的社会保险缴费完全用于社会保险基金积累，并全部计入受益人的个人账户，在达到一定条件后（如退休后）再从社会保险个人账户中支取社会保险待遇。这种方式与个人储蓄行为非常类似。只不过它是一种强制储蓄形式。此时，个人预算约束条件同样会发生变化：

$$C_t^1=(1-s_t)W_t$$
$$C_{t+1}^2=(1+r_{t+1})s_tW_t$$

可以看出，个人预算约束条件在完全积累制的养老保险制度下与没有养老保险制度时比较类似，不同的是在完全积累制的养老保险制度下，s_t是私人自愿储蓄率与政府规定的养老金个人账户缴费率之和。如果个人要保持各期效用不受养老保险制度影响的话，养老金账户中的强迫储蓄必然会替代一部分或全部的私人意愿储蓄①。

总之，不论实行哪一种养老保险制度，总是会改变消费者在年轻和年老时的福利，也会改变消费者的最优决策，从而对经济中的资本积累、人口增长、人力资本形成产生深刻的影响②。

---

① 杨郁军，赵友谊. 从世代交叠模型看我国的社会保障和经济增长. 企业经济，2005 (6).

② DIAMOND P A. National debt in a neoclassical growth model. American economic review，1965：55-70.

6.3　中国内地的养老保险制度

同其他国家一样，养老保险在我国的社会保险体系中占据了最重要的位置。这一方面是因为在世界范围内人口老龄化趋势日趋严峻，养老成为一个普遍的社会风险；另一方面是由于养老保险覆盖面广、给付水平高而使其支出在所有社会保险项目中居于首位。

6.3.1　城镇职工基本养老保险制度

1. 城镇职工基本养老保险制度的建立

新中国成立之初，我国政府就把建立社会保险作为当务之急。1949 年中国人民政治协商会议通过的《共同纲领》便提出在企业中"逐步实行劳动保险制度"，从而为在全国建立统一的劳动保险制度确定了法律依据。1951 年《劳动保险条例》和 1955 年《国家机关工作人员退休处理暂行办法》的颁布，分别促使职工退休养老保险以及政府机关、事业单位、民主党派工作人员的退休制度得以建立起来，并在实践中不断发展，覆盖范围逐步扩大。但是这一时期形成了国家机关、事业单位工作人员的退休制度与企业职工的退休制度并行的格局，由于具有各自的法律规范，缺乏统一性，造成工人与干部之间存在着严重的待遇差别，严重影响了养老保险制度后来的改革与发展。

2. 城镇职工基本养老保险制度的调整

为克服企业与国家机关、事业单位退休养老制度不统一所带来的弊端，根据党的八届二中全会精神和周恩来对社会保险工作的指示，劳动部和中华全国总工会等有关部门对社会保险制度做了一些修改。1958 年 2 月 9 日国务院公布施行《关于工人、职员退休处理的暂行规定》，统一了企业和国家机关、事业单位人员的退休办法，并适当放宽了退休条件，提高了待遇标准。在随后的几年中，有关部门相继颁布了旨在解决军官、困难退休人员和集体企业职工养老问题的一系列法规条例和通知，使我国内地的基本养老保险制度得以发展与完善，并形成了按所有制区分退休制度的格局。

1966—1976 年"文化大革命"期间，社会保险被诬蔑为腐蚀职工的"修正主义毒瘤"，受到根本否定和批判。1970 年劳动部被撤销，工会系统几乎瘫痪，社会保险事业处于无人管理的状态。1969 年 2 月，财政部颁发《关于国营企业财务工作中几项制度的改革意见（草案）》，规定国营企业一律停止提取劳动保险金，企业的退休职工、长期病号工资和其他劳保开支，改在营业外列支。自此，劳动保险失去了统筹调剂的功能，职工退休养老实质上由社会事务蜕变为职工所在单位的内部事务，成为"单位保险"，并进而导致单位间的负担畸轻畸重，不利于企业之间的公平竞争和社会经济的发展。

1978 年 10 月，"文化大革命"结束，我国进入新的历史发展时期。随着经济体制和劳动制度改革的全面展开，我国的社会保障制度也得到重建和恢复。1978 年国务院颁布了《关于安置老弱病残干部的暂行办法》《关于工人退休、退职的暂行办法》，恢复养老保险制度。随后通过的《关于老干部离职休养的暂行规定》《关于军队干部离职休养的暂行规定》相继确立了老干部和军队干部的离休制度。但是这一时期的一系列调整措施仍未从根本上改变传统养老保险制度的特点。从覆盖面上看，依然只是包括城镇劳动者；从经费来源上看，实行单方负责制，职工个人不需要缴纳养老保险费，国家机关、事业单位职工的退休养老经费完全来源于国家财政，企业单位职工的退休经费来源于企业生产收益并在企业营业外列支；从给付方式看，采取现收现付的模式，国家机关、事业单位职工的退休经费列入国家财政年度预算，企业职工的退休经费列入企业年度经营成本的开支项目；从制度运行的模式看，实行封闭运行模式，各个单位只承担本单位退休人员的养老金支出，缺乏互助共济性。这些都显示出这一时期的养老保险制度客观上仍然是计划经济时代退休养老制度的延续。

3. 城镇职工基本养老保险制度的改革

随着城镇国有企业改革的推进，原有的退休养老制度越来越不适应现实的需要，经济体制、劳动用工制度方面的变化促使养老保险制度变革迫在眉睫。在这一背景下，国务院于 1991 年颁布《关于企业职工养老保险制度改革的决定》，明确改革方向是“去单位化”，并在此基础上于 1995 年发布了《关于深化企业职工养老保险制度改革的通知》，将社会统筹与个人账户相结合确定为我国养老保险制度的新模式，但同时批准了两个方案①供各地、市自行选择。其结果是，政策的不一致导致全国涌现出上百个不同的方案，严重阻碍了养老保险制度走向统一，急需出台新的法规政策以规范和统一养老保险制度。②

为扭转这一局面，1997 年国务院颁布《关于建立统一的企业职工基本养老保险制度的决定》，提出全国统一的方案并要求各地贯彻落实，自此，各地的社会统筹与个人账户相结合的模式开始走向统一，我国养老保险制度开始走向新的发展时期。1998 年劳动和社会保障部成立，结束了多部门交叉管理社会保险事务的局面，促使社会保险事业的管理体制更加规范化；1999 年《社会保险费征缴暂行条例》的颁布更是标志着我国的养老保险体制开始走向法制化的轨道；2000 年 12 月，国务院批准《关于完善城镇社会保障体系的试点方案》，决定对社会统筹基金与个人账户基金进行分账管理，并做实个人账户，准备尝试与资本市场对接等。这一方案于 2001 年 7 月 1 日正式在辽宁省进行试点，随后扩大至其他省市。

在充分调查研究和总结东北三省完善城镇社会保障体系试点经验的基础上，国务院于 2005 年 12 月 3 日颁布《关于完善企业职工基本养老保险制度的决定》，规定从 2006 年 1 月 1 日起，职工缴纳基本养老费的比例由本人缴费工资的 11%调整为 8%，并全部计入个人账户，企业缴费部分不再划入个人账户。未参加过基本养老保险统筹，且已经没有生产经营能力、无力缴纳养老保险费的城镇集体企业，不再纳入养老保险统筹范围，已退休职工由民政部门按企业所在地城市居民最低生活保障标准按月发放生活费；同时还明确提出自由职业人员和城镇个体工商户应参加基本养老保险。

为解决我国养老保险制度的“双轨制”问题，2008 年国务院发布《事业单位工作人员养老保险制度改革试点方案》，在山西、上海、浙江、广东、重庆五省市开展试点工作，

---

① 两个方案虽然都强调社会统筹与个人账户相结合，但是由国家体改委提出的方案更强调建立个人账户，而由劳动部提出的方案则侧重于建立社会统筹。

② 任正臣．社会保险学．北京：社会科学文献出版社，2001：132.

与事业单位分类改革配套推进。2015 年 1 月，国务院发布《关于机关事业单位工作人员养老保险制度改革的决定》，明确了机关事业单位工作人员养老保险制度改革的总体目标、基本原则和政策举措；规定机关、事业单位建立与企业相同的基本养老保险制度，实行单位和个人缴费，改革基本养老金计发办法，并建立基本养老金正常调整机制，做好养老保险关系转移接续工作等。2017 年 1 月 18 日，人力资源和社会保障部办公厅印发《关于机关事业单位基本养老保险关系和职业年金转移接续经办规程（暂行）》，进一步对机关事业单位基本养老保险关系转移接续、待遇计发参数、待遇领取地等进行了详细规定。由此标志着养老金“双轨制”在制度上被终结，养老保险制度正式实现“并轨”。

截至 2016 年末，全国参加城镇职工基本养老保险的人数为 37 930 万。其中，参保职工 27 826 万人，参保离退休人员 10 103 万人。参加城镇职工基本养老保险的农民工人数为 5 940 万，比上年末增加 355 万①。2017 年末，城镇职工基本养老保险参保人数达到 40 199 万，比上一年增长 2 269 万②。

6.3.2 城乡居民基本养老保险制度

1. 农村社会养老保险制度

我国农村社会养老保险制度经历了从探索、建立到停顿，再到新型农村社会养老保险制度建立和发展的曲折过程。

（1）农村养老保险制度。

在新中国成立以后较长时期内，我国内地农村的养老保障突出体现在“五保”供养制度上，并发挥了重要的作用。“五保”即对“三无”人员（无法定抚养义务人，无劳动能力，无生活来源的老年人、残疾人和未成年人）实行“五保”（保吃、保穿、保住、保医、保葬，未成年人保教）。但是严格来说，“五保”供养制度实质上属于社会保障体系中较低层次的社会救助活动，覆盖面极为有限，并非真正意义上的社会养老保险。但是这一制度开创了我国农村社会养老的先河，对农村社会养老保险制度的产生和发展都有着重要的启示和借鉴意义。

20 世纪 80 年代初，我国少数农村地区开始尝试建立老年农民养老保险制度。1982 年，全国有 11 个省市 3 457 个生产队实行养老金制度，养老金由大队、生产队根据经济状况按比例分担，从队办企业利润和公益金中支付③。这是我国最早的较完全意义上的农村社会养老保险实践。为适应计划生育政策和家庭联产承包责任制的普遍推行，国家“七五”计划提出“建立中国农村社会保障制度雏形”的任务。据此，民政部于 20 世纪 80 年代中期开始要求并指导各地探索建立农村社会保障新制度，到 1989 年，全国已经有 19 个省、自治区和直辖市的 190 多个县（市、区）进行农村养老保险方面的探索，800 多个乡镇建立了乡（镇）本位或村本位的养老保障制度，并积累了一定的资金④。这一时期农村养老保险制度的主要特点是：养老金的筹集以集体经济提供资金为主，个人不承担缴费义

---

① 人社部．2016 年度人力资源和社会保障事业发展统计公报．人力资源和社会保障部网，2017-05-31.

② 人社部．2017 年人力资源和社会保障统计快报数据．人力资源和社会保障部网，2018-02-02.

③ 蒋月．社会保障法概论．北京：法律出版社，1999：227.

④ 侯海涛，李波．最新社会保险工作实务全书．北京：企业管理出版社，1997：1067.

务，经费直接受到集体经济经营效益的影响，难以形成稳定可靠的经费来源；养老保险以村、企业或乡镇为单位管理，缺乏监督和制约机制，积累资金的管理安全性差，流失严重，到了农民领养老金时可能难以兑现。民政部也因此认识到，建立农村社会养老保险制度要由县（市）以上政府颁布办法并组织实施，资金的筹集应符合以自我保障为主，辅之以集体、国家的必要支持，遵循个人、集体、国家三方合理负担的基本原则。

1990年国务院第一百一十一次会议做出了关于城镇社会保险主要由劳动部负责、农村社会保险由民政部负责的决定。次年，民政部开始在山东省组织较大规模的试点，并于1992年将《县级农村社会养老保险基本方案（试行）》印发全国。同年，民政部在江苏省张家港召开全国农村社会养老保险工作会议，提出"积极领导、稳步前进"的工作方针，自此，农村社会养老保险在全国逐步发展起来。1993年，国务院批准民政部成立农村社会保险司，1994年组建农村社会养老保险管理服务中心，加强了对农村养老保险制度的组织与管理。此后，民政部依照国务院部署以及《中华人民共和国国民经济和社会发展"九五"计划和2010年远景目标纲要》的要求，结合对试点经验的总结，有计划地扩大试点，进一步在有条件的地区建立农村社会养老保险制度。从1995年杭州会议开始，农村社会保险的工作重点从过去的发展为主逐步转移到管理与发展并重。到1997年，基本形成了中央部委、省、地、县、乡、村多级工作网络和上下贯通的管理体系，在农村大部分地区初步建立了农村社会养老保险制度①。

1998年3月，国务院机构改革方案决定将农村社会保险管理职能划入新成立的劳动和社会保障部，要求实行社会保险的统一管理，同时提出对农村社会养老保险进行整顿规范，但却没有对如何整顿规范予以明细化和操作化。自1996年以来，我国利率连续下调，养老保险账户的利率也相应下调，使得投保人实际收益明显低于按过去高利率计算出的养老金。全国大部分地区农村社会养老保险工作出现了参保人数下降、基金运行难度加大等困难，一些地区的农村社会养老保险工作甚至陷入停滞状态。1999年7月，国务院指出目前我国农村尚不具备普遍实行社会养老保险的条件，决定对已有的业务实行清理整顿，停止接受新业务，有条件的地区应逐步向商业保险过渡。

这一时期的农村养老保险制度经历了从繁荣到衰退的变迁，形成了具有鲜明时代特色的养老保险制度。其特点包括：以自我保障为基础，采取以个人缴费为主、以集体补助为辅、国家政策扶持的筹集资金方式，体现了"自助为主、互助为辅"的原则；建立个人账户，明确资金所有权，按账户中的积累额确定发放标准；制定不同的缴费标准，使制度更具灵活性，适应农民收入不稳定的特点；实行农村务农、务工和经商等各类人员社会养老的一体化，有利于农业劳动者在不同岗位之间的自由流动。

（2）新型农村社会养老保险制度。

党的十七届三中全会审议通过的《中共中央关于推进农村改革发展若干重大问题的决定》提出，按照个人缴费、集体补助、政府补贴相结合的要求，建立新型农村社会养老保险制度。2009年9月国务院印发《关于开展新型农村社会养老保险试点的指导意见》，正式启动新农保试点。首批试点覆盖面达11.8%，2010年扩大至23%左右，计划在2020年

---

① 王以才．谁来赡养中国老农．中外管理导报，1999（2）．

之前基本实现对农村适龄居民的全覆盖。根据规定，新农保试点采取“保基本、广覆盖、有弹性、可持续”的基本原则；基金由个人缴费（标准划分为每年 100 元、200 元、300 元、400 元、500 元 5 个档次）、集体补助、政府补贴构成；实行普惠与激励相结合，农民个人缴纳的养老保险费全部计入个人账户，政府给予补贴，年满 60 周岁的农村老年居民都可以领取由政府支付的基础养老金（每人每月 55 元）。新农保制度的建立，是中央继免除农业税、实行农村直补和新型农村合作医疗之后又一重大惠农政策，是我国建立覆盖城乡居民的社会保障体系的又一重大突破。2010 年颁布的《社会保险法》第 21 条再次明确：新型农村社会养老保险待遇由基础养老金和个人账户养老金组成；参加新型农村社会养老保险的农村居民，符合国家规定条件的，按月领取新型农村社会养老保险待遇。

2. 城镇居民社会养老保险制度

针对部分城镇居民因无法享受职工基本养老保险和农村养老保险而处于制度“盲区”，产生“老无所养”的状态，一些地方开展了建立城镇居民养老保险制度的试点探索。上海、北京、苏州、杭州、广州等经济发达城市，依靠地方财政力量，率先探索了城市居民养老保障办法，天津、重庆、成都、郑州等地也出台了城乡一体化的居民养老保险政策。这些举措对于保障这部分无职业、无收入、年龄较大的城镇弱势群体居民，实现基本养老保险在制度上的全覆盖具有重要意义。但是各地在实施办法、具体标准等方面存在不同，尚无统一框架。

2010 年颁布的《社会保险法》第 22 条规定，国家建立和完善城镇居民社会养老保险制度；省、自治区、直辖市人民政府根据实际情况，可以将城镇居民社会养老保险和新型农村社会养老保险合并实施。该法在确定我国养老保险制度模式的基础上，也为我国养老保险制度的未来发展指明了方向。

2011 年《国务院关于开展城镇居民社会养老保险试点的指导意见》发布，宣布自 7 月 1日起启动城镇居民社会养老保险试点，实施范围与新型农村社会养老保险试点基本一致，2012 年基本实现城镇居民养老保险制度全覆盖。根据规定，城镇居民养老保险的覆盖范围为年满 16 周岁（不含在校学生）、不符合职工基本养老保险参保条件的城镇非从业居民；遵循“保基本、广覆盖、有弹性、可持续”的基本原则；基金由个人缴费（标准设为每年 100 元、200 元、300 元、400 元、500 元、600 元、700 元、800 元、900 元、1 000 元 10 个档次）和政府补贴构成；建立个人账户，个人缴费、地方人民政府对参保人的缴费补贴及其他来源的缴费资助，全部计入个人账户；年满 60 周岁的居民，可按月领取养老金，养老金待遇由基础养老金（中央确定的标准为每人每月 55 元）和个人账户养老金构成，支付终身。该意见的颁布，标志着我国从制度层面实现了人人享有养老金和可以享有养老金的初步目标。

3. 城乡居民基本养老保险制度

新型农村社会养老保险制度和城镇居民社会养老保险制度的分割运行是我国长期以来城乡二元结构的重要体现。但是经济社会的发展、城乡统筹的深化，对建立城乡统一的社会养老保险制度提出了要求。从制度本身来看，新型农村社会养老保险和城镇居民社会养老保险的制度设计存在很大的相似之处，为两者的整合奠定了基础。从具体实践来看，在 2011 年城镇居民社会养老保险建立之时，就有一些省份将其与新型农村社会养老保险合二为一，作为一个制度来运行。

2014 年 2 月，国务院在总结新型农村社会养老保险制度和城镇居民社会养老保险制度实施经验的基础上，颁布《关于建立统一的城乡居民基本养老保险制度的意见》（简称《意见》），正式将两项制度合并实施，在全国范围内建立统一的城乡居民基本养老保险制度。明确"十二五"末期，在全国基本实现新型农村社会养老保险制度和城镇居民社会养老保险制度的合并实施，并与职工基本养老保险制度相衔接；2020 年前，全面建成公平、统一、规范的城乡居民基本养老保险制度，与社会救助、社会福利等其他社会保障政策相配套，充分发挥家庭养老等传统保障方式的积极作用，更好保障参保城乡居民的老年基本生活。

《意见》规定，城乡居民基本养老保险制度的参保范围为年满 16 周岁（不含在校学生），非国家机关和事业单位工作人员及不属于职工基本养老保险制度覆盖范围的城乡居民；基金由个人缴费（标准划分为每年 100 元、200 元、300 元、400 元、500 元、600 元、700 元、800 元、900 元、1 000 元、1 500 元、2 000 元 12 个档次）、集体补助、政府补贴构成；建立个人账户，个人缴费、地方人民政府对参保人的缴费补贴、集体补助及其他社会经济组织、公益慈善组织、个人对参保人的缴费资助，全部计入个人账户；养老保险待遇由基础养老金和个人账户养老金构成，支付终身；参保人年满 60 周岁、累计缴费满 15 年，且未领取国家规定的基本养老保障待遇的，可以按月领取城乡居民养老保险待遇。

截至 2017 年末，城乡居民基本养老保险参保人数为 51 255 万，其中，领取待遇人数为 15 598 万，月人均待遇 125 元，城乡居民基本养老保险制度已成为我国社会保障体系的重要组成部分①。但是城乡居民基本养老保险制度建立时间不长，还存在着保障水平较低、待遇确定和正常调整机制尚未健全、缴费激励约束机制不强等问题，对此，2018 年 3 月 26 日，人力资源和社会保障部、财政部制定并下发《关于建立城乡居民基本养老保险待遇确定和基础养老金正常调整机制的指导意见》，明确了主要任务：完善待遇确定机制，建立基础养老金正常调整、个人缴费档次标准调整、缴费补贴调整三项机制，实现个人账户基金保值、增值。该意见对于进一步完善城乡居民基本养老保险制度具有重大意义，标志着城乡居民基本养老保险跨入全面发展的新时代②。

6.3.3　基本养老保险制度的未来展望

我国目前已基本实现了社会养老保险制度的全覆盖，但仍然存在统筹层次较低、制度不健全、地区差异大、人群差异较大、基金支付压力大、难以有效应对人口老龄化风险等问题。根据《人力资源和社会保障事业发展"十三五"规划纲要》和党的十九大报告等，我国养老保险制度将呈现出以下发展趋势：

（1）实现养老保险全国统筹。

养老保险全国统筹是解决养老保险制度发展不均衡、提升基金支付能力的重要途

---

① 人社部. 关于建立城乡居民基本养老保险待遇确定和基础养老金正常调整机制的指导意见. 人力资源和社会保障部网，2018-03-09.

② 金维刚. 城乡居民养老保险跨入新时代. 人力资源和社会保障部网，2018-04-02.

径。中央文件一直强调要实行基础养老金全国统筹。党的十九大报告进一步提出，完善城镇职工基本养老保险和城乡居民基本养老保险制度，尽快实现养老保险全国统筹。为此，应研究制定职工养老保险基础养老金全国统筹经办规程、经办机构建设和经费保障制度①；探索在国务院层面建立执行机构，协调部委之间的关系，促进养老保险全国统筹的实现。

（2）渐进式提高退休年龄。

延迟退休年龄可以有效延长缴费时间，延缓养老金领取时间和基金支付压力。我国已明确提出要提高退休年龄，但仍未形成具体方案。因此在未来最为迫切的任务即是出台渐进式延迟退休方案，让大家以可接受的形式、循序渐进地逐渐提高退休年龄。

（3）完善城镇职工基本养老保险制度和城乡居民基本养老保险制度设计。

一方面，完善职工养老保险个人账户制度，规范职工和城乡居民基本养老保险缴费政策，健全参保缴费激励约束机制，提高收支透明度；出台病残津贴、遗属抚恤政策。另一方面，健全城乡居民基本养老保险制度，完善并落实多缴多补、长缴多得、助残扶贫等政策，适时提高最低缴费档次，推进基金省级管理和投资运营，提升基层经办服务能力。此外，逐步建立覆盖全体参保人员的基本养老保险待遇合理调整机制，适当提高退休人员基本养老金和城乡居民基础养老金标准。

（4）推动构建多层次养老保险体系。

通过充分发挥市场、家庭和个人的作用，弥补政府力量的不足，建立和完善基本养老保险、企业补充养老保险和个人储蓄养老保险相结合的制度框架。在扩大城镇职工基本养老保险参保范围的基础上，着力落实机关事业单位职业年金制度，扩大企业年金覆盖面，鼓励发展商业养老保险，推出个人税收递延型养老保险，实现商业保险与社会保险、补充保险相衔接。针对探索制定适合城乡居民需要的商业养老保险，鼓励具有经济能力的城乡居民购买商业养老保险。

（5）加强养老保险基金运营管理和监督。

我国应对养老保险基金采取既谨慎又积极、既封闭又开放的管理政策。我国已出台《基本养老保险基金投资管理办法》，并开始进行投资运营。为了保证基金的安全性，同时增强保值、增值的能力，一方面要加快培育和完善金融市场，拓宽基金投资的渠道，优化投资组合，培育投资工具；另一方面应强化基本养老保险基金监管制度，努力探索出一条既能保障养老保险基金安全性，又能大幅提高基金收益性的基金管理运营之路。

6.3.4 补充养老保险制度

中国内地的补充养老保险制度产生的时间并不长，但其在中国养老保险体系中发挥着越来越重要的作用，是基本养老保险制度的重要补充，也是建立多层次养老保险体系的需要。补充养老保险制度目前主要有两种形式：一是适用于企业和参加企业职工基本养老保险的其他用人单位的企业年金；二是适用于机关事业单位的职业年金。

① 人社部. 人力资源和社会保障事业发展“十三五”规划纲要. 人力资源社会保障部网，2016-07-06.

1. 企业年金

企业补充养老保险制度在我国尚属新生事物，1991 年国务院颁布《关于企业职工养老保险制度改革的决定》，首次提出“国家提倡、鼓励企业实行补充养老保险”，并在 2000 年国务院下发的《关于完善城镇社会保障体系的试点方案》中，正式将企业补充养老保险更名为企业年金。2003 年 12 月，劳动和社会保障部第七次部务会议通过《企业年金试行办法》(2004 年 5 月 1 日起正式施行)，对企业建立企业年金的基本条件、决策程序、资金来源、管理办法、待遇给付、企业年金基金管理机构、投资运营等提出了指导性意见。《企业年金试行办法》的出台奠定了我国当前企业年金制度的基本框架，标志着我国开始全面推行企业年金制度。2004 年又发布了《企业年金基金管理试行办法》、《企业年金基金管理机构资格认定暂行办法》与《关于印发〈企业年金基金管理运作流程〉、〈企业年金基金账户管理信息系统规范〉和〈企业年金基金管理机构资格认定专家评审规则〉的通知》等。一系列法律法规的出台，促使企业年金的管理和运行逐渐走向规范化。

2011 年 2 月 12 日，新修订的《企业年金基金监督管理办法》颁布（2011 年 5 月 1 日起正式实施)，《企业年金基金管理试行办法》(2004 年）同时废止。新办法在管理机构选择、企业年金投资、收益费用、计划管理、信息披露、监督管理等方面都进行了修改，尤其是在投资比例方面，增加了对固定收益类投资、流动性投资以及权益类投资比例的灵活性调整，对于企业年金基金市场的发展和壮大将发挥重要推动作用。截至 2016 年末，全国有 7.63 万户企业建立了企业年金，比上年增长 1.1%；参加职工人数为 2 325 万，比上年增长 0.4%；企业年金基金累计结存 11 075 亿元①。

但就目前来看，企业年金的发展也存在一些问题。首先是地区间和行业间的发展极不平衡。从地区来看，经济较发达地区的企业年金发展较快。2016 年企业年金资产最高的是上海市，达 581 亿元；过百亿的省份除北京市、山西省及安徽省以外，其余均为沿海省份。从行业来看，参加企业年金的行业多集中在能源、电力、金融等垄断型、资源型或赢利较好的领域。其次是企业年金参保总体比例较低，扩面困难。2016 年参保职工仅占到城镇就业人员的 5.6%；企业年金参加企业数和职工数分别同比增长 1.06%和 0.39%，增幅均处于近十年来最低值，企业年金扩面几近停滞②。

为贯彻落实党中央、国务院关于建立多层次社会保障体系、大力发展企业年金的要求，2017 年 12 月 18 日，人力资源和社会保障部、财政部联合印发《企业年金办法》(2018 年 2 月 1 日起施行)。与 2004 年《企业年金试行办法》相比，《企业年金办法》弱化了企业年金的自愿性质，鼓励引导符合条件的企业建立企业年金；下调了筹资规模上限，规定企业缴费不超过年度工资总额的 8%，企业和职工缴费之和不超过年度工资总额的 12%；对企业缴费分配差距做出了限制，规定企业当期缴费分配至职工个人账户的最高额，不得超过平均额的 5 倍；增加了企业年金方案的变更、终止，以及中止和恢复缴费的内容；明确了职工企业年金个人账户中企业缴费及其投资收益的归属规则；适当放宽待遇领取条件，并完善了待遇领取方式，规定职工达到领取条件后，可以按月、分次或者一次

① 人社部. 2016 年度人力资源和社会保障事业发展统计公报. 人力资源和社会保障部网，2017-05-31.

② 企业年金办法修订完成　缴费比例将下降收益率望上涨. 21 世纪经济报道，2017-11-10.

性领取企业年金，也可以购买商业养老保险产品，职工或者退休人员死亡后，其企业年金个人账户余额可以继承；扩大了适用范围，不仅适用于城镇各类企业，参加企业职工基本养老保险的其他用人单位及其职工建立补充养老保险，也参照《企业年金办法》执行。

2. 职业年金

2015 年 1 月，国务院发布的《国务院关于机关事业单位工作人员养老保险制度改革的决定》，除规定机关、事业单位建立与企业相同的基本养老保险制度外，还指出机关事业单位在参加基本养老保险的基础上，应当为其工作人员建立职业年金。同年 3 月，国务院办公厅发布《国务院办公厅关于印发机关事业单位职业年金办法的通知》（简称《通知》），就职业年金的目的、基金筹集和管理、待遇发放等内容进行了明确规定。职业年金是指机关事业单位及其工作人员在参加机关事业单位基本养老保险的基础上建立的补充养老保险制度。目的是建立多层次养老保险体系，保障机关事业单位工作人员退休后的生活水平，促进人力资源合理流动。《通知》规定，职业年金所需费用由单位和工作人员个人共同承担，单位缴纳职业年金费用的比例为本单位工资总额的 8%，个人缴费比例为本人缴费工资的 4%；职业年金基金采用个人账户方式管理，单位缴费按照个人缴费基数的 8%计入本人职业年金个人账户，个人缴费直接计入本人职业年金个人账户；工作人员变动工作单位时，职业年金个人账户可以随同转移；工作人员在达到国家规定的退休条件并依法办理退休手续后，由本人选择按月领取职业年金待遇的方式；出国（境）定居人员的职业年金个人账户资金，可根据本人要求一次性支付给本人；工作人员在职期间死亡的，其职业年金个人账户余额可以继承。

为做好机关事业单位养老保险参保人员职业年金转移接续工作，切实维护流动就业人员的养老保险权益，2017 年 1 月 18 日，人力资源和社会保障部印发《关于机关事业单位基本养老保险关系和职业年金转移接续经办规程（暂行）》，对机关事业单位参保人员基本养老保险关系转移接续后的职业年金补记，职业年金转移接续，职业年金、企业年金个人账户管理和待遇计发做出了详细规定。

6.3.5 补充养老保险制度的未来展望

我国补充养老保险发展时间较短，在制度设计、管理规范、与基本养老保险的协调等各方面都存在很多问题。我国已明确补充养老保险在多层次养老保险体系建设中的定位，今后应主要从以下几个方面推进制度的改革和完善：

第一，完善制度设计，扩大补充养老保险覆盖面。一方面，明确并加强企业参加企业年金的税收优惠，提升激励性；降低企业年金计划的门槛，简化参保程序，调动中小企业参保的积极性；缩短企业年金费用归属期，提升参保职工的获得感和积极性。

第二，寻找基本养老保险与补充养老保险制度发展中的平衡点，为补充养老保险发展提供空间。作为养老保险体系中的第一层次和第二层次，两者间的发展存在着一定的此消彼长关系。在基础养老金实现全国统筹、基金支付压力得以缓解的基础上，可以适当降低基本养老保险缴费率，扩展补充养老保险的发展空间；同时通过宣传降低职工对基本养老保险替代率的预期，提高职工对补充养老保险的认识和参保积极性。

第三，强化政府对补充养老保险的监管，完善监管机制，提高监管水平。建立专门的企业年金监管机构，针对企业年金的特点制定市场运作规则，担负起对企业年金经办机构的准入和监督职责；逐步建立完善的企业年金监管信息技术系统，实现基金缴纳、投资管理、账户清算、收益分配和年金给付信息运行畅通，实现信息资源共享；逐步构建覆盖全国的企业年金监管网络，保障现场检查和非现场监督的及时性、经常性和有效性。

第四，分区域、分层次逐步推进企业年金发展。尊重地区差异和行业差别，遵循由东部发达地区向西部落后地区，由行业—大企业—小企业的逻辑顺序层层推进，以发达地区的成功经验带动落后地区，有计划、有步骤地推动企业年金的覆盖进程。

6.4 中国港澳台地区的养老保险制度

中国港澳台地区的养老保险制度各具特色，为我国内地养老保险制度的改革与发展提供了宝贵的经验。

6.4.1 香港特别行政区的养老保险制度

香港社会保障制度的发展较为特殊，以社会保险为核心的社会保障制度安排在香港发展非常有限，而社会救助制度则发挥着极为重要的作用。20 世纪 60 年代中期以后，香港开始逐步建立起向低收入者和弱势群体提供援助的社会福利计划。

在 2000 年以前，香港一直缺乏统一的养老保险制度，除政府公务员及少数大公司的雇员退休后可获得退休金外，其余大部分老人在退休后都面临着经济问题。鉴于日益严重的老年人口保障问题，香港在 1995 年决定全面建立强制性公积金制度。1998 年香港特区政府成立强制性公积金计划管理局（MPFA），负责有关的监管工作；1999 年正式通过《强制性公积金计划条例》；2000 年 12 月 1 日起强制性公积金计划正式在全港实施。这项通过税收等途径提供所需资金的社会保障制度设置了 6 项主要内容：综合社会保障援助计划、自力更生支援计划、公共福利金计划、暴力及执法伤亡赔偿计划、交通意外伤亡援助计划和紧急救济服务。强制性公积金计划由政府依法严格监管，由雇主委托民间机构经办，主要形式包括雇主经办计划、综合信托计划和行业计划[①]。2011 年 5 月 4 日通过的《2011 年强制性公积金计划（修订）条例》，修订条文以保障破产的强制性公积金成员于注册计划内的累算权益。2016 年 5 月 26 日通过的《2016 年强制性公积金计划（修订）条例》，修订了与预设投资策略有关的条文。强制性公积金计划属于自我保障性的基金储存制，不具有收入再分配的功能，但仍是在构建统一的养老保险制度方面取得的突破性进展：试图通过政府干预有限度地强化收入再分配机制、保障劳工阶层权益，从而结束了香港缺少社会养老制度而主要依赖职业福安排退休雇员老年生活的历史[②]。

---

① 张国超. 香港社会保障制度的建构和启示.（2008-11-24）. http://ll.peoplexz.com/7340/7387/20081124102817.htm.

② http://www.fss.gov.mo/zh-hans.

1. 覆盖范围

凡年龄在 18 岁至 65 岁的在职人员以及 65 岁以下的所有自雇人员都必须参加，在职人员是指受雇于同一雇主满 60 日或以上的全职或兼职人员。受雇于流动性高的行业的临时雇员，不论受雇多久都必须参加。同时规定了除外人员情况。

2. 资金来源

雇主和雇员各缴纳雇员月收入的 5%。这里所说的收入包括基本月薪、超时福利、假期津贴、合约酬金、佣金及奖金等，但不包括房屋津贴或房屋利益、遣散费或长期服务金。个体工商户和自由职业者则只需缴纳本人收入的 5%，但可选择按月或按年支付。强制性供款额设有缴费基数上下限。缴费时间有不同的规定，雇员参加工作一个月以后才开始缴费，而雇主则从雇员参加工作之日起缴费。

3. 享受资格

雇员个人账户积累的养老保险金必须等到雇员到达 65 岁法定退休年龄时，才可以一次性全数提取。但有以下情况时可以提前领取：（1）年满 60 岁且宣誓永久性地停止工作；（2）因移民而永久性地离开香港；（3）受雇人死亡、残疾或完全丧失行为能力；（4）小额结余（个人账户内资金余额不超过港币 5 000 元）。

4. 基金运营

强制性公积金基金实行市场化管理和运营，由符合资质条件、经市场竞争和政府核准的私营信托机构作为受托人进行征集和管理，由专业保管人托管基金，委托专业投资人管理投资运营，以使基金增值。

5. 管理体制

香港特区政府于 1998 年 9 月成立了专门的监管机构——强制性公积金计划管理局，以确保公积金法令的畅通和提供一个保护成员权益的综合性安全网。其主要任务是：制定具体实施办法和规则，确保《强制性公积金计划条例》得以贯彻落实，为强制性公积金计划注册，审批受托人并监督其活动，确保受托人审慎地管理所负责的注册计划，审批强制性公积金投资基金，发证给推销强制性公积金计划的经纪及中介人，监督强制性公积金计划是否符合有关条例的要求等。

香港强制性公积金制度的特点在于：（1）涵盖范围广泛且具有强制性；（2）账户由独立受托人管理，但账户投资完全由个人自主决定；（3）公积金本身的营运由私人机构安排负责，政府只负责监管而不直接参与营运，也不提供任何形式的担保。这使得该制度成为一个既公平又有效率的制度。需要指出的是，在实施强制性公积金制度的同时，香港政府还辅以市民的个人储蓄及保险安排和政府为有需要人士提供基本保障的综援计划①。

6.4.2 澳门特别行政区的养老保险制度

目前，澳门特别行政区并未把养老保险制度作为一个独立的险种来建立。澳门的社会保障主要包括社会保险、公务员保障及社会福利和服务三个部分，养老金制度在前两项制度中都有相应的规定。

---

① 许飞琼．香港强积金制度涵盖范围广适用于所有就业人士．法制日报，2010-11-30.

社会保险主要由社会保障基金和劳工强制保险制度构成。其资金来源于政府、雇主和雇员的供款，主要给付养老金、残疾津贴、社会救济金、失业津贴、疾病津贴、丧葬津贴等。其中养老金的领取条件和标准是：凡年龄超过 65 岁或有健康状况衰退的医生报告的 60 岁以上的人员，持澳门合法身份证明文件最少 7 年，且已向社会保障基金（部门名称）供款最少 60 个月的人，均可向社会保障基金办事处或所属居所的社会工作局分区办事处申请，如获批准，则由申请后的第二个月开始领取每月 800 澳门元的养老金。

澳门涉及养老部分的社会保障体系主要包括三部分：养老金、社会救济金、敬老金①。

（1）养老金：1989 年建立了“供款式”社会保障体系，主要保障就业人口。根据 2010 年第 4 号法律《社会保障制度》（2011 年 1 月 1 日生效），这是双层式社会保障制度的第一层。制度以社会保险原则运作，财政收入主要来自登录于该制度的受益人（雇员、雇主、任意性制度供款人士）的定额供款、政府总预算经常性收入的 1%拨款及博彩拨款。通过向合资格受益人发放养老金、残疾金、失业津贴、丧葬津贴、结婚津贴、出生津贴、呼吸系统职业病赔偿等给付，为居民提供基本的社会保障，尤其是养老保障，以改善居民的生活水平。

社会保障供款制度分为强制性制度及任意性制度，具有雇佣关系的本地雇员及雇主须向社会保障基金缴纳强制性制度供款，而符合法律规定的其他澳门居民可通过登录进行任意性制度供款。后者适用人士包括：与雇主为配偶关系或具事实婚姻关系或同膳宿且属第二亲等内亲属的雇员，根据学徒培训合同或融入就业市场的职业培训制度建立关系的雇员，已在退休及抚恤制度登记的在职公共行政工作人员，其他成年的澳门特别行政区居民。过去通过第 58/93/M 号法令实施的社会保障制度，规定为他人工作之雇员（本地雇员、非本地雇员、散工）及自雇劳工供款均属强制性供款，而自愿供款属自愿参与性质，主要是为澳门雇员提供基本的保障。新的社会保障制度使过去未能加入社保制度的人士能被纳入受保障范围，并于 2011 年通过补扣供款的过渡性措施，使部分合资格受益人可即时领取养老金。至此，社会保障覆盖面涵盖至全澳市民，让澳门特别行政区居民得到基本的退休保障。

第二层非强制性中央公积金制度目的是加强澳门本地居民的社会养老保障，以及弥补现行的社会保障制度中的不足，相关的第 7/2017 号《非强制性中央公积金制度》法律已于 2017 年 5 月 31 日获立法会全体大会细则性通过，并于 2018 年 1 月 1 日起正式生效。

（2）社会救济金：年满 65 周岁未符合领取养老金或残疾金条件的老年人及残疾人，以及没有从事任何有报酬活动且缺乏维持生计方法以满足其基本生活者，每月可获发 1 150 澳门元。

（3）敬老金：澳门社会工作局向 65 岁以上澳门永久性居民每年发放一次性津贴。

以公务员养老保险为例：澳门公务员的养老保险由公务员保障政策进行规定。主要包括公务员津贴、抚恤制度和退休保障，其中退休保障是最重要的组成部分。澳门公务员退休制度的主要内容包括以下几部分②：

---

① http://www.fss.gov.mo/zh-hans/.

② 邓大松．社会保险．北京：中国劳动社会保障出版社，2002：277.

1. 覆盖范围

一是各机关的领导和主管人员；二是各类技术人员，包括高级技术人员、专业技术人员以及一般技术人员；三是教学人员；四是行政人员；五是杂务人员；六是保安人员。

2. 资金来源

来源于公务员的月薪和年资奖励。公务员和行政当局共同供款，文职人员按月薪的9%扣除，行政当局按该职员月薪的18%缴纳，对于军事化人员，个人缴纳月薪和年资奖励的10%，行政当局缴纳20%。凡供款已满36年的则无须再缴。

3. 享受资格

达到退休年龄并退出劳动领域的按时缴纳费用的公务员都可享有特定的养老金。退休的种类可分为自愿性和强制性两种。凡加入退休制度后工作满30年的可申请自愿退休。强制退休包括：(1) 到达退休年龄限制60岁或65岁，年满60岁者可申请延长至65岁；(2) 加入退休制度后工作至少15年且被卫生当局宣布为长期绝对无能力担任公职；(3) 因工伤或职业病以及见义勇为或为社会效忠而造成长期绝对无能力担任公职；(4) 加入退休制度后至少工作15年且被处分强制退休。

4. 待遇水平

对加入退休制度后工作满36年的和因工伤或职业病以及见义勇为导致长期无工作能力而退休的公务员，退休金以退休时的基本薪酬为基础值来计算；其他公务员退休金的计算则以退休前36个月薪酬的平均数的90%为基础值。退休者去世以后，其生存的配偶和胎儿、符合领取家庭津贴的其他继承人、长期完全无工作能力的子女以及与死者结婚一年以上且经司法裁定有权收取赡养费的离婚或分居分财产的原配偶，可以申请抚恤金，金额相当于退休金的50%。

5. 管理体制

澳门退休基金会负责公务员退休金的管理。公务员只有符合法定退休年龄的条件，才可以在退休基金会注册。

6.4.3 台湾地区的养老保险制度

台湾地区尚未实行独立统一的社会养老保险制度，其养老保险主要涉及劳工保险、公教人员保险、军人保险、“国民年金”制度等方面，尚未制定专门的养老保险法律，公教人员的退休待遇按照多个“法规”“条例”的规定执行，劳工保险在综合性的“劳工保险条例”中有明确规定。就退休保险的给付水平而言，不同的社会群体存在较大的差距。军人和公教人员享有较好的保险待遇，而劳工群体的给付水平较低①。

1. 劳工养老保险

劳工保险是台湾社会保险中举办最早的制度。早在1950年3月，台湾地区便开办了劳工保险项目。1958年7月，台湾地区制定并颁布了“劳工保险条例”，随后，“劳工保险条例”顺应台湾社会情势的变化，前后历经14次修订。目前，“劳工保险条例”总计79条，对劳工保险项目的主要内容进行了较为全面的规范。按照现行的“劳工保险条例”，

① 郑秉文，史寒冰．东亚国家或地区养老社会保障模式比较．世界经济与政治，2001 (8).

在台湾地区，凡年满 15 岁以上、60 岁以下的劳工，均应参加劳工保险。

（1）资金来源：费率按被保险人当月月投保工资的 7%计算，目前，劳工保险的保险费率为 7.5%，由雇主和雇员共同担负，不同部门的雇员和雇主负担比例不同。

（2）享受资格："劳动基准法"规定的劳工退休条件为工作 15 年以上，年满 55 岁者；或工作满 25 年以上者。

（3）待遇水平：劳工退休后，一次性发放退休金。企业若无法负担，报主管机关核定后可分期给付。

（4）基金运营：在对退休基金所进行的投资运营上，最低收益不低于当地银行 2 年定期利率计算的收益。同时其所运用的金额不得超过本基金净额的 30%。退休基金可投资的领域包括：以贷款方式供公营事业办理有偿性的经济建设或投资，购买上市、上柜公司的现金增资股票，认购初次上市、上柜公司的承销股票，购买公债、金融债券和公司债①。

（5）管理体制：劳工退休准备金由劳工和雇主共同组成的委员会进行监督，其中劳工人数不少于 1/3。

2. 公务人员养老保险②

1958 年 1 月，台湾地区制定了"公务人员保险法"。该法的调整对象"公务人员"，不仅包括各类公务员，而且还包括公立学校的教职人员。公务人员养老保险主要包括养老和死亡保险两种，均采用现金给付的方式。

（1）资金来源：按公务员基本工资加 1 倍的 8%～20%的费率计算。行政当局缴纳 65%，公务员自己负担 35%，缴付 35 年后不再缴纳。

（2）享受资格：任职 5 年以上、年满 60 岁者或任职超过 20 年者，可自愿办理退休；公务人员任职超过 5 年以上、年满 60 岁或因身体因素不能胜任工作者，则强制退休。

（3）给付方式：任职 5 年以上满 10 年者，一次性领取退休金。任职 15 年以上者，有 5 种领取方式：一次性领取；领取月退休金；一半为一次性领取，一半按月领取；1/3 为一次性领取，2/3 按月领取；1/4 为一次性领取，3/4 按月领取。

（4）待遇水平：被保险人缴保险费 5 年以上，可一次获得不同数额的老年保险金，缴费年限越长，领取数额越高。缴费超过 20 年者，给付 36 个月的保险金。

3. 教职人员的养老保险③

1999 年 5 月"公务人员保险法"第 3 次修正时，才将原先单独设置的私立学校教职人员社会保险一并纳入，进而形成了统一的公教人员保险。"公务人员保险法"亦更名为"公教人员保险法"。

（1）资金来源："国立"学校教职员退休金由"国库"支付，省立或直辖市立学校由省市行政当局支付，县市乡镇学校教职员退休金由县市行政当局支付。

---

① 林姗姗．台湾企业的退休金制度．海峡科技与产业，2004（2）．

② 郑秉文，方定友，史寒冰．当代东亚国家、地区社会保障制度．北京：法律出版社，2002：390．

③ 同②392．

（2）享受资格：任职5年以上、年满60岁者或任职25年以上者可退休。

（3）给付方式：任职5年以上未满15年者，给予一次性退休金；任职满15年以上者，有5种领取方式①。

（4）待遇水平：一次性退休金以退休人员最后在职的月薪额及本人实物代金为基数，任职满5年者，可获得9个基数，每工作半年增加1个基数，满15年后，再一次性加发2个基数。最高总数以61个基数为限。

4. 军人保险②

台湾地区军人保险的对象包括现役的军官、士官、士兵。军人保险的保险基数金额，依被保险人月支薪俸为准，按月缴付，由被保险人自付35%，政府补助65%，但义务役士官、士兵之保险费，全由政府负担。军人保险给付项目中的退伍给付主要用于退伍军人的养老所需，其给付标准为：（1）保险满5年者，给付5个基数；（2）保险超过5年者，自第6年起至第10年，每超过1年，增给1个基数；（3）保险超过10年者，自第11年起至第15年，每超过1年，增给2个基数；（4）保险超过15年者，自第16年起，每超过1年，增给3个基数；（5）保险满20年者，每超过1年增给1个基数，以45个基数为限。

除了基本的退休金之外，台湾行政当局还通过“老人福利法”向中低收入家庭中的65岁以上老年人提供生活补贴、特别照顾津贴等经济保障。20世纪90年代以来，台湾当局酝酿的养老保险制度改革，其最终目标是建立以“国民年金”为基础的、包括个人储蓄金账户制度和商业年金保险在内的三个层次的养老社会保险体系③。

5. “国民年金”制度④

台湾地区立法机构于2007年7月通过“国民年金法”，并于2008年10月1日正式实施。根据“国民年金法”的规定，凡年满25岁、未满65岁，在台湾地区具有户籍，未参加劳工、公教人员、军人等社会保险者均应加入国民年金。目前，国民年金以新台币1 123元为月投保金额，政府提供补助40%，民众自身负担60%。为保障弱势民众的利益，“国民年金法”还规定对中低收入户与身心障碍者，政府将分别情形提高保费的补助比例，而对低收入户和重度以上的身心障碍者，则由政府对保费予以全额补助。

6.5 国外的养老保险制度

6.5.1 德国的养老保险制度安排

德国是世界上第一个建立真正现代意义的养老保险制度的国家。德国法定养老保险制度最初只适用于工人，1911年后扩展到职员和遗属。1992年1月1日起，德国开始实行统一的养老金法。养老保险现已成为德国最重要的社会保险制度，主要针对年老、丧失或

---

① 刘文．台湾地区养老保险制度述评．人口与社会，2012（1）：76-79.

② 情况同上述公务人员养老保险的方式。

③ 郑秉文，史寒冰．东亚国家或地区养老社会保障模式比较．世界经济与政治，2001（8）.

④ 同①.

部分丧失就业能力、遗属三种情形，分别提供年老养老金、就业能力降低养老金、投保人死亡后的遗属养老金。

1. 覆盖范围

德国法定养老保险覆盖了大约 90%以上的人口，主要是薪金劳动者和独立劳动者。脑力劳动者和独立劳动者的收入在全国平均水平 1.8 倍以下者，强制其参保；高于该标准的可自愿参加。体力劳动者必须参保；政府工作人员（警察、教师等，不包括政府机关的普通雇员）不参保，退休时由国家发放养老金，且支付水平高于一般养老金领取者；不工作的家庭妇女、侨居海外的本国公民及长期侨居德国的外侨均可自愿参加保险①。

2. 资金来源

德国法定养老保险的资金主要来源于缴费。全国实行统一费率，只有采矿业有所不同。缴费以投保雇员的毛工资为计量基数，由雇员和雇主各付一半。缴费有一个“缴费计算界线”，工资总额超过界线以上的部分无须缴纳保险费。企业和员工缴纳的养老保险费，占法定养老保险资金的 75%～80%；另一个则是国家财政补贴，占法定养老保险资金的 20%～25%。

作为第二支柱的企业养老保险，2016 年 11 月德国联邦劳动与社会事务部部长安德丽亚·纳勒斯（Andrea Nahles）提出新的改革提案，允许企业为员工投保不保证收益的缴费确定型养老保险计划。但这些新引入的缴费确定型产品的保险资金必须由企业和工会共同运营管理，且只适用于加入劳资协议的员工。第三支柱的私人养老保险则是由个人自愿参加、自愿选择经办机构（商业机构），保险费全部由个人支付②。

3. 待遇水平

不同类别养老金的领取条件不同，基本条件包括年满 65 岁，累计缴费 35 年。投保时间 35 年以上的残疾人可于 60 岁领取全额养老金，其他人员提前领取养老金都要打折。养老金的标准由参保人的报酬积分和养老金现值共同决定，其中养老金现值全国统一，一年一定；报酬积分取决于个人缴费期内历年工资收入与全国平均工资比值之和。个人缴费水平越高，缴费期限越长，预期获得的养老金就越多。养老金水平每年调整，调整幅度取决于毛工资增长率、净工资增长率和净养老金水平③。

4. 管理体制

德国的州养老保险局管理工人的养老保险，联邦职员养老保险局管理职员的养老保险，采矿、海运和铁路行业各有自己的养老保险机构。虽然机构不同，但养老保险的待遇规定统一适用于所有人员。德国的养老保险机构独立于政府，具有独特的法律地位并享有资金管理权，其预算也与国家预算相脱离。国家只对养老保险机构是否遵守法律进行监督。各养老保险机构依据自我管理原则，设立由投保人和雇主各推举半数代表组成的委员会进行自我管理。

---

① 郑功成. 社会保障学. 北京：中央广播电视大学出版社，2004：185.

② 郑培军. 德国养老保险制度介绍及对我国的启示. 清华金融评论，2017（S1).

③ 鲁全. 德国劳资自治的社会养老保险. 中国劳动保障报，2010-10-25.

遗属养老金是德国养老金制度的一个特色。德国相关法律规定：1986 年以后的退休者，除可以得到自己的养老金之外，还可以得到已去世配偶 60％的养老金作为遗属养老金。但只有在本人的工作净收入或养老金收入不超过一定界线时，才可以全额领取，否则就要相应扣减。如退休者再婚，就不能再领取遗属养老金。

根据德国养老保险法，养老保险机构除了发放养老金外，还要积极地采取预防措施，以避免雇员因丧失劳动能力过早地退出职业生活而只依靠养老金度日。与此相关的待遇被称作“职业康复”，主要包括医疗、职业进修或转业培训以及职业康复期间的生活费发放等。

6.5.2 美国的养老保险制度安排

1935 年，罗斯福总统签署了《社会保障法》，美国成为西方主要工业化国家中最后一个实施社会养老保险立法的国家，这与美国社会一直存在的个人对自己命运负责的固有信念是一致的。

《社会保障法》规定，除政府雇员、农场工人、临时工、商船海员、教育、宗教与慈善机关雇员外，其他收入在 6 000 美元以下的所有雇员都必须参加全国性的养老保险制度；凡在就业后缴纳社会保险税且年满 65 岁的公民，都可领取老年退休金①。该法中的基本养老金具有强制缴费性、与参保人收入相关联等特征，领取养老金不必进行生活状况调查。老年退休基金的来源以税收形式由雇主和雇员共同承担。养老保险基金的运营遵守市场规则；缴费较多的人，退休之后也获得较多的养老金，对收入再分配的影响不大。之后又通过一系列的立法，扩大养老保险的受益范围，并对退休年龄、养老保险基金调整指数等做出了调整。

第二次世界大战以后到 20 世纪 60 年代末 70 年代初，美国社会保障制度改革取得重大进展，建立了三个层次的养老保障体系，沿用至今，并得到不断的发展与完善。

1. 第一层次

这是国家强制实施的社会养老保险制度，覆盖了美国 96％的职工，由联邦政府负责。但此部分的养老金替代率全国平均水平在 40％～50％，而据美国的相关经济学家的研究，养老金的替代率应该在退休前的 80％左右才能在保证退休后生活的舒适感以及安全感。获得法定养老保险金的条件为：一般情况下，年龄在 62 岁以上，缴纳社会保障税至少 10 年以上的职工。领取数额根据所获得的资格分数量。全额领取需要 40 个资格分，不足 40 个资格分时，领取的保险金按比例减少。

2. 第二层次

雇主养老金计划，是雇主为雇员提供的退休计划，其费用主要由雇主承担，联邦政府向雇主提供税收优惠政策。该计划包括公共部门养老金计划（覆盖铁路部门的职工退休制度、联邦政府的雇员退休计划和退伍军人的养老金计划）及私人的养老金计划。1978 年美国税收通则的第 401 条 K 款授权企业可采用新型的限制性储蓄计划向雇员提供退休福利，并给予一定的税收优惠。此退休金计划被称为“401K 计划”。其主要内容包括：

① 叶响裙. 中国社会养老保障：困境与抉择. 北京：社会科学文献出版社，2004：61.

(1) 投入资金延后纳税不计入当年收入的纳税范围，而是作为提取时的当年收入征税。(2) 雇员自愿参加和自定存入数额。雇员投入一般为工资的 10%～15%，年投入最高限额为10 000 美元。(3) 法律规定雇主出资不超过雇员工资的 15%。一般情况下，只有雇员投入后雇主才会出资，通常形式为本公司的股票。(4) 提供包括储蓄、债券、股票、基金等多种投资方式。资金投向以股票为主，约占全部计划资产的 50%以上。雇员可在一定条件下调整投资方向，甚至可以按天调整投资。(5) 提前支取奖金有一定条件。(6) 通常由共同基金、保险公司、银行等专业金融机构帮助管理。

3. 第三层次

个人退休计划，又叫个人退休账户，或个人储蓄投资养老金计划。是由雇员自己组织，通过储蓄或共同基金投资等方式实施的私人保险计划，联邦政府对这项计划给予一定的税收优惠。个人退休账户有两种：一种是普通个人退休账户，可以享受延后纳税优惠，任何人都可以建立普通个人退休账户，每人每年投入的数额没有最低限制或其他要求，但有最高限制；另一种是个人退休特别账户，不享受延后纳税优惠，但持有此账户满 5 年和年龄超过 59.5 岁时，通过个人退休特别账户获得的收入可免交个人所得税，个人申报所得税、调整收入在 95 000 美元以下和夫妻联合申报所得税、调整收入在 150 000 美元以下者可以建立个人退休特别账户。

6.5.3　日本的养老保险制度安排

日本的养老保险制度以年金保险的形式运行，它是由国家强制实行的、以养老为中心的老年、残疾和死亡保险制度，加入者可终身受益。1941 年，日本制定了《劳动者年金保险法》，该年金制度只以民间企业的男性劳动者（正式工）为参保对象。1944 年，日本将“劳动者年金保险”改名为“厚生年金保险”，参保范围扩大到企业职员和女性劳动者。1954 年，日本制定了《厚生年金保险法》，该保险制度依然不包括农林渔业的从业人员和商店经营人员等。1959 年，日本制定了《国民年金法》，并在 1961 年开始执行，由财政承担总费用的 1/3，剩下的由行业、个人负担。该年金制度把参保对象扩大到农林渔业的从业人员和个体经营者等自营业者，由此确立了覆盖全体公民的“国民皆年金制度”。居住在日本国内年满 20～60 岁的人都要强制加入，个人缴纳年金满 25 年，且年满 65 岁，便可定期领取养老年金。生活贫困的公民，可享受减免的待遇。其内容是：“厚生年金制度”覆盖所有的企业在职员工，“共济年金制度”覆盖所有的公务员（包括国家公务员和地方政府公务员）和私立学校教职工，“国民年金制度”覆盖所有的自营业者、无业人员和学生等①。

1984 年以来，日本政府对公共年金制度进行改革，将原来相互独立的三层结构改为由国民基础年金和雇员年金组成的双层关联结构的年金制度。1986 年，国民年金和厚生年金中的定额支出部分统一而成为“基础年金”。规定：凡处于规定年龄段的国内居民均需加入并享受国民基础年金，形成广覆盖的强制性的第一层次养老保险；公共部门和私营部门的雇员还需分别加入由共济年金和厚生年金构成的雇员年金，雇员年金作为基础年金

---

① 原新，刘士杰．日本公共养老保障体系的财政困境及对我国的启示．现代日本经济，2010 (2).

的附加成分，其给付额与雇员在职期间的标准报酬缴付额成正比。日本公共年金制度改革的最终目标，是建立起不受产业结构、就业结构变化影响的稳定的制度体系，实现保险金负担和给付的公平化。国民年金的具体实施情况如下①：

1. 保障范围

国民年金保险制度将参保人分为三类。第一类为20岁到60岁的自由职业者、个体经营者、农民和无业居民；第二类为大中型企业的职工以企业为单位，加入厚生年金或共济年金者；第三类为第二类被保险人的配偶。

2. 保费负担

根据日本《国民年金法》规定，国民养老保险的保费由国家和国民共同承担。凡是加入保险者必须缴纳保费的2/3，剩下的1/3由日本政府承担。从2010年7月中旬开始，日本政府负担部分由1/3提高到1/2，减轻国民的保费负担。以厚生年金为例，根据参保人身份的不同，其缴纳的保费也不相同。

第一类被保险人不论个人收入多少，费率一致：2004年改革前的厚生年金的保险费率是13.58%，从2004年10月起每年提高0.354%，到2017年以后固定在18.3%的水平上，劳资双方各负担一半。也就是说，改革前的国民年金每月缴费是13 300日元，改革后的每月缴费从2005年4月开始每年提高280日元，到2017年以后固定为每月缴费16 900日元②。

第二类被保险人在缴费时，与厚生年金两种保费合算在一起上缴。其中一部分从厚生年金转移到国民年金中，个人缴费手续也不再烦琐。

第三类被保险人不用承担保费。这是日本政府鼓励主妇专门从事家务、减少就业压力的一种优惠举措。

3. 养老金的领取

日本政府对领取养老金的资格有比较严格的规定。《国民年金法》规定，加入国民年金必须在25年以上方具有领取国民年金的资格，领取年龄则规定为65岁。同时日本政府还推出了弹性领取规定：可以提前到60岁开始领取，也可以推迟到65岁之后70岁之前开始领取。如果提早领取，则将打折给付；如果推迟领取，则增加领取金额以资奖励。2004年改革后，在支付年金时，不仅要考虑物价变动因素的影响，而且还要考虑人口结构变动因素的影响来对年金支付额进行调整。

日本的企业补充年金制度发展也比较完善，自20世纪50年代建立以来，作为“第二支柱”，是对第一支柱的公共年金制度的重要补充，减轻了财政负担，也缓解了公共年金的压力。2001年10月，日本国内通过了《确定缴费年金法案》，即日本401K计划，是一种缴费确定型（DC）的年金模式，此法案于2002年4月生效。在新规定中明确了适格退职年金制度到2012年3月废除，过渡到支付企业年金及确定集资年金等其他类型的企业年金制度。自2014年起日本政府不再批准建立新的厚生年金基金计划。DC型企业年金制度建立个人账户，从而方便了劳动者的职业流动。这种模式把资金运营的责任从企业转向

---

① 沙银华．日本养老保险改革将何去何从?．中国保险报，2010-05-15．

② 李森．日本年金制度的内涵、特征及主要问题．日本学刊，2008（4）．

了个人，从而明确了企业的年金负担额，方便了新会计制度的导入。作为过渡期，政府允许厚生年金基金在两年半以内、适格年金在 10 年以内实现向 DC 型企业年金转移，并允许设置企业型或个人型 DC 年金，前者主要面向工薪族，后者主要面向 20～60 岁的农民和个体工商户。根据日本厚生劳动省公布的数据，2014 年日本厚生年金的替代率高达 62.7%，负担沉重。据日本《朝日新闻》报道，2012 年 LSSB（lump-sum severance benefits），一次性退职金制度计划的平均待遇高达 37.6 个月的工资水平，较高的待遇水平不仅给雇主造成了沉重的负担，还挤占了企业年金的发展空间，再加上税收及其他优惠措施不到位，因此，建立企业年金的企业占比下降①。

除年金制度外，日本的老年人还通过高龄者福利措施享受着保健医疗补助、护理补助和日常生活援助三个方面的福利保障②。

6.5.4 新加坡的养老保险制度安排

新加坡的养老保险制度主要包含在中央公积金制度中，采取“国营强制性储蓄积累”的模式。1953 年颁布《中央公积金法》，1955 年 7 月，新加坡成立中央公积金局专门负责公积金管理。中央公积金制度的发展历程，大致可以分为两个阶段：第一阶段是单一养老保障项目阶段（1955—1965 年）。第二阶段是保障项目扩展和完善阶段（1965 年至今）。1968 年 10 月，政府开始实行“居者有其屋”的公共建屋计划，允许参与者动用公积金储蓄购买政府组屋。1986 年，新加坡政府允许公积金参与者将公积金储蓄投资于有风险的金融资产。为了满足不同需求，新加坡中央公积金局将雇主和雇员供款注入为每位参与者设立的个人账户中。个人账户又分成三个子账户：一是普通账户（ordinary account），设立于 20 世纪 70 年代，积累的公积金可用于购置政府组合房屋（简称组屋，类似我国经济适用房）、人寿保险、子女教育支出、信托股票投资等；二是专用账户（special account），设立于 1977 年 7 月，积累的公积金用于为公积金参与者积累退休金，还可以投资于退休关联的金融产品，旨在提供养老保障；三是医疗储蓄账户（medisave account），设立于 1984 年 4 月，公积金可以用于支付住院、门诊医疗服务，缴纳疾病保险费等③。中央公积金制度发展至今已经成为一个综合性的社会保障制度，它由最初的养老保障这一单一功能发展成为具有住房保障、医疗保障、退休保障、资产增值、支付教育费用等多种功能的社会保障制度。但是，新加坡中央公积金制度也存在一些问题，面临着一些挑战。例如，缺乏互助共济功能，容易造成公积金参与者在退休后养老待遇不平衡，进而固化社会分层；由于受到投资主体和投资标的的限制，中央公积金收益率一直维持在较低水平，保值、增值压力巨大④。

1. 覆盖范围

新加坡公积金制度实行会员制，实施范围包括政府机关，各类企业、事业单位的所有雇主及雇员，包括临时雇员、试用期雇员、月薪雇员、日薪雇员、周薪雇员、部分时间雇

---

① 郭鹏. 日本企业年金制度的演变及挑战：兼论对中国的启示. 金融评论，2017（2）.

② 吕学静. 日本社会保障制度. 北京：经济管理出版社，2000.

③ 李志明，邢梓琳. 新加坡的中央公积金制度. 学习时报，2014-06-17.

④ 马鑫然. 新加坡社会养老保险制度梳理及评析. 时代金融，2016（26）.

员、计件雇员等，涵盖了全部资产所有者和劳动者。

2. 资金来源

公积金的缴费率是根据会员付清住房贷款和为未来储存一笔医药费后还有足够的退休金来确定的。公积金按雇员月薪的40%缴纳，雇主和雇员各支付一半。但这个缴费率并不是固定不变的，而是根据现实需要而上浮或下调。中央公积金的缴费不是根据精算原则来确定的，特别是雇主的缴费率，完全是由政府控制的，成为政府调节经济的重要手段。

3. 享受资格

首先必须是挣工资的被雇用者即雇员、个体劳动者、小业主和自由职业者；其次是按月缴纳社会保险费（工资低于一定水平的雇员可以免缴保险费）；再次是投保人必须达到规定年数，即20年；最后是达到法定的退休年龄，即达到55岁（55岁时不能领取全额退休金，只能取走一部分，到60岁时才有权全部取走自己的退休金）。只有达到这四个条件才有权一次连本带息取走自己享有的退休金。在一些特殊情况下，雇员有权提前提取自己的全部退休金。

4. 待遇水平

缴纳的公积金款项分别存入三个户头，即普通户头、保健储蓄户头和特别户头。普通户头的存款大约占其全部公积金存款的75%，可以作为购置物业或批准的投资、保险、教育和转拨款项填补父母退休户头之用；保健储蓄户头的存款占全部公积金存款的15%，可用作支付住院和医药方面的费用；特别户头的存款占全部公积金存款的10%左右，做晚年和应急之用①。

5. 基金运营

公积金利率标准以当地四大银行12个月的定期存款和月底储蓄利率的平均值确定，每6个月修订一次，但必须保证会员获得的利率不低于2.5%。对特别户头的存款利率，可比普通户头高出1.25个百分比②。公积金利率是免交所得税的。

6. 管理体制

新加坡制定并颁布了《中央公积金法》，经过数次修改，同时成立了中央公积金局。它既是老年社会保险方针政策的制定者，又是具体实施强制储蓄的业务部门，也是负责老年社会保险基金增值的金融单位。它为每一个投保雇员制定一份老年保险卡，一年调整一次总投保费率和投保比例。

6.5.5 智利的养老保险制度安排

智利的社会保障体制建立于1924年。1981年皮诺切特政府的改革颠覆了原有的养老保险制度，将代际供养制和给付确定模式改为自我保障制和缴费确定模式。这种全新的以个人账户积累为基础，以私营化管理为基本特征，强调自我积累、自我保障、经营性原则的养老保险运行机制被称为“智利模式”，并在拉美国家得以推广。新模式的主要内容包

---

① 李绍光．养老金制度与资本市场．北京：中国发展出版社，1998：191.

② 伊志宏．养老金改革：模式选择及其金融影响．北京：中国财政经济出版社，2000：39.

括以下几方面：

1. 覆盖范围

规定除军人以外的新参加工作的职工都要加入新制度，退休人员留在老制度，已参加了老制度的在职人员可以选择是参加新制度还是留在老制度，但一旦选择加入新制度就不能退回到老制度中。

2. 资金来源

为每个投保人建立个人储蓄账户，用人单位不再缴纳基本养老保险费，保费只由投保人个人缴纳，加上投放盈利组成基本养老保险基金，全部存入个人账户中。个人投保费率规定为月工薪收入的 10%，另加基金管理公司收取的 3%的管理费（不仅仅是付个人账户的管理费和佣金等费用，还用于投保人购买伤残和遗属保险），总费率实际达到月工薪收入的 13%。

3. 享受资格

达到退休年龄，一般为男年满 65 岁，女年满 60 岁，缴费满 20 年。但如果个人账户已积累的基金可满足退休前 10 年平均工资的 70%（劳动者伤残的情况下满足 50%），也可提前领取养老金。个人储蓄账户可以继承，可以随投保人迁移而转移。

4. 待遇水平

按个人账户上的积累额确定养老金数目。雇员退休后有三种方式来获取退休金：一是用个人账户的基金向某一商业保险公司购买即期年金，前提是个人账户基金达到足以使所购买的年金大于或等于国家规定的最低退休保险金标准；二是通过暂时年金和延期终身寿险获取退休金；三是获取由退休基金管理公司支付的计划年金，要求被保险人的个人储蓄账户的资本积累必须足以使其退休金达到国家最低标准的 120%①。

5. 基金运营

养老金由民营的基金管理公司负责收支运营，政府对养老金投资制定了严格的规定。养老金可投资于政府债券、金融机构债券、抵押债券、股票和银行存款等。智利目前有 18 个养老金管理公司，股东大多数为商业银行。同时，养老金管理公司的资产与所经营的个人账户养老金资产要分开经营。养老金的经营收益全部归养老基金。智利资本市场上由私人机构发行的债券、股票必须经政府认可的私人风险评估公司进行风险分类后，才能成为养老金管理公司的投资对象。智利政府还规定养老金对一种项目的投资不能超过养老金总投资额的 30%，但对政府债券投资的限制相对较宽。养老金管理公司每月的投资收益率不得低于过去 12 个月全部养老金平均实际收益率 2 个百分点。

6. 管理体制

养老保险基金的收入、支出、投资等均由私营性质的养老基金管理公司操作。这些公司的经营要按照有关法规在养老保险基金监管局的严格监控下进行，缴费者可以自愿选择任何一家 AFP，也可以更换，但必须在一家公司缴费 6 个月以上。AFP 的资产与所经营的个人账户养老基金资产分开经营，经营养老金收益所得完全划归养老基金，其自己的经营收益要依法纳税。

---

① 李珍．社会保障理论．北京：中国劳动社会保障出版社，2007：301-302.

对于改革中存在的转制成本的问题，智利采取由政府来承担的方式。具体做法是“老人老制度”“新人新制度”，“中人”则可以选择参加老制度或新制度。智利新退休金法规定，1982 年 12 月以前进入劳动力市场的人，有 5 年时间来决定是否参加新制度，此后进入劳动力市场的人只能加入新制度，已退休人员仍然沿用旧制度。对于那些在旧的保障体制下已经工作了若干年而今后又将在新体制工作的人，即“中人”，由政府发给他们“认账债券”。政府用这一方法来还清这些工人在旧制度运行时期的供款，并将这些债券存入职工自己选择的任何一家退休基金管理公司。认账债券当年实际利息为 4%，只有当持有人退休或残疾后方可赎回①。对投保不足 20 年的雇员，为保证其晚年生活，一律发给标准偏低的福利性养老金。

本章小结

养老保险是国家和社会根据一定的法律和法规，在劳动者达到国家规定的退休年龄或因年老丧失劳动能力退出劳动领域后，采取一定的方式保障退休者基本生活的一种社会保险制度。养老保险作为社会保险中最重要的组成部分，具有普遍性、重要性、长期积累性、复杂性、保障方式的多层次性等特征。养老保险的产生有其深刻的社会、经济和政治根源，发展历程中其理论基础日益充实，发展至今已覆盖了世界上绝大多数的国家，发挥了巨大的作用。

中国内地的基本养老保险制度与补充养老保险制度从最初建立到发现问题并进行改革，形成了基本的制度框架，取得了巨大的成就。本章特别考察了中国香港、澳门特别行政区及台湾地区养老保险制度的实施情况。最后，简要介绍了德国、美国、日本、新加坡、智利等国养老保险制度的实施情况。

关键术语

基本养老保险制度　　生命周期理论　　世代交叠理论　　企业年金　　职业年金
社会统筹与个人账户

复习思考题

1. 养老保险制度的定义和特征是什么？
2. 简述养老保险的理论基础。
3. 简述中国城镇职工基本养老保险制度的发展历程。
4. 中国的企业年金发展存在哪些问题？
5. 试述国外养老保险制度实施的现状及其对我国的启示。

---

① 吴洁. 智利养老保险改革经验的启示. 商业经济，2006 (2).

参考文献

[1] ANDO A, MODIGLIANI F. The life-cycle's hypothesis of saving: aggregate implications and tests, American economic review, 1963, 3 (53).

[2] FRIEDMAN M. A theory of the consumption function. Princeton University Press, 1957.

[3] 庹国柱，方明川. 年金保险，北京：北京大学出版社，2010.

[4] 邓大松. 社会保险. 北京：中国劳动社会保障出版社，2002.

[5] 董克用，王燕. 养老保险. 北京：中国人民大学出版社，2000.

[6] 段家喜. 养老保险制度中的政府行为. 北京：社会科学文献出版社，2007.

[7] 和春雷. 社会保障制度的国际比较，北京：法律出版社，2001.

[8] 焦凯平. 养老保险. 北京：中国劳动社会保障出版社，2001.

[9] 李珍. 社会保障理论. 北京：中国劳动社会保障出版社，2001.

[10] 李绍光. 养老金制度与资本市场. 北京：中国发展出版社，1998.

[11] 刘晓梅. 中国农村社会养老保险理论与实务研究. 北京：科学出版社，2010.

[12] 刘燕生. 社会保障的起源、发展和道路选择. 北京：法律出版社，2001.

[13] 吕学静. 日本社会保障制度. 北京：经济管理出版社，2000.

[14] 宋晓梧. 中国社会保障体制改革与发展报告. 北京：中国人民大学出版社，2001.

[15] 伊志宏. 养老金改革：模式选择及其金融影响. 北京：中国财政经济出版社，2000.

[16] 赵曼. 社会保障制度结构与运行分析. 北京：中国计划出版社，1997.

[17] 郑功成. 社会保障学. 北京：中央广播电视大学出版社，2004.

[18] 郑功成. 从企业保障到社会保障：中国社会保障制度变迁与发展. 北京：人民出版社，2009.

[19] 戴卫东. 中国农村社会养老保险制度研究述评. 中国农村观察，2007 (1).

[20] 王章华. 关于新型农村社会养老保险模式的思考. 南昌大学学报（人文社会科学版），2009 (2).

[21] 杨一帆. 中国农村社会养老保险制度的困境、反思与展望：基于城乡统筹发展视角的研究. 人口与经济，2009 (1).

[22] 张晖，何文炯. 进城、流动与保障：农民工社会保障问题研究综述. 浙江大学学报（人文社会科学版），2007 (2).

[23] 孙亚舒. 从福利经济学视角看美国养老保障制度的公平与效率问题. 商，2016 (28).

[24] 郑培军. 德国养老保险制度介绍及对我国的启示. 清华金融评论，2017 (S1).

[25] 李森. 日本年金制度的内涵、特征及主要问题. 日本学刊，2008 (4).

[26] 原新，刘士杰. 日本公共养老保障体系的财政困境及对我国的启示. 现代日本经济，2010 (2).

［27］李楠，姚慧琴. 日本企业年金制度的发展及对我国的启示. 西北大学学报（哲学社会科学版），2014（9）.

［28］马鑫然. 新加坡社会养老保险制度梳理及评析. 时代金融，2016（26）.

［29］杨帆. 智利养老金制度改革及启示. 社会福利（理论版），2012（5）.

［30］刘文. 台湾地区养老保险制度述评. 人口与社会，2012（1）.

［31］李志明，邢梓琳. 新加坡的中央公积金制度. 学习时报，2014-06-17.

［32］郭鹏. 日本企业年金制度的演变及挑战：兼论对中国的启示. 金融评论，2017（2）.

学习网站

［1］http://www.mohrss.gov.cn

［2］http://www.stats.gov.cn

［3］http://www.cnpension.net

［4］http://www.worldbank.org

［5］http://www.oecd.org

［6］http://www.mpfa.org.hk/tch/main/index.jsp

［7］http://www.fss.gov.mo/zh-hans/

第7章

医疗保险

本章导言

基本医疗保险通常是各国政府强制推行的一项基本政策。为了全面地理解医疗保险，本章首先介绍了医疗保险的概念、特征，并阐述了医疗保险制度的功能和发展历程；然后，从贫困理论、人力资本投资理论、医疗保险市场失灵理论等角度分析医疗保险的理论基础；最后，介绍了中国内地的城镇职工基本医疗保险制度、城乡居民基本医疗保险制度、城乡居民大病保险制度、补充医疗保险制度，以及港澳台地区的医疗保险制度和德国、英国、美国等发达国家的医疗保险制度。

重点问题

- 医疗保险的概念及特征
- 中国内地城镇职工基本医疗保险制度的发展历程
- 中国内地城乡居民基本医疗保险制度的发展历程
- 中国内地城乡居民大病保险制度的建立过程及内容
- 中国内地补充医疗保险制度概况
- 中国港澳台地区的医疗保险制度
- 国外医疗保险制度的发展及现状

7.1 医疗保险制度概述

社会医疗保险作为社会保险的重要组成部分，对满足个人的健康需求、促进社会生产力的发展及维护稳定都起着重要的作用。

7.1.1 医疗保险的概念与特征

1. 医疗保险的概念

就一般定义而言，医疗保险是指由特定的组织或机构经办，按照强制性或自愿原则，在一定区域的参保人群中筹集医疗保险基金，当参保人（被保险人）因病、受伤或生育接受了医疗服务时，由保险人（特定的组织或机构）提供经济补偿的一系列政策、制度与办法。

从医疗保险所承保的范围来看，可分为狭义的医疗保险和广义的医疗保险。狭义的医疗保险（medical insurance），是指劳动者在发生疾病、负伤或生育时获得的医疗费用的补偿。广义的医疗保险（health insurance），不仅补偿由于疾病给人们带来的直接经济损失（医疗费用），也补偿间接经济损失（如误工工资），甚至还包括疾病预防、卫生保健、宣传教育等一系列工作。因此，将这种广义的医疗保险称为健康保险更为准确。从目前国际上的改革来看，医疗保险呈现向健康保险转变的趋势，这也应成为我国医疗保险制度的未来方向。

医疗保险制度遵循大数法则，通过保险的方式分散个人患病所造成的经济损失。对单个人来说，生病和受伤存在一定的偶然性，不可预测；而对一个群体来说则是可以预测的。医疗保险是一个比较宽泛的概念，既可以指专门由政府组织的社会医疗保险，也可以指由市场提供的商业医疗保险。本书所讲的医疗保险指的是社会医疗保险，即由国家组织的一项制度安排。

2. 医疗保险的特征

（1）保障对象的全民性。医疗保险在社会保险各个项目中保障对象最为广泛，原则上应该覆盖全体公民。在人的生命阶段中，失业、工伤、生育等风险并不一定发生，但难以回避疾病风险的侵害。所有人不论年龄、性别、地位、职业等，都有均等机会获得医疗保险的保障。

（2）保障项目的综合性与交织性。医疗保险不仅包括对被保险对象的医疗费用的经济补偿、救治期间收入损失的补偿，还包括提供的一系列的医疗服务，如预防保健、宣传教育等。同时，医疗保险又与工伤、生育、养老保险项目交织在一起。如失业者、退休者除了金钱补偿外，还需要医疗服务的保障；生育保险因为涉及医疗问题，本身就包括医疗保险的内容。

（3）医疗保险涉及面广，更具复杂性。首先，医疗保险涉及医疗方、患者、医疗保险机构以及用人单位等多方之间的复杂权利关系。其次，为了确保医疗保险资源的合理利用，还存在合理引导和控制医疗服务享受者和提供者行为的问题。最后，医疗保险不仅与国家经济发展有关，还涉及医疗保健服务的需求和供给。这些都是其他社会保险项目所没有的①。

（4）医疗保险补偿的短期性与经常性，且费用难以控制。由于疾病风险的随机性、突

---

① 仇雨临，孙树菡．医疗保险．北京：中国人民大学出版社，2001：7.

发性，医疗保险的补偿也只能是短期的、经常的。并且医疗保险通常是按照病情的严重程度及由此而引起的医疗费用的多少进行补偿，但疾病风险的发生频率高，且轻重程度不同，医疗开支难以事前确定，对经济和生活的影响也因人而异，有时足以使患者陷入困境。因此，医疗保险相对于其他社会保险项目来讲，风险预测和费用控制更为棘手。

（5）医疗保险保障手段的服务性。医疗保险保障手段是为劳动者提供的医疗服务，是具有专门性和复杂性的技术服务，需要运用最新的医疗器械设备和治疗技术，这种服务在很大程度取决于现代医学科学和生命科学的发展水平①。

7.1.2　医疗保险制度的功能

1. 保障功能

保障国民及家庭的基本健康权和生存权，是建立社会医疗保险制度的根本目的，同时也是政府的基本职责和国民应享有的基本权利。因此，各国政府一方面采取各种有效的预防措施防止疾病侵袭，来保障劳动者健康；另一方面通过建立医疗保险制度来满足国民及家庭的基本医疗需求，保证劳动者的身心健康以及劳动力的再生产，对消除社会不安定因素、稳定社会秩序起着重要作用。

2. 调控功能

现代意义上的医疗保险涉及医疗保险机构、参保人、医疗服务提供者和有关政府部门等多方之间复杂的利益关系。社会医疗保险制度就是在诊疗疾病、补偿医疗费用和促进健康的社会管理中，有意识地去调节各种利益关系，以保证公民利益的公平、有效、均衡合理，保证社会的正常发展②。同时，社会医疗保险政策还发挥着控制功能，包括对其控制领域的直接控制和对相关领域的间接控制。

3. 促进发展功能

医疗保险作为一种主动的、积极的、稳定的保障机制，通过给所有参保成员提供包括预防、保健、康复等在内的基本医疗待遇，为人们解除后顾之忧，有效保障劳动者的健康，从而提高劳动生产率，促进社会发展。同时，医疗保险可以使医疗服务的提供更具合理性、科学性和规范性，促使医疗卫生事业的发展与完善。

4. 服务功能

医疗保险待遇一般包括医疗服务、疾病津贴、被抚养家属医疗服务、被抚养家属现金补助以及病假等，其中医疗服务是主体内容。社会医疗保险制度作为国家的社会政策安排，其服务是其基本功能。现代医疗保险不仅补偿人们由于疾病带来的经济损失（如医疗费用、误工工资等），也趋于强调服务功能，一些发达国家已开始涉及疾病预防、卫生保健、宣传教育等一系列工作。

7.1.3　医疗保险制度的模式

医疗保险制度的模式指的是医疗保险制度的组织形式。由于政治制度、经济制度、经

---

① 任正臣．社会保险学．北京：社会科学文献出版社，2001：189.

② 张晓，刘蓉．社会医疗保险概论．北京：中国劳动社会保障出版社，2004：9.

济发展水平、价值理念以及卫生服务条件的差异，不同国家的医疗保险制度采取的组织形式也多种多样。从不同的角度可以对其进行不同的分类：按所有制关系来划分，分为以公有制和私有制为基础的医疗保险；按医疗服务的供求关系来划分，分为直接、间接提供型；按医疗费用的支付方式来划分，分为按服务项目付费、按病种付费、按人头付费等类型；按医疗费用的负担方式来划分，分为患者全免费、半免费、自费型医疗保险。

一般来说，理论界习惯按照医疗保险基金的筹集方式来划分，分为国家医疗保险、社会医疗保险、商业医疗保险、社区合作医疗保险和储蓄医疗保险。本书也着重从这个角度对医疗保险加以阐述。值得指出的是，上述五种类型的医疗保险模式不仅在基金的筹集方式上有所区别，同时在其他方面也具有各自一些独特之处。

1. 国家医疗保险模式

国家医疗保险，亦称全民或政府医疗保险，即由政府直接举办医疗保险事业，通过税收渠道筹集医疗保险基金，并采取财政预算拨款的形式将医疗保险基金有计划地拨给有关部门或公立医疗机构，当国民看病时，享受免费或低费用的医疗服务。因此，国家医疗保险又被称为免费医疗保险。以英国、瑞典、加拿大、爱尔兰、丹麦等国为代表。我国原有的公费医疗与劳保医疗制度也属于该类型，不同的是覆盖面不是全体国民，而是限于城镇职工。

国家医疗保险模式以国家财力为坚强后盾，保障了医疗保险基金的稳定来源，而且政府能集中使用、调配医疗资源和医疗保险基金，并根据其投入量来控制医疗费用的总量。同时覆盖全民的免费医疗体现了社会的公平性和福利性。但是，这种模式存在的突出问题在于：（1）免费或低费用的医疗服务容易使供需双方缺乏费用意识，过度消费医疗资源，给国家财政造成沉重压力；（2）计划管理体制下的医疗机构其微观运行缺乏活力，卫生资源配置效率低下，服务效率低，难以满足国民不断增长的医疗需求。

2. 社会医疗保险模式

社会医疗保险是由国家立法，通过强制性社会保险原则，由单位（雇主）和个人缴纳保险费进行筹资，政府酌情补贴，建立医疗保险基金，当参保劳动者及其家属因病、受伤或生育接受了医疗服务时，由国家或社会医疗保险机构提供必需的医疗服务或费用补偿的一种社会保险制度安排。目前，该模式在世界上使用最为广泛，有100多个国家采用。代表国家有德国、日本、法国、韩国等。

社会医疗保险模式的强制性原则使基金的筹集有了法律的保证，医疗保险基金由医疗保险机构统一征收、管理和使用，医疗保险机构同医疗机构建立了契约关系，促使医院提供优质的医疗服务，对控制医疗服务提供者的垄断行为较为有效。这种模式实行现收现付，“以支定收、收支平衡”，只求当年平衡，没有纵向积累，不能解决两代人之间医疗保险费用负担的代际转移问题，随着人口老龄化社会的到来，这种矛盾将日趋尖锐①。

3. 商业医疗保险模式

商业医疗保险是由营利性或非营利性的商业保险公司承办的按市场法则自由经营的一种医疗保险模式。其筹资不是强制性的，而是由投保人个人及其雇主自愿选择保险项目，并自愿缴纳相应的医疗保险费，故也叫自愿保险。保险人与被保险人之间是一种权利义务

① 乌日图. 医疗 工伤 生育保险. 北京：中国劳动社会保障出版社，2001：14.

对等的关系。一般而言，政府不出资或不补贴，但大多会给予税收优惠。美国是该种模式的典型代表。

在这种模式下，医疗保险作为一种特殊的商品，其供求关系完全由市场进行调节。总的说来，商业医疗保险形式灵活多样，能够满足不同社会阶层对医疗服务的需求，并能够通过市场机制调控，提供低价优质的服务。但是这种模式缺乏社会公平性，不同收入水平的人群会在医疗保险待遇上存在很大差别，有些低收入者甚至难以支付高昂的医疗保险费；靠市场调节的医疗服务供求，会因为市场失灵导致医疗消费的失控。另外，以营利为目的的保险机构，会在参保条件上设置很多限制条件，老年人及体弱多病者往往被排除在外。

4. 储蓄医疗保险模式

储蓄医疗保险模式，即个人积累制医疗保险模式，是以个人责任为基础，政府通过立法，强制劳动者或劳资双方缴费，以雇员名义建立保健储蓄账户，不断积累医疗基金，用于支付个人及家庭成员的医疗费用的医疗保险制度。这种模式以新加坡为代表，马来西亚、印度尼西亚等发展中国家也采用这种制度，属于公积金制度的一个部分。

不同于前几种模式的“横向”筹资，储蓄医疗保险模式完全是一种“纵向”积累资金，相当于劳动者收入的“延期支付”，不存在社会统筹和互助共济。这种模式的优点在于：对个人责任的强调有利于增强个人责任感，激励人们就医时审慎地利用医疗服务，从而有效控制需求膨胀和医疗资源的浪费。同时“纵向”积累能有效解决“横向”积累带来的代际矛盾，并应付人口老龄所引起的医疗保健需求的筹资问题。但是个人责任的过度强化，会导致低收入人群难以得到及时、有效和高水平的医疗服务，缺乏公平性，而且“自保为主”的纵向积累，不能体现社会互助共济的风气。

7.1.4 医疗保险制度的历史沿革

1. 医疗保险制度的产生

医疗保险最早起源于 18 世纪产业革命时代的欧洲大陆，它是资本主义经济、政治发展到一定阶段的产物，伴随着失业保险、养老保险及工伤保险制度的产生而创立。

在自然经济形态下，劳动者遭受到的年老、疾病、受伤等风险完全由家庭或家庭成员来承担。西方的教会及国家虽然也为贫民提供一定的救济，但是水平极低且范围有限，不过是以缓解社会冲突为目的，以施舍、恩赐为突出特点的早期社会自我保护方式与制度。现代意义上的医疗保险出现于资本主义进入工业化社会后。18 世纪末 19 世纪初，以“共济会”“友谊社”为代表的民间保险在欧洲兴起。它是在行业或地区的基础上，由劳动者自愿筹资组建的互助团体，为成员提供疾病补助、老年年金以及死亡安葬费等待遇。这种保险形式曾经在抵御疾病、减少劳动者经济损失等方面发挥了重要的作用，但是随着医疗卫生资源价格的上涨以及医疗费用开支的增加，大都因资金来源有限而难以正常运转。

在这种情况下，由政府组织的医疗保险开始受到关注。政府采取措施，鼓励雇主为工人投保，作为改善工人健康状况和安抚工人的手段之一。1883 年德国颁布了世界上第一部医疗保险法《企业工人疾病保险法》，明确规定：（1）某些行业中工资少于限额的工人应强制加入疾病保险基金会；（2）基金会强制征收工人和雇主应缴纳的基金。这是世界上第一部社会保险法律，标志着现代社会保险法律的诞生。《疾病保险法》所采取的强制性社会保险原则既体现了医疗保险在社会发展中的重要性，也表明了政府开始介入健康与医疗问题。

2. 医疗保险制度的发展

继德国之后，奥地利在 1887 年，挪威在 1902 年，英国在 1919 年，法国在 1921 年也相继立法实施了医疗保险制度。

20 世纪 30 年代上半叶，医疗保险覆盖人群从低收入工人逐渐扩展到较高收入工人，保险范围也从医疗服务、药品扩大到住院医疗，后来又发展至牙科、眼科等。这一阶段约有 50 多个经济较发达国家先后建立了社会医疗保险制度，但由于各国在社会结构、经济发展、政治制度、文化传统等方面的差异，其社会医疗保险制度在模式选择、技术机制和运转机制等方面存在较大差异①。随后医疗保险制度逐渐扩展至欧洲之外的其他地区。1922 年，日本在亚洲首先通过了《健康保险法案》，1924 年南美洲的智利和秘鲁等国也建立了医疗保险制度。第二次世界大战后，医疗保险制度出现新的形式。英国首先建立起由财政支持、政府负责的国民健康服务体系，并在瑞典、芬兰、挪威、冰岛、丹麦等北欧国家普遍推行。同时，一些发展中国家也相继开始了医疗保险制度的探索实践。

第一次世界大战后至 20 世纪 70 年代是医疗保险在全球普遍发展的时期，尤其是在西方发达国家，实施范围不断扩大，标准不断提高，社会医疗保险的支付比例不断扩大。德国的医疗保险范围已覆盖到全体公民的 90%，由社会保险支付的医疗费用占医药费总支出的 72%；日本分别是 95%和 85%；法国为 98%和 76%；意大利为 91%和 87%；瑞典为 98%和 91%。

随着 20 世纪 70 年代以来西方社会进入经济衰退和停滞时期，再加上人口老龄化的加剧，传统的医疗保险制度遇到了许多问题，各国政府纷纷采取措施，对以前的医疗保险制度进行改革②。它们在努力解决扩大医疗保险的覆盖面、提高医疗服务质量以及控制医疗卫生费用上涨等老问题的同时，还要应对医疗技术和信息技术的发展以及人口老龄化所带来的新问题和挑战。由于经济发展水平、政治制度、社会制度、文化传统等方面存在差异，各国在医疗保险制度的改革中结合自身的特点采取不同的对策。具体措施将在本章“国外的医疗保险制度”一节详细介绍。

7.2 医疗保险的理论基础

医疗保险的理论基础涉及贫困理论、人力资本投资理论以及医疗保险市场失灵理论，下面将对这些理论加以阐述：

7.2.1 贫困理论

1. 贫困的含义

贫困问题是社会发展以来各国不可避免的社会问题，只是在不同的历史时期、社会环

① 王保真. 医疗保障. 北京：人民卫生出版社，2005：19.

② 侯文若，孔泾源. 社会保险. 北京：中国劳动社会保障出版社，2005：369.

境以及文化价值观下，对“贫困”的界定有所不同。一般说来，贫困是指在一定的社会条件下，人们在长时期内无法获得足够的劳动收入来维持一种生理上要求的、社会文化可接受的和社会公认的基本社会水准的状态①。贫困是一种特定的生活状态，处于该“阶段”或“区域”内的人们有着共同的特征：贫困者在生活、教育、医疗、文化等方面上都处于“匮乏”的境地，他们在经济地位、社会地位以及心理敏感度上与非贫困者存在本质的区别。世界银行在《2000/2001 年世界发展报告：与贫困做斗争》中指出，贫困的含义不仅指低收入和低消费，还指在教育、医疗卫生、营养以及人类发展的其他领域取得的成就较少。

2. 健康、现金卫生支出与贫困

由于疾病风险的复杂性、不确定性与潜在的致贫作用，人们越来越多地关注为维护健康而引起的现金卫生支出对贫困问题的影响。大量研究结果显示，贫困和健康之间存在着密切的联系。贫困会影响居民的健康状况，而较差的健康状况也对贫困的发生产生影响。一方面疾病会降低居民的生产能力，从而降低居民的收入；另一方面，因疾病而发生的现金卫生支出可能直接导致家庭陷入贫困，或加剧其贫困的程度②。

国际研究也已经阐明，贫困人口疾病负担不断加重的原因至少有三个方面：第一，贫困人口更容易患病。由于缺乏清洁的饮用水和卫生设施、安全的住房和医疗保健，也得不到预防行为的信息和足够的营养，他们比其他人群更易于患各种疾病。第二，贫困人口更少求医。即使紧急需要时也不求医，因为他们可能与保健提供者距离更远，或者缺少资金来支付卫生保健费用，并且缺乏如何应对发病的最佳知识。第三，严重的疾病支出可能将他们推进贫困的怪圈而无法自拔，迫使他们不得不通过借债、出卖或抵押土地等生产资料来换取就医所需的医疗费用③。

3. 医疗保险——解决因病致贫的政策选择之一

现代社会中，消除贫困已经成为全球性的奋斗目标，政府通过一系列措施来消除贫困。世界银行《2004 年世界发展报告：让服务惠及穷人》认为摆脱疾病和接受教育是消除贫困的两条最重要途径。健康既是发展的中心目标，也是发展的重要成果。公民健康和社会基本公共卫生服务的改善程度作为最重要的人类发展指标，是衡量和评价一个国家公共卫生政策有效性的唯一标准。良好的公民健康状况和社会公共卫生服务是发展的目的，也是提高劳动生产率、加速经济增长、促进社会发展、保证社会公平的必要条件。在卫生支出方面，政府通过投资卫生领域促进经济发展和减少贫困。除了公共卫生设施建设、全民疾病预防、对贫困人群的医疗救助外，大多数政府都建立起医疗保险制度来满足公民基本健康需求。

7.2.2 人力资本投资理论

1. 人类的健康需求

人类无论进行物质资料生产还是精神资料生产的活动，一个首要的条件就是要有健康的身体。健康并不仅仅指生理状态，它是个综合性的概念，是由多方面的因素共同决定

① 李珍．社会保障理论．北京：中国劳动社会保障出版社，2007：143.

② 张毓惠，赵郁馨．现金卫生支出贫困影响的分析方法研究．中国卫生经济，2004（5）.

③ 任苒．贫困及其影响与千年发展目标．中国卫生经济，2004（12）.

的，包括卫生保健、基因、物质环境、社会环境、社会经济因素、个人行为等。根据美国社会心理学家马斯洛 1943 年提出的需求层次论，人们只有拥有健康的体魄才有可能实现其他需求，也就是说，健康是推动人们行动的强大动力，是人们谋取生计的“工具”。

2. 人力资本理论与“健康投资”

人力资本的观念最早萌芽于 1676 年英国古典经济学创始人威廉·配第，其后著名古典经济学家亚当·斯密明确提出“人力是资本”的思想。但是直到 20 世纪的知识经济时代，人力资本的重要性才得到前所未有的彰显。

1960 年，美国著名经济学家、诺贝尔经济学奖获得者西奥多·舒尔茨在美国经济年会上以主席的身份发表了题为《论人力资本投资》的演讲，轰动了西方经济学界。他认为，“资本”有两种存在形式：一是物质资本形态，即通常所使用的主要体现在物质资料上的那些能够带来剩余价值的价值；二是人力资本形态，即凝结在人体中的能够使价值迅速增值的知识、体力（健康状况）和价值的总和，其中，体力可以通过“营养及医疗保健费用”的投资形成。之后，迈克尔·格罗斯曼运用人力资本理论解释了对健康和医疗服务的需求，他的模型认为，消费者对健康的需求主要是因为健康既是一种消费品，也是一种投资品。作为消费品，健康能使人们感觉更好，作为一种投资品，健康能增加人们的工作时日，因而增加人们的收入，所以健康成为人们的需要①。他把医疗服务的需求看成是健康需求的衍生。这种具有无限的潜在创造性的无形资本不仅关系到个人自身的成长，而且可以给整个社会带来巨大的收益。因此，除了个人要重视健康的获得及维护，社会及政府也要通过有效途径来保证劳动者及所有公民能积累健康资本。

3. 卫生经济学与卫生保健

卫生保健是人力资本投资的一个重要方面。卫生经济学以人力资本理论为基础，把国家投入的医疗卫生费和个人为健康保健支付的费用作为对人力资本的投资，投资的结果以人力资本存量的形态存在，并可给个人和社会带来相应的经济收益。从微观上看，卫生保健的投资可以增进家庭成员的健康，提高并延长其人力资本的劳动能力，或者增加下一代人力资本的劳动能力，同时可相应地增加其经济收入。从宏观上看，增加社会对卫生保健的投资，可以提高整个国民人力资本的质量，同时提高生产效率和国民收入，从而促进经济增长。

如果说早期的人力资本投资理论揭示了医疗服务的重要性，是医疗保险的“入门”理论的话，那么卫生经济学则从健康是人力资本概念出发，以经济学的角度研究卫生服务过程中的经济活动和经济关系，深刻揭示了卫生保健方面的经济规律，是医疗保险的理论支柱，其目的是最优化地筹集、开发、配置和利用卫生资源，提高卫生服务的社会效益和经济效益②。

7.2.3 医疗保险市场失灵理论

1. 医疗服务与市场失灵

医疗服务是一种特殊的商品，它既具有商品的共同属性，即需求与供给性，在市场上

---

① FOLLAND S，GOODMAN A C，STANO M. The economics of health and health care，upper saddle river. New Jersey：Prentice Hall，1997.

② 王龙兴. 卫生经济学的理论与实践. 上海：上海交通大学出版社，1998：9-15.

遵循等价交换的原则；同时又因医疗服务发生的随机性或不确定性、所具有的外部性、信息不对称等而具有一些特殊的属性。医疗服务的特殊性导致了医疗服务市场的特殊性。与标准竞争市场相比较，医疗服务市场首先具有一般商品市场的基本要素，即存在商品交换的场所，有供需双方，有可供交换的商品，有一定的价格，要受到供求、价格和竞争机制的影响，但同时又在构成要素和具体运作规律方面与标准竞争市场有较大不同（见表 7－1）。

表 7－1　医疗服务市场与标准竞争市场之间的区别

标准竞争市场	医疗服务市场
有许多卖者	医院的数量有限（除少数大城市以外）
公司的目标是利润最大化	大部分医疗不以营利为目的
商品具有同质性	商品具有异质性
买者的信息是充分的	买者的信息是不充分的
消费者直接付款	消费者只支付一部分费用

资料来源：STIGLITZ J E. Economics of the public sector. 2nd edition. New York：W. W. Norton & company，1998：290，table 11－1.

医疗服务的商品属性，使商业医疗保险的出现成为必然。但私人医疗保险市场存在着许多特殊性和不确定性，表现在医疗保险在产出度量上的困难、医疗服务过程中的信息不对称导致医疗服务供给方的道德风险和供给方诱导需求、逆向选择问题，医疗保险介入后引起的需方道德风险和过度使用医疗服务资源的倾向，以及医疗服务利用的地区、人群间不平等性的问题。这些都使得完全由市场机制配置医疗资源会出现市场失灵现象，进而成为政府干预医疗服务市场的主要依据。事实上，由于医疗服务的特殊商品属性，其往往成为政府关注的领域，政府有必要介入和干预这个市场，以保障人人都能享受基本医疗服务的权利，使医疗服务保险成为一种“公共产品”或“半公共产品”，这也是社会医疗保险出现的客观需要。

2. 政府干预与政府失灵

尽管为了克服私人医疗服务市场失灵中存在的道德风险和逆向选择问题，各国政府积极干预医疗保险市场，采取全民免费医疗或社会保险计划，这种强制性的保险制度对避免逆向选择很有效果，但却难以有效规避道德风险，政府失灵现象同样存在。

首先，从医疗资源分配来看，政府决策往往代表着政治集团的利益，是各种政治力量斗争和妥协的结果。其次，医疗资源总是相对集中在富有的阶层，而那些最需要医疗服务的中下层因为缺少政治上的代言人，一般很难公平地享受到医疗资源。再次，从管理机制看，大多数公共医疗服务机构具有官僚主义色彩，信息缺乏且以垄断形式运作，往往会漠视病人的要求和需求，只能提供低质量与低效率的服务；而且没有竞争的环境使得它们缺少提高效率和改进服务质量的激励与压力。最后，在医疗服务市场中，医疗服务的供方相对于消费者具有强大的信息优势，当缺乏必要的制约和平衡机制时，一些医疗机构会为了谋取自身的利益而损害消费者的利益。

7.2.4　关于医疗保险理论的思考

1. 卫生经济学研究的理论缺陷

卫生经济学的分析始于健康，从健康引申出医疗服务的需求，再引申出医疗保险的需求，即减少人们因疾病（健康受损）要求医疗服务而导致的经济损失。但是卫生经济学对医疗保险和医疗服务市场的分析存在缺陷。

首先，无法权衡效率和公平之间的关系。因为经济学的分析始终是围绕效率进行的，公平是属于经济学分析系统之外的。尽管福利经济学试图给予一定的补充，但现实中健康服务的不平等及制度化依然存在。其次，卫生经济学省略了从医学保险通向健康目标的过程，围绕金钱、货币等纯经济学概念进行分析，忽略了时间、心理、精神成本等广义成本的概念。因为即使已经有良好的医疗保险制度（无论是公共的还是商业的），那也只是为患病者提供了部分或全部（依据医疗保险制度设计而定）经济补偿，因疾病带来的精神痛苦和心理负担则不在考虑之内（疾病治疗本身既缓解了部分痛苦，同时也产生痛苦，况且许多疾病往往无法根治），而这又是不可避免的很大一块，需要在医疗制度设计中增添人性化因素来补充。另外，卫生经济学的分析指标只是停留在把这些损失折算成生命年数和货币计算上，没有考虑健康维护与人的发展的关系①。

2. 医疗保险理论的新发展及健康分析

如果说20世纪六七十年代起源于美国的卫生经济学还基本上借用经济学传统的理论以及融合信息经济学来分析健康及医疗服务市场的话，那么1998年诺贝尔经济学奖获得者阿马蒂亚·森的理论则围绕人的自由来分析发展，重新突出了以人为本的发展观念。在他的理论中分析了五种工具性自由：政治自由、经济条件、社会机会、透明性担保以及防护性保障，其中有三个涉及医疗保健和健康。他认为自由不是抽象的概念，而是具有实质意义的定义。这种自由观既涉及个人享有的“机会”，又涉及个人选择的“过程”。他强调，为了更好地发挥市场的作用，需要适当的公共政策（如学校教育、医疗保健和土地改革等）。而“社会机会”是指教育和保健方面的社会安排。防护性保障是为那些遭受天灾人祸或其他突出性困难（如失业、疾病）者、贫困者以及老人、残疾人提供的社会安全网。

理论的发展为未来的医疗保险制度设计指出了全面的目标体系：既要符合卫生经济学的规律，又不能仅仅局限于经济层面，而且要着重从人的权利、发展的人本主义目标进行修订。只有这样，目前我们所面临的困境和难题才能找到正确的、符合国际理念的解决方案。

7.3 中国内地的医疗保险制度

中国内地的医疗保险制度从最初的传统劳保医疗和公费医疗政策，到城镇职工基本医疗保险制度的建立，其间经历了将近半个世纪的探索。之后基本医疗保险制度在运行过程中取得了一定的成绩，也出现了一些问题需要在未来的制度发展中加以改进。

7.3.1 城镇职工基本医疗保险制度

1. 传统城镇职工医疗保险制度

20世纪50年代初，我国在城镇职工范围内建立起了医疗保险制度，这种传统的职工

① 胡苏云．健康与发展：中国医疗卫生制度的理论分析．社会科学，2005（6）．

医疗保障体制由公费医疗和劳保医疗两部分构成，是与当时高度集中的计划经济相适应的，以城镇有工资收入的职工为主要对象，并惠及亿万城镇居民。这一阶段，大体完成了传统医疗保障制度的基本立法，其框架体系沿袭至今①。

（1）公费医疗制度。

公费医疗是对国家机关、事业单位工作人员实行的免费治疗和预防疾病的一种福利制度②。1952 年 6 月，政务院颁布的《关于全国各级人民政府、党派、团体及所属事业单位的国家工作人员实行公费医疗预防的指示》，确立了公费医疗制度。同年 8 月，政务院批准发布《国家工作人员公费医疗预防实施办法》，进一步明确了享受公费医疗待遇人员的范围。1953 年 1 月其范围又扩展到乡干部和大专院校在校学生。

享受公费医疗待遇的主要包括国家机关及全民所有制事业单位（包括民主党派，工会、共青团、妇联等人民团体，文化教育、卫生、科研等事业单位）的工作人员和离退休人员。此外，还包括二等乙级以上革命残废军人，国家正式核准设置的高等院校在校学生。公费医疗经费全部由国家预算拨款，从各单位的“公费医疗经费”项目中开支，由各级政府卫生行政部门设立公费医疗管理机构统筹管理，实行专款专用，或由享受单位自管。享受公费医疗人员在指定的医疗机构就诊、住院（经批准转院），符合规定的医疗费用，实报实销。

（2）劳保医疗制度。

劳保医疗制度是我国对实行劳动保险的企业职工及其家属规定的伤病免费医疗及预防疾病医疗的保险制度。1951 年 2 月 26 日，政务院发布了《中华人民共和国劳动保险条例》，标志着劳保医疗制度的正式建立。劳保医疗的实施范围包括全民所有制企业和城镇集体所有制企业的职工及退休人员。改革开放后，还包括中外合资企业职工在内。医疗费用在职职工从职工福利费中开支，离退休人员从劳动保险费中开支。企业根据国家制定的劳保医疗政策，自行组织实施。享受劳保医疗的职工患病，在本企业自办的医疗机构或指定的社会医疗机构就医，可享受近乎免费的医疗待遇，供养直系亲属可享受半费医疗待遇。

（3）传统城镇职工医疗保险制度的评价。

我国于 20 世纪 50 年代初建立的公费、劳保医疗制度，全面保障了城镇劳动者及其家属的基本医疗。一方面，它彻底改变了旧中国缺医少药的历史，地方病及传染病得到了有效控制，推动了医疗卫生事业的迅速发展，提高了职工的健康水平。另一方面，公费、劳保医疗制度的实施，解除了职工的后顾之忧，极大地调动了职工的生产积极性，促进了经济建设，维护了社会稳定。

但是，随着社会主义市场经济体制的确立以及国有企业改革的不断深化，这一带有计划经济体制下浓厚的“大锅饭”特征和高福利色彩的制度正在显示出越来越多的缺陷。首先，医疗费用的筹资手段不合理，医疗经费完全由国家和企业负担费用的做法导致个人的权利和义务脱节，而且没有科学的经费提取标准、提取办法和调整机制。其次，医疗保险

---

① 仇雨临，孙树菡. 医疗保险. 北京：中国人民大学出版社，2001：157.

② 郑功成，等. 中国社会保障制度变迁与评估. 北京：中国人民大学出版社，2002：122.

覆盖范围窄，严重滞后于市场经济的发展。再次，医疗保险管理和服务的社会化程度低，公费、劳保医疗两大系统各自为政，既不利于劳动力的合理流动，容易滋生新的社会矛盾，也造成资源的浪费。最后，一直沿用第三方事后按服务项目付费的方式支付医疗费用，对医疗服务供方（医院和医生）缺乏有力的约束，造成医疗需求不足和医疗资源浪费并存的现象①。

2. 城镇职工基本医疗保险制度

随着经济体制改革的不断深化，中国医疗保险制度于20世纪80年代开始了一系列的改革探索。从最初的部分企业和单位自发改革探索到地方政府的介入，再到中央政府全面主导医疗保险的改革试点，经历了三个不同层次的责任主体主导变革的阶段②。从内容上看，主要是针对职工就医适当负担部分医疗费用以及改革公费医疗管理制度和经费管理办法，部分省市开展了离退休人员的社会统筹和职工大病医疗费用的社会统筹。1993年，劳动部印发《关于职工医疗保险制度改革试点的意见》，提出把单一的大病统筹基金变为医疗保险基金，医疗保险基金由个人专户、单位调剂金和大病统筹金组成。自此，建立新型医疗保障制度逐渐成为共识。1992年，广东省深圳市政府颁发了《深圳市社会保险暂行规定》，在全国率先对公费医疗、劳保医疗进行全面、综合改革，实行全市统一的医疗社会保险，从而拉开了中国城镇职工医疗保险制度全局性和根本性改革的序幕。

1993年11月，党的十四届三中全会通过的《中共中央关于建立社会主义市场经济体制若干问题的决定》，明确提出“城镇职工养老和医疗保险金由单位和个人共同负担，实行社会统筹和个人账户相结合”的要求。1994年国务院决定在江苏镇江市、江西九江市进行社会统筹和个人账户相结合的医疗保险制度试点，并于1996年5月把试点城市扩大到近40个。这一阶段在全国形成了三大类具有代表性的“统账结合”改革模式：从镇江、九江为代表的“三段通道”模式（个人账户→自费段→社会统筹段），海南、深圳为代表的“板块”模式（个人账户＋社会统筹基金），青岛、烟台为代表的“三金”模式（个人账户＋社会统筹基金＋企业调剂基金）。

1998年12月，国务院召开全国医疗保险制度改革工作会议，在总结试点工作经验的基础上发布了《国务院关于建立城镇职工基本医疗保险制度的决定》（简称《决定》），标志着我国医疗保险制度的改革进入了一个崭新的阶段，传统医疗保险制度被全新的城镇职工基本医疗保险制度所取代。《决定》确定了新的城镇职工基本医疗保险制度的大致框架，奠定了未来统一的全国医疗保险制度的基础，便于各地在制定改革方案时有所遵循，同时也给各地留下了根据实际情况做出具体规定的空间③。《决定》的主要内容包括：

（1）城镇职工医疗保险制度改革的任务和原则。改革的主要任务是建立城镇职工基本医疗保险制度；改革的基本思路是“低水平、广覆盖、双方负担、统账结合”。根据这一思路，建立城镇职工基本医疗保险制度的基本原则是：基本医疗保险水平要与社会主义初

① 仇雨临，孙树菡．医疗保险．北京：中国人民大学出版社，2001：165.

② 同①167.

③ 同①173－174.

级阶段的生产力相适应，城镇所有用人单位及职工都要参加基本医疗保险并实行属地管理，基本医疗保险费由用人单位和职工双方共同负担，基本医疗保险基金实行社会统筹和个人账户相结合。

（2）基本医疗保险制度的主体框架。覆盖范围涵盖城镇所有的用人单位和职工。企业（国有企业、集体企业、外商投资企业、私营企业等）、机关事业单位、社会团体、民办非企业单位及其职工，都要参加基本医疗保险。但对于乡镇企业及其职工、城镇个体组织业主及其从业人员是否参加，《决定》未做要求，由各省、自治区、直辖市人民政府决定。筹资机制方面，实行基本医疗保险费由单位和个人共同负担。用人单位缴费率控制在单位职工工资总额的 6%左右，职工个人缴费率一般为本人工资的 2%。

（3）实行社会统筹和个人账户相结合的管理模式。用人单位的缴费一部分计入统筹基金，另一部分按用人单位缴费的 30%左右划入个人账户；职工个人缴费全部计入个人账户。两者分别核算，个人账户主要支付门诊和小病医疗费，统筹基金主要支付住院或大病医疗费。统筹基金在支付时，要按照“以支定收、收支平衡”的原则，根据各地的实际情况和基金的承受能力，确定起付标准和最高支付限额，原则上统筹基金的起付标准控制在当地职工年平均工资的 10%左右，最高支付限额在当地职工年平均工资的 4 倍左右。

（4）基本医疗保险实行属地化、社会化管理。原则上实行地市级统筹，所有单位及其职工都要按照属地化管理原则，参加所在统筹地区的基本医疗保险，执行统一的政策、统一的待遇标准和统一的社会化管理，基本医疗保险基金统一筹集、使用和管理。

（5）健全医疗保险基金的基金管理和监督机制。基本医疗保险基金要纳入财政专户，专款专用，任何单位和个人不得挤占和挪用。建立健全基金的预决算制度、财务会计制度和社会保险经办机构的内部审计制度。另外，统筹地区要设立由政府有关部门代表、用人单位代表、医疗机构代表、工会代表和有关专家参加的医疗保险基金监督组织，加强社会监督。

（6）加快医疗、医药体制改革，强化医疗服务管理。要确定基本医疗服务范围和标准，制定基本医疗保险药品目录、诊疗项目和医疗服务设施标准以及相应的管理办法；对提供基本医疗服务的医疗机构和药店实行定点管理；对医疗机构进行调整、改革，分流富余人员，并在经济运行分析和成本核算的基础上，合理提高医疗技术的收费价格，体现劳务技术的价值；实行医药分开核算、分开管理。积极发展社区卫生服务，将社区卫生服务中的一些项目纳入基本医疗保险的范围。

（7）对特殊人员的医疗待遇采取特殊政策。离休人员、老红军、二等乙级以上革命伤残军人的医疗待遇不变，医疗费用由原渠道解决；退休人员参加基本医疗保险，个人不缴纳基本医疗费，对退休人员个人账户的计入金额和个人负担医疗费比例给予适当照顾；国家公务员在参加基本医疗保险的基础上享受医疗救助政策。允许特定行业的企业建立职工补充医疗保险，国有企业下岗职工的基本医疗保险费（包括单位缴费和个人缴费），由再就业服务中心以当地上年度职工平均工资的 60%为基数缴纳。

城镇职工基本医疗保险制度的改革，建立起了社会化的医疗保险体系，为国有企业改革创造了良好的社会环境，同时也增强了人们的自我保障意识，确立了责任分担观念。2010 年 10 月，《社会保险法》颁布，对城镇职工基本医疗保险制度做出了进一步规定。在覆盖范围上，规定职工应当参加职工基本医疗保险，无雇工的个体工商户、未在用人单位参加职工基本医疗保险的非全日制从业人员以及其他灵活就业人员可以参加职工基本医疗保险。在缴费期限方面，规定参加职工基本医疗保险的个人，达到法定退休年龄时累计缴费达到国家规定年限的，退休后不再缴纳基本医疗保险费，按照国家规定享受基本医疗保险待遇；未达到国家规定年限的，可以缴费至国家规定年限。在医疗保险基金支付方面，明确规定不纳入基本医疗保险基金支付范围的医疗费用，包括应当从工伤保险基金中支付的、应当由第三人负担的、应当由公共卫生负担的、在境外就医的；医疗费用依法应当由第三人负担，第三人不支付或者无法确定第三人的，由基本医疗保险基金先行支付；基本医疗保险基金先行支付后，有权向第三人追偿。在医疗保险关系转移方面，规定个人跨统筹地区就业的，其基本医疗保险关系随本人转移，缴费年限累计计算。

为增加医疗保险制度的便捷性，适应流动性，更好地保障人民群众基本医疗保险权益，人力资源和社会保障部相继发布《关于基本医疗保险异地就医结算服务工作的意见》（2009 年）、《关于进一步做好基本医疗保险异地就医医疗费用结算工作的指导意见》（2014 年）、《人力资源社会保障部财政部关于做好基本医疗保险跨省异地就医住院医疗费用直接结算工作的通知》（2016 年），推进基本医疗保险全国联网和异地就医住院医疗费用直接结算工作。2017 年度，全国所有省份和统筹地区已全部接入国家异地就医结算系统并联网运行，覆盖全部参加基本医保和新农合的人员，符合规定的省内和跨省异地就医住院费用实现直接结算工作取得了阶段性重大进展。但一些新的矛盾和问题也逐步显现，对此，2017 年 12 月 29 日，《人力资源社会保障部办公厅财政部办公厅关于规范跨省异地就医住院费用直接结算有关事项的通知》发布，要求加快扩大基层定点医疗机构覆盖范围，2018 年 2 月底前，确保每个县区至少有 1 家跨省异地就医定点医疗机构。鼓励有条件的省份，采取有效措施，推进异地就医需求人员多的乡镇的医疗机构接入；切实简化备案手续，优化备案流程；严格跨省异地就医退费管理；充分发挥预付金的作用，用好用活预付金；明确异地就医跨年度费用结算办法。

7.3.2 城乡居民基本医疗保险制度

1. 农村合作医疗制度

我国的农村合作医疗制度从萌芽到产生直至在全国迅速发展，然后到后来的逐渐衰落以及合作医疗的重建、现在的新型农村合作医疗，经历了曲折的历程。

（1）农村合作医疗制度。

农村合作医疗是在各级政府的支持下，按照参加者互助共济的原则组织起来的，为农村社区人群提供基本医疗卫生保健服务的医疗保健制度①。农村合作医疗萌芽于 20 世纪 30 年代陕甘宁边区创立的保健药社和卫生合作社，正式出现于 1955 年农业合作化时期。人民公社化运动和政府对合作医疗的重视使合作医疗在全国迅速发展，并在“文化大革命”期间掀起高潮，成为我国农村一项重要的医疗保障制度。到 1976 年，合作医疗的村覆盖率达到 90%。农村合作医疗为保障当地农民健康发挥了重要作用。“农村合作医疗”、

---

① 景琳．农村合作医疗实用手册．成都：四川科技出版社，1998：6.

“合作社保健站”和“赤脚医生”成为解决我国农村医疗卫生问题的三大法宝。人民公社制度下的集体经济模式为农村合作医疗提供了主要的资金。

1978 年开始，以家庭联产承包责任制为主体的农村改革在全国开始推广。集体经济的逐渐瓦解，加上制度本身在控制道德风险和医疗需求以及资金筹集等方面存在的缺陷，农村合作医疗覆盖面急剧缩减。曾经被世界银行和世界卫生组织高度赞誉为“发展中国家解决卫生经费的唯一范例”① 的农村合作医疗制度面临解体的危险。

为了恢复和重建农村合作医疗制度，国家相继发布了一系列文件，并于 1994 年在全国 7 个省 14 个县市开展“中国农村合作医疗制度改革”试点及跟踪研究。1997 年 1 月，在《中共中央　国务院关于卫生改革与发展的决定》中，提出要积极稳妥地发展和完善合作医疗制度，并确定了合作医疗的原则。然而，农村合作医疗制度恢复和重建的效果并不够理想，在全国的村覆盖率仍然很低，1993 年仅为 10%，即使在重建高峰的 1997 年也仅有 17%②。恢复和重建农村合作医疗困难的原因主要在于筹资方面。根据“以个人投入为主、集体扶持、政府适当支持”的筹资原则难以筹集到足够的资金。因此政府迈出了财政为农村合作医疗筹资的步伐，新型农村合作医疗制度随之产生。

（2）新型农村合作医疗制度。

2003 年 1 月 23 日，国务院办公厅转发卫生部、财政部和农业部《关于建立新型农村合作医疗制度的意见》，要求从 2003 年起，各省、自治区、直辖市至少要选择 2～3 个县市先行试点，取得经验后逐步推开，到 2010 年实现在全国建立基本覆盖农村居民的新型合作医疗制度的目标，以减轻因疾病给农民带来的负担。

新型农村合作医疗制度是由政府组织、引导、支持，农民自愿参加，个人、集体和政府多方筹资，以大病统筹为主的农民医疗互助共济制度，重点解决农民的因病返贫、因病致贫问题。新型农村合作医疗制度采取个人缴费、集体扶持和政府资助相结合的筹资机制。农民个人每年的缴费标准不应低于 10 元，经济发达地区可以相应提高缴费标准；有条件的乡村集体经济组织应对本地新型农村合作医疗制度给予适当扶持，鼓励社会团体和个人资助新型农村合作医疗制度；中央财政为中西部参加新型农村合作医疗的农民补助 10 元，地方省、市、县级财政再补助 10 元。2006 年，卫生部等 7 部委局联合下发的《关于加快推进新型农村合作医疗试点工作的通知》指出：从 2006 年起，中央财政对中西部地区除地区以外的参加新型农村合作医疗的农民由每人每年补助 10 元提高到 20 元，地方财政也要相应增加 10 元。

新型农村合作医疗基金实行县（市）级统筹，按照以收定支、收支平衡的原则进行管理，做到专款专用、专户储存，由农村合作医疗管理委员会及其经办机构进行管理。基金主要补偿参保农民的大额医疗费用或住院医疗费用，有的地方实行大额医疗费用补助与小额医疗费用补助相结合的办法。在开展新型农村合作医疗试点的同时，政府对五保户和农村贫困家庭实行了医疗救助，通常采取资助其参加当地合作医疗和支付医疗费用补助的形

---

① 世界银行．1993 年世界发展报告：投资于健康．北京：中国财政经济出版社，1994：210-211.

② 顾昕，方黎明．自愿性与强制性之间：中国农村合作医疗的制度嵌入性与可持续性发展分析．社会学研究，2004（5）.

式。医疗救助的资金来源于政府投入和社会各界的自愿捐助。

自2003年起，新型农村合作医疗的试点工作在全国各地陆续开展。截至2010年底，新农合覆盖人数达8.35亿，成为世界上覆盖人口最大的一个医保制度，报销比例达到60%，缩小了与城镇职工医保的差距①。

新型农村合作医疗虽然取得了一定的成绩，但是在实践中也遇到了一些问题。比如，有的地方起付线、封顶线和补偿比例的设计不尽合理，难以形成吸引农民参加的激励机制；有的地方基金管理不规范，出现透支趋势；管理成本列入同级财政预算，不能从基金中提取，地方财政往往不堪重负等。其中"自愿原则"和"出资博弈"问题较为突出。由于新型农村合作医疗采取自愿参加的原则，农民对制度不甚了解，参加的积极性不高，而参保人数少导致基金筹资水平低、抵御风险能力不足，而且疾病风险较高的人更倾向于参加新型农村合作医疗，这就使得新型农村合作医疗陷入"自愿性困境"。在出资问题上，中央财政的转移支付是以地方政府和农民筹资到位为前提的，中央政府、地方政府和农民之间在合作医疗筹资问题上存在"出资博弈"，导致产生合作医疗基金到位的不确定性。

2. 城镇居民基本医疗保险制度

建立城镇居民基本医疗保险制度，是我国在建立城镇职工基本医疗保险制度和新型农村合作医疗制度之后的又一重大举措，保障目标为城镇非从业居民。2007年国务院出台《关于开展城镇居民基本医疗保险试点的指导意见》（国发［2007］20号），决定实行城镇居民基本医疗保险试点。

根据指导意见，2007年在有条件的省份选择2～3个城市启动试点，2008年扩大试点，争取2009年试点城市达到80%以上，2010年在全国全面推开，逐步覆盖全体城镇非从业居民。城镇居民医疗保险坚持低水平起步、自愿参保、属地管理和统筹协调原则；参保范围为不属于城镇职工基本医疗保险制度覆盖范围的中小学阶段的学生（包括职业高中、中专、技校学生）、少年儿童和其他非从业城镇居民；基金筹集方面，以家庭缴费为主，政府给予适当补助，对试点城市的参保居民，政府每年按不低于人均40元给予补助；医疗保险基金重点用于参保居民的住院和门诊大病医疗支出，有条件的地区可以逐步试行门诊医疗费用统筹；组织管理方面，原则上参照城镇职工基本医疗保险的有关规定执行，鼓励有条件的地区结合城镇职工基本医疗保险和新型农村合作医疗管理的实际，进一步整合基本医疗保障管理资源；充分发挥城市社区服务组织等的作用，整合、提升、拓宽城市社区服务组织的功能，加强社区服务平台建设，做好基本医疗保险管理服务工作。

2010年颁布的《社会保险法》第25条进一步做出规定，国家建立和完善城镇居民基本医疗保险制度；城镇居民基本医疗保险实行个人缴费和政府补贴相结合；享受最低生活保障的人、丧失劳动能力的残疾人、低收入家庭60周岁以上的老年人和未成年人等所需个人缴费部分，由政府给予补贴。

自2007年试点工作启动以来，城镇居民基本医疗保险制度的覆盖范围不断扩大。截至2016年底，参加城镇居民基本医疗保险人数为44 860万。城镇居民基本医疗保险制度

① http://news.ifeng.com/mainland/detail_2010_12/24/3682179_0.sht,2010-12-24.

的实施对于减轻城镇居民看病负担发挥了积极作用。在这一过程中，政府补助资金和社区组织也都发挥了重要作用。

3. 城乡居民基本医疗保险制度

新型农村合作医疗、城镇居民基本医疗保险的相继建立，为缓解城乡居民“看病难、看病贵”的问题，保障广大群众的身体健康发挥了非常重要的作用。但是随着医疗保障制度建设的发展，这种城乡分割的管理体制因管理分离、资源分散而显现出越来越多的弊端。

为了解决这些问题，实现基本医疗保险制度的全面协调可持续发展，中共中央、国务院于 2009 年发布的《关于深化医药卫生体制改革的意见》指出，要“有效整合基本医疗保险经办资源，逐步实现城乡基本医疗保险行政管理的统一”。为此，国务院相关部门在推进医疗保险体制改革的过程中切实注意统筹规划、整体设计和协调安排各项制度，并采取了五个方面的措施：第一，在参保管理上，尽可能地打破城乡的界限，以农民工为重点，明确了跨制度、跨地区的转移接续办法；第二，在政府的补贴标准上，对城乡居民医保规定了相同的政策；第三，在待遇水平上注意三项制度水平的统筹安排，逐渐缩小报销水平差距；第四，在相关的管理服务上，加强城乡衔接，比如推进门诊统筹，实现居民医保和新农合同步安排；第五，初步建立了城乡政策一致的医疗救助制度。

实践中，各地按照中央的要求积极开展了统筹城乡医疗保障制度的探索，具体实施形式主要有三种：第一种是实施统一的城乡居民医疗保险制度，规定不同的档次，由城乡居民自主选择；第二种是在保持新农合和居民医保两个不同制度的基础上，实现行政管理的统一；第三种是实现经办系统至少是信息平台的统一①。

在总结新型农村合作医疗和城镇居民基本医疗保险运行情况及地方探索实践的基础上，2016 年 1 月，国务院发布《关于整合城乡居民基本医疗保险制度的意见》(简称《意见》)，明确提出整合城镇居民基本医疗保险和新型农村合作医疗两项制度，建立统一的城乡居民基本医疗保险制度。具体包括：统一覆盖范围、统一筹资政策、统一保障待遇、统一医保目录、统一定点管理、统一基金管理。《意见》对于积极构建保障更加公平、管理服务更加规范、医疗资源利用更加有效的城乡居民医保制度发挥了重要的推动作用。在《意见》出台之前，已有天津、上海、浙江、山东、广东、重庆、青海、宁夏、新疆兵团实现了整合，制度运行总体平稳。《意见》出台后各地逐渐加快整合步伐，截至 2017 年 9 月，共有 31 个省份对整合工作做出了总体部署，23 个省份划归人社部门管理，257 个地市级统筹地区出台实施方案，237 个地市划归人社部门管理，占地市级统筹地区的 71.2%；2016 年城镇基本医保参保人数 7.4 亿，比上年增长 11.7%，截至 2017 年 3 月底，人社部门管理的医疗保险人数超过 10 亿，新增参保人数主要来自城乡制度整合后新农合人员的转入②。

7.3.3 城乡居民大病保险制度

全民医保体系的初步建立为人民群众看病提供了基本保障，但是由于城镇居民基本医

① 我国切实加快医疗保险城乡统筹的步伐. 中华人民共和国国家发展和改革委员会网，2010-09-29.

② 涂延君. 城乡居民医保整合情况、成效及面临情势. 中国劳动保障报，2017-09-01.

疗保险和新型农村合作医疗保险的保障水平还比较低，大病患者和贫困人口医疗费用负担重、“因病致贫、因病返贫”的问题依然相对突出。2012 年 8 月，国家出台《关于开展城乡居民大病保险工作的指导意见》，旨在进一步完善城乡居民医疗保障制度，健全多层次医疗保障体系，有效提高重特大疾病保障水平。城乡居民大病保险是基本医疗保障的基础上，对大病患者发生的高额医疗费用给予进一步保障的一项制度性安排，可进一步放大保障效用，拓展和延伸基本医疗保障制度。

2015 年 8 月，国务院办公厅在总结前期试点经验的基础上，发布《国务院办公厅关于全面实施城乡居民大病保险的意见》（简称《意见》），标志着大病保险制度在全国范围内铺开。《意见》提出，2015 年底前，大病保险覆盖所有城镇居民基本医疗保险、新型农村合作医疗（以下统称城乡居民基本医保）参保人群，大病患者看病就医负担有效减轻；到 2017 年，建立起比较完善的大病保险制度，与医疗救助等制度紧密衔接，共同发挥托底保障功能，有效防止发生家庭灾难性医疗支出，城乡居民医疗保障的公平性得到显著提升。

根据《意见》，大病保险制度坚持以人为本、保障大病，统筹协调、政策联动，政府主导、专业承办，稳步推进、持续实施的基本原则；保障对象为城乡居民基本医保参保人，保障范围与城乡居民基本医保相衔接，参保人患大病发生高额医疗费用，由大病保险对经城乡居民基本医保按规定支付后个人负担的合规医疗费用给予保障；支付比例在 2015 年达到 50%，并逐渐提高；大病保险资金来源于从城乡居民基本医保基金中划出一定的比例或额度；支持商业保险机构承办大病保险，原则上通过政府招标选定商业保险机构承办大病保险业务，对商业保险机构承办大病保险的保费收入，按现行规定免征营业税，免征保险业务监管费；发挥商业保险机构全国网络优势，简化报销手续，推动异地医保即时结算；鼓励商业保险机构在承办好大病保险业务的基础上，提供多样化的健康保险产品。

近年来，城乡居民大病保障机制不断完善。截至 2015 年底，城乡居民大病保险已覆盖所有城乡居民基本医疗保险参保人；2016 年，大病保险覆盖城乡居民超过 10 亿人，推动各省大病保险政策规定的支付比例达到 50%以上，受益人员的实际报销比例提高 10～15 个百分点①。

7.3.4 基本医疗保险制度的未来展望

“十二五”期间，我国基本医疗保险取得了突出的发展成效，实现了“全民医保”，但也存在着制度不完善、统筹层次较低、个人账户异化、基金监管能力较弱、医疗费用浪费严重等问题。《健康中国“2030”规划纲要》提出，到 2030 年，全民医保体系成熟定型。为实现这一目标，我国基本医疗保险制度未来将重点做好以下几方面的工作：

第一，完善制度设计，提高保障水平。健全医疗保险筹资机制，实现稳定性和可持续性；健全医疗保险报销比例调整机制，合理确定和适当调整基本医疗保险待遇标准；适当提高职工和城乡居民基本医疗保险政策范围内住院费用支付比例；改进职工基本医疗保险个人账户，开展门诊费用统筹；加快推进基本医保异地就医结算；全面实施城乡居民大病

① 国务院新闻办公室．中国健康事业的发展与人权进步白皮书．中国政府网，2017-09-29.

保险制度，进一步完善重特大疾病保障机制。

第二，加快制度整合步伐，提高基金统筹层次。建立统一的城乡居民基本医疗保险制度和经办运行机制，理顺管理体制，提升服务效能；逐渐缩小城乡居民基本医疗保险和职工基本医疗保险的待遇差距，提高公平性，并为制度的最终整合创造条件；积极探索推进医疗保险省级统筹，提升基金的支付能力。

第三，深化基本医疗保险支付方式改革，合理控制医疗费用。针对存在的过度医疗、纵向定价虚高、横向滥用和浪费等导致的国家医保资金大量损失问题，一方面是积极推进按病种付费、按人头付费，积极探索按疾病诊断相关分组付费（DRGs）、按服务绩效付费，形成总额预算管理下的复合式付费方式；另一方面是全面实现医保智能监控，将医保对医疗机构的监管延伸到医务人员。通过引导和控制医疗行为，进而达到控制医疗费用的目的。

第四，健全以基本医疗保障为主体、其他多种形式补充保险和商业健康保险为补充的多层次医疗保障体系。继续完善商业保险公司经办居民大病保险的相关制度，强化监管措施；逐步引入社会力量参与医保经办，健全医保管理服务体系；鼓励发展补充医疗保险和商业健康保险，设计适合用人单位和大众需求的保险产品和项目；加强基本医保、城乡居民大病保险、商业健康保险与医疗救助等的有效衔接。

第五，通过医保的进一步完善为医改提供新机制。2018 年国务院机构改革中新成立的国家医疗保障局，目的不仅在于提供完善的医疗保障制度，还将为下一步的医改提供新机制。从医保和医改的内在关系来看，全民医保的建立大大提升了公众对于医疗卫生服务的需求，也对医药卫生消费结构产生了显著影响，并在一定程度上重塑医药卫生市场的运行规则。总的来看，全民医保已经为政府宏观地、间接地调控医药卫生领域提供了组织基础和经济基础①，全民医保的完善也将进一步推动“医改”的深化。

7.3.5　补充医疗保险制度

补充医疗保险是在基本医疗保险制度之外存在及发展，并对社会成员起补充作用的各种社会性医疗保险措施的总称。发展补充医疗保险是深化我国医疗保险制度改革，建立多层次医疗保险体系的需要。我国现行的补充医疗保险形式多样，主要包括企业补充医疗保险、公务员的补充医疗保险（医疗补助）、职工医疗互助补充保险、大额医疗费用补助。它们在不同方面为基本医疗保险制度提供补充，对维护劳动者的健康起到重要的支持作用。

1. 企业补充医疗保险

企业补充医疗保险是指企业在参加基本医疗保险的基础上，国家给予政策鼓励，由企业自主举办或参加的一种补充性医疗保险形式。1994 年的《关于职工医疗制度改革的试点意见》规定：发展职工互助基金和商业性医疗保险，作为社会医疗保险的补充，满足国家规定的基本医疗保障之外的医疗需求，但要坚持自愿参加、自由选择的原则。1998 年 12 月，国务院颁布的《关于建立城镇职工基本医疗保险制度的决定》，以及 2001 年的《中

---

① 则裕沙龙，董朝晖．新医保局在医改中的历史使命．搜狐网，2018-05-04.

华人民共和国国民经济和社会发展第十个五年计划纲要》均提倡要发展补充医疗保险制度。2002 年，财政部、劳动和社会保障部颁布了《关于企业补充医疗保险有关问题的通知》，对建立企业补充医疗保险制度做出了具体规定。规定参加各项社会保险并按时足额缴纳社会保险费的企业，可自主决定是否建立补充医疗保险；企业补充医疗保险费在工资总额 4%以内的部分，企业可直接从成本中列支，不再经同级财政部门审批；企业补充医疗保险办法应与当地基本医疗保险制度相衔接；企业补充医疗保险资金由企业或行业集中使用和管理，单独建账，单独管理，用于本企业个人负担较重职工和退休人员的医药费补助，不得划入基本医疗保险个人账户，也不得另行建立个人账户或变相用于职工其他方面的开支。2009 年，财政部、国家税务总局发布《关于补充养老保险费补充医疗保险费有关企业所得税政策问题的通知》发布，加大了对补充医疗保险的税收优惠政策力度。该通知规定："自 2008 年 1 月 1 日起，企业根据国家有关政策规定，为在本企业任职或者受雇的全体员工支付的补充养老保险费、补充医疗保险费，分别在不超过职工工资总额 5%标准内的部分，在计算应纳税所得额时准予扣除；超过的部分，不予扣除。"

在国家宏观政策的指导下，许多地区和城市在建立城镇职工基本医疗保险的同时，纷纷积极筹建多种形式的补充医疗保险，基本形成了三种主要的实施方式：企业自办的企业补充医疗保险，社会医疗保险机构主办、商业保险公司经办的补充医疗保险，企业主办、社会医疗保险机构经办的补充医疗保险。企业补充医疗保险目前已成为基本医疗保险的重要补充。根据人力资源和社会保障部的统计数据，截至 2016 年底，参加补充医疗保险的职工人数为 29 022 万。

2. 公务员医疗补助

1998 年《关于建立城镇职工基本医疗保险制度的决定》规定：国家公务员在参加基本医疗保险的基础上，享受医疗补助政策。在此基础上，劳动和社会保障部、财政部于 2000 年出台《关于实行国家公务员医疗补助的意见》，对国家公务员补充医疗补助政策的原则、范围、经费来源、经费的使用、经办机构（由社会保险经办机构负责经办）等问题做出了相应的规定。建立公务员医疗补助制度是为了解决国家公务员超过基本医疗保险费用待遇之外的医疗费用及大额医疗费用。医疗补助的经费完全由财政拨付，补助水平与当地经济发展水平和财政负担能力相适应，和基本医疗保险的水平相衔接，并随经济发展有所提高。目前实施公务员基本医疗保险制度的地方，基本都实行对国家公务员的医疗补助制度。

3. 职工医疗互助

职工医疗互助是指由工会组织主办、职工群众自愿参加，资金由职工个人筹集为主，行政资助为辅，职工群众内部互助互济性质的一种补充医疗保险形式①。职工医疗互助补充保险主要由中华全国总工会主办的中国职工保险（保障）互助会组织和经营管理，资金主要来源于职工保险互助会会员的个人缴费、各级行政部门给予的补助、工会的资助以及资金的利息等。保障对象为中小企业职工以及基本医疗保险制度未包括的原享受半费医疗待遇的职工家属。参加互助医疗的职工及家属在发生疾病或非因工负伤时，除享受基本医疗保险之外，由该补充医疗保险给予职工相应的经济保障。各地职工医疗互助保险项目逐

① 仇雨临、孙树菡. 医疗保险. 北京：中国人民大学出版社，2001：25.

步增多，如北京市职工互助保障计划推出了在职女职工特殊疾病互助保障计划、在职职工意外伤害互助保障计划、在职职工重大疾病互助保障计划、在职职工住院医疗互助保障计划、在职职工子女意外伤害互助保障计划、在职职工住院津贴互助保障计划、非工伤意外伤害及家财（火灾）损失互助保障计划共七个保险项目。

4. 大额医疗费用补助

大额医疗费用补助是各地在推进基本医疗保险制度改革过程中，为增强参保人员抵御大额疾病风险能力而建立的一种补充医疗保险制度。通常用于支付参保人员基本医疗保险统筹基金最高支付限额以上，大额救助最高支付限额之下的医疗费用。目前大额医疗费用补助已在全国推开，但各地的具体做法并不完全一样。最普遍的是由个人或者用人单位缴纳一定的保险费用，缴纳的保费统一由当地的医保中心负责管理，医药费用的支付由医保中心或者由医保中心与其所投保的商业保险公司联合负责。由医保中心负责管理，表明我国目前实行的大额医疗费用补助实质上具有强制性的特点①。

7.3.6　补充医疗保险制度的未来展望

2009 年发布的《中共中央国务院关于深化医药卫生体制改革的意见》指出："加快建立和完善以基本医疗保障为主体，其他多种形式补充医疗保险和商业健康保险为补充，覆盖城乡居民的多层次医疗保障体系。"但由于我国补充医疗保险制度实施时间较短，无论在制度设计、管理还是人们关注都存在很大不足，且存在发展不均衡、风险管控困难等问题，在很大程度上制约了补充医疗保险制度的推进和实施。《人力资源和社会保障事业发展"十三五"规划纲要》再次指出，"鼓励发展补充医疗保险、商业健康保险"。在今后的发展中，应重点解决以下问题：

第一，加强法制建设，厘清政府责任。目前我国补充医疗保险的审批、经办与运行均缺乏及时有效、规范有序的制度性基础，法制建设相对滞后。政府部门只是出台了一些政策性的指导意见，缺少法律上的规范和具体的财税优惠措施，很难调动企业和单位建立补充医疗保险的积极性。政府应及时总结各地区实践经验，制定和完善补充医疗保险相关法律法规，加强监督管理，并在财政和税收政策方面给予补充医疗保险明确的支持和鼓励。

第二，加强宣传，更新观念。补充医疗保险是多层次医疗保障制度的重要组成部分，政府应加强宣传，让社会各界认识到补充医疗保险制度的重要性和必要性，提升用人单位和职工的参保意识和参保积极性，扩大补充医疗保险覆盖人群。

第三，完善补充医疗保险制度。完善补充医疗保险制度设计，提升适应性、针对性和保障力度，提高制度吸引力；实现补充医疗保险和基本医疗保险制度的有效衔接，切实有效形成对基本医疗保险的合理补充；加强补充医疗保险产品设计的交流和沟通，实现不同补充医疗保险项目之间的有效衔接，避免保障不足和重复保障。

第四，鼓励商业健康保险发展。《健康中国"2030"规划纲要》指出，要健全以基本医疗保障为主体、其他多种形式补充保险和商业健康保险为补充的多层次医疗保障体系。据此，应落实税收等优惠政策，鼓励企业、个人参加商业健康保险及多种形式的补充保

---

① 贾洪波，阳义南．中国补充医疗保险发展：成效、问题与出路．中国软科学，2013 (1).

险。丰富健康保险产品，鼓励开发与健康管理服务相关的健康保险产品。促进商业保险公司与医疗、体检、护理等机构合作，发展健康管理组织等新型组织形式。

7.4 中国港澳台地区的医疗保险制度

中国港澳台地区由于社会制度与中国内地不同，其医疗保险制度也有其特殊性。它们在某些制度安排以及具体运作过程中取得的经验和教训值得中国内地借鉴。

7.4.1 香港特别行政区的医疗保险制度

1967 年，港英政府专门成立了一个跨部门工作小组，研究社会保障制度问题，并于同年发表《社会保障的若干问题报告书》，建议政府循序渐进地实施社会保障计划，首先解决疾病、医疗、体弱和生存的社会保障问题。1974 年政府提出医疗和卫生服务计划，形成了香港社会保障的基本框架。香港的医疗保障模式属于国家医疗保险模式，是按准公共产品中的公共资源的属性进行运作的。政府作为香港医疗服务的供给者，在医疗资源配置方面发挥主导作用。政府人均医疗投入达 4 000 多港元，保障覆盖全民，为公民提供高福利的均等化的医疗服务。

为应对医疗卫生方面的挑战，为香港市民提供更高效的医疗服务，2005 年卫生福利及食物局下设的健康医疗发展咨询委员会发表《创建健康未来》的讨论文件，探讨用成本效益的方法来提供优质的医疗服务，以确保医疗保障系统的可持续发展。2008 年 3 月，在 2005 年讨论稿的基础上，香港特区细化了改革措施，发表《掌握健康　掌握人生》的医疗改革公众咨询文件，并于 2010 年再度推出《医保计划　有我选择》的新改革方案，方案以提升医疗服务效率、创造和促进良性竞争环境、遏制成本增加和医疗通胀以及鼓励市民为将来的医疗进行储蓄作为改革的四大目标①。

1. 医疗卫生政策概况

香港医疗卫生政策的宗旨是：不让任何一位香港居民因为缺乏生活来源而无法接受及时而有效的医疗服务。香港的医疗服务体制是双重体制，公营私立机构同时并存。

香港的医疗机构分为三类：一是政府办的公立医院；二是由非营利团体主办、政府补助的医院；三是私立医院，以营利为目的。前两者现统归法定的医院管理局管辖，第三类主要由卫生署审批、发牌及监管。成立于 1990 年的医院管理局，负责管理香港所有公立医院，并通过特区政府卫生福利及食物局局长向政府负责。

2. 医疗保障制度

现行香港的医疗保障制度是以“全民健康服务”为主的多层次、全方位的医疗保障模式。香港本地居民到公立医院看病基本免费或低费，其他费用由政府负担。是否需要某种检查、是否住院治疗，由医生来决定。诊疗项目限制在常见病、多发病方面。

香港公立医院是政府财政全额拨款，急诊病人和意外事件的伤者均被送往各大型医院

---

① 陈心颖．香港医疗保障制度的变革及其对内地的启示．中共福建省委党校学报，2014（6）．

的急症室接受治疗，费用全免。香港八成以上的市民都在公立医院诊治疾病，只有经济富裕的人才到私立医院治病。从严格意义上讲，私立医院是市场化主体，不属社会福利范畴，收费昂贵①。

3. 医疗保障制度的特点

(1) 经费有稳定的来源。香港的公立医院由香港政府拨款建设及维持日常费用。半官方的医院由政府给予固定的资助或拨款。

(2) 适应了各阶层居民的医疗需求。香港的医疗保障是分层次的。政府只承担了贫困者和低收入者的医疗保障有限责任，高、中收入者所需要的完备、高质量的医疗服务由自己来承担。

(3) 社会参与医疗保障制度的管理。政府花钱办医院，由民间机构来管理，这是香港医疗保障制度的一大特色。政府机构只负责拨款和间接管理，对日常事务没有行政干预，卫生署和医院管理局只行使监督权②。

(4) 医疗机构的监督体系比较健全。在香港所有公立和私立医院都设有患者投诉部，患者对医院服务不满，可以投诉，有关部门要给予答复。医院管理局要向卫生署报告医院使用经费的情况，卫生署要向立法会提交报告，立法会对此项工作进行全面的审查。

香港公营医疗制度总体是公平的，不论贫富均可享有同等权益，为香港市民提供可获取低廉医疗服务的机会。不过，由于公立医院完全依赖政府拨款，面对人口老龄化、医疗成本上涨，以及公众对医疗服务的期望越来越高等挑战，香港政府的财政压力日增。同时，还存在着医疗服务质量偏差、欠缺有效的外界监管机制、医疗架构“分裂隔离”情况严重等问题。香港的医疗保障制度改革已刻不容缓。对此，有关人士提出，香港在继续维持公私营医疗双轨制并保持均衡发展、让市民有所选择的基础上，应对公营医院服务重新定位。也有专家建议推行“就业人士全民医疗保险计划”，以解决医疗融资问题。

7.4.2　澳门特别行政区的医疗保险制度

20 世纪 80 年代以前，澳葡政府在医疗保健服务上采取放任的政策方针，民间的慈善机构在提供医疗服务方面扮演了主要角色，满足大部分居民的保健需要③。1984 年，政府通过法令决定建立一个综合的卫生医疗体系，其后通过 1986 年 24/86/M 号法令和 1989 年 68/89/M 号法令，确立了以税收为筹资来源、由政府部门直接提供的医疗保障方案。这几个法令确定了澳门医疗卫生服务体系的混合型基本框架。所谓混合，指的是澳门医疗卫生服务的供给体系，既包括隶属政府卫生局的医疗机构，也包括非政府所属的私营医疗系统；在私营医疗系统中，又包括营利和非营利机构④，形成了现在澳门的医疗保健制度。1985 年开始逐步在澳门和离岛开设“卫生中心”，建立一个基层护理网络，20 世纪 90 年代初重建仁伯爵综合医院，成为这一制度发展史上的重要里程碑。

---

① 斯雄．体验香港看病“公私双轨制”．时代潮，2004 (7)．

② 刘燕生．香港医疗保障制度．中国改革，2000 (7)．

③ 李展润．论医疗卫生事务中的政府干预：并论政府的医疗卫生政策．澳门研究，1998 (1)．

④ 王震，高秋明，林绮晴．澳门的医疗卫生制度与改革趋势．中国医疗保险，2016 (2)．

1. 医疗保健体系

澳门医疗保健工作由卫生局负责，而各层面的医疗保健服务由卫生局及私人机构共同负责提供。基层门诊服务方面，卫生局下设八间卫生中心（六间位于澳门，两间位于离岛），为市民提供各项免费的门诊式医疗保健服务，如产前保健、家庭计划、儿童及成人保健、疾病医药治疗等。仁伯爵综合医院和镜湖医院也设有门诊服务。前者的服务是按次收费，但部分指定人士可免费；后者分为免费及自费两类。此外，多间非营利性的社团机构在提供门诊服务方面亦扮演积极的角色，且收费较为低廉；为数不少的专人执业医生也参与满足相当比例的基层门诊服务需要，运作方式以营利为原则①。

澳门只设有两所西医医院：公立的仁伯爵综合医院和私立的镜湖医院。仁伯爵综合医院的住院服务收费方式与门诊一样，除那些特定组群外，其他都是按次收费。镜湖医院的住院服务则分为三类：第一类的设备较为豪华，收费最为昂贵（费用超过成本水平）；第二类是以“用者自付”的原则收取费用；第三类则属于慈善性质，当中再细分免费及象征式收费两种，对象普遍是贫苦大众。镜湖医院所提供的慈善医疗服务，其经费主要来自两方面：一是政府的资助计划；二是该院的慈善拨款计划。两所医院在提供服务上互相补足，在必要时仁伯爵医院还会将病人转入镜湖医院治疗，有时甚至到香港或内地的医院治疗，所有开支均由卫生局负责。

2. 医疗保健体系的特征

在医疗保健服务的供应上，澳门私营机构的角色相当重要，其规模比公营体系还大，所提供服务的数量更超过公营机构。但有两点值得注意：

第一，镜湖医院作为最大的私营医疗机构，2000 年有 16.7%的门诊服务及 47%的住院服务属于慈善性质，可以被视为“半慈善”的医疗机构。此外，该医院的部分服务亦受卫生局资助。

第二，不少开设诊所的私人社团都属于慈善或非营利团体，且部分机构亦受到政府的资助。

因此，虽然由政府所提供医疗服务少于私营体系，但在整体医疗保健成本的分担上，政府所占的比例较私人体系大。1998 年政府共支付了 79%的整体医疗保健费用，而私人部分仅支付 21%。由于政府的主要财政来源是税收，所以澳门是以集体融资方式为主导，支付整体的医疗保健开支。

由于政府的基层医疗保健服务是免费的，专科及住院服务亦豁免了相当比例人口的收费，而其收费服务只是收回部分成本，实际上政府同样给予资助，所以，公营的医疗保健服务具有一些全民性的元素，即无论是富者还是贫者，都能够享受公营的医疗保健服务。

从公营体系在服务费用上的负担程度和公营服务的覆盖程度上看，澳门医疗保健体系具有“全民保健服务模式”的部分特征。但是如果与英国、瑞典等典型采用“全民保健服务模式”的国家相比，澳门公营体系的规模仍较为落后，故我们不能把澳门的体系直接归类为该模式，最多可视为“半全民保健服务”（semi-national health service）模式。

---

① http://self.learning.college.googlepages.com/hp_macau_cn.

澳门医疗保健体系的费用相当便宜，社会的整体负担不算沉重，但其服务表现效果却与亚洲及欧美发达地区不相伯仲。因此，该体系在宏观效率方面的表现十分理想。

7.4.3　台湾地区的医疗保险制度

医疗保险在台湾被称作“健康保险”。1949 年前后，台湾的医疗保险制度大体经历了两个阶段的变化。1995 年之前实行多种健康保险制度，计有 10 种之多。因其存在覆盖面过窄、保障水平参差不齐等弊端，1988 年台湾地区行政管理机构成立专职规划小组，着手规划实施“全民健康保险”。1994 年 8 月 9 日，台湾当局公布了“全民健康保险法”，同年 10 月 3 日又公布了“‘全民健康保险法’修正案”，12 月 3 日又公布了“健康保险局组织条例”。1995 年 1 月 1 日“健康保险局”成立，1995 年 3 月“全民健康保险”正式开始实施①。这是台湾地区社会福利与卫生政策发展史上的重要里程碑。历经 15 年的发展，台湾全民健保制度的成就，特别是“低保费、高质量”这一制度特质，受到学者的广泛赞誉。

1. 健康保险基本内容

台湾地区健康保险是一种普及和强制参保的社会健康保险，目标是以市民纳保、共同分担风险的方式提供市民平等的就医权益。台湾居民不分职业、民族、年龄都得参加该项保险。单位（雇主）有责任扣交保险费，不扣不交要受罚。经 2001 年 1 月修改的“全民健康保险法”规定，军人也全部纳入健保体系之中。

保险对象分为六种类型：第一类为公营民营事业机构人员、公务或公职人员、私立学校教职员、自营作业者雇主；第二类为工人及外雇职员；第三类为农民、渔民；第四类为军人家属；第五类为低收入户；第六类为退伍军人（荣民）及其家属等。第一至第四类人员的保险费由行政管理机构、雇主及被保险人三方共同交纳，只是不同人群的保险费比率不同。低收入户全部由行政管理机构来投保。第六类即“荣民”也是如此，但 30%需由个人负担，其余 70%由行政管理机构出资②。

台湾地区健康保险的财务具有“随收随付”特性，即当期收取保险费，当期支付医疗费用；所有被保险人享有的服务及整个健保制度的运作，全依赖保险费的收入③。“全民健康保险”的主管机关是台湾地区行政管理机构下设的“卫生署”，下设“全民健康保险监理委员会”、“医疗费用协定委员会”、“全民健康保险争议委员会”和“精算小组”。“全民健康保险”的具体承办单位是台湾地区“健康保险局”，下设台北、高屏、西区、北区、东区、南区六个分局及四个联合门诊中心。

根据“全民健康保险法”的规定，参与健康保险服务的医疗服务机构，必须经过审查，以确定其资格。经审查合格的医疗服务机构，成为健康保险的特约医疗服务机构，包括特约医院及诊所、特约药店、保险指定医疗检验机构及其他经事务主管机关指定之特约医疗业务机构④。台湾民众可以自由选择“全民健康保险”定点医疗机构（可以是私立医

---

① 赵喜顺. 台湾的医疗保险制度. 台湾研究集刊，2000（1）.

② 陆为民. 台湾的“全民健康保险”计划. 江苏卫生事业管理，1997（5）.

③ 刘丽伟. 台湾地区市民健康保险体系研究. 哈尔滨学院学报，2003（9）.

④ 同①.

院也可以是私人诊所）就医，就医时须提供身份证和保险卡（使用统一的IC健保卡）。

健康保险的保险给付根据“全民健康保险法”，医疗费用应由病人自己负担一部分，比例因门诊和住院而不同。病人自己负担的费用以定额方式收取，每年由主管机关公布在不同级别医院和诊所就诊病人所应负担的金额。

2. 对台湾地区健康保险的总体评价

台湾健康保险开办以民众纳保为目标，社会共同分担风险。医疗给付的范围不断扩大，几乎所有台湾民众皆可接受健康保险，大大降低了民众就医的经济障碍，特别是老、弱、妇、孺等医疗照护需求高的民众，无须花费昂贵的医疗费用就可接受医疗照护；此外，对重大伤病的民众免除部分负担，贫困及重症的家庭免于因病而致的经济困顿之窘。目前民众对健康保险的满意度普遍达七成以上，同时台湾地区民众的健康水平达到发达国家水平①。但同时，健康保险制度在实施过程中也存在以下问题：缺乏对消费者的有效管理机制，健保财务开支过大使政策阻力较大，缺乏实证基础的支付标准等。这些问题与挑战都需要在未来得到有效的解决。

7.5 国外的医疗保险制度

国外的医疗保险制度建立较早，制度也较完善与成熟，德国、英国、美国以及新加坡是其中的代表。了解这些国家的医疗保险模式有利于我们更好地审视中国社会医疗保险制度的发展，吸取它们成功的经验。

7.5.1 德国的医疗保险制度

1883年，德国政府颁布的《企业工人疾病保险法》标志着强制性医疗保险制度的诞生。经过100多年的发展，德国的医疗保险已经发展成为覆盖广泛的医疗保障体系，由法定医疗保险、私人医疗保险和其他渠道共同保障国民的健康。

1. 覆盖范围

法定医疗保险覆盖月税前收入低于法定义务标准的雇员、无固定收入的雇员配偶和子女、退休人员、失业者、自雇人员、义务兵、大学生和就业前的实习生。这部分人群占德国总人口的90%。德国社会医疗保险覆盖率已由制度伊始的10%，发展到目前的只有0.2%的人口没有医疗保险。德国的《医疗卫生改革法》规定了法定医疗保险的人员范围、结构原则、缴费义务、待遇和组织形式。参加法定医疗保险的人群分为三类：义务投保人、自愿投保人和家庭联保人。

2. 缴费比例

法定医疗保险的缴费由雇主和雇员各承担50%。若雇员取得的劳动报酬较低，则由雇主承担全额的医疗保险费。对于几类特殊的群体，还适用特别的规定。缴费以投保人的毛

① 周沛. 失业、失业保险、社会救济与经济增长：论近期内地下岗现象与香港失业问题. 南京大学学报（哲学·人文科学·社会科学版），1999（1）.

收入为缴费基数；缴费基数设封顶线和保底线，由政府每年加以调整，工资性收入低于保底线的可免除缴费义务，在封顶线以上的部分不再征缴。德国的医疗保险实行分散管理，全国没有统一的医疗保险缴费率。费率由医疗保险经办机构根据收支预算自行确定，报监督机关审批后实施。一般情况下缴费占工资收入的 14%～15%。

3. 待遇支付

法定医疗保险的投保人以及享受医疗保险的配偶和子女都可获得医疗保险卡，其有效期为 5 年。投保人获得由医疗保险局提供的实物或服务形式的医疗保险待遇，投保人也可放弃享受这种实物或服务形式的医疗保险待遇，而选择享受经允许的或经授权的医疗服务提供方提供的医疗服务并事后报销的做法。对符合条件参加法定医疗保险的雇员，其家庭成员可一起享受医疗保险的各种待遇，包括：由雇主支付的病假工资、因丧失就业能力的医疗津贴、生育补贴、丧葬补贴、疾病治疗、孕产期待遇等。

4. 组织管理

德国政府不参与法定医疗保险的具体操作，但社会医疗保险互助共济、自治与伙伴关系的原则一直贯穿在制度的历史发展过程中。政府的医疗保险管理机构只负责对经办机构进行监督检查。德国卫生部负责全国的医疗卫生管理，颁布政策、制定规划；各州卫生管理部门负责对医院的监督和对医生的组织；州下一级的地方部门负责公共医疗问题①。

德国医疗保险的经办机构是医疗保险局，按地区、职业和行业分为八类：地方医疗保险局、企业医疗保险局、手工业医疗保险局、海事医疗保险局、农业医疗保险局、联邦矿工保险局、职员的替代保险局和工人的替代保险局。医疗保险局在是国家监督下实行自我管理的独立实体。社会医疗保险体制中的社会组织发育健全，社会自治程度相当高，协会内部的利益结构是平衡的。投保人可以自由选择医疗保险经办机构，医疗保险经办机构与提供医疗服务的医生、药店和医院签订合同，在被保险人患病时提供医疗服务，医疗费用由经办机构承担，被保险人无须支付费用。

5. 私人医疗保险

德国的私人医疗保险覆盖公共服务行业中享受政府医疗补贴的就业者，如公务员、法官、军人、自由职业者，以及月税前收入高于法定义务标准的雇员。私人医疗保险由商业性的私人保险公司运作，由联邦保监会监督，参保者及其家属与保险公司签订合同，保费根据风险确定，保险待遇也不同。德国还有企业建立了“企业医疗保险”，为员工提供保障。

6. 其他保障

除了法定医疗保险和私人医疗保险之外，德国还有其他渠道提供的医疗保障，比如护理保险、工伤保险、社会救济、战争受害者的保障、公务员医疗补助、警察和联邦国防军医疗福利等。

随着医疗科技的进步，人们对医疗保障需求多元化，社会医疗资源有限，加之人口老龄化，加剧了医疗需求和供给的矛盾，医疗保险费用支出亦上涨过快，为此，德国开展了一系列改革。改革方案包括把非工资性收入并入缴费基数；取消装假牙等支出项目；提高

---

① 周寿祺．德国医疗保险的发展近况．医保研究动态，1999（38）．

住院治疗的费用；扩大医疗保障范围，加强健康教育和倡导健康的生活方式，从疾病保险向健康保险转变；建立以家庭医生为中心的适合老年人特点的护理模式；通过提高烟草税收解决生育的家庭护理费用；等等。此外，德国自2004年起强制实行按病种付费的制度，以抑制医疗费用过快增长的趋势。

7.5.2 英国的医疗保险制度

1911年英国通过《国民保险法》，自此英国医疗保障进入社会保险阶段，实行由雇主、雇员、政府共同缴费的社会保险制度。1944年英国政府提出“国民卫生服务”的口号和建议。1948年的《国民医疗保健服务法》使所有医疗机构国有化，医疗机构的医护人员成为国家卫生工作人员。1964年颁布的《国家卫生服务法》规定对所有公民提供免费医疗。英国是最早实行全民医疗保健制度的国家。

1. “国民卫生服务”的特点

医疗总费用由政府税收、患者个人负担部分及其他收入组成，其中政府税收占大部分；国家负责办医院、雇用医务人员或者购买私人医疗服务、购买药品，向全民提供几乎免费的医疗服务和药品；卫生费用由国家预算，实行中央集权管理；全科医生在医疗卫生服务中处中心地位，负责实施社区卫生服务和初级卫生保健。

2. 医疗服务体系

英国的医疗服务体系由初级服务、地段服务和医院服务组成。初级服务由全科医生提供，居民患病时首先要到全科医生的诊所就医，如需转院，则通过全科医生介绍到地区综合医院或专科医院治疗。全科医生根据到诊所登记注册的居民人数领取政府发放的工资。地段服务由当地政府提供，内容包括妇幼福利、家庭看护、巡回医疗、防疫注射、学校卫生服务、健康教育、病人运送、残疾人服务以及早产儿童照顾等。医院服务是医疗服务体系的核心，医院提供门诊、住院及疗养等形式的服务。医院经常出现由于过度需求而排队等候住院及手术的现象。医院作为医疗服务的供给方与政府签订合同，支付方式包括人头包干法、总额包干法、超额人次付费法。

英国医疗服务体系的药品由全科医师开处方配给，处方使用国家规定的形式，少部分药品由医院处方提供。为了控制药品支出，制定了免费医疗的药品目录，规定只能使用成本较低的药品，同时注意控制药品价格。

3. 组织管理

英国的医疗保健制度实行政府统一管理的方式，卫生部是最高权力机构，负责维护全国民众健康和福利水平，也负责管理运营英国的医疗保险机构，通过地区卫生局和地段卫生局实行垂直领导。卫生部负责卫生资源分配，地区卫生局负责制定计划，地段卫生局负责医院服务及社区卫生服务的工作。地段一级代表当地居民利益，可提出地段卫生工作建议，对地区卫生局的工作进行评价和监督。另外还有“家庭医生委员会”对家庭医生进行管理。

4. 私人医疗保险

英国在“国民卫生服务”之外，由私人医疗保险作为补充，以满足较高层次的医疗服务需求。私人医疗保险公司提供的保险项目主要有普通私人医疗保险、危急病医疗保险和长期医疗保险。普通私人医疗保险只承保可治愈疾病；危急病医疗保险针对癌症、中风、心脏病等病症；长期医疗保险可支付部分家庭护理费用。

英国的全民医疗保健制度保证所有的国民都能平等享受医疗服务，以较低的成本获得较高的产出，在卫生资源配置方面效率较高。但这种制度容易出现过度需求的倾向，国家控制医疗资源也妨碍了医疗需要的多样化。由于医疗保险费用的80%来自政府的健康保险税，医疗支出占英国财政预算的10%。据报道，英国国家医疗服务体系的预算由最初建立时的4.37亿英镑增至2014—2015年的956亿英镑，即便如此，还有2/3的医院处于赤字运营状态，2014年底，医院运营总赤字已高达10亿英镑。针对制度的弊端，英国开展了一些改革，比如加大医疗项目病人付费的力度、扩大私人医疗服务的作用（近年来少数患者转向私营医疗机构。加之部分大企业为吸引优秀员工，开始为员工购买商业医疗保险，也推动了私营医疗机构的快速发展）、引进竞争机制以提高效率等。

7.5.3　美国的医疗保险制度

美国是以实行商业保险为主的医疗保险模式的典型代表，其医疗保险制度的形成有其特殊的历史原因。20世纪30年代到60年代中期，美国的医疗保险主要是个人自愿投保，由蓝十字组织等民间组织经营。罗斯福在任时推出的《社会保障法》曾考虑把医疗保险包括在内，但由于担心影响整个法案的推行而放弃。杜鲁门曾经支持为每位国民提供医疗保险计划，但因遭到美国医疗协会的强烈反对而告终。20世纪60年代，美国政府通过了将强制性方案与自愿性计划结合的提议，从1965年开始参与医疗保险，1965年老年健康保险立法，1972年残疾人健康保险立法。自此，美国医疗保险由民间保险和政府保险组成。目前美国的医疗保险分为三种类型：医疗照顾、医疗救助和商业保险。美国政府还向印第安人和阿拉斯加的少数民族群体提供免费医疗保险制度，经费单独列支。

1. 医疗照顾

医疗照顾是美国政府资助的、为65岁以上的老年人和身患残疾2年以上的伤残人士支付大部分住院和医疗费用的一种普遍性项目。医疗照顾分为两种：以住院为主的医疗保险和以门诊为主的辅助保险。医疗照顾制度根据1965年制定的《老年医疗保险法》实施，其资金来源于雇主和雇员缴纳的社会保险税中的1.45%。医疗照顾制度由健康与国民服务部的社会保障署直接管理，提供住院和住疗养院的康复费用、就诊和接受家庭护理服务的康复费用。

2. 医疗救助

医疗救助是由各州政府确定贫困线，对低收入者、失业者和残疾者提供的部分免费的医疗保险项目。医疗救助的对象是符合法律规定的贫困者、临时性穷人和缺医少药者，经调查其家庭收入和资产在规定限额以下的人才能获得医疗救助。医疗救助制度的资金来源于所得税，由预算确定支出数额。联邦政府和州政府共同承担医疗救助计划所需费用，按照州人均收入的高低确定联邦政府的分担费用比例，联邦政府还负担各州50%的管理费用。医疗救助提供的基本医疗服务包括：住院病人和门诊病人服务，X光透视和体检服务，农村卫生门诊服务，对成年人的熟练护理服务，医生服务，家庭保健计划服务，设备供给，对有资格享受熟练护理人员的家庭卫生服务，对合格儿童进行检查、诊断和治疗，以及护士和助产专业人员提供的服务。各州也可以提供一些如私人护理、门诊、牙医、理疗、药方、假牙、修复器械、眼镜和其他有关服务之类的选择性医疗服务。

3. 商业保险

商业医疗保险是美国医疗保险体系的主体。美国1 800多家商业医疗保险组织为80%以上的国家公务员和74%的私营企业雇员提供了商业医疗保险，这些人未受到社会医疗保险的保护。商业医疗保险分为非营利性和营利性两种，前者可享受税收优惠。蓝十字和蓝盾是美国两家最大的非营利性商业医疗保险公司，分别由医院联合会和医生组织发起，承保范围分别为住院医疗服务和门诊服务。二者的资金都来源于参加者缴纳的保险费，凭其保险基金可免缴2%的保险税。营利性的商业保险公司通过费用共担的“共保险”的办法降低保险金，仅提供低廉的医疗服务，对费用高昂的项目单独设立险种。

4. 特点

美国的医疗保险制度主要由市场经营和管理，即使是医疗照顾和医疗救助计划，有时也受政府委托，由私人保险公司负责经办。政府只负责老年者、残疾者、贫困者的医疗保险，而很多人享受不到任何形式的医疗保险缴费，因此制度的公平性较差，这体现了美国社会强调个人责任的价值取向。

5. 改革

截至2008年，美国的医保体系主要分以下几类：老年和残障保险制度，医疗补助制度，儿童健康保险制度，联邦雇员福利计划，其他法定医疗保险如商业保险、军人保险，以及一些特殊群体的健康保险制度。这一卫生服务体系使得4 600万左右的人失去医疗风险保障，因为他们属于既买不起商业保险又得不到政府资助的中低收入阶层，其比例占美国人口的15%以上，其中80%为工薪家庭。因此2008年奥巴马在竞选总统时将医疗改革作为竞选的主要纲领之一。2009年奥巴马就任总统的第一个月里，就扩展了儿童健康保险计划；其后又签署了美国复苏与再投资法案，其中包括临时支助穷人医疗救助覆盖率，以及对卫生信息技术、预防和旨在长远改善卫生体系的健康研究投入；签署控烟法案，快速减少吸烟青少年的比例。2010年3月23日，奥巴马总统签署了《医疗保险改革法案》，开启美国医疗保险体系40多年来的最大变革。该法案的核心是创建一个联邦监管的医疗保险市场，而政府将成立公共保险机构出售医疗保险；法案首次明确规定，几乎所有美国人都应在2014年前拥有医疗保险。对于年收入低于43 320美元的个人和低于73 240美元的三口之家，联邦政府将给予医保补贴。医改将使4 600万没有医保人群中的3 200万人获保，从而使医保覆盖率从85%升至95%，距离全民医保只有一步之遥①。对于低收入人群来说，这个法律极大地扩大了医疗救助范围。此外，很多有工作的穷人从其赖以生存的社区医疗中心也会得到更多的资金支持。然而，由于没有达成跨党派共识，医保法案虽获通过，但预算没有着落，且来自工商界的阻力非常大。

美国的医疗体系改革几经反复。被称为医疗体系改革“迈出一大步”的“奥巴马医改计划”刚刚实施两年，即面临被废除的命运：特朗普在2017年1月20日的就职演讲后就

---

① http://news.qq.com/a/20100324/001561.htm.

迫不及待地宣布废除“奥巴马医改计划”。3 月 6 日，共和党就推出了旨在废除和取代奥巴马医改法案的《美国医疗法案》(American Health Care Act)，并陆续在众议院筹款委员会以及能源和商务委员会通过。该法案的设计初衷是：取消为低收入者提供的医保补贴，转为通过退税、扩充医保储蓄账户（health savings accounts）规模，帮助个人提升购买力，以便自行在市场上选购心仪的保险产品。但这次新的改革，有可能会使民众（特别是低收入人群）对失去医疗保障而担心。

7.5.4　新加坡的医疗保险制度

新加坡的医疗保险制度由医疗储蓄计划、健保双全计划、保健基金计划和政府补贴共同组成，形成由个人、社会和政府共同承担医疗费用的模式，保证国民获得基本的医疗服务。新加坡医疗保险制度的第一个层次是在全国范围内推行的、具有强制性的、旨在帮助个人（及其家庭）储蓄和支付医疗保险费用的医疗储蓄计划；第二个层次是非强制性的、通过保险方式让个人与社会共同分担重病医疗风险的健保双全计划；第三个层次是政府拨款建立旨在为贫困者和需要帮助的人提供医疗费用的保健基金计划。

医疗储蓄计划是在新加坡的公积金制度基础上制订的储蓄计划。1984 年，新加坡的个人储蓄账户分为普通账户、保健账户和特别账户，规定相当于工资 6%的缴费计入保健账户，用来支付个人和家庭的住院医疗费用和重病医疗费用。医疗储蓄计划的缴费由雇主和雇员分摊。账户余额用于支付本人及家庭成员的住院和部分门诊检查及治疗费用。保健储蓄基金可免缴个人所得税，超过全年最高限额则自动转入普通账户，可获得平均利率。如果住院费用超过医疗储蓄账户存款，不足部分要用现款支付，以保证参保人退休后患病时能支付住院费。保健储蓄账户所有者去世后，基金余额可由亲属继承，且不缴遗产税。

健保双全计划是个人自愿参加的、带有社会统筹性质的、帮助参加者支付大病或慢性病医疗费用的大病保险计划。健保双全计划自 1990 年开始实施。中央公积金局从参加计划的参保人账户中提取少量费用，实行社会统筹并调剂使用。参保人个人只需支付很少的保费，且可以用医疗储蓄账户支付，具体保费额与投保人年龄相关。

保健基金计划自 1993 年开始实施，是由政府建立救济基金、向无力支付医疗费用的贫困者提供帮助的计划。无力支付医疗费用的贫困者可向保健基金委员会提出申请，由委员会批准和发放基金。

新加坡的医疗卫生机构包括综合诊所和医院。综合诊所的经费来源主要是政府补贴，同时向服务对象收取少量费用。综合诊所负责辖区内的医疗、预防保健并向医院介绍病人，只有如小型 X 光机、B 超机等简单的医疗设备不设病床。医院包括综合医院和专科医院，接受由综合诊所转来的病人。医院的工作人员是政府雇员，拿固定薪水。政府补贴主要针对全民医疗保健服务，按提供的服务量对公立医院提供财政补贴。

政府对医疗服务的管理主要体现在制定并实施医院重组计划、控制医生及病床数、强化成本核算、对医院收入总量控制、对药品进行控制、抑制高科技在政府医院普遍使用等方面，其目的在于控制医疗成本、提高医疗服务效率。

新加坡的储蓄型医疗保险计划的资金具有纵向积累的特点，对高效使用医疗资金和卫生资源有推动作用，但是此种模式过分强调效率，公平性有所欠缺。

本章小结

医疗保险是指由特定的组织或机构经办，通过带有强制性的政策法规或自愿缔结的契约，在一定区域的一定参保人群中筹集医疗保险基金，当参保人（被保险人）因病、受伤或生育接受了医疗服务，由保险人（特定的组织或机构）提供经济补偿的一系列政策、制度与办法。国民的身体健康状况是社会发展的重要指标之一，也是一个国家文明进步的标志。促进国民健康正是医疗保险制度的宗旨之所在。

中国医疗保险制度的建立和发展过程历经波折和改革探索，现形成了以城镇职工医疗保险、城镇居民医疗保险以及新型农村合作医疗为主体的制度框架，并在此基础上建立起以企业补充医疗保险、公务员医疗补助和职工医疗互助为主要形式的补充医疗保险，大大增加了保障效果。

本章还特别考察了香港地区的公营医疗制度、澳门地区的医疗保健体系以及台湾地区的健康保险，并介绍了德国、英国、美国以及新加坡的医疗保险制度，以供学习和借鉴。

关键术语

医疗保险　　基本医疗保险　　补充医疗保险　　医疗服务　　医疗服务市场　　社会统筹与个人账户相结合　　新型农村合作医疗制度　　公费医疗　　劳保医疗　　城乡居民大病保险制度

复习思考题

1. 医疗保险有哪些功能？
2. 简述世界医疗保险制度的历史沿革。
3. 简述医疗保险市场失灵理论。
4. 简述中国内地城镇职工基本医疗保险制度的产生及发展历程。
5. 试述中国内地城乡居民基本医疗保险制度的产生及发展历程。
6. 如何看待中国的城乡居民大病保险制度？
7. 谈谈对中国香港、澳门和台湾地区的医疗保险制度的看法。
8. 试分析德国、英国、美国、新加坡医疗保险制度的特征。

参考文献

[1] 程晓明. 医疗保险学. 上海：复旦大学出版社，2003.
[2] 傅晨. 中国农村合作经济：组织形式与制度变迁. 北京：中国经济出版

社，2006.

[3] 景琳．农村合作医疗实用手册．成都：四川科技出版社，1998.

[4] 贾洪波．中国基本医疗保险适度缴费率研究．长春：吉林大学出版社，2009.

[5] 仇雨临．医疗保险．北京：中国劳动社会保障出版社，2008.

[6] 仇雨临，孙树菡．医疗保险．北京：中国人民大学出版社，2001.

[7] 王保真．医疗保障．北京：人民卫生出版社，2005.

[8] 王传玲，员迎．合作保险组织：中国农村社会保险新模式研究．上海：上海交通大学出版社，2010.

[9] 王龙兴．卫生经济学的理论与实践．上海：上海交通大学出版社，1998.

[10] 乌日图．医疗 工伤 生育保险．北京：中国劳动社会保障出版社，2001.

[11] 乌日图．医疗保障制度国际比较．北京：化学工业出版社，2003.

[12] 世界银行．1993年世界发展报告：投资于健康．北京：中国财政经济出版社，1994.

[13] 孙祁祥，郑伟．商业健康保险与中国医改：理论探讨、国际借鉴与战略构想．北京：经济科学出版社，2010.

[14] 宋世斌．我国医疗保障体系的债务风险及可持续性评估．北京：经济管理出版社，2009.

[15] 张晓，刘蓉．社会医疗保险概论．北京：中国劳动社会保障出版社，2004.

[16] 周绿林．卫生经济与政策分析．南京：东南大学出版社，2004.

[17] 胡善联．美国奥巴马政府医疗改革的特点及其措施．卫生经济研究，2009 (7).

[18] 何世文，曹岚．新型农村合作医疗制度理论研究．中国集体经济，2008 (25).

[19] 李翔．我国城镇居民医疗保障体系的构建及路径选择．北京化工大学学报（社会科学版），2008 (3).

[20] 郭小沙．德国医疗卫生体制改革及欧美医疗保障体制比较：对中国建立全面医疗保障体制的借鉴意义．德国研究，2007 (3).

[21] 邵全权，陈佳．我国社会保险和商业保险的竞争与合作：从医疗保障制度改革视角的研究．上海经济研究，2009 (3).

[22] 王振平，等．我国城镇居民基本医疗保险制度初探．中国卫生事业管理，2007 (10).

[23] 徐磊．新型农村合作医疗立法相关理论渊源初探．中国农村卫生事业管理，2009 (4).

[24] 杨新民．医疗保险模式的比较分析与我国的选择．当代经济研究，2005 (8).

[25] 王震，高秋明，林绮晴．澳门的医疗卫生制度与改革趋势．中国医疗保险，2016 (2).

[26] 陈心颖．香港医疗保障制度的变革及其对内地的启示．中共福建省委党校学报，2014 (6).

[27] 张璐璐，蒋阿凤．德国医疗保险的发展、改革趋势与启示．现代医学，2011 (12)

［28］李珍，赵青. 德国社会医疗保险治理体制机制的经验与启示. 德国研究，2015 (2).

［29］徐延君. 城乡居民医保整合情况、成效及面临情势，中国劳动保障报，2017-09-01.

［30］王飞鹏. 台湾地区全民健康保险制度改革的成效及经验借鉴. 当代经济管理，2014 (11).

学习网站

［1］http://www.mohrss.gov.cn

［2］http://www.moh.gov.cn

［3］http://www.cnss.cn

［4］http://www.issa.int

第 8 章

失业保险

本章导言

失业保险是基于失业问题而建立的一种社会制度安排，旨在保障失业者的基本生活和促进再就业，从而解除劳动者的后顾之忧，维护社会稳定和经济发展。为了全面理解失业保险制度，本章首先介绍失业保险制度的基本概念、特征、类型及其目标、功能和历史沿革；其次分析失业保险的理论基础；再次对中国内地失业保险制度的产生、发展和未来展望做了详细梳理；最后向大家展示了中国港澳台地区，以及美国、加拿大、瑞典、德国、日本等发达国家的失业保险制度。

重点问题

- 失业的含义和类型
- 失业保险制度产生的原因和功能
- 失业保险制度的理论基础
- 中国内地失业保险制度的历史沿革
- 中国内地失业保险制度的未来展望
- 中国港澳台地区的失业保险制度
- 失业保险制度的国际比较

8.1　失业保险制度概述

在工业社会中，失业现象不可避免，它所带来的一系列问题直接影响到社会的稳定和经济的发展。建立失业保险制度，完善就业保障体系，成为各国治理失业的一项重要社会政策目标。

8.1.1 失业

1. 失业的含义

失业是与就业相对的概念，就业是指在一定的物质基础和社会形式下实现的劳动力要素和生产资料要素的结合，其实质是劳动过程中人和物的结合。

失业有广义和狭义两种概念。狭义的失业是指劳动者劳动过程的中断。广义的失业通常包括四个条件：（1）在劳动年龄范围内；（2）有劳动能力；（3）有就业意愿；（4）没有找到任何工作。我国对失业的定义较为一致的观点是，在劳动年龄范围内，有劳动能力且要求就业的人口没有工作机会的社会经济现象。对失业程度的衡量一般采用两个指标：一是失业率；二是失业的持续时间。失业率是指失业人数在全国劳动力总人数中所占的比重，它主要反映劳动力市场的总量平衡问题。失业持续时间是指劳动者从失去工作到重新就业的时间间隔，主要反映劳动力市场结构平衡问题。

失业现象是工业社会中难以避免的问题，是市场经济运行和价值规律作用的必然产物，具有一定的普遍性和规律性。一般认为，只要失业水平不超过一定程度就是正常的，过高的失业率则会给社会经济发展带来危害。一个国家，其经济和社会政策的改变、产业结构的调整、人口构成的变化都可能引发失业问题，失业不仅仅是个人的问题，更多的是社会的问题，因此，国家应该承担起解决失业问题的责任。

2. 失业的类型

国际上根据不同的标准，可以将失业划分为不同的类型。

根据人们的就业意愿，可以分为自愿性失业和非自愿性失业。自愿性失业是指劳动者不愿意接受现行的工资水平或不愿意降低收入水平而自主选择不工作。非自愿性失业是指劳动者愿意接受现有的工资水平，但因为其他原因而找不到工作。

根据失业的特征和失业的根本引发机制，可以分为摩擦性失业、结构性失业、周期性失业和季节性失业①。摩擦性失业是指由于劳动力市场的动态属性、不完善的信息流动、失业者与潜在的雇主之间相互寻找的时间滞差而导致的失业。摩擦性失业维持时间较短，一般不可避免，它有利于促进劳动力流动，提高劳动者与工作岗位之间的匹配质量。结构性失业是指劳动需求方式的变化引起某个地区技术供需失调，或者是地区之间劳动力供求失衡，表现为工作类型与寻找工作的人之间的不匹配。它倾向于集中在确定的群体，而且失业是长期的。周期性失业是指在实际工资缺乏弹性的情况下，产品需求下降引致劳动总需求下降而导致没有足够的工作去做。周期性失业与经济发展的周期性波动紧密相关。季节性失业是指由于劳动力需求波动引起的失业，类似于周期性失业，但这种波动有规律可循并且可以预期。一般在农业、渔业、林业、运输业、旅游业和建筑业这些受季节影响比较大的行业中表现得比较明显。

根据失业的表现形式，可以分为显性失业和隐性失业。显性失业又称公开失业，是指有劳动能力和劳动愿望的适龄劳动者处于无工作从而没有工资收入的状态，在我国一般指

---

① 伊兰伯格，史密斯．现代劳动经济学：理论与公共政策．6版．北京：中国人民大学出版社，1999：54.

登记失业。隐性失业是指有工作岗位，但实际是生产单位中存在的超过为完成某一经济目标所必需数量的劳动者，一般这些多余的劳动者被称为“冗员”。

根据失业的程度大小，又可以分为完全失业和部分失业。完全失业是指没有任何工作及工资收入的状态，部分失业一般用就业的不稳定性、不连续性、临时性和低效率性来描述。自愿性失业、部分失业和隐性失业一般不在失业统计之列。在许多西方国家，失业率为 4%左右就被视为“充分就业”。

8.1.2　失业保险

失业保险制度是社会保险制度的重要组成部分，它是指劳动者非本人原因失去工作、收入中断时，由国家和社会依法保证其基本生活需要的一种社会保险制度。其核心内容是通过建立失业保险基金，分散失业风险，为失业者提供基本保障，并通过转业培训、职业介绍等形式积极促进其再就业。

1. 失业保险制度的特征

失业保险除了具备社会保险的强制性、互济性、社会性和福利性特征以外，还具有其独有的特征：

（1）失业保险的对象是有劳动能力的劳动者。只有同时具备没有丧失劳动能力且有就业意愿但没有工作岗位这三个条件的劳动者，才能享受失业保险待遇。

（2）造成失业风险的原因在于社会经济因素。产业结构的调整、就业政策的变化等都可能造成失业。所以，失业保险通常遵循非自愿失业原则，对于不想就业或者失业后持消极态度的劳动者，一般排除在失业保险之外。

（3）失业保险的待遇领取期限较短。一定比例的失业率对市场经济来说，属于正常现象，失业对于具体的劳动者来说也是一种暂时的现象。规定失业者享受失业保险的期限，严格享受失业保险的条件，目的是为了防范“失业陷阱”①，促进劳动者积极寻求再就业。

（4）保险目的的多元性。失业保险不仅要保障保险对象的基本生活需求，更重要的是通过转业培训、在职培训、职业介绍等提高失业人员的就业能力，为他们谋求新的职业创造条件，以便使其尽快实现再就业。

2. 失业保险制度的类型

（1）强制性失业保险制度。该制度是由政府直接管理或委托相关机构负责管理，凡是属于失业保险覆盖范围的劳动者都必须依法参加。这是目前世界各国采用最多的失业保险模式。到 1994 年，全世界有 44 个国家建立了失业保险制度，其中有 27 个是国家立法强制实施的，美国、法国、英国、意大利、中国都属于此类。

（2）自愿保险补贴制度。该制度下的失业保险由工会组织建立，由政府提供大量资金，一般由失业基金会负责管理，允许劳动者自愿选择是否参加失业保险。

---

① “失业陷阱”是指在社会保险制度与个人所得税的相互作用下，某些潜在的低收入者实际上存在着一个很高的失业时的实有收入对就业时的实有收入的替代率。“失业陷阱”可能使某些人失去寻找工作的动机。因此，一些西方经济学家认为它是导致失业率居高不下的重要原因（郑功成. 社会保障学. 北京：中央广播电视大学出版社，2004：350）。

（3）失业援助制度。它对那些符合经济情况或收入调查规定条件的失业者发给失业补助。其具体形式有三种：由政府或雇主支付一次性失业救济金或者一次性解雇费，如中国香港特别行政区；对不具备享受失业保险待遇的失业者提供标准较低的失业救济；不具备领取失业保险金资格的失业者可以申请失业救济，前提是接受家庭经济状况调查，符合救济条件者方可领取，如中国的台湾地区。

（4）双重失业保险制度。主要是由以上三种模式派生出来的两种模式的混合形式。有的国家采用自愿保险补贴制度和失业援助双重方式，如瑞典；有的国家选择强制性失业保险与失业援助并行，如德国；还有些国家将强制性失业保险制度与自愿保险补贴制度相结合，如日本。

3. 失业保险制度的目标与功能

建立失业保险制度的两大基本目标是保障生活和促进就业。一方面，通过现金给付维持失业者的基本生活水平，为其重新寻找工作提供缓冲时间；另一方面，通过对失业者的就业培训、职业介绍，帮助失业者重新就业。失业保险的派生目标是通过举办失业保险来维护社会稳定，促进经济发展。其具体表现为：改进失业的社会成本分配，分散失业风险；通过失业保险基金的“蓄水池”功能缓解周期性的经济危机可能给经济发展带来的冲击；鼓励企业稳定雇佣关系，减少熟练劳动力的流失；促进劳动者不断提高素质，提高就业的匹配度。

失业保险制度的功能包括以下几点：

（1）保障劳动者在失业期间的基本生活需求，从而维护社会的安定、和谐。失业保险通过保障失业者的基本生活需求，使其免于生存危机，进而缓解阶层矛盾，在一定程度上消除社会不安定因素。失业保险被称为社会发展的“减震器”，尤其在周期性的经济危机时，为维护社会的安定团结发挥了很大的作用。

（2）通过对劳动力的保护和改善，促进社会再生产的顺利进行。失业保险制度的建立可以有效调节劳动力的供给，为经济发展提供合格的劳动力支持。在经济衰退期，失业保险通过给失业者发放救助金，维持他们的购买能力，并通过转业培训、职业介绍提高劳动者的素质，为社会再生产的顺利进行创造了必要条件。

（3）与其他经济社会政策相配套，促进经济体制的改革。失业保险制度的建立，配合了劳动用工制度的改革，有利于劳动力的合理流动和优化配置，减少了职工与企业之间的摩擦，增强了劳动者的风险意识和竞争意识，并通过保险金给付和就业培训、转业训练等提高劳动者的就业能力，为经济体制改革的顺利进行创造了条件。

8.1.3 失业保险制度的历史沿革

1. 失业保险制度产生的原因

自人类进入工业社会以来，随着生产力的发展，机器在很多方面替代了劳动力，失业成为每位劳动者都有可能面临的一种社会风险。失业问题也成为直接关系到社会稳定和经济发展的重要社会问题。失业风险的客观存在不仅会给劳动者带来潜在的生存危机和不安全感，也会影响到劳动力的供给和经济的发展，构成社会不稳定的潜在威胁。因此，加强对失业的管理，是维持国家长期稳定、健康发展的内在要求。

2. 失业保险制度的建立与发展

19 世纪中叶，欧洲各国工人就在工会的领导下成立了互助会，自己团结起来开展救济失业、保障就业的活动。随着工业化的发展，失业问题越来越严重，仅靠工友之间的互助互济难以解决失业问题。由于失业工人生存艰难，劳动力生产和再生产遇到障碍，社会稳定也受到威胁，各国政府开始关注失业问题并建立失业保险制度①。

1901 年，比利时出现了政府资助的失业保险，由地方财政提供资助，工会互助会管理资金，吸纳职工自愿参加。1905 年法国率先颁布了《失业保险法》，建立了非强制性的失业保险制度。随后，1906 年挪威也建立了自愿性的失业保险制度。丹麦于 1907 年建立了类似法国的失业保险制度。1911 年英国政府正式批准了《失业保险法》，这是世界上第一个全国性的强制性失业保险法。此后，包括意大利、奥地利、波兰、德国等国家在内的许多国家均实行了失业社会保险制度。美国于 1935 年通过了《社会保障法》，实行包括失业保险在内的社会保障体系。我国于 1986 年才正式建立失业保险制度（当时仍称之为“待业保险”）。

失业保险制度的实施与经济发展水平高度相关，随着工业化进程的加快，经济结构的调整，失业成为各国普遍存在的社会现象，失业问题也上升为各国越来越关注的社会问题。越来越多的国家开始相继建立失业保险制度，而且那些已经建立这一制度的国家也在不断完善失业保险制度的具体安排。20 世纪 50 年代以来，随着社会保障制度在各国的改革，失业保险制度也逐渐由单纯的保障失业人员的基本生活发展到失业预防、失业保障和就业促进三管齐下；失业保险制度的安排和各项具体措施的实施也更加合理化，并更加紧密地与促进就业相联系。

8.2 失业保险的理论基础

失业问题是困扰社会稳定和发展的一个隐患。各种失业理论为我们更好地认识失业、建立合理的失业保险制度奠定了理论基础，并为失业保险制度的变迁提供了理论解释和实践指导。

8.2.1 古典失业理论

古典学派是指由萨伊奠基的、以马歇尔和庇古为主要代表的、19 世纪末 20 世纪初在西方经济学中占统治地位的边际主义学派。

该学派的失业理论从完全竞争的市场结构出发，认为在这种市场上，货币工资具有完全弹性，一旦出现劳动力供求不平衡，货币工资就会自动做出灵敏反应，直至达到新的均衡。当出现失业现象时，货币工资就会自动调整下降，进而引起实际工资的下降，市场会增加劳动力需求，直到达到充分就业。因此，古典经济学认为劳动力市场均衡时所决定的就业量一定是充分就业的，除了短期的、暂时的摩擦性失业和自愿性失业，大量的、长期

① 吴鹏森. 现代社会保障概论. 上海：上海人民出版社，2004：296.

的失业是不可能存在的。

古典学派以自由竞争为前提假设，否定了失业问题的普遍性。但它并不否认，如果竞争受到限制，失业是可能发生的。失业问题正是竞争不充分导致的结果，解决失业问题首先要解决劳动力市场竞争不充分的问题。在这一理论的主导下，治理失业的制度选择必然把重点放在促进劳动力市场的充分竞争上，即通过法律规范、制度激励，建立统一、开放的劳动力市场，解决就业分割和就业歧视问题，促进劳动力资源合理流动和有效配置，实现劳动力市场的充分竞争。而对失业者的救助则被看作是一项事后的、零碎的“残补”措施。

8.2.2 凯恩斯的失业理论

20 世纪 30 年代，严重的经济危机和大量失业的存在使得劳动力市场自动调节实现均衡的理论不能自圆其说，迫切需要一种新的失业理论来解释资本主义社会的失业现象。凯恩斯在 1936 年出版的《就业、利息和货币通论》一书，提出了“有效需求不足”的失业理论以及政府干预的政策主张①。他从理论上否定了市场价格机制会自动调节经济实现充分就业均衡的传统，认为资本主义社会的就业量取决于有效需求的水平，有效需求就是总供给与总需求相等时的社会总需求。充分就业只是社会总供给与总需求的最佳状态，失业和生产过剩是资本主义的经济常态。市场经济运行中，在边际消费倾向递减、资本边际效益递减和流动偏好三大心理规律作用下形成的有效需求不足，使得就业总是低于“充分就业”水平。而且，古典学派提出的摩擦性失业和自愿性失业并不能概括一切失业现象，凯恩斯在此基础上提出了非自愿性失业。

凯恩斯关于解决失业问题主张的核心是改变自由放任主义，实行政府干预经济的政策来提高社会有效需求，以实现充分就业。这一理论的发展使政府的作用突显，优化政府服务，采取有效的财政、货币政策适时干预宏观经济，在必要时加大公共投入，成为解决失业问题的必要措施。失业不再被简单地认为是劳动者个人的原因，对失业者的救助被认为是政府的责任，因此，建立失业保险制度、保障失业者的基本生活需求，逐渐得到政府的重视并开始作为一项法定的制度确立下来。

8.2.3 供给学派的失业理论

供给学派以“供给管理”为核心，以“减税”为主要政策主张，进一步阐述了供给决定需求这一基本命题。首先，供给学派将整个经济分为厂商部门和居民户部门两大部门，后者的异化突出表现为逃避政府的税收。其次，它强调劳动供给中的替代效应，税率越高，人们就越缺乏在厂商部门工作的积极性；相反，减税则会增加劳动力供给，因为减税意味着工资率的提高，这使得居民在为厂商部门提供劳动供给时表现出较高的工作热情和积极性②。尽管税率降低的最初效应是政府收入减少，但是，在整个经济中厂商部门的税基扩大保证了增加或至少不降低税收总量；另外，除非政府试图对付经济衰退及相伴而生

① 赵红．西方失业理论及其就业对策．云南财贸学院学报，2000（10）．

② 尹伯成，华桂宏．供给学派．武汉：武汉出版社，1995：53-55，95-96．

的失业，否则因为收入减少，政府会减少以前提供的各种服务，如教育津贴及公共建设基金。因此，尽管工资率上升，由于政府减少提供的服务，人们的实际收入没有多少变化。但是减税导致实际工资提高，人们工作积极性增强，工作效率提高。这说明，劳动供给的收入效应不是很强，而替代效应则很强。供给学派也具体分析了高福利的危害，在他们看来，高额的失业保险津贴事实上鼓励了失业者延长失业时间，并诱使雇主和雇员用增加临时解雇和失业的方式来组织生产。

据此，供给学派认为充分就业的客观基础是经济发展，解决就业问题的思路应当是：充分发挥市场机制的作用，依赖“减税”刺激经济增长，并由此产生经济运行对劳动力的内在需求。它反对政府的不适当干预，认为通过扩张公共支出来设置公共部门就业岗位或提供高失业福利来解决失业问题是政府的幻想，政府部门要做的是：对劳动力市场进行整合、规范；对劳动力供需信息及时整理、发布；对失业者进行必要的安抚和救济，但要适度确定失业保险金水平，严格审查领取资格，采用享受期限额度递减的方法鼓励失业者积极寻找工作。

8.2.4　刘易斯的就业理论

美国著名经济学家刘易斯在 1954 年发表的《劳动力无限供给条件下的经济发展》一文，针对发展中国家农业人口众多、剩余劳动力丰富的特点，提出了通过工业化来解决失业问题的办法。他认为：“发展中国家的经济不同于发达国家的一个典型特征是没有统一的劳动力市场，发展中国家的经济存在一个二元结构，即一个相对先进的工业部门和一个相对落后的农业部门。农业部门的劳动边际产出处于维持生存的工资水平，在一个高于农业部门劳动者平均收入的工业部门的工资水平下，劳动力的供给是无限的。”① 农业劳动者从土地上转移出来的机会成本几乎为零。不同的劳动边际收益会引发劳动力从农业部门向工业部门流动，工业部门开始积累和扩大，不断吸收农村剩余劳动力。随着农业部门劳动力的减少，农业劳动的边际收益提高，直到农业部门劳动者与工业部门劳动者收益相等，即达到刘易斯所说的“均衡点”。

因此，刘易斯的就业理论认为，工业扩张促进经济发展的过程就是减少失业的过程，解决就业问题的重要措施就是加快先进部门的资本积累，加速农村剩余劳动力转移的步伐，实现劳动力的供需平衡。这一理论对解决我国失业问题具有极为重要的借鉴意义。面对严峻的就业压力，许多观点一致认为国家应当采取措施，促进中小城市的发展，打通劳动力转移渠道，降低劳动力流动成本，在公共服务和社会保障方面加大投入，促进社会的公平、公正与和谐发展。作为直接针对失业问题的对策，失业保险制度将如何发展成为我们重点思考的重要议题；探索如何扩大覆盖面，让更多的人（农民工、灵活就业者等）享有失业保险，积极促进就业、再就业，应当成为我国失业保险制度未来改革和努力的大方向。

8.2.5　新古典综合学派的“结构性失业”理论

为了解释 20 世纪 70 年代至 80 年代资本主义社会出现的“滞胀并存”现象，托宾、

---

① 谭运进．西方就业理论对我国的借鉴意义．商业时代·理论专刊，2005 (12).

杜森贝里提出了“结构性失业问题”，试图从劳动力市场的技术结构特点和变化来阐释失业的特征及对滞胀的影响，认为是微观市场的不完全性和结构变化引起滞胀现象①。由于经济结构的变化，劳动力的供给和需求在职业、技能、产业、地区分布等方面的不协调导致了结构性失业。一种情况是由于传统产业萧条、衰落，从事这些产业的劳动者失去了工作，又无法适应新产业的技术要求而找不到工作；另一种情况是由于经济发展不平衡，落后地区的剩余劳动力因为地理位置的限制等原因难以流动到发达地区从而引起一部分人的失业。结构性失业必然引起失业与工作空位并存，由于价格和货币工资刚性的存在，又使失业与工作空位并存转化为失业与货币工资上涨并存，于是出现“滞胀并发症”。

新古典综合学派提出通过实行人力资本投资政策和完善劳动力市场的政策来解决结构性失业问题。因此，失业保险制度安排越来越重视发挥其促进再就业的功能，重点从保障失业者的基本生活转向促进失业者积极再就业，即通过加大培训投入，帮助失业者提高自身素质和技能，以适应新的劳动力需求；完善就业信息服务，使企业与劳动者相互寻找更加便利；鼓励劳动力流动，帮助劳动者和企业进行地区迁移等。

8.2.6 货币学派的“自然失业率”理论

货币学派的代表人物弗里德曼提出了“自然失业率”假说。他认为，在通货膨胀与失业之间，并不存在任何稳定的交替关系，而是存在着一种“自然失业率”，它与实际因素以及准确的预期保持一致②。“自然失业率”是指在没有货币因素干扰的情况下，劳动力市场和商品市场自发供求力量发挥作用时的失业率，也就是充分就业情况下的失业率。自然失业率主要有以下三种情况：一是由于信息不完全、劳动力的流动或工作搜寻出现的摩擦性失业；二是认为实际工资低于劳动力边际效用的自愿性失业；三是由于各种原因更加挑剔地对待各种就业机会的等待性失业。

货币学派经济学家认为，“自然失业率”不是一个数值常量，它的大小取决于与货币因素相对的“实际”因素，如劳动力市场的有效性、竞争或垄断程度等。另一个重要影响因素则是慷慨的失业保险和失业救助使失去工作的人寻找其他工作的压力减小，他们不但倾向于更长的等待时间，而且对待就业机会也更加挑剔。因此，在这一理论指导下，治理失业主张发挥市场机制的自发调节作用，依靠降低自然失业率的水平来增加就业量。治理失业的关键在于加强劳动力市场的竞争性，搭建劳动者与用人单位之间的信息交互平台，降低搜寻成本；普及教育，鼓励培训和劳动力流动，减少摩擦性失业；在失业保险制度安排上主张调整失业保险和社会福利政策，采取有效的刺激措施，主要是实行负所得税政策，鼓励人们去积极寻找工作，而不是坐享失业补助。

8.2.7 新凯恩斯主义的黏性工资理论

20 世纪 80 年代以来发展起来的新凯恩斯主义在对劳动力市场功能性障碍进行探索的基础上提出了一种全新的失业理论——黏性工资理论。它继承了原凯恩斯主义中的劳动力

---

① 冯华，张淑梅．西方失业理论的回顾与我国就业政策的反思．学术论坛，2002（6）．

② 弗里德曼．弗里德曼文萃．北京：首都经济贸易大学出版社，2001：402．

市场非出清的基本信条，在分析中引入了原凯恩斯主义所忽视的厂商利润最大化和家庭效用最大化的假设，吸纳了理性预期学派的理性预期假设，探讨了劳动力市场的工资黏性，由此证明失业发生的必然性和政府干预的必要性。

新凯恩斯主义的黏性工资理论主要包括名义工资黏性论和实际工资黏性论两方面。工资黏性是指工资不能随需求的变动而迅速地调整，工资上升比较容易而下降比较困难。新凯恩斯主义劳动力市场理论以工资黏性为关键假设，在微观经济学基础上解释了劳动力市场失灵的成因，并运用隐形合同理论、效率工资理论、局中人-局外人理论和失业滞后论，较好地说明了高通货膨胀和高失业率并存的现象。

新凯恩斯主义的黏性工资理论对失业问题也提出了政策建议，比如加强职业技能培训，降低劳动力调整成本；改革失业福利政策，鼓励失业者积极寻找工作等。

8.3　中国内地的失业保险制度

8.3.1　失业保险制度的产生

1. 20 世纪 50 年代的失业救济制度

中华人民共和国是在一个经济几乎崩溃的基础上建立起来的，百废待兴，同时，面临着第一次失业高峰。50 年代初，国民党政府留下 400 多万失业工人和旧政府职员，同时新增城市失业人数超过 100 万。针对当时的严峻形势，1950 年 6 月，政务院先后发布《关于救济失业工人的指示》和《关于救济失业教师与处理学生失业问题的指示》，并制定了《救济失业工人的办法》。按照规定，当时通过政府拨款、企业和工人缴费（企业按工资总额的 1%、在业工人按实际工资的 1%缴费）以及社会各界的捐助等多方面筹集救济基金，主要用于救济新中国成立后失业的人员和进行登记的失业人员。在救济办法上，采取以工代赈、生产自救、转业训练、动员失业人员返乡生产或移民垦荒和发放失业救济金等救济与安置相结合。这可以视作新中国成立以来最早的失业保险雏形，但这种办法只是为了解决历史遗留下来的失业问题而采取的临时性措施，到 1956 年，严重的失业问题基本上得到了缓解，失业救济也相应结束，零散的失业问题纳入民政部门的社会救济工作中。

2. 失业保险制度的创建

1986 年 7 月到 1993 年 4 月是失业保险制度的创建时期。这一时期确立了失业保险制度的主要原则和基本框架，也是失业保险初步发挥作用的时期。在这一阶段，我国正处于改革开放初期，由于“文化大革命”结束和 1978 年改革进程启动，大批知识青年陆续返城，加上城市新增劳动力和其他社会待业者，形成了新中国成立以后的第二次失业高峰。

20 世纪 80 年代初，我国开始了以国有企业转换经营机制为中心的经济体制改革。为此，政府于 80 年代中期推出了一系列改革措施，1986 年 7 月，国务院同时发布有关国营企业实行劳动合同制度、招用工人、辞退违纪职工和实行待业保险四项规定。为了配合劳动制度和重大改革以及当时即将出台的《企业破产法》，1986 年 7 月 12 日，国务院发布了

《国营企业职工待业保险暂行规定》，标志着我国失业保险制度的初步建立。待业保险实施范围包括：宣告破产的国营企业职工；濒临破产的国营企业在法定整顿期间被精减的职工；国营企业终止、解除劳动合同的职工；国营企业辞退的职工。待业保险基金由国营企业按其全部职工标准工资总额的1%缴纳，在税前列支。职工待业期间可以根据工龄的长短分别领取本人标准工资的50%～75%的待业救济金。待业保险工作的管理由当地劳动行政主管部门所设的劳动服务公司负责。

3. 失业保险制度的确立

随着体制改革的深化和就业政策的调整，我国出现了第三次失业高峰，为此国家加大了对失业保险实施的力度。1993 年 4 月，国务院颁布了《国有企业职工待业保险规定》，该规定在 1986 年颁布的《国营企业职工待业保险暂行规定》基础上做了个五个方面的调整：一是扩大了失业保险的实施范围，从过去的四类人员扩大到国有企业的七类人员；二是将基金省级统筹调整为县、市级统筹，并规定在省和自治区建立调剂金；三是明确了失业保险应当与就业服务紧密结合；四是将缴费基数由企业标准工资总额改为工资总额，国有企业按全部职工工资总额的0.6%～1%交纳待业保险费；五是改变了失业救济金的计发办法，将计发标准由过去按失业人员标准工资的一定比例改为按照当地民政部门规定的社会救济金的 120%～150%，具体标准由各省、自治区、直辖市人民政府规定。

1998 年，党中央、国务院明确提出“争取用五年左右的时间初步建立起适应社会主义市场经济体制的社会保障体系和就业机制”，并于当年年末由国务院审议通过了《失业保险条例》，标志着失业保险制度的正式确立，失业保险开始逐步成为基本生活保障的主要形式。《失业保险条例》在以下几个方面有所突破和变化：一是将该制度正式称为“失业保险”；二是失业保险范围实质性扩大，覆盖城镇所有企业事业单位；三是强调职工缴费义务，失业保险基金由国家、企业两方负担改为国家、企事业单位、职工个人三方共同负担；四是放宽了享受失业保险待遇的条件；五是调整了失业保险金的给付期限和计发办法；六是对失业保险制度与社会救济制度的衔接做出了规定，使社会保障进一步体系化。

《失业保险条例》明确失业保险制度的目的是保障失业人员失业期间的基本生活，促进其再就业。具体内容如下：

（1）失业保险参保范围。

失业保险适用于城镇企业、事业单位及其职工。城镇企业包括国有企业、城镇集体企业、外商投资企业、城镇私营企业以及其他城镇企业。

（2）失业保险基金。

失业保险基金的构成项目包括：城镇企业事业单位、城镇企业事业单位职工缴纳的失业保险费，失业保险基金的利息，财政补贴和依法纳入失业保险基金的其他资金。投保单位和个人分别按照本单位工资总额的 2%和本人工资的 1%缴纳失业保险费。

失业保险基金的支出项目包括：失业保险金，领取失业保险金期间的医疗补助，领取失业保险金期间死亡的失业人员的丧葬补助和其供养的配偶、直系亲属的抚恤金等基本生活保障支出，领取失业保险金期间接受职业培训、职业介绍的补贴，国务院规定或者批准的与失业保险有关的其他费用。

失业保险基金在直辖市和设区的市实行全市统筹，其他地区的统筹层次由省、自治区人民政府规定。

(3) 失业保险待遇。

同时具备以下三个条件者可领取失业保险待遇：按照规定参加失业保险，所在单位和本人已按照规定履行缴费义务满 1 年的；非本人自愿中断就业的；已办理失业登记，并有求职意愿的。

失业保险金由社会保险经办机构按月发放。标准按照低于当地最低工资标准、高于城市居民最低生活保障标准的水平，由各省、自治区、直辖市人民政府确定。

失业人员领取失业保险金的期限根据失业人员失业前的累计缴费时间确定，最长 24 个月，最短 12 个月，具体分为 3 档（见表 8－1）。失业人员重新就业后再次失业的，缴费时间重新计算；再次失业领取失业保险金的期限可以与前次失业应领取而尚未领取的失业保险金的期限合并计算，但最长不得超过 24 个月。

表 8－1　　失业保险金的领取期限表

失业保险缴费时间	最长享受失业保险待遇的期限
[1 年，5 年]	12 个月
[5 年，10 年]	18 个月
10 年及以上	24 个月

失业人员在领取失业保险金期间患病就医的，可以按照规定向社会保险经办机构申请领取医疗补助金；失业人员在领取失业保险金期间死亡的，参照当地对在职职工的规定，对其家属一次性发放丧葬补助金和抚恤金。城镇企业事业单位成建制跨统筹地区转移，失业人员跨统筹地区流动的，失业保险关系随之转迁；失业人员符合城市居民最低生活保障条件的，按照规定享受城市居民最低生活保障待遇。

(4) 农民工参保。

城镇企业事业单位招用的农民合同制工人本人不缴纳失业保险费。连续工作满 1 年，并已由本单位缴纳失业保险费，劳动合同期满未续订或者提前解除劳动合同的，由社会保险经办机构根据其工作时间长短，对其支付一次性生活补助金。

8.3.2　失业保险制度的调整

1993 年以来，国有企业改革步伐加快，为提高生产效率，解决企业富余人员过多的问题，过去一直处于隐性失业状态的大量冗员被释放出来，下岗职工数量大规模增加。尤其是进入 1998 年，国有企业改革确定了三年脱困的目标，更多的职工被迫下岗。

面对大规模的下岗职工，本来就很稚嫩的失业保险制度变得更加脆弱，尚不足以承担大量下岗职工的保障责任。国家必须采取措施，保障下岗职工的基本生活，并帮助他们再就业，这不仅关系到社会的稳定、国有企业改革的进程，更涉及中国整个体制转型过程中如何处理经济发展与社会公正之间的关系问题。“三条基本保障线”就是在这样的特殊阶段出现的制度安排，它在深化国有企业改革、建立现代企业制度和完善失业保险制度方面意义重大。

第一条基本保障线是下岗职工基本生活保障制度，针对国有企业下岗职工，建立再就业服务中心，在特定的时期向他们提供基本的生活保障和再就业服务。

第二条基本保障线是失业人员基本生活保障制度，针对城镇失业人员，以失业保险制度为保障，在法定期间内向他们提供基本生活保障和再就业服务。

第三条基本保障线是城镇居民最低生活保障线，针对以上两条保障线之外的城镇贫困人群以及不再享受以上两条保障线的城镇失业人员，以社会救助的方式为他们提供基本的生活保障。

三条基本保障线相互衔接，待遇水平从下岗职工基本生活保障到失业人员基本生活保障再到城镇居民最低生活保障依次递减，构成了中国社会转型、经济体制转轨时期特殊的“福利＋保险＋救助”型混合体制。再就业服务中心是一种过渡性质的体制福利，失业保险和失业救助才是市场经济下的制度性安排。随着失业保险制度的不断完善，下岗职工向失业人员并轨，这种下岗职工基本生活保障和失业保险制度双轨制必将转化为失业保险制度单轨制，三条基本保障线也将变为两条基本保障线。

1. 国有企业下岗职工基本生活保障

大量下岗职工的涌现，既是国有企业改革的必然产物，也是经济体制转轨、产业结构调整的代价。国有企业下岗职工基本生活保障便是据此建立起来的、解决大规模结构性失业问题一种过渡性质的、富有中国特色的保障机制。

1998 年 6 月 9 日，中共中央、国务院颁布了《关于切实做好国有企业下岗职工基本生活保障和再就业工作的通知》，劳动和社会保障部等政府部门也下发了相关配套政策，主要以“再就业服务中心”为载体，为下岗职工提供基本生活保障和再就业服务。再就业服务中心的职责包括：保障国有企业下岗职工的基本生活，将规定的基本生活费按时足额发放给下岗职工，同时为下岗职工缴纳养老、医疗、失业等社会保险费；组织、安排下岗职工进行转岗培训和职业训练，提供职业介绍，帮助下岗职工尽快实现再就业，同时国家给予优惠政策支持。所需资金按“三三制”原则，由政府财政、企业和社会共同承担，并由财政兜底。

国有企业下岗职工基本生活保障具有双重性质和功能：一是带有计划体制特征，其功能是在承认旧体制身份的基础上履行保护功能，为下岗职工进入劳动力市场提供一个缓冲期和适应期；二是有市场取向的特征，即通过提供技能培训和就业政策优惠来促进下岗职工转换身份并通过劳动力市场来实现再就业①。这种特殊的失业保障形式与中国社会、经济发展的阶段性特征是相符合的，它保障了下岗职工的基本生活，缓解了社会矛盾，为国有企业顺利改革做出了巨大贡献。随着改革的深化，双轨制转向单轨制，下岗职工进入了失业保险系统。

2. 城市居民最低生活保障制度

城市居民最低生活保障制度是国家针对城市居民的生活困难而建立的一种社会救助制度。最早建立最低生活保障制度的城市是上海（1993 年），当时主要是为解决上海许多纺织企业破产造成的大量女工失业问题，后来发展到全国范围。《关于在全国建立城市居民最低生活保障制度的通知》要求 1999 年底之前在全国所有城市和县人民政府所在地的镇

---

① 郑功成，等. 中国社会保障制度变迁与评估. 北京：中国人民大学出版社，2002：169.

建立这项制度，同时，国务院颁布的《城市居民最低生活保障条例》也于 1999 年 10 月 1 日开始施行。

根据政策规定，城市居民最低生活保障制度的覆盖对象包括以下三类人员：一是领取失业保险金期间或失业保险期满仍然未能重新就业，家庭人均收入低于最低生活保障标准的城市居民，采取差额给付的方式保障其收入达到城市居民最低生活标准；二是在职人员和下岗人员在领取工资或最低工资、基本生活费后，家庭人均收入仍然低于生活保障标准的城市居民，给予差额给付；三是无生活来源、无劳动能力、无法定赡养人或抚养人的城市居民，给予全额给付。

截至 2002 年 7 月 10 日，全国有 1 930.8 万名城市困难居民领到最低生活保障金，我国初步实现了“应保尽保”目标，也标志着政府的作用由“阳光雨露型”转变为“责任型”。城市居民最低生活保障制度作为失业保险的配套政策以及社会救助的基本组成部分，对保障城市居民的最低生活发挥了最后一层安全网的作用。

3. 国有企业下岗职工基本生活保障制度向失业保险制度并轨

政府在构建“三条基本保障线”时，具体分三步走：第一步是“双轨”阶段，即国有企业下岗职工进入“再就业服务中心”，而失业人员直接进入市场，符合条件的失业者享受失业保险待遇。第二步是“转轨”阶段，按照规定，从 2001 年起，国有企业不再建立新的再就业服务中心，企业新的减员原则上也不再进入中心，协议期满出中心的下岗职工和新的裁员，由企业依法与其解除劳动关系，直接进入市场，按规定享受失业保险待遇。第三步是“并轨”阶段，政府当时的政策目标是，到 2003 年底，所有下岗职工都要走出中心，转换身份进入市场，寻求再就业，这种过渡性的双轨机制将告结束，“下岗”作为特定历史时期的专用词也将消失，企业裁员都将归入失业人员，由失业保险或失业救助承担其保障责任。

2005 年以后，政府开始推行国有企业下岗职工基本生活保障制度向失业保险制度并轨的工作，经过多年努力于 2007 年基本完成并轨工作。自此，下岗职工基本生活保障政策作为一种过渡性体制福利完成了历史使命，让位于符合市场经济需要的失业保险制度。

在今后比较长的一个时期内，我国劳动力总量过剩的矛盾和就业的结构性矛盾将持续存在，失业保险面临的压力仍然较大。中国政府将努力扩大失业保险覆盖范围，规范基金征缴和使用管理，在保障失业人员基本生活的同时，进一步发挥失业保险对促进再就业的作用。

8.3.3 失业保险制度的发展

2004 年，国务院明确指示，有条件的地区可积极探索将失业保险基金向“三个方面延伸”，更大范围地用于促进再就业，提出扩大失业保险基金支出范围的试点，浙江、新疆、天津相继出台了相关政策。2005 年，《国务院关于进一步加强就业再就业工作的通知》（国发［2005］36 号）对失业保险基金扩展使用问题提出了明确要求，试点工作正式列入日程。试点的目的就是要积极探索失业保险在促进就业、减少失业方面的作用，尽快形成可操作的办法，指导工作实践。国务院 36 号文件为东部地区开展试点工作提供了政策依据，指明了进一步完善失业保险制度的方向。2006 年 1 月 11 日，劳动和社会保障部发布《关于适当扩大失业保险基金支出范围试点有关问题的通知》（简称《通知》），明确自2006年1月起，在北京、上海、江苏、浙江、福建、山东、广东7个省、直辖市开展适当扩大失业保险基金支出范围试点工作。试点工作以失业保险基金统筹地区为单位，试点地区按照保障失业人员基本生活与促进再就业统筹兼顾、失业保险基金收支平衡、权利与义务相统一、合理安排失业保险基金与促进就业财政资金的原则，在保障失业人员基本生活的前提下，根据本地区促进再就业工作的需要，积极稳妥地开展试点工作。试点地区的失业保险基金可用于国务院36号文件规定的职业培训补贴、职业介绍补贴、社会保险补贴，以及为领取失业保险金期间的失业人员提供岗位补贴和小额担保贷款贴息支出。《通知》体现了在改革过程中既谨慎负责又因地制宜的原则，也切实反映了我国失业保险制度的发展方向，通过基金的合理配置将其重心从生活保障不断向基本保障和促进再就业双重目标转移。

2007年8月30日《中华人民共和国就业促进法》颁布，并于2008年1月1日起施行。该法第16条规定，国家建立健全失业保险制度，依法确保失业人员的基本生活，并促进其实现就业，从而为失业保险促进就业功能的发挥提供了法律依据，并促进了试点工作的推行。试点工作实施以来成效显著，不仅拓展了失业保险的工作范围，探索实践了失业保险促进再就业的功能，而且探索建立起就业和失业保险的联动机制，为促进就业提供了资金保障，同时扩大了就业受益人群，为扩大就业做出了贡献。

2010年颁布的《社会保险法》（2011年7月1日起施行），进一步对失业保险做出了原则性规定，并对《失业保险条例》（1999年）中的部分内容进行了修改。包括：（1）将适用范围从“城镇企事业单位职工”扩展至“中华人民共和国境内的用人单位和个人”，规定“职工应当参加失业保险，由用人单位和职工按照国家规定共同缴纳失业保险费”；（2）失业保险金的标准取消了“低于当地最低工资标准”的限制，改为“不得低于城市居民最低生活保障标准”；（3）将“失业人员在领取失业保险金期间患病就医时可申请领取医疗补助金”改为“失业人员在领取失业保险金期间，参加职工基本医疗保险，享受基本医疗保险待遇”，“失业人员应当缴纳的基本医疗保险费从失业保险基金中支付，个人不缴纳基本医疗保险费”；（4）在遗属待遇方面，规定“个人死亡同时符合领取基本养老保险丧葬补助金、工伤保险丧葬补助金和失业保险丧葬补助金条件的，其遗属只能选择领取其中的一项”；（5）失业保险基金统筹层次由“直辖市和设区的市实行全市统筹”改为“逐步实现省级统筹”；等等。

随着经济社会的发展和有关法律、政策的调整，为更好提升制度的适应性，推动失业保险和就业促进工作的开展，国家相继对一些法律法规进行了修订。2015年4月24日第十二届全国人民代表大会常务委员会第十四次会议审议修订了《中华人民共和国就业促进法》，2017年11月10日至12月10日，人力资源和社会保障部就《失业保险条例（修订草案征求意见稿）》（简称《征求意见稿》）向社会公开征求意见。与现行条例相比，《征求意见稿》的修改主要体现八个方面的内容：一是健全了制度功能，在立法目的中增加了“预防失业”，制度功能从“保生活、促就业”变为“保生活、防失业、促就业”；二是扩大了适用范围，参保范围由“城镇企业、事业单位及其职工”扩大到“企业、事业单位、社会团体、民办非企业单位、基金会、律师事务所、会计师事务所等组织及其职工”，基本覆盖了与单位建立劳动关系的职业人群；三是降低了缴费费率，将 3%的固定费率修改为不超过 2%，同时赋予各地灵活调整费率的自主权；四是拓宽了基金支出范围，提高了失业保障水平，在保生活方面，保留失业保险金、丧葬补助金和抚恤金，将医疗补助金调整为代缴基本医疗保险费，新增代缴基本养老保险费；五是在防失业方面，新增技能提升补贴、稳岗补贴；在促就业方面，保留职业培训补贴，取消职业介绍补贴，新增职业技能鉴定补贴和创业补贴；六是扩大了受益对象，从失业人员扩展至参保职工和参保企业，向参保职工发放技能提升补贴，向参保企业发放稳岗补贴；七是统一了农民工和城镇职工的参保办法，取消现行条例农民合同制工人个人不缴费、失业后领取一次性生活补助的特殊规定，农民工和城镇职工参保缴费和待遇享受办法一致，在制度上实现了城乡统筹和公平；八是完善了监督管理体系。进一步明确了个人、用人单位、社会保险经办机构及其工作人员、国家工作人员等主体的法律责任，为制度全面规范运行提供了坚实保障。

2016 年末，全国参加失业保险的人数为 18 089 万，比上年末增加 763 万。其中，参加失业保险的农民工人数为 4 659 万，比上年末增加 440 万。年末全国领取失业保险金人数为 230 万，比上年末增加 4 万①。截至 2017 年末，失业保险参保人数为 18 784 万，比上年末增加 695 万；基金收入 1 092.5 亿元，支出 891 亿元②。

8.3.4　失业保险制度的未来展望

就业问题已成为当前中国经济发展的巨大挑战，就业问题解决得好坏直接关系到人民的切身利益、全面建成小康社会目标的实现及社会的稳定和国家的长治久安。然而，我国失业保险制度存在覆盖范围窄、给付水平低、失业预防和就业促进不足等问题，使其难以有效地应对我国日益严峻的就业形势。因此，在未来的发展中，我国失业保险制度须从以下几个方面加以完善：

第一，扩大失业保险覆盖范围。目前我国大量的集体企业、私营企业、个体企业、乡镇企业及职工仍未参保失业保险，与《社会保险法》关于覆盖范围的规定相违背。因此，扩大失业保险覆盖面，首先应实现让这部分应当参保但尚未参保而实际失业风险又较高的单位和职工全部参保。其次应通过完善制度设计，逐渐覆盖城镇个体就业人员、灵活就业者、自由职业者等群体。待时机成熟，再将农村劳动者纳入覆盖范围，最终实现全覆盖的目标。

第二，完善失业保险待遇及待遇调整机制。调整失业保险待遇项目，提高失业保险对失业劳动者的保障力度；完善失业保险金标准调整机制，适度适时提高失业保险待遇水平；健全失业保险金标准与物价上涨挂钩联动机制，保证失业保险金的购买力，增强失业保险保障基本生活的功能。

第三，充分发挥失业保险预防失业功能。明确失业保险基金用于失业预防的支出比例和范围；进一步完善失业保险援企稳岗政策，强化服务，精准帮扶，助力企业发展的同时

---

① 人社部. 2016 年度人力资源和社会保障事业发展统计公报. 人力资源和社会保障部网，2017-05-31.

② 人社部. 2017 年人力资源和社会保障统计快报数据. 人力资源和社会保障部网，2018-02-02.

预防失业；借鉴国际经验，探索设计与失业风险相关联的行业差别费率和浮动费率机制，运用费率杠杆发挥失业保险预防失业的功能；健全失业预警制度，加强对于失业、就业状况的监测和调节。

第四，强化失业保险促进就业功能。继续扩大失业保险基金促进再就业的专项基金投入，提升职业培训、职业介绍等用于促进就业的各类政策的针对性和有效性；加强对大学生等群体的就业和创业支持力度；将失业保险待遇与再就业挂钩，避免失业陷阱，促进失业者积极寻找工作。

8.4 中国港澳台地区的失业保险制度

8.4.1 香港特别行政区的失业保险制度

目前，香港没有专门的失业保险制度。香港福利政策的重点在教育、医疗和住房方面，对劳工的收入保障主要依靠雇主提供，政府只对公共雇员提供福利。1973 年，港英政府公布了“香港福利未来发展计划”，以后又陆续发表了多次“绿皮书”，从法律上奠定了社会援助的基础。其内容大体包括五个方面：综合社会保障援助金计划、公共福利金计划、交通意外伤亡援助计划、暴力或执法伤亡赔偿计划、紧急援助服务。此类计划能具体到交通意外援助，但却没有专门的失业保险计划或制度，对失业者是通过社会援助金以社会救济的形式资助的①。香港特区政府财经事务局经济分析部就是否设立强制性失业保险制度提出，强制性失业保险制度在提供社会保障的功能上，既非有效亦不公平，香港的综援制度是为因失业或其他原因需要协助的人士提供援助，以应付经济困境。而被解雇的工人亦多能获得遣散费及长期服务金。此外，香港有充裕的培训和再培训机会，亦不乏有效的就业服务，协助失业工人重投劳工市场。综合这些补助和计划，政府致力提供一个可靠的社会保障网，而又无损工作谋生和提升技能的意欲。但是，倘若设立涵盖范围广泛，却又无须经济状况审查的计划，即如强制性失业保险制度，来重新分配收入，便会过度地增加社会成本和负担②。因而，香港的法律为失业者提供的保障主要在于强制雇主提供的失业补偿（遣散费），政府福利则主要体现为失业救助（属于公共援助），由社会福利署与劳工处共同办理。

1. 失业补偿

失业补偿是香港法定的劳工福利，即雇员被解雇时从雇主那里获得的遣散费。香港的《雇佣条例》规定，雇主在解雇雇员时必须发放遣散费，作为对雇员失去工作的补偿，这在一定程度上缓解了失业者的生活压力。

在享受待遇资格条件方面，《雇佣条例》规定，雇员只要连续为一雇主服务 24 个月以上，就有权利享受遣散费。但是，如果雇员因为自己的过失而被解雇，就不能享受遣散

---

① 周沛. 失业、失业保险、社会救济与经济增长：兼论近期内地下岗现象与香港失业问题. 南京大学学报（哲学・人文科学・社会科学版），1999（1）.

② 香港特区政府财经事务局经济分析部. 港澳经济年鉴 2002：第 4 编. 香港经济专题研究，2002.

费。遣散费标准按照对雇主的贡献确定，既与雇员的原工资水平挂钩，也与连续雇佣时间长短挂钩①。遣散费最高不得超过 12 个月的工资额。按照这一待遇标准，只有连续工作 18 年以上的员工，在失业时才能拿到相当于 12 个月工资的补偿，这与许多西方国家失业保险制度提供的待遇水平差不多。但实际上，由于失业者往往没有那么长的连续为同一雇主服务的期限，因此许多失业者实际能享受的遣散费很有限，尤其是低收入者或者连续服务期较短者，一旦失业，生活就可能下降到贫困线以下，这就需要用政府的失业救助来维持生活。

2. 失业救助

失业救助属于政府公共援助中为失业者提供的援助计划。公共援助是香港社会保障计划最基本的形式，也是社会保障政策中实施最早的一项救助措施，是香港政府向无收入、无生活来源、失去工作者以及生活水平极低的人提供的一种现金支援计划。该计划实施于 1971 年，以绝对贫困理念为指导，以“送篮法”为公共援助金的支付标准（最初根据受益人的基本营养需要，后来纳入衣物、家具等耐用消费品和交通费、书籍、文娱活动等服务费），为该计划的救助对象提供基本生活保障。

香港失业救助金的发放和英国基本相同，采用“申请制”。符合条件者必须亲自到其居住地址所属区域内的社会福利署的社会保障办事处申请援助。救助金的获得由申请后的第二个月开始计算，申请人必须每月一次到所属社会保障办事处填表以证明本人过去一个月仍旧失业。

8.4.2　澳门特别行政区的失业保险制度

澳门和香港一样，没有专门的失业保险制度，其对失业人员的生活保障以救济方式为主，并辅之以就业培训和职业介绍。

澳门现行社会福利制度系统的架构大致包括社会保障系统（澳门的社会保障属于社会福利的子系统）、社会福利服务和其他福利三大部分。对于失业人员的保障主要由政府出面，通过一定的法律法规，由劳工暨就业司规定保障对象的条件、实施程序、保障标准及经费来源，主要采用失业救助的方式给失业者以基本生活救助。

1. 失业援助金

失业援助金是由社会工作局提供的、保障失业人员基本生活需要的一般性经济援助。这种非缴费式的社会保障援助实际上是一种公共援助。凡澳门居民只要有需要并符合相关条件，均可向所属的社会工作局分区办事处申领援助金，但申请人必须是因生活贫困且无权申领缴费式社会保障援助的居民，并接受社会工作局关于其个人收入状况的调查。失业援助金是社会工作局援助项目的一个组成部分，目的是为那些缺乏收入或收入不足的个人或家庭提供现金保障，以协助其获得最基本的生活条件。这项援助金的领取资格是经社会工作局确认有经济困难的人士或由有关机关所发出的证明文件，确认受助者是患病、缺乏工作能力或失业等，社会工作局将根据家庭的个案情况来发放数额不同的援助金，但援助金的上限根据最低维生指数确定，领取期限最长为 12 个月，但可续期。

---

① 郑秉文，方定友，史寒冰. 当代东亚国家、地区社会保障制度. 北京：法律出版社，2002：271.

2. 失业救济金

依据澳门《社会保障基金法》规定，雇主、雇员双方必须定期向澳门社会保障基金会缴纳一定款项，雇员因发生指定的客观情况而不能工作时，即可获得由社会保障基金提供的保障援助。澳门社会保障基金所派发的津贴主要有：养老金、残疾津贴、疾病津贴、失业救济金和职业病赔偿金等。在澳门，凡达到规定年龄、持有合法身份证明和居澳达到规定年限且向社会保障基金会缴费达到规定时限者，均可享受从每日 55 澳门元到每月 430 澳门元不等的津贴。近年来，由于澳门经济发展滞缓，失业人数激增，社会保障基金派发的失业救济金额也逐年增加。

8.4.3 台湾地区的失业保险制度

台湾地区的就业安全体制由就业服务、职业培训与劳工保险（失业保险）三大部分组成。其中，就业服务和职业培训相对完善，而失业保险制度直到 20 世纪 90 年代末才正式建立起来。1998 年 12 月 28 日，台湾地区行政管理机关正式公布“劳工保险失业给付实施办法”，同时，“劳工委员会”公布“劳工保险失业认定暨失业给付审核准则”，并于 1999 年 1 月 1 日起开始实施。至此，台湾地区的失业保险制度正式建立。

1. 失业保险制度的主要内容

（1）保险对象：台湾地区的失业保险规定比较严格，覆盖范围相对较小，这与其重就业、轻保障的政策方针是一致的。台湾地区的失业保险对象是年满 15 岁、60 岁以下参加劳工保险的被保险人，并具体规定为五类人员。这五类以外的劳动者在失业后均不能享受失业保险待遇。

（2）享受资格：被保险人因所属投保单位关厂、歇业、休业、转让、解散、破产、业务紧缩或生产技术调整导致失业者，且非自愿离职，参加劳工保险满 2 年，并有工作能力和工作意愿，才能获得失业保险费。另外，无正当理由不接受推荐就业或安排职业训练者，失业期间另有工作且月收入超过基本工资的 80%者，均不能享受失业保险。

（3）经费来源：失业保险金由现行劳工保险费率 6.5%中提取 1%应支。

（4）给付标准：按照保险人每月平均投保薪资的 50%计算，每半个月发放一次。失业者获得失业保险金的多少还取决于缴纳失业保险费的时间长短。缴纳失业保险费合计未满 5 年者，每次最多发给 3 个月，5 年内合计以发给 6 个月为限；缴纳失业保险费合计满 5 年以上未满 10 年者，每次最多发给 6 个月，10 年内合计以发给 12 个月为限；缴纳失业保险费合计 10 年以上者，每次最多发给 8 个月，合计以发给 16 个月为限。

可见，台湾地区的失业保险制度非常强调就业促进，对失业保险对象的规定很细致，对失业保险的申请资格严格审查，给付标准通常低于劳工所得水平，旨在提高失业者的工作意愿，促进再就业。

2. 失业保险制度的改革完善

2002 年 5 月颁布的“就业保险法”，除了更加明确失业给付之外，重点在于提升劳工就业技能、促进再就业，保障劳工职业训练及失业期间的基本生活水平。它是对“劳工保险失业给付实施办法”的修正，扩大了保险对象，提高了失业者失业期间的保障水平，进一步加大了对再就业促进的投入力度，具体包括如下内容：

（1）失业保险对象放宽。凡年满 15 岁、60 岁以下的受雇劳工均纳入保险对象范围。也就是说，保险对象扩大至受雇于 4 人及以下的企业的劳工。

（2）失业保险给付水平提高。在雇主和雇员都不需要另外负担保费的前提下，给付金额由原来投保薪资的 50％提高为 60％。

（3）保险给付内容扩充。“就业保险法”结合了失业保险、职业训练、就业促进等社会安全措施，对失业劳工有 4 种保险给付，包括失业保险给付、职业训练生活津贴、健保费全额补助、提早就业奖励津贴，但是保费不随之增加。

3. 就业补助制度

就业补助是对失业保险制度的补充措施，是与失业保险相互配套的、不可或缺的制度安排，主要包括就业服务、职业培训和创业辅导。这也体现了台湾地区关于就业安全的观点，即就业促进比失业保障更重要。台湾的就业服务和职业培训体系由台湾当局、省（市）和县（市）三个层次构成，各级财政提供资金保障，通过帮助劳动者提供就业机会、教授实用技能和更新知识能力素质，在促进就业方面发挥了重要作用①。

台湾地区的就业补助措施名目繁多，主要可归纳为：（1）提供失业者搬迁、交通、膳食等补助，鼓励就业；（2）实行“以训代赈”与“以工代赈”等求职津贴，通过对失业者提供一定的补助，鼓励其参加职业训练，促进再就业；（3）通过一些优惠措施，如给予创业贷款以利息补贴，鼓励失业者通过创业方式实现再就业；（4）对雇佣失业者的单位给予奖励，对促进再就业的中介机构给予补助；（5）对关厂歇业等造成的失业者提供特别补助；（6）对弱势群体等特定对象给予就业辅导和特殊补贴。

8.5　国外的失业保险制度

自 1905 年法国首先建立自愿性失业保险制度距今已有一个多世纪。1911 年，英国颁布了《国民保险法》，开创了强制性失业保险制度的先河，后被一些国家效仿。到 1997 年初，世界上已有 68 个国家和地区建立了失业保险制度。各国在长期实践中摸索、创造出不少宝贵的经验，值得我国借鉴。

8.5.1　美国的失业保险制度

1916 年，美国马萨诸塞州颁布了州失业保险法案。1933 年国会立法组织公共服务体系。1935 年美国颁布《社会保障法》，建立了统一的失业保险制度，其目的是为由于经济原因而非个人过失导致失业的工人提供必要的生活保障。同年，《联邦职业介绍法》颁布。1946 年《就业法》通过。失业保险制度是美国职业保障体系中建立最早、覆盖面最广的一项社会保障措施。失业保险制度在维持失业人员的基本生活水平、促进经济发展和维护社会稳定方面起到了积极的作用。此后又修订或是相继出台了一系列法律法规。例如，1964 年颁布《就业机会法》；1970 年《就业保障法修正案》扩大了就业保障的范围，创立

① 谢荣堂. 社会福利行政法规导读. 台北：元照出版公司，2008.

了延长失业补助计划；1973 年颁布《全面就业与培训法》；1976 年的《延长失业补助法修正案》扩大了就业保障的范围；1977 年卡特提出“工作福利”和“工作保障”的就业方案；1980 年颁布《综合就业与培训法》；1993 年的《瓦格勒法》提出建立培训和就业服务司；1994 年的《劳动保障法案》全面修订失业保险制度；1996 年的《个人责任与工作机会法案》建立了贫困家庭临时援助制度，旨在要求大多数成年人在领取资助后两年内返回工作岗位；1998 年的《劳动力投资法》将各州的就业服务统一为全国性服务；2007 年的《继续拨款修订决议》对失业保险进行进一步修订。经过美国政府的不断努力，形成了较为完善的失业保险和就业服务体系①。美国不仅就业服务网络化而且秉持就业服务的“一站式服务”理念：要求对失业者的职业介绍、职业培训在工作内容、机制、场地上进行整合，为求职者和用人单位提供良好、便捷的服务。

1. 失业保险对象

美国采取完全强制性的失业保险模式，即凡属于国家失业保险法所规定类别的雇员必须无条件地参加国家举办的失业保险制度。具体服务对象包括私营企业、州和地方政府机构及非营利性组织的雇员，联邦政府的公务员则是由另外的保险制度涵盖。目前全美国有 90%以上的从业人员享受失业保险制度。

2. 资金来源

失业保险金的主要来源是雇主缴纳的失业保险税，只有少数几个州向职工征收失业保险税。美国的失业保险实行双层制，也就是由州政府经营，联邦政府补助经营费用，各州的具体措施并不统一。联邦政府通过税收杠杆来推动此项制度的实施。

3. 享受失业保险的资格条件

领取失业保险金，必须符合下列要求：（1）失业者在失业时必须符合法定要求的已工作期限、已投保期限和应缴纳的保费数额；（2）失业者必须处于法定年龄段且有劳动能力；（3）有意愿再就业，即失业者在领取失业保险金之前，必须在职业介绍所登记，要求就业且愿意接受职业介绍所提供的就业机会；（4）失业必须是非自愿的，即需要证明是由于缺乏个人适应的工作而失业，而且在失业期间必须积极寻找工作。另具体规定，以前没有参加过工作的失业者、被开除或自动离职的失业者、已经用尽失业保险金的失业者以及因劳动纠纷而失业的人等都不能领取失业保险金。

4. 失业保险待遇

失业保险金的发放期限和金额在各州各不相同，大多数州在发给失业者津贴之前都规定有一周的等待期，领取津贴的时间一般为半年到一年。失业津贴标准根据失业者失业以前的工资确定，有最高上限和最低下限。每周失业保险金的上限通常有两种办法确定：一是固定标准；二是根据就业者周工资的比例灵活调整。

5. 管理体制

失业保险基金通过国家设置的专门社会保险机构进行管理。美国失业保险制度的管理体系分为三个层级：联邦政府、州政府、地方县和市政府。失业保险由劳工部全面监督，就业与训练局、失业保险处、财政部等相关部门辅助。州政府设有劳工厅，具体管理失业

① 杨斌，丁建定．国外就业保障的发展及对中国的启示：以美国、英国和德国为例．理论月刊，2016（5）．

保险。此外，地方各县、市也设有就业中心和办事处等机构。

6. 美国失业保险制度的特点——联邦与州政府相结合的制度

美国失业保险制度的根本特征，在于它是由联邦政府和州政府相互分工、协作的一种制度，以此来保证失业保险制度的正常运转，使其成为治理失业的重要措施和保证经济发展的必要条件。

在联邦-州体制下，美国联邦政府在失业保险制度中扮演着重要的角色：第一，它推动着立法的进程；第二，联邦政府在需要时向州拨款，资助各州发展、管理具体的失业保险计划；第三，联邦政府社会保障委员行使对各州的行政管理权和监督权，必要时对州政府进行资金和技术上的援助，对失业信托资金进行统一的管理和投资①。

在遵守联邦法律和政策的前提下，各州均有自己的失业保险立法和具体的失业保险计划。各州被赋予较大的自主权，州政府可以在联邦政府的框架要求下，颁布各州的《失业保险法》。根据各州的经济发展水平、人口比例、就业状况确定各州失业保险税的税基、税率，领取失业津贴的资格、期限及待遇水平等具体事宜。

8.5.2 加拿大的失业保险制度

加拿大被联合国定为世界上最宜居住的国家，其社会福利发达，在失业保障领域也表现得十分明显，即在普遍实施失业保险的同时，对失业者中有特殊困难的弱者，还给予社会性援助，这就是“特殊失业补助”。因此，在保障模式上，加拿大选择了“失业保险＋特殊失业补助”的援助模式。失业保险制度是为帮助受雇者在失业期间没有收入时渡过财政难关的；此外，每当生病、受伤、隔离检疫、分娩或需要全时间照料新生或领养的孩子而不得不暂停工作时，也可领取失业保险金。前者称为普通失业保险金，后者称为特别失业保险金。在新制度下，这一失业保障计划改称为“就业保险”，它包含两个主要内容：失业收入保障，即失业金；鼓励就业津贴，用以鼓励再就业②。

1. 失业收入保障

失业金是为保障失业者在失业期间的基本生活需要提供的资金帮助。申请领取失业金必须符合以下条件：(1) 有能力和时间工作，但找不到工作；(2) 具备合格的工作时数；(3) 已在工资中扣除了失业保险费；(4) 已经连续七天以上无工作、无收入；(5) 有正当的失业理由，公司裁员、随眷移居、工作环境危害健康、雇主不给加班费、受到歧视等均是正当失业理由；(6) 不是自雇佣者。

2. 鼓励就业津贴

就业津贴用以直接协助准备就业者，由联邦政府与各省协商办理。其主要项目为工资津贴。失业金申请人依据特定的雇主安排领取工资津贴，该雇主必须为申请人提供工作，而这份工作将来可以转为长期工作，或可以使申请人将来转到另一个雇主那里工作。

3. 特别失业保险金

当生病、受伤、检疫隔离、分娩或需要全时间照料新生或领养的孩子而须暂停工作

---

① 姜守明. 略论美国的失业保险制度. 学海，1998 (1).

② http://www.dragonsabroad.com/jobcenter/jobcenter_article.asp? id=6015&subid=30&seqid=1.

时，也可以领取特别失业保险金。具体包括病伤失业保险金、孕妇特殊失业保险金和老年失业保险金。

4. 领取失业保险的程序及相关规定

失业者失业后应前往就近的加拿大各区就业中心索取申请表格填写，有两项资料必不可少：一是社会保险号码；二是雇员在停工没有收入后的5天内雇主发出的就业记录。

领取失业保险金的等待期一般为2周，享受期限为14周至45周不等。保险金具体数额根据以前工作情况和本地失业率而定，并根据申请人抚养孩子的负担情况及家庭年收入水平有所调整。

加拿大1996年对失业保险进行了全面的改革，在原有《失业保险法》的基础上出台了《就业保险法》，旨在为失业者尽可能快地返回就业岗位提供救援，涵盖了以劳动力计划和辅助支持服务为主的项目计划。就业保险的劳动力计划有专项工资拨款、专项收入补助、自助创业计划、职业创造合伙计划和技能发展计划等；辅助支持服务体系包括就业援助服务、劳动力市场合作服务及原住民人力资源发展战略等计划等①。为鼓励失业者再就业，政府发放失业保险金的具体数额还要看申请人以前领取失业保险金的频率。领取失业保险金周数越长，申请人下次所得到的保险金额就越低。失业期间，加拿大政府希望失业者参加各种培训，以便获得新的工作。

5. 加拿大失业保险制度的特色——保险与援助相结合

加拿大社会福利非常发达，却又不同于北欧国家，它在实施失业保险制度的同时，对失业者中有特殊困难的弱者还给予社会性援助，形成了既严格又细密的失业保险网。严格，即它对普通失业者享受失业保险做了明确的权利义务规定，体现了权利与义务相结合的责任要求；细密，即援助性的失业补助措施为许多特殊的失业情况提供了合理保障，整个制度安排覆盖面广，既有针对大众的普遍性失业保险，又有针对特殊群体的失业援助；既保障了不同群体的基本生活需求，又注重再就业培训和激励，两者相辅相成，考虑周全合理。

8.5.3 瑞典的失业保险制度

瑞典的失业保险起源于工业革命时期，1893年首先由印刷行业工会建立起来的，主要是帮助失业的工人寻找工作，而不是发放失业救济金，这种做法到1934年停止。1935年瑞典出台了《失业保险法》，采取对失业救助协会发放津贴的方式，相当于一种国家补贴性质的失业援助。20世纪70年代，瑞典政府在保持发展已有政策的基础上，又实行了义务失业保险，凡是与工会有关联的雇员都可以自愿参加失业基金会。现行的《失业保险法》和《失业保险基金法》制定于1997年。瑞典失业保险委员会是管理失业保险基金的机构，失业保险制度实行基本保险（失业援助）和自愿保险（义务保险）的双重模式。

1. 基本保险

瑞典的失业保险制度充分体现了福利国家的特色。基本保险是普遍覆盖的，相当于社会平均工资的27%。政府部门从1974年开始主办和实施，凡是符合相关基本条件和工作

① 于洪．加拿大社会保障制度．上海：上海人民出版社，2011.

条件，以及年龄超过 20 岁的人员，都可以获得基本保险范围内的失业救济金①。劳动者在 20～64 岁之间一旦就业即被列入国家失业保险，一旦失业便开始享受失业保险金，失业津贴至多发给 300 天，事实上很少有失业达到 300 天的。对于 55～65 岁的失业者可延长到 450 天，金额相当于本人工资的 92%，发放 5 天②。

2. 自愿保险

自愿保险又称为与收入相关的失业保险，这种自愿参加的收入损失保险，相当于缴费工资的 60%，采取的形式是国家资助、工会主办、个人自愿参加，由工会组织成立失业保险基金会，向失业者提供失业津贴。

从失业保险基金会中领取失业津贴的人必须是参加该基金会的会员，同时失业保险基金在失业救济问题上有决策权。失业保险基金一般以行业划分，有资格加入失业保险基金的人员包括从事固定的、有辅助薪酬补贴的、有就业补助金的以及公益性单位提供的庇护性就业工作等。截至 2009 年 7 月，瑞典共有 32 家失业保险基金会③。

3. 瑞典失业保险制度的特点

一是强调就业第一，将失业津贴作为失业后的补救措施。自 20 世纪 30 年代以来，历届社民党政府都把"充分就业"作为经济政策的首要目标，通过培训、劳动流动和就业安排等实现"人人有工作"，把失业救助作为最后手段。20 世纪 60 年代初，瑞典的就业水平跃居西方国家之首，此后一直到 1991 年，瑞典的失业率长期保持在 3%左右。这一方面得益于瑞典政府推行积极的劳动力市场政策，为失业者开展培训，为在职雇员提供职业教育以及鼓励员工流动，从而不断推动经济结构调整和技术革新；另一方面是由于社会福利政策促进了第三产业的发展，社会福利事业的发展提供了大量工作岗位，从而促进了就业和经济发展。

二是工会的作用较为突出。瑞典的失业保险不属于国家或地方保险机构管理，而是由工会经营。工会组织在瑞典十分发达，90%以上的雇员都加入了工会，工会在保护劳动者权益、扩大失业保险覆盖面、促进就业等方面发挥了巨大的作用。

但是近年来瑞典的失业率呈上升趋势，失业持续期延长，失业保险基金的支出规模日益庞大，给财政造成巨大压力。同时，由于失业保险津贴水平过高，享受资格宽松，妨碍了失业者积极寻找工作。为此，政府采取了一系列措施，例如，申领人员如果没有按规定制订计划、汇报工作搜寻情况或没有积极寻找工作，失业津贴都会受到影响；公共就业服务机构工作人员对求职人员，实行"一对一"就业服务，并在 3 个月内帮助其实现就业；雇主招用失业一年以上的失业人员，可以享受补贴；等等。

8.5.4 德国的失业保险制度

德国是社会保险制度的发源地，但失业保险制度建立的相对较晚。直到 1927 年德国颁布《失业介绍法和失业保险法》，失业保险制度才算正式建立起来；1969 年颁布的《劳

① 瑞典失业保险考察报告（节选）.（2010－06－13）. http://jyjyw.gov.cn/main/newslist/jyjyw_news_20100101000686.asp.

② 赴德国瑞典社会保险立法考察报告.（2009－06－06）. http://www.docin.com/p-35739470.ht.

③ 瑞典失业保险基本信息.（2010－12－07）. http://wenku.baidu.com/view/45c84cfbfab069dc502201a2.ht.

动促进法》和《职业培训法》，标志着该制度的进一步发展，同年，《职业培训法》和《联邦教育法》颁布；1970 年《联邦教育促进法》颁布；1974 年《失业救济条例》的出台进一步完善了失业保险制度；此后，德国的失业保险进一步向积极的就业促进推进：1980 年《职业培训促进法》颁布；1994 年的《就业支持法》允许建立私营职业介绍所；1992—1998 年，科尔政府将失业扶助的重心转移到就业者就业机会和帮助失业者重新回到工作岗位；2003 年施罗德政府的《2010 年议程》，提出减少失业保险金的给付期，促进失业者寻找工作；2005 年德国失业保险制度开始向以预防失业与促进就业功能并重的方向转变。

在德国，失业保险是一种强制性的保险，联邦劳动局为承办机构，联邦各州和一些大城市设有州劳动局和市劳动局。联邦劳动局是一个公共法人性质的团体组织，由雇主、雇员和国家三方代表组成的管理委员会负责，在国家监督之下实行自治管理。为了保障失业者的基本生活和促进再就业，德国采取了“失业保险＋失业救济”的衔接型保障模式，主要通过失业保险金和失业救济金对失业人员进行补偿。

1. 失业保险

德国的强制性失业保险几乎覆盖了所有的就业人口，任何每周被雇用工作 18 小时及以上的人员都要参加失业保险。保费为雇员总收入的 6.5%，由雇员和雇主平均分摊①。缴费标准不是固定不变的，而是根据劳动力市场需求和失业状况做相应调整，变化的趋势是逐年增加。保险基金实行现收现付方式，征收的全部保费用于支付失业补助、短期工作补助和创造工作岗位的支出。所有在过去两年中缴纳了 12 个月或以上失业保险费的，有资格享受失业保险。

2. 失业救济

失业救济金的发放对象是无权享受失业补助金的失业者、已在联邦劳动局登记失业且在等待职业介绍还未开始领取失业保险金者、曾申请过失业救济金者及家庭收入和财产不够支付其生活开支的贫困者。失业救济金是政府承担的帮助穷人的措施，即使没有加入行业保险的失业者，根据一定的标准，也可以得到失业救济金。

失业者领取失业救济金必须符合规定的条件，并接受联邦劳动局对其本人及其家庭进行调查，被确认后还要经过半年的过渡期才能领取失业救济金。失业救济金的待遇水平要低于失业保险金水平，最长期限为 1 年，目的是促进失业者积极寻找工作。同时，失业保险金与失业救济金的衔接，也为失业人员提供双层安全保障，避免部分失业者因未能及时再就业而陷入贫困境地。

3. 促进就业

德国的失业保险金除了用于支付失业补助金、失业救济金和劳动局的管理费用以外，还大量投资于劳动力市场和就业政策研究，并提供职业介绍和职业咨询、职业培训。联邦劳动局还通过给予求职费用补贴、搬迁费以及其他在寻找工作过程中必要的补贴鼓励失业者再就业。此外，德国法律规定，残疾人同样享有职业培训、进修等权利，对残疾人的社会保险费、培训费等可以给予补助。如果雇主愿意提供残疾人培训，或者建造特殊的实习

---

① 赴德国瑞典社会保险立法考察报告.（2009-06-06）. http://www.docin.com/p-35739470.ht.

工厂，劳动局也给予雇主以资助和贷款。

总的看来，德国已建立了一个比较全面的、系统的失业保险制度。这是一种注重市场机制和市场原则，把劳动者的权利和义务密切结合，以保障劳动者基本生活权利和积极促进就业为己任的失业保险制度。

8.5.5 日本的失业保险制度

日本的失业保险制度属于雇佣保险模式，始建于 1947 年颁布的《失业保险法》，该法在 1974 年更名为《雇佣保险法》（分别于 2001 年、2003 年、2007 年、2010 年做出修订）。2000 年日本的雇佣保险赤字达到 76.4 万日亿元（为当年 GDP 的 15.2%）。为此，日本政府通过颁布一系列法令用以促进失业者再就业，失业保险理念也从单纯重视失业后的生活救济转向失业预防和促进就业相结合。日本雇佣保险制度包括失业保障和失业预防两大系统。具体包括具有善后性质的失业补助政策、以事前预防并促进就业为目的的安定雇佣事业和能力开发事业等几个部分。

1. 失业补助政策

这是日本失业保险制度运行中的第一大支柱，一般包括失业给付、高龄失业者给付、短期就业失业者给付和日工失业者给付。资金主要来自政府、雇主和雇员三方。其中，政府负担 25%，剩下的雇主和雇员对半负担。

失业补助给付标准为被保险者离职前 6 个月平均工资的 60%～80%。达到以下标准的被保险者可领取该项待遇：最近 1 年内（疾病、伤害、生育等延长 2 年）投保半年，短期工需在失业前两年至少投保 1 年，日工需在失业前 2 个月内至少投保 28 天；在公共职业安定所进行失业登记；有能力并愿意工作；每月汇报一次寻找就业情况。自动离职或犯有严重错误的失业者以及拒绝接受工作或培训者，取消 1～3 个月保险金申领资格。与其他国家不同的是，日本的失业补助不单单支付给一般的失业者，对于符合条件的“再就业者”，同样给予补助①。

2. 失业预防政策

由于政府实施的各项预防措施的主要受益人为雇主，因而资金来自雇主单方面缴费。按照规定，建筑业雇主缴纳 4‰，其余雇主缴纳 3‰。

（1）安定雇佣事业。这是日本失业保险制度的第二大支柱，通过政府积极采取措施，扩大就业机会、保障劳动力市场稳定运行等政策，来预防被保险人失业问题的出现。具体包括政府通过资助当事的雇主对多余职工进行置业培训或照发工资，争取内部消化，力争不裁员；重视对在职职工的培训；采取措施抑制雇主的解雇行为；等等。

（2）能力开发事业。这是日本失业保险制度的第三大支柱。政府通过设置、管理各种能力训练设施，建立公共职业培训机构，资助经常举办现场讲座与技术训练的雇主等途径，来提高工人的专业技能②。

---

① 吕学静．借鉴日本经验增强我国失业保险制度．（2010－03－07）．http://news.qq.com/a/20100307/002190.htm.

② 李文琦．日本失业保险制度的运行及对中国的借鉴．陕西行政学院学报，2010（1）．

日本雇佣保险制度始终以充分就业为目标，以促进就业为主导思想，因此该制度的三个突出特点是：强化制度的失业预防功能，强化制度的就业促进功能，强调企业在“保障就业”中的地位和作用。雇佣保险制度有专门针对雇主安排的雇佣安定事业（对能够进行教育培训或者产业转型的企业主支付的雇佣调整辅助金）与雇佣能力开发事业（奖励那些针对技术进步和产业转型或者育儿、护理重返职场的员工进行培训和提高就业能力的企业主）。

本章小结

失业保险制度是社会保险制度的重要组成部分，它是指劳动者非本人原因失去工作、收入中断时，由国家和社会依法保证其基本生活需要的一种社会保险制度。其核心内容是通过建立失业保险基金，分散失业风险，为失业者提供基本保障，并通过转业培训、职业介绍等形式积极促进再就业。失业保险既具有社会保险制度的共性，也有其自身的特殊性。从世界范围看，失业保险制度的类型主要有强制性失业保险制度、自愿保险补贴制度、失业援助制度以及双重失业保险制度。

中国内地失业保险制度的历史沿革可以追溯到 20 世纪 50 年代初的失业救济制度。进入 20 世纪 90 年代，为了面对新一轮失业问题带来的挑战，实行了“三条基本保障线”，其在深化国有企业改革、建立现代企业制度和完善失业保险制度方面意义重大。1999 年的《失业保险条例》和 2010 年的《社会保险法》成为现行制度内容的主要依据，进一步推动了我国内地失业保险制度的发展。但是，当前我国失业问题还相当严峻，失业保险制度还存在很多问题，以后的发展方向是在保障失业人员基本生活的同时，强化促进再就业的功能，使其成为充分就业的促进机制。

此外，本章还介绍了我国港澳台地区，以及美国、加拿大、瑞典、德国、日本的失业保险制度。

关键术语

失业保险　　古典失业理论　　凯恩斯的失业理论　　供给学派的失业理论　　刘易斯的就业理论　　新古典综合学派的“结构性失业”理论　　货币学派的“自然失业率”理论　　新凯恩斯主义的黏性工资理论　　“三条基本保障线”

复习思考题

1. 失业保险制度是如何产生的？它的目的是什么？
2. 主要的失业理论有哪些？为什么在不同时期会有不同的失业理论？这些理论对治理失业分别有什么作用？
3. 中国内地的失业保险制度是如何产生的？其主要的改革历程如何？
4. 试述“三条基本保障线”的内涵及产生背景。

5. 试析中国内地当前失业保险制度存在的问题及未来发展趋势。
6. 试阐述中国港澳台地区的失业保险制度，及在治理失业方面采取的措施。
7. 比较各国失业保险制度的异同，谈谈其对我国的借鉴作用。

参考文献

[1] KAUFMAN B E，HOTCHKISS J L，The economics of labor market. The Dryden Press，1999.

[2] TANNENWALD R，LEARY C T O. Unemployment insurance policy in New England：background and issues. New England and economic review，1997 (5/6).

[3] 曼昆. 经济学原理：宏观经济学分册. 北京：北京大学出版社，2009.

[4] 弗里德曼. 弗里德曼文萃. 北京：首都经济贸易大学出版社，2001.

[5] 伊兰伯格，史密斯. 现代劳动经济学：理论与公共政策. 8 版. 北京：中国人民大学出版社，2007.

[6] 郭松山. 中国失业保障制度与再就业. 上海：上海财经大学出版社，2008.

[7] 钱振伟，李冬梅. 经济增长对就业的影响及失业保障制度研究. 北京：经济科学出版社，2008.

[8] 王云昌，张茂松. 社会保险理论与实务. 郑州：黄河水利出版社，2001.

[9] 吴鹏森. 现代社会保障概论. 上海：上海人民出版社，2004.

[10] 吴易风，王健. 凯恩斯学派. 武汉：武汉出版社，1995.

[11] 尹伯成，华桂宏. 供给学派. 武汉：武汉出版社，1995.

[12] 曾湘泉. 劳动经济学. 上海：复旦大学出版社，2003.

[13] 翟志俊. 中国失业保险历史回顾及其思考. 上海：上海社会科学院出版社，2009.

[14] 张伯生，叶欣梁，周晋. 工伤与失业保险：政策与实务. 北京：北京大学出版社，2008.

[15] 郑秉文，方定友，史寒冰. 当代东亚国家、地区社会保障制度. 北京：法律出版社，2002.

[16] 谢荣堂. 社会福利行政法规导读. 台北：元照出版公司，2008.

[17] 于洪. 加拿大社会保障制度. 上海：上海人民出版社，2011.

[18] 香港特区政府财经事务局经济分析部. 港澳经济年鉴 2002：第 4 编. 香港经济专题研究，2002.

[19] 冯华，张淑梅. 西方失业理论的回顾与我国就业政策的反思. 学术论坛，2002 (6).

[20] 公峰涛，王乃合. 德国失业保障及其对我国的借鉴. 国际经贸研究，1996 (4).

[21] 姜守明. 略论美国的失业保险制度. 学海，1998 (1).

[22] 刘兰. 西方失业理论的最新发展及启示. 经济纵横，2004 (1).

[23] 刘跃斌，黄琳. 德国的失业保障政策研究. 德国研究，2003 (3).

[24] 谭运进. 西方就业理论对我国的借鉴意义. 商业时代·理论专刊，2005 (12).

［25］唐斌尧．美国社会的失业问题及相关救助制度．人口与经济，2005（2）．

［26］汪洁．关于失业保险制度的政策和理论问题探讨．南方论丛，2008（01）．

［27］吴传清．澳门社会福利制度探析．外国经济与管理，1999（7）．

［28］伍红．美国的失业保险制度．经济论坛，2003（23）．

［29］赵红．西方失业理论及其就业对策．云南财贸学院学报，2000（10）．

［30］周沛．失业、失业保险、社会救济与经济增长：兼论近期内地下岗现象与香港失业问题．南京大学学报（哲学·人文·社会科学），1999（1）．

［31］杨斌，丁建定．国外就业保障的发展及对中国的启示：以美国、英国和德国为例．理论月刊，2016（5）．

［32］黎大友，张荣芳．从失业保险到就业保险：中国失业保险制度改革的新路径．中南民族大学学报（人文社会科学版），2015（3）．

学习网站

［1］http://www.bjbusiness.com.cn

［2］http://cdldbz.gov.cn

［3］http://www.mohrss.gov.cn

［4］http://www.npf.org.tw

［5］http://www.dragonsabroad.com

［6］http://www.wrsacc.net

第9章

工伤保险

本章导言

本章首先介绍了工伤保险的概念、性质和工伤保险制度的功能、设计原则和历史沿革，阐明了工伤保险的理论基础；然后阐述了中国内地工伤保险制度的产生与发展过程，并对其发展趋势进行了分析；最后介绍了中国港澳台地区以及国外工伤保险制度的发展和现状。

重点问题

- 工伤保险制度的基本内容
- 工伤保险制度的理论基础
- 中国内地工伤保险制度的产生、改革及发展
- 中国港澳台地区工伤保险制度的现状
- 国外工伤保险制度的现状与发展

9.1 工伤保险制度概述

工伤保险是社会保险的一个重要分支。工伤保险所涉及的人群虽然不及养老保险和医疗保险那样广泛，只是针对遭受工伤或职业病风险的特殊工作人群，但这些人群所受到的伤害往往波及面比较大，而且往往会引发劳资争议和冲突，因而在大多数国家工伤保险都是最早建立起来的险种之一。

现代意义上的工伤保险，不仅包括对因工伤、残、亡者的经济补偿和物质帮助，而且

包括促进企业安全生产、降低事故率及职业病发生率，并通过现代康复手段，使受伤害者尽快恢复劳动能力，促进其与社会的融合。也就是说，工伤保险是工伤预防、工伤补偿、工伤康复三位一体。

9.1.1 工伤保险的概念与性质

1. 工伤保险的概念

工伤保险是指劳动者在生产经营活动中或在规定的某些特殊情况下遭受意外伤害、职业病以及因这两种情况造成死亡、暂时或永久丧失劳动能力时，劳动者及其遗属能够从国家、社会得到的必要的物质补偿。这种补偿既包括医疗、康复所需，也包括生活保障所需。1964 年在第 48 届国际劳工大会上通过的第 121 号文件《工伤事故和职业病津贴公约》及《工伤事故津贴建议书》均指出，实施工伤保险的目的，是为发生不测的受雇人员提供医疗护理、现金津贴，进行职业康复；为残废者安排适当职业；采取措施防止工伤事故和职业病的发生。

我国《工伤保险条例》规定，我国实行工伤保险的目的是保障因工作遭受事故伤害或者患职业病的职工获得医疗救治和经济补偿，促进工伤预防和职业康复，分散用人单位的工伤风险。

2. 工伤保险的性质

工伤保险具有补偿与保障的性质，缴费由企业负担。比起其他社会保险项目，工伤保险的待遇最优厚、保险内容最全面、保险服务最周到，也最易于实现。

（1）工伤保险具有强制性。

工伤事故具有突发性和不可预测性，多属于意外事故。工伤及职业病所造成的器官或生理功能的损伤，可以是暂时、部分地丧失劳动能力，也可能是虽经治疗休养，仍不能完全复原，以致身体或智力功能部分或全部丧失，造成残疾，这种残疾表现为永久性部分或永久性全部丧失劳动能力。由于工伤具有不可逆转性，其造成的损失往往难以挽回，为个人带来终身痛苦，给家庭带来永久的不幸。因而，国家法律往往规定强制实施工伤保险。

（2）工伤保险具有社会性（普遍性）。

工伤保险是世界上历史最悠久、实施范围最广泛的社会保障制度。目前全世界有 155 个国家和地区建立与实施工伤保险制度，并且都有单独的法律法规。政府通过法律，通过社会经济生活的一定干预，在发生职业风险与未发生职业风险之间进行收入再分配，以切实达到保障劳动者基本生活水平的目的。

（3）工伤保险具有互济性。

工伤保险通过统筹基金来分散职业风险，以缓解企业之间、行业之间、地区之间因职业风险不同而承受的不同压力，在较大范围内分散风险，为劳动者和企业双方建立保护机制。

（4）工伤保险具有福利性。

工伤保险基金属劳动者所有，是保障劳动者安全健康的基础，专款专用，国家不征税，并由国家财政提供担保，由隶属于政府部门的非营利性事业单位经办，为受保人服务。

（5）工伤保险具有补偿性（赔偿性）。

这是工伤保险不同于其他社会保险的显著特性。工伤保险费用不实行分担方式，全部费用由用人单位负担，劳动者个人不负担费用。

9.1.2　工伤保险制度的功能

无论是发达国家还是发展中国家，无一例外地都在发生各类程度不同的工伤事故和职业病。工伤的发生有着各种错综复杂的原因。尽管预防工作可以有效地防止工伤发生，但是工伤仍然不可避免。人为因素也是工伤发生的原因之一，包括职工个人的违章操作，以及用人单位没有严格执行国家的劳动安全和职业卫生法律法规以及相关的标准和规章，给安全生产带来极大的隐患。工伤保险制度是“双利”的：不仅具有保障因工作遭受事故伤害或者患职业病的职工获得医疗救治和经济补偿、促进工伤预防和职业康复的功能，而且还能分散企业风险，有利于经济发展与社会和谐。

（1）保障劳动者人身安全和健康。

工伤的发生势必会伤害劳动者的人身安全，对劳动者的健康造成暂时或永久性的影响，甚至因此失去生命，给个人和家庭带来巨大的精神和经济损失。工伤保险制度不仅对工伤职工及时救治，还要对其进行康复治疗和培训，尽可能降低劳动能力的损失程度。

（2）保障企业的正常生产和工作。

工伤事故特别是重大事故的发生既使企业的财产遭到直接的破坏，又使企业的正常生产和工作受到影响，甚至走向倒闭，伤亡职工的赔偿更加无从谈起。工伤保险制度通过在统筹地区分散企业风险，为企业提供保障。

（3）保障国民经济的发展。

工伤带来的损失会加大企业的生产成本，从而降低企业在市场上的竞争能力。而一个国家经济的发展在很大程度上取决于企业生产的发展。严重的职业伤害不仅造成人员、财产和资源的巨大损失，同时也污染环境，破坏生态，制约国民经济的可持续发展，削弱国家的实力。工伤保险制度的设计具有损害预防的激励机制，降低事故及损失，确保国民经济可持续发展。

（4）促进社会安定。

工伤事故发生后，如果处理不善不仅会引发劳资争议和劳动关系的紧张，而且容易造成职工对国家的不满，影响社会安定。工伤保险制度由政府立法强制实施，并主要由政府组织的机构或自治机构利用集合遭损风险技术以及精算、统计等技术手段，对损失进行预测，在此基础上筹集、运营和管理保险基金。保险机构从事业务的专业性，使受害劳工获得赔偿更为快捷，运作成本更为低廉，从而节约社会成本；同时由立法保障的鉴定与争议处理职能，可以减少不必要的纠纷，确保和谐社会的发展。

正因如此，世界各国都建立了相应的职业伤害保障制度，其中，最具代表性的是德国的法定工伤保险制度。德国是世界上第一个对工伤设立保险制度的国家，并因其成功经验而为许多国家所仿效。

9.1.3　工伤保险制度的设计原则

目前，世界上大多数国家在实行工伤保险制度时，遵循的主要原则可大致归纳如下：

（1）补偿不究过失原则。

该原则又称无责任补偿原则，即在劳动者负伤后，不管过失在哪方，劳动者均可获得收入补偿，以保障其基本生活。但这并不妨碍有关事故责任的行政追究，其目的是为防止类似事故重复发生，教育广大群众，降低事故率。

（2）个人不缴费原则。

工伤保险费由企业或雇主缴纳，劳动者个人不缴费，这是工伤保险与养老、医疗等其他社会保险项目的区别之处。因为在生产中劳动者创造社会财富的同时，也付出了鲜血和生命，所以理应由雇主（或企业）和社会保险机构负担补偿费用，这在各国已达成共识。

（3）风险分担、互助互济原则。

这是工伤保险制度的基本原则。通过法律规定向企业强制征收保险费，建立工伤保险基金，采取互助互济的方法，分担风险，缓解部分企业、行业因工伤事故或职业病所产生的负担，从而减少社会矛盾。

（4）保障与赔偿相结合的原则。

保障原则即当劳动者在暂时或永久地丧失劳动能力时，对其给予物质上的充分保证，使他们能够继续拥有基本的生活水平，以保证劳动力扩大再生产的运行和社会的稳定。此外，工伤保险还具有补偿（赔偿）的原则，这是工伤保险与其他社会保险的显著区别。劳动力是有价值的，在生产劳动过程中，劳动力受到损害，雇主（或企业）和社会保险机构理应给予相应赔偿。

（5）补偿与预防、康复相结合的原则。

工伤补偿、工伤预防与工伤康复三者是密切相连的。工伤预防是最基本的，各国政府都致力于采取各项措施，减少或消灭事故。工伤事故发生后，应立即对受伤害者予以医治并给予经济补偿，使受伤害者能够得到及时的救治，同时使其（或家庭）生活得到一定的保障。此外，还要及时地对受伤害者进行医学康复及职业康复，使其尽可能恢复全部或部分劳动能力，具备从事某种职业的能力，重新融入社会，这是十分重要的。

（6）区别因工和非因工的原则。

工伤保险制度中，对于界定“因工”与“非因工”所致伤害，有明确规定。职业伤害与工作环境、工作条件、工艺流程等有直接关系，因而医疗救治、医疗康复、伤残补偿、死亡抚恤待遇等，均高于其他保险项目的水平。只要是“因工”受到伤害，待遇上不受年龄、性别、缴费期限的限制。“因病”或“非因工”伤亡，及与劳动者本人职业因素无关的事故补偿，许多国家规定的待遇平均比工伤待遇低很多。

（7）一次性补偿与长期补偿相结合原则。

对“因工”而部分或完全永久性丧失劳动能力的职工或是“因工”死亡的职工的遗属进行补偿时，工伤保险机构应一次性支付补偿金，作为对受伤害者或遗属“精神”上的安慰。此外，对受害者所供养的遗属，根据人数，要支付长期抚恤金，直到其失去供养条件为止。这种补偿原则，已为世界上越来越多的国家所接受。

（8）确定伤残和职业病等级原则。

工伤保险待遇是根据伤残和职业病等级而分类确定的。各国在制定工伤保险制度时，都制定了伤残和职业病等级，并通过专门的鉴定机构和鉴定人员，对受伤害职工的受伤害程度予以确定，区别不同伤残和职业病状况，以便给予不同标准的待遇。

（9）工伤保险补偿向受害人倾斜原则。

工伤保险补偿在执行的过程中必然会遇到该补偿或不该补偿的临界状态，也经常会遇到补多或补少的问题。在上述情况下，受害人申领工伤保险待遇时，工伤保险经办机构应当采取就高不就低、就有不就无的原则补偿工伤受害人①。

9.1.4 工伤保险制度的历史沿革

工伤保险制度是将现代社会中人们可能遭遇的与职业相关的伤、病风险的保障措施放在一个系列中进行综合性社会保障的制度。在现代社会，特别是工业化国家中，对由于“职业”原因而受到的伤害保障，大多称为“职业伤害保障”，在绝大多数国家中，这一制度被纳入社会保障制度，同时又建立了职业伤害补偿、职业救助与康复、职业伤害事故预防三位一体的体系。

1. 工伤保险制度的产生

事实上，工伤事故并不是工业化以后才出现的，但工伤保险作为人类创设的制度安排，其产生却经历了一个漫长的过程。

第一阶段：工伤保险制度产生前。

工业化早期，职业伤害背后的人与自然的紧张关系并不完全为人所知。于是职业伤害便如梦魇般与工业化如影随形且亦步亦趋，其释放出来的破坏力有时甚至是作用力产生效能的几何倍数。不仅国家没有马上对工业化到来后发生的大量工伤事故问题采取积极的对策，而且法学界也对变化了的社会关系无动于衷，仍然坚持只有因第三人的可归责行为所造成的不法损害才具有赔偿义务的原则。在前工业化社会，在手工作坊式的小工厂里，对于因工作而发生的伤亡，其事故的预防、处理和赔偿都是公民之间私下进行的。

在欧洲工业化早期，劳动灾害（或称职业灾害），特别是恶性工伤事故及急性职业中毒事故时有发生，但这并未引起足够的重视。英国著名经济学家亚当·斯密的“风险承担理论”曾风行于早期资本主义时代，成为雇主推卸工伤责任的理论依据。

随着资本主义经济的发展，大机器所导致的工伤事故日益增多，事故严重度也有所增强。与此同时，工人运动也蓬勃发展。由于不同阶层的利益冲突和相互斗争，很难完全指望出于对个人的怜悯与同情而做出相应赔偿，因而，在工业化进程加速的时候，开始出现雇员因工伤索赔而起诉雇主的案件。然而，工伤赔偿当时是实行“过错原则”，需由受伤害的工人或死亡工人的遗属举证证明雇主对事故的发生具有主观过错，才能得到赔偿；同时按照民法的规定和程序，也很难合理地处理工伤所引发的社会问题，有时要拖延很长时间，不仅不能适应工伤事故日益增多的需要，往往也使受伤害者得不到及时、合理的赔偿，从而造成不公平的结果。当时的英、美法律均规定，只要在雇主提供“风险津贴”的情况下，在工作岗位受工伤甚至死亡的工人就不再有其他工伤索赔权来起诉雇主。风险津贴是当时工伤补偿的准则。但风险津贴往往无法对工人所遭受的风险提供全面补偿。

① 郑尚元. 工伤保险法律制度研究. 北京：北京大学出版社，2004：49.

第二阶段：雇主责任保险制。

随着社会的发展，法律思想亦发生了深刻的变化，社会本位思想不断抬头，并逐渐成为法律思想的主流。在侵权法领域，出现了无过错责任原则。到19世纪末，法国、德国、英国等普遍认同“职业危险”原则，即凡是利用机器或雇员体力从事经济活动的雇主或机构，就有可能造成雇员受到职业方面的伤害；意外事故无论是由于雇主的疏忽还是由于受伤害者的同事或其本人的粗心大意造成的，都由雇主进行赔偿；赔偿金应该是企业所承担的一部分管理费用。

无过错责任原则与职业危险原则应用于工业伤害领域代表着雇主责任保险制的开始。雇主责任保险制有自保和向商业保险公司投保两种情况：一是受伤害者或其遗属直接向雇主要求索赔，雇主对职业伤害进行赔偿。有些国家是由雇主个人行使的，按照个别雇主无过失责任型工伤保险制度，工伤者或者其遗属应直接向其雇主要求领取补偿金，雇主应该支付这笔补偿金。如果工伤还涉及其他方面，出现争议，法院或国家有关机构将出面解决。二是雇主为雇员的职业伤害风险实行保险。雇主通过向商业保险公司购买保险产品，将工伤补偿的责任转移给商业保险公司。后来有些国家的法律对此予以强制性规定。这类保险公司征收工伤保险费，通常是根据各企业或各产业部门的工伤事故发生的情况或根据工作风险程度而定，保险费可能差别很大。

无过错责任原则适用于工业领域，但仍存在缺陷。对于实行自保的企业，一旦发生工伤事故，雇主因欠债、破产失去责任能力时，对劳动者的赔偿便大打折扣；同时一次性待遇支付方法不能满足伤残工人及其家属的长期需求。商业保险公司介入工伤保险亦有很大的局限性，在大多数情况下，这些私营保险公司会千方百计拒绝接受那些职业危险性很大的企业雇主和工人参加保险；在支付赔偿金时，保险公司又会想方设法降低给付标准，尽可能逃避赔付责任，严重损害保障效果。

第三阶段：工伤社会保险制度的建立。

现代化大生产条件下，新能源、新材料、新工艺、新技术的应用，使劳动者的职业危险性大大增加，事故的严重程度也在增高。工伤事故的特殊性、严重性、不可避免性和非个人性的特征，决定了单纯追究个人责任是不合理的。法律思想和社会意识的改变，再加上现代国家社会职能的加强，使得工伤职工的赔偿必然从风险津贴、雇主责任保险制发展到工伤社会保险。因而在世界大多数国家，工伤保险制度比其他保险制度建立得更早，适用范围更广。

1884年7月6日，德国颁布了《工伤事故保险法》，这是世界上第一部工伤保险法，是专门涉及工业事故和职业病及其预防与补偿问题的法规。它主要有三项任务：(1) 预防。通过采取一切有效的手段预防事故和控制职业病，使劳动者在工作中免遭伤害。(2) 康复。如果发生了工伤事故，就必须采取一切适当的措施，为受伤人员提供医疗服务，使之身体康复，并恢复其职业和社会活动。(3) 待遇给付。为受伤人员及其抚养的家属提供现金补偿。

德国这一做法的影响遍及整个欧洲。西欧和北欧各国纷纷效仿德国，先后颁布相关法律法规，建立工伤保险制度。随着煤炭、化学工业的迅速发展，在国际劳工组织的倡导和推动下，一些国家逐步将许多职业病列入工伤保险范畴。第二次世界大战后，工伤社会保险得以完善和发展，欧洲绝大多数国家和拉美、亚洲的一些国家都相继建立了工伤保险制度。

目前，世界上实行工伤保险的国家大体可分为三种类型：使用集中公共基金的社会保险类型、雇主责任保险类型及混合型即两种制度并存的类型。此外，在很多发展中国家，雇主责任保险制度和社会保险制度在支付职工伤害保险待遇方面并行。

2. 工伤保险制度的发展

不论是发达国家，还是发展中国家，工伤保险都是被重视的社会保险项目。多数国家注重修订完善工伤保险立法，在 1995—1998 年的四年间，据不完全统计，有 50 多个国家改革了工伤保险制度；有的扩大了工伤保险的覆盖范围，有的调整和完善了工伤保险待遇标准；有的引进了一些新的做法，如伤残者得到的补偿与其以前的收入和纳税额相联系以及与其本人的工作年限相联系。同时，由于工伤保险补偿是不充分的，所以在其外又发展起来了其他类型的对伤残者的补偿。

虽然各国工伤保险制度各有特色，但其主要做法是基本一致的：由国家立法强制实施，政府有关部门或者监督机构负责工伤保险事务，确立对所有支付待遇要求的审核和评估程序，立法规定工伤保险制度补偿的事故范围，包括职业伤害和职业病；统一筹措基金，共担风险。凡是工伤保险立法适用范围内的雇主都必须强制参加，依法向工伤保险经办机构缴纳工伤保险费，工伤致残及死亡待遇由工伤保险基金支付，医疗费用或者由雇主支付或者由工伤保险基金支付。除了提供工伤津贴外，一般还须注意工伤预防，提供工伤康复等。

近年来，一些国家对工伤保险的待遇标准、工伤保险机构职能、费用征收等进行了调整，个别国家甚至又重回雇主责任老路，但是工伤保险的基本原则及根本性质并没有改变。总的来看，工伤保险的发展历程呈现以下一些趋势：第一，从工伤保险的覆盖范围来看，对象逐渐扩大，受益人从企业逐渐扩展到农民、自雇用者等。第二，工伤认定的标准逐渐放宽，工伤保险所包括的事故范围扩大，由工业意外事故扩展到因工作原因造成的职业病，许多国家把职工在上下班途中发生的意外事故也包含在工伤范围内。第三，工伤预防纳入工伤保险。预防、补偿、康复三位一体的体制是工伤保险制度较为通行的做法。1884 年德国颁布的《工伤事故保险法》，将工伤保险预防作为工伤保险的组成部分并首次以立法形式得到规范；1912 年美国马萨诸塞州制定了工人工伤补偿法，确立伤亡事故预防是工伤补偿基金支出的一部分。到 20 世纪 50 年代，大部分工业化国家已将预防作为工伤保险的当然职责与应有内容。随着社会的发展，预防已越来越成为工伤保险能否可持续发展的决定性因素。第四，就整个制度的设计来看，突出地体现了对于受害人迅速恢复的追求，特别是在工伤发生的初期，要对受害人提供及时和较为充分的医疗救助以及健康和职业康复的帮助，不仅使其身体机能康复，而且通过职业康复和技能康复，促使其早日回归工作岗位，尽量减少人力资源的浪费。但是在职业病方面，许多国家对其重要性和危险性关注不够。

大多数国家工伤保险基金由企业负担，与其他社会保险项目相比，工伤保险待遇最优厚，保险内容最完备，保险服务最周到，并且易于实现。根据国际劳工组织的预测，工伤保险的发展，最终会由于其三重任务（预防、补偿和康复）的扩大，三管齐下地为一切环境、一切生活场所提供普遍而有效的保护，工伤保险制度也将以完成其历史使命而告终，这是历史的必然[①]。

9.2　工伤保险的理论基础

工伤保险制度发展的历史进程经历了多个阶段，并产生了众多理论，为工伤保险原则的确立以及制度的设计和发展奠定了基础。

9.2.1　风险相关理论

1. 风险承担理论

著名经济学家亚当·斯密在他的“风险承担理论”中曾这样认为：在给工人规定的工资标准中，已包含了对工作岗位危险性的补偿，并且工人既然自愿与雇主签订了合同，那就意味着他们是自愿接受了风险，接受了补偿这种风险的收入。因而，工人理应负担其在工作过程中因发生工伤事故而蒙受的一切损失[②]。

2. 职业风险理论

职业风险理论是基于这样一个前提：每一行业都应该以生产成本的形式承担各自的职业伤残所带来的损失，并在产品价格上反映出工伤和职业病所造成的损失[③]。该理论认为，凡是得用机器或者雇员体力从事的经济活动，都有可能使雇员受到职业方面的伤害；无论雇主、雇员对事故是否有过错，雇主都应当对受害人予以赔偿；这笔赔偿如同机器设备的维修保养费，是雇主应该负担的管理费[④]。从本质上看，这个支出是为了雇主自己。19 世纪末，职业风险理论在法、德、英等国得到确认；到 20 世纪初，几乎所有的工业化国家都将这种职业风险理论运用到了本国的劳动法律中。在这一理论的基础上，产生了工伤保险的雇主责任原则，并衍生出无过错赔偿原则以及雇主缴费原则。

3. 风险管理理论

所谓风险管理，就是对潜在的意外损失进行识别、衡量和处理，并以最少的经济成本获得最大的安全保障。其目的在于减少不确定性的经济成本。之所以要对风险进行管理，主要基于三大理由：一是人类与生俱来的安全需要；二是风险所致的巨大成本；三是政府管理的要求。良好的风险管理有助于企业渡过难关，尽快恢复生产，继续生存，并且使企业在发生风险损失后不中断经营，保证生产、经营的连续性[⑤]。风险处理的技术可分为两大类：控制型与财务型。前者的目的在于减少损失频率与损失程度，后者的目的是以提供基金的方式消化产生损失的成本。对于企业来说，控制型风险处理技术莫过于加强安全生产管

---

① ILO. 职业安全与卫生百科全书. 北京：中国大百科全书出版社，1998：1277.

② LEIGH J. Workers' compensation and common law: how the civil legal system discourages occupational injury prevention//FEYER A, WILLIAMSON A. Occupational injury: risk prevention and intervention. Taylor & Francis, 1998: 263-268.

③ 雷吉达. 社会保险和经济保障. 6 版. 北京：经济科学出版社，2005：241.

④ 北京社会保险干部培训中心. 失业　医疗　工伤保险. 北京：中国劳动出版社，1992：255.

⑤ 深蓝智业. 化险为夷：企业卷. 北京：企业管理出版社，1999：5-6.

理，减少事故的发生率，以及降低损失程度。财务型风险处理技术包括两种：一是参加社会化的工伤保险；二是向商业保险公司购买雇主责任保险或人身意外伤害保险。

4. 最低社会成本理论

在职业风险理论的基础上，20 世纪 20 年代，著名的社会保险学者埃德温・E. 威特提出了最低社会成本理论。该理论认为："应该通过员工赔偿法使行业事故的经济损失降到最低。由于员工赔偿保险采取的经验费率条款和事故未投保时的成本常常会大于事故投保后的成本，所以公司会有动力减少事故的发生。"①

5. 社会折中理论

社会折中理论认为，员工赔偿的规定表示了雇员和雇主之间牺牲的利益和得到的利益之间的一个平衡。受伤的雇员愿意用伤害后提出法律诉讼的权利以及可能获得的更多的赔偿，来换取数额较少但却是确定性的伤残给付。公司虽然支付了某些可能没有责任的赔偿，但却可以免除昂贵的诉讼费用，同时如果受伤雇员赢得了诉讼，公司也可以避免支付可能更多的赔偿②。

9.2.2　法学相关理论与研究

在民法向社会法演变的过程中，有不少著名的案例和理论对工伤保险制度的发展产生了巨大的影响，这里仅列举个别案例以及几个关于工伤保险由过错责任向无过错责任过渡过程中的法理分析。

1. 三大抗辩

在过失责任主义占绝对地位时，工伤事故的受害人要获得赔偿，必须证明雇主存在过失。而事实上要证明雇主有过失行为相当困难，最多只能证明雇主未尽应有的注意义务。即使能证明雇主存在过失，雇主还可以提出各种免责抗辩。在英国，1837 年英国普通法院审理"普里斯特利诉福勒"案及其他有关案例时，创设了臭名昭著的"三组合"规则，即工友过失、共同过失和自甘风险规则，即使在证明雇主存在过失的情况下，雇主仍可以提出这些抗辩来推卸责任。

根据工友过失规则，雇主一般不用对由其雇用的从事具体操作事务的雇员的过失所导致的事故而对其他雇员造成的损害承担责任。如果该有过失的雇员部分地负有代雇主提供安全生产条件的义务，那么，雇主应对该雇员在执行该任务时的过失承担责任。如果该有过失的雇员不负有代雇主提供安全生产条件的义务，或者只是在从事具体的操作性事务，那么，雇主就不用对该雇员的过失给同事造成的损害承担责任。比如，雇主可能对修理机器者的过失承担责任，但不会对操作机器者的过失承担转承责任。

共同过失规则并不考虑侵害人是否对受害人负有注意义务，而只考虑受害人是否尽到了保障自我安全的注意义务。如果受害人自己有过失，即使雇主存在过失，受害人也无权获得赔偿。由于共同过失规则的引用，只要雇员在工作中存在瞬间的很小的自我保护的失误，就将导致该受害雇员得不到或者得到少量赔偿。

根据自甘风险规则，雇员在一个危险的工作条件下工作受到了伤害，他们将被认为是

---

①② 雷吉达. 社会保险和经济保障. 6 版. 北京：经济科学出版社，2005：241.

自愿承担被雇用所潜在的风险，因为雇员在与雇主达成雇佣协议时就已经知道其工作是有风险的，甚至包括因其雇主的过失所造成的风险，而不考虑雇员可能是出于某种生活和经济的压力才与其雇主签订雇佣协议的。

这些抗辩理由以及其他抗辩理由都是以过失责任为基础的。其结果是，工人在绝大多数情况下得不到赔偿①。后来，各国对过失侵权赔偿形式的工伤赔偿制度逐步进行了一些改进，废除了有关抗辩事由。例如英国在 1945 年废除了共同过失规则，1948 年废除了工友过失规则等。

2. 对劳工赔偿法律制度的若干法理分析

（1）对弱者倾斜保护。

过错责任的结果显而易见，工人在绝大多数情况下得不到赔偿。当时法国政治思想家拉科泰就指出，强者和弱者之间的契约使人遭受奴役，而法律却规定他们享有自由。在劳工赔偿方面，雇主无过错责任的制度设计体现了对弱者倾斜保护的理念：只要证明损害是由工作引起的，无须证明雇主有过错就可以从雇主那里得到赔偿②。

（2）法律“正义”在侵权行为法方面的发展。

传统侵权行为法所隐含的自由主义和个人主义精神，浸透了社会对个人自由行动和自由决定的要求，它最终使过错责任原则成为其主导归责原则。“19 世纪初，侵权行为法必须站在限制责任和保护加害人的立场，以便保护羽翼未丰的工业企业，使它们摆脱致损风险及赔偿负担的拖累而迅速成长，展翅高飞。”但是，要克服这种缺陷，就必须超越“要么损失由加害人承担，要么由受害人承担”这样的狭窄眼界，不是把损害赔偿看作一个个人单纯的私人纠纷，而是把它看作一个社会问题③。因而，矫正“正义”观念，以社会正义替代个体正义，是解开侵权行为法之结的关键④。社会法学派的“社会利益说”应运而生。

（3）损失补偿论。

依照实证主义法学派的观点，侵权行为法关注的重心应是损失和补偿而不是对人的道德判断，因而侵权行为法应当以损失补偿为基点，以填补受害者损害为己任，并将损失分配给有承担能力的人，而无须考虑其在主观或客观方面对损害的发生是否负有过错责任。为此，在损害侵权赔偿中，应由雇主承担赔偿责任。因为相比之下，雇主更有承担这种损害赔偿的能力，例如雇主可以把这种赔偿费用计入产品成本之中，经由产品的价格机能将损失转嫁给消费者；或者可经由责任保险制度将损失分散于他人⑤。

（4）利益负担危险原则。

雇主无过错责任归责原理是基于“利益负担危险原则”的：一个从自己支配下的某物或某活动中获得利益的人，应当对该物或该活动所致的损害承担责任，即“获得利益者，

---

① 王军. 美国侵权法上严格责任的原理和适用//沈四宝. 国际商法论丛：第 5 卷. 北京：法律出版社，2003：120.

② 吕琳. 劳工损害赔偿法律制度研究. 北京：中国政法大学出版社，2005：119-120.

③ 王卫国. 过错责任原则：第三次勃兴. 北京：中国法制出版社，2000：235.

④ 郑尚元. 工伤保险法律制度研究. 北京：北京大学出版社，2004.

⑤ 同③.

应负担责任，系正义的要求”[①]。据此，劳工因工受到伤害，理应从雇主那里得到补偿（这实际上类似于“职业风险理论”）。

劳工损害侵权赔偿经历了过错责任主义向无过错责任主义的演进，体现了理性主义哲学向实证主义哲学的演化和自由主义向社会利益的变动[②]。

3. 社会连带理论

工伤保险不同于上述理念，它是以“社会连带”为基本哲学理念的，认为劳工损害事故风险乃是一种社会风险，理应由社会予以解决[③]。社会连带概念最早由社会学家孔德提出，19 世纪末法国社会学者 G. 塔尔德和美国社会学家 L. F. 沃德斯密对其范畴和思想做了充分发挥，法国著名法学家利昂·狄骥又进一步发展了这种哲学思想，提出了一种带有浓厚社会色彩的自然法理论。他认为，劳工损害是近现代生产机构中内含危险显在化的表现，已不是单个雇主所面临的风险，更不应是劳工自己面临的风险，而是整个工业社会面临的风险。法律要做的事是尝试以“社会责任”概念取代“个人责任”观念，应由社会成员互相帮助，共同分担社会风险[④]。

9.3 中国内地的工伤保险制度

9.3.1 工伤保险制度的建立

中华人民共和国成立后，党和政府面临经济落后、生产萎缩、失业和通货膨胀及因工致病、致伤、致残人群庞大等一系列社会问题，以及生产条件恶劣等生产安全问题。在恢复经济建设的同时，我国正式开始了全国统一的社会保障制度的创建工作。

1951 年，中央人民政府政务院颁布了《中华人民共和国劳动保险条例》，将我国工伤补偿法律制度模式确定为社会保险加单位（雇主）责任制；1953 年 1 月 2 日，又通过了《关于中华人民共和国劳动保险条例若干修正的决定》，进一步扩大了社会保险的实施范围，提高了若干劳动保险的待遇标准。与此同时，国家机关、事业单位的社会保险制度也以单项法规的形式逐步建立。1950 年 12 月 11 日，内务部公布了《革命工作人员伤亡褒恤暂行条例》，规定了伤残、死亡待遇；后又多次对这个条例进行了修改，提高了待遇水平。随着我国工业生产的发展，职业病伤害问题开始凸显。1957 年 2 月 28 日，由卫生部制定实施的《职业病范围和职业病患者处理办法的规定》，开始将职业病伤害列入工伤保险的保障范畴，规定对患职业病的工人、职员按因工负伤待遇处理，同时，确定了包括职业中毒、尘肺、职业性皮肤病等 14 种职业病在内的职业病范围。随后又颁布一系列文件来规定职业病待遇，并增加职业病病种。

1957 年 9 月，党的八届三中全会提出调整与完善社会保险制度，党和政府有关社会保险制度的工作重点在于调整一些不适应生产力发展水平的规定，对工伤保险待遇、工伤保

---

① 王泽鉴. 债法原理. 北京：中国政法大学出版社，2001：16.

②③ 吕琳. 劳工损害赔偿法律制度研究. 北京：中国政法大学出版社，2005：3.

④ 同②124-129.

险范围、职业病问题以及死亡、抚恤等几大方面都做出了明确的规定。经过这一时期的调整工作，我国的社会保险事业逐步走上了健康发展的道路。

1966—1976 年“文化大革命”期间，工伤保险和整个社会保险体系遭到严重的破坏。随着企业保险的实行，原有工伤社会保险的统筹调剂职能彻底丧失了，造成企业间负担畸重畸轻，职工工伤保险待遇差异过大，严重影响企业职工生产积极性。

1978 年 12 月，中国共产党召开十一届三中全会，中国进入了以经济建设为中心的新的历史时期。社会保险制度的重建工作也被提上议事日程。在此期间颁发了一系列规定，进一步明确了因工负伤治疗与疗养期间的其他费用问题和工伤补助及抚恤问题，同时扩大了实施社会保险的范围，有关职业病待遇也有所增加及调整。

1984 年以后，我国进入经济体制改革时期，经济迅速发展，同时一部分企业的伤亡事故率及职业病发生率也呈现上升趋势，职业安全状况形势严峻。企业工伤保险的弊端愈益显露，如覆盖范围过窄，强制性不足且难以分散劳动风险；待遇标准偏低，缺乏正常调整机制；缺乏规范、统一、科学的伤残鉴定标准和程序；工伤预防机制不健全；等等。制度的落后直接影响着国有企业改革以及经济和社会的发展，加快工伤保险制度的改革势在必行。

9.3.2 工伤保险制度的改革

1988 年，劳动部领导主持研究社会保险改革方案，形成了工伤保险改革框架，即调整工伤保险待遇，建立工伤保险待遇随物价变化相应调整的制度；适当提高丧葬费、抚恤费并建立一次性抚恤制度；建立工伤保险基金，逐步实现基金的社会化管理；工伤保险基金遵循“以支定收、留有储备”的原则；确定费率差别，定期调整。

1988 年底，劳动部召开全国劳动厅（局）长会议，要求各地做好工伤保险改革的准备工作，选择在有条件的地区进行试点。1990 年 12 月 30 日，党的十三届七中全会通过的《中共中央关于制定国民经济和社会发展十年规划和“八五”计划的建议》提出要改革医疗保险和工伤保险制度。1991 年 4 月 9 日，七届全国人大四次会议批准的《中华人民共和国国民经济和社会发展十年规划和第八个五年计划纲要》进一步提出要努力改革医疗保险和工伤保险制度，继续推行合作医疗保险，保护残疾人的合法权益。1992 年 3 月 9 日，劳动部、卫生部、中华全国总工会联合发出《关于颁发〈职工工伤与职业病致残程度鉴定标准（试行）〉的通知》，填补了我国工伤保险领域的一项空白，将改革的步子向前迈进了一大步。截至 1993 年上半年，全国已有 19 个省、自治区、直辖市的 390 个市县进行了工伤保险制度改革试点工作，有 7 万家企业、900 万职工参加了该项改革。

改革试点以及一系列法规文件的颁布实施为全国性的工伤保险制度改革做好了充分的准备。在此基础上，劳动部于 1996 年颁发了《企业职工工伤保险试行办法》，于同年 10 月 1 日起在全国试行。该办法首次打破了所有制的界限，将非国有企业的职工纳入保障范围。同年还发布了中华人民共和国国家标准《职工工伤与职业病致残程度鉴定》。至此，改革在全国铺开。各地均在劳动部《企业职工工伤保险试行办法》的指导下，针对本地区的特殊情况，先后出台了本省（地区）的工伤保险条例或实施细则等。

2001年10月27日，九届全国人大常委会二十四次会议通过了《职业病防治法》，规定职业病病人的诊疗、康复费用，伤残以及丧失劳动能力的职业病病人的社会保障，都要按照国家有关工伤社会保险的规定执行；劳动者被诊断患有职业病，但用人单位没有依法参加工伤社会保险的，其医疗和生活保障由用人单位承担。

在总结工伤保险改革实践经验的基础上，2003年4月28日，国务院颁布了《工伤保险条例》，标志着工伤保险制度改革进入一个崭新的发展阶段。该条例明确了我国工伤保险制度的发展目标，即建立统一的、健全的工伤社会保险体系，并确立了我国实行工伤预防、补偿和康复相结合的工伤保险制度，将工伤预防、康复和补偿并列为我国工伤保险制度的三大职能。同年，劳动和社会保障部又先后颁布了《工伤认定办法》、《因工死亡职工供养亲属范围规定》和《非法用工单位伤亡人员一次性赔偿办法》等一系列与《工伤保险条例》相配套的规章以及规范性文件。2004年，劳动和社会保障部颁发了《关于农民工参加工伤保险有关问题的通知》，将农民工群体也纳入工伤保险覆盖范围，工伤保险制度的覆盖范围和保障层次大大提高。

2004年3月，劳动和社会保障部工伤保险司正式成立，是工伤保险的专门管理机构；各地劳动和社会保障部门也相继设置专门的工伤保险管理机构，并根据《工伤保险条例》相关规定建立起社会保险经办机构，具体承办工伤保险事务，建立起劳动能力鉴定机构负责伤残等级的鉴定。2008年，人力资源和社会保障部成立后，仍继续由工伤保险司负责工伤保险事务的管理工作。

9.3.3 工伤保险制度的完善

2010年10月28日，全国人大常委会以高票通过了《社会保险法》，对工伤保险的实施做出了原则性规定。明确工伤保险制度覆盖范围为中华人民共和国境内的各类企事业、国家机关、社会团体和有雇工的个体工商户；用人单位缴纳工伤保险费，职工不缴纳工伤保险费；工伤保险基金在直辖市和设区的市实行全市统筹，逐步实现省级统筹；工伤保险基金负责支付工伤医疗待遇、伤残待遇和工亡待遇。另外规定对于用人单位不支付职工工伤保险待遇的情形，由工伤保险基金先行支付，在法律层次对工伤职业待遇给予强有力的保障，这在我国工伤保险制度发展史上具有划时代的重要意义。此后，工伤保险制度不断完善，具体体现在如下方面：

1. 工伤补偿

针对我国频发的生产安全伤亡事故，2010年《国务院关于进一步加强企业安全生产工作的通知》将因生产安全事故造成的职工死亡一次性工亡补助金标准，调整为按全国上一年度城镇居民人均可支配收入的20倍计算，发放给工亡职工近亲属。2010年12月8日，国务院第一百三十六次常务会议通过的《国务院关于修改〈工伤保险条例〉的决定》在明确这一规定的基础上，将一次性伤残补助金也按照伤残级别增加1～3个月职工本人工资，从而大幅提高了工伤保险的待遇水平。同时该次修订扩大了工伤保险适用范围和上下班途中的工伤认定范围，简化了工伤认定、鉴定和争议处理程序，并增加了工伤保险基金支出项目，标志着我国工伤保险制度的进一步发展和完善。

2. 工伤预防

为促进工伤预防的发展，2013年4月22日《人力资源和社会保障部关于进一步做好工伤预防试点工作的通知》发布，决定在前期试点的基础上，再选择一部分具备条件的城市扩大试点，同时明确了预防费使用比例和使用项目。试点城市在保证工伤保险待遇支付和储备金留存的前提下，用于工伤预防的费用控制在本统筹地区上年度工伤保险基金征缴收入的2%左右；工伤预防费主要用于开展工伤预防的宣传、培训以及法律、法规规定的其他工伤预防项目。2013年10月《人力资源社会保障部办公厅关于确认工伤预防试点城市的通知》确认天津市等50个城市（统筹地区）为工伤预防试点城市。2017年8月，人力资源社会保障部会同财政部、国家卫生计生委、国家安全监管总局制定并发布《工伤预防费使用管理暂行办法》，将工伤预防费用调整为“在保证工伤保险待遇支付能力和储备金留存的前提下，工伤预防费的使用原则上不得超过统筹地区上年度工伤保险基金征缴收入的3%，因工伤预防工作需要，经省级人力资源社会保障部门和财政部门同意，可以适当提高工伤预防费的使用比例”，并规定对工伤预防费使用实行预算管理。

3. 工伤康复

为进一步规范和加强工伤康复管理工作，人力资源和社会保障部于2013年组织修订了《工伤康复服务项目（试行）》和《工伤康复服务规范（试行）》，作为工伤康复试点机构开展工伤康复服务的业务指南和工作规程，以及工伤保险行政管理部门、社会保险经办机构和劳动能力鉴定机构进行工伤康复监督管理的重要依据。2015年，人力资源和社会保障部组织开展了第一批区域性工伤康复示范平台评估遴选工作，并最终确定首都医科大学附属北京康复医院、上海市养志康复医院（上海市阳光康复中心）、广东省工伤康复医院（广东省工伤康复中心）、重庆西南医院为第一批区域性工伤康复示范平台。

4. 职业病防治

2011年、2016年和2017年，全国人民代表大会常务委员会连续对《职业病防治法》进行了三次修订，逐渐放宽认定条件，完善认定程序，加强监督管理。2013年12月23日，国家卫生计生委、安全监管总局、人力资源和社会保障部与全国总工会联合发布《职业病分类和目录》，将职业病扩展至10类132个病种。

5. 农民工工伤保险专项工作

针对农民工工伤保险参保问题，相继发布《人力资源和社会保障部、住房城乡建设部、安全监管总局、全国总工会关于进一步做好建筑业工伤保险工作的意见》（2014年）、《关于印发加强农民工尘肺病防治工作的意见的通知》（2016年）、《人力资源社会保障部办公厅关于加快推进建筑业工伤保险工作的通知》（2016年）、《人力资源社会保障部办公厅关于进一步做好建筑业工伤保险工作的通知》（2017年），推进建立健全建筑业按项目参加工伤保险的长效工作机制，加强职业病防治工作，以保障农民工权益。

6. 工伤保险基金筹集与管理

为适应经济社会发展的需要，使工伤保险费率政策更加科学、合理，2015年7月，人力资源和社会保障部与财政部联合发出了《关于调整工伤保险费率的通知》，对工伤保险缴费政策做出重大调整：一是将工伤风险类别由三类调整为八类；二是明确了行业差别费率及其档次；三是明确单位费率确定与浮动办法；四是明确了费率的报备制度。2017年，人力资源和社会保障部与财政部发布《关于工伤保险基金省级统筹的指导意见》，对省级统筹的指导思想、基本原则、主要内容和保障措施进行了明确规定，要求在省（区、市）内统一工伤保险参保范围和参保对象，统一工伤保险费率政策和缴费标准，统一工伤认定和劳动能力鉴定办法，统一工伤保险待遇支付标准，统一工伤保险经办流程和信息系统。在基金管理上，有条件的省（区、市）可以实行基金统收统支管理；不具备条件的省（区、市）也可以在省级建立调剂金，由市（地）按照一定的规则和比例上解到省级社保基金财政专户集中管理，用于调剂解决各市（地）工伤保险基金支出缺口。

自《工伤保险条例》颁布实施以来，我国工伤保险制度发展迅速。2016 年末，全国参加工伤保险人数为 21 889 万，比上年末增加 457 万。其中，参加工伤保险的农民工人数为 7 510 万，比上年末增加 21 万。全年认定（视同）工伤 104 万人，比上年减少 4 万人；全年评定伤残等级人数为 53.5 万，比上年减少 0.7 万；全年享受工伤保险待遇人数为 196 万，比上年减少 6 万。全年工伤保险基金收入 737 亿元，支出 610 亿元，年末工伤保险基金累计结存 1 411 亿元（含储备金 239 亿元）①。2017 年末，工伤保险参保人数 22 726 万，基金收入 848 亿元，支出 661.7 亿元②。

9.3.4 工伤保险制度的未来展望

《工伤保险条例》明确规定我国工伤保险的最终目标和政策取向是建立统一、健全的工伤社会保险体系。近年来，我国工伤保险制度不断发展完善，但仍存在一些突出问题，如覆盖面较窄、统筹层次过低、待遇调整机制欠缺、管理不规范、重补偿轻康复和预防等。因此，未来应着重做好以下几方面的工作：

第一，扩大覆盖面，推进工伤保险省级统筹。根据《人力资源和社会保障事业发展“十三五”规划纲要》，继续推进高风险行业实施工伤保险扩面专项行动；制定公务员和参照公务员法管理事业单位、社会团体工作人员工伤保险政策，探索适合灵活就业人员的工伤保险保障方式。在《关于工伤保险基金省级统筹的指导意见》指导下，各地将加快推进工伤保险制度、政策的统一，逐步实现工伤保险省级统筹的目标，工伤保险基金抗风险能力将大大提高。

第二，加强工伤保险管理，完善工伤保险待遇。重视管理服务创新，优化流程，减少环节，提高效率；加快工伤保险业务平台建设，加快推进工伤医疗费用即时结算工作；在深化我国医疗卫生体制和药品流通体制改革的基础上，强化对工伤医疗定点医院、药品目录的管理，提高工伤保险资金和医疗资源的使用率，更好地保障工伤职工的权益；研究建立科学的工伤保险待遇项目、结构和标准体系，建立并完善科学、规范的工伤保险待遇正常调整机制。

第三，积极推进工伤预防机制的建立。一方面，加强工伤预防宣传和培训，提高劳动者和用人单位的安全生产意识，加强安全生产监督检查，强化职业病监测、报告制度；另一方面，通过经济激励机制，提升企业开展工伤预防的积极性，在完善工伤保险费率机制的基础上，引入工伤风险评估机制，充分发挥费率在促进工伤预防方面的杠杆作用，降低

---

① 人社部. 2016 年度人力资源和社会保障事业发展统计公报. 人力资源和社会保障部网，2017-05-31.

② 人社部. 2017 年人力资源和社会保障统计快报数据. 人力资源和社会保障部网，2018-02-02.

工伤事故的发生概率。

第四，充分发挥工伤保险的康复功能。确保康复资金的投入，加强康复机构建设和康复专业人才队伍建设；进一步加强和规范工伤康复管理工作，探索工伤康复服务模式，整合工伤康复资源；加强工伤康复宣传，提高劳动者对工伤康复的认识和认可程度，实现观念由“补偿优先”到“康复优于补偿”的转变，维护工伤职工的工伤康复权益。

第五，探索建立多层次工伤保险体系。在全面推行工伤社会保险制度的同时，探索工伤保险与商业保险的合作模式，发展补充工伤保险、雇主责任保险等，建立起多层次工伤保险体系。此外，明确民事赔偿与工伤保险的关系，在发生雇主、同一企业的雇员以及第三人对工伤事故的发生负有责任应该承担民事赔偿责任的工伤事故时，维护受害职工获得补偿的权利。

9.4 中国港澳台地区的工伤保险制度

9.4.1 香港特别行政区的工伤保险制度

香港特别行政区的工伤保险制度是雇主责任保险制。香港对于劳工的权益保障是相当重视的，1984—1993年，香港共制定了119项劳工法例，1997年更是制定和修订了多项劳工法例，其中《雇员补偿条例》是20世纪50年代制定并经过多次修订的最重要的劳工法律之一。

《雇员补偿条例》《职业安全及健康条例》《雇佣条例》《肺尘埃沉着病（补偿）条例》等多个与劳工权益有关的法律与法规保障工伤保险制度全面覆盖并且强制实施，任何雇主都必须履行其对雇员应当承担的工伤赔偿责任，而获得雇主的赔偿也是遭遇工伤事故的劳工的法定权利。香港工伤保障采用“绝对责任”原则，任何雇主均须为其全体雇员投保雇主责任保险，并为此承担全部费用；如果不履行投保义务，将被判有罪并受到刑事处分或罚款。政府劳工处负责统一管理并监督工伤保障的实施，但具体承办的不是政府机构，而是由有关商业保险公司依法承担具体的业务经办任务。

1. 待遇

工伤保障的待遇包括遗属保险金、工伤补助金、医疗补助金等。以雇员受伤害程度及其受伤害前的工资收入作为确定雇主承担工伤责任的依据；死亡或永久完全残疾则按全额赔偿。对因职业病导致的工伤赔偿问题另有具体的规定。除医疗待遇支付外，香港对受害雇员的死亡或伤残补偿是以受伤害雇员的月工资额为计算依据的，根据伤害的轻重程度支付若干个月的工资补偿，一般采取一次性支付的方式，这种方式往往难以保障工伤中死亡劳工的遗属和永久完全残疾劳工的生活。

2. 程序

雇员受伤或死亡后，由雇员或其代理人通知雇主或劳工处，法律规定雇主必须向劳工处或警署报告发生的意外伤亡事故，然后经过调查及身体检查程序进入赔偿处理程序。此外，香港还设有劳资审裁处，该机构属于司法机构，以便捷、不拘形式的方法，仲裁雇主与雇员之间各类不属于小额薪酬索赔的问题。仲裁处专责审裁职责范围内的纠纷，其中包括雇员工伤赔偿请求等。

3. 经验与不足

雇主责任保险是以有关劳工法律或法规为基础的，通过商业保险业务来实现劳工工伤权益保障。一旦发生雇主责任事件，将由承保这种风险的保险公司负责赔偿，从而使雇主将不确定的工伤赔偿风险转换为固定的雇主责任保险费支出的财务安排，这种财务安排亦符合政府对劳工权益保护的政策，最终目的是使雇员工伤保障权益得到保障。

雇主责任保险的责任范围是由雇主责任保险条款来规定的，它与香港《雇员补偿条例》所规定的保障范围存在着一定的区别。如香港《雇员补偿条例》规定除雇员自己故意行为导致的伤害雇主可以不负责任外，其他在工作中受到的伤害均须由雇主承担经济补偿责任。雇主责任保险中由保险公司承担的责任范围要小于《雇员补偿条例》规定的应当由雇主承担的责任范围，这些无法从保险公司得到赔偿的责任只能由雇主自己承担。因此，雇主责任保险并不能完全解决工伤保障的问题。

雇主责任保险对于实施香港地区的《雇员补偿条例》及相关法律与法规、实现劳工工伤保障的权益起到了很好的作用，市场机制的引入亦提高了工伤保障制度的效率，同时也减轻了政府的事务性负担。但也应当看到，保险公司作为承办人，企业属性使其追求的只能是周期平衡，并在平衡中努力实现自己的利润目标，对劳工的保障仍然是不全面的，它还需要雇主直接承担起相应的责任。道德风险（moral hazard）和逆向选择（adverse selection）难以避免：保险公司以收紧风险为理由，不断大幅调高保险费，甚至不肯承保一些高风险行业的劳工保险；一些雇主为了逃避购买劳工保险的责任及为了减少劳动力成本，迫使受聘的雇员由雇佣关系改为自雇形式，从而将购买劳工保险的责任转移到雇员身上，不少基层工人因工伤条例的漏洞而得不到保障。在劳工团体和政府的干预下，香港保险业联合会（简称“保联”）于 2007 年 5 月推出了“雇员补偿联保计划”，试图解决高风险行业在投保劳工保险时所面对的困难，使 22 个高风险行业参加“雇员补偿联保计划”，但所厘定的行业保费费率存在巨大差异，占雇员年薪的 4.41%～87.79%不等。劳工团体认为，该计划未能解决现行雇员补偿保险制度存在的问题，只有设立中央雇员补偿制度才可以有效保障所有工人，使其享有完善的职业健康保障①。

9.4.2　澳门特别行政区的工伤保险制度

20 世纪 30 年代以前，澳门的社会福利微乎其微，尤其是劳工阶层，并没有工伤保险。目前澳门的社会保障体系主要由两部分组成：社会工作局所提供的经济援助和社会保障基金。澳门社会保障基金建立于 1990 年 3 月 23 日，是一项供款性的社会保障计划，负责向供款受益人发放包括残疾抚恤金、疾病津贴、殓葬津贴、肺尘埃沉着病之补偿在内的 10 类金额。

---

① 周联侨. 香港中央雇员补偿保险机制的问题探析. 中国劳动关系学院学报，2009 (3).

1. 相关法律

为确保澳门工业和建筑地产业的安全生产，保障劳工权益，1989 年澳葡政府《核准事务所、服务场所及商业场所之工业安全及卫生总章程》（第 37/89/M 号法令），并于 1995 年 8 月 14 日颁布《工作意外及职业病保险法例》（第 40/95/M 号法令）。同时，为落实安全生产和劳工保障的法律规定，澳门地区成立劳工事务局（第 24/2004 号行政法规）和社会协调常设委员会（第 59/97/M 号法令）。

《社会保障基金法》规定，凡因意外工伤事故而致伤、致残不能工作而被资方解雇的工人，由社会保障机构给予工伤赔偿；对于因患肺吸尘病而丧失工作能力或因职业病而死亡的工人，以及因患职业病不能工作而被资方解雇的工人，社会保障机构均给予一定的赔偿。

2. 劳动者的受赔偿权①

在澳门法制中，劳工享有工伤事故赔偿和职业病赔偿的权利，即受赔偿权，是劳工权四项内容之一。考虑到遭受工伤事故或职业病的劳工处于弱势的状况，法律对受赔偿权的保护也格外完备和健全。

《澳门工作意外及职业病保险法例》第 61 条规定：受赔偿权属于不可放弃、不可查封、不可转让、不可抵充的权利，而且是优先债权。因此，在雇主处于破产或资不抵债状态时，受赔偿权享有优先清偿的权利。

在出现工伤意外或职业病时，劳工事务局需主动介入，进行调查和收集证据，并主动计算赔偿数额。对劳工事务局确定的数额，劳工和雇主可以不认同，并申请仲裁或申请由法官通过司法程序确定。

在赔偿数额确定后，雇主要及时完整地做出支付。如果拒绝支付，由检察院代劳工提起执行程序，即劳工一方由检察院做诉讼代理人。如果雇主无力支付或者由于其他原因而不能从雇主处获得支付，则由社会保障基金代为支付全部或部分的赔偿数额。由社会保障基金做出支付后，代为取得劳工对雇主的支付，并由其向雇主追讨。

3. 工伤认定范围

《澳门工作意外及职业病保险法例》第 3 条规定，下述情况属于“工作意外”（工伤）：在工作地点及工作时间内发生且直接或间接造成身体侵害、机能失调或疾病，并由此而引致死亡、暂时或长期无工作能力或谋生能力之意外。关于职业病的问题，指出“职业病”是指法规之职业病表所载且劳工完全因在一段时间内处于曾提供或现提供服务中存有之工业危险、职业活动危险或环境危险而患上的疾病；“呼吸系统职业病”或“肺尘埃沉着病”视为特别情况，亦在保障之内。

4. 待遇

待遇包含两大项，即特定给付（恢复健康、工作能力或谋生能力的弥补）和金钱给付（丧失工作能力的赔偿）。特定给付包括：一般或专门之医疗及外科疗理，包括必要的诊断及治疗、药物疗理、护士护理入驻医院；机能康复；前往诊断、治疗的公共交通费用。金钱给付具体分为暂时丧失工作能力的赔偿和长期丧失工作能力或死亡个案赔偿。

---

① http://www.legaldaily.com.cn/zt/content/2009-05/21/content_1094401.htm? node=7993.

自 1991 年《建筑安全与卫生章程》颁布以来，澳门政府为实施法规做了大量工作。自 1999 年 12 月 20 日澳门回归以来，澳门特别行政区各项大型基础建设随着经济稳步的发展而开展，在短短的一两年时间里，建筑业从谷底复苏，但同时也带出了建筑业职业安全健康问题。由于建筑业的急剧发展，赶工期情况在所难免，使得澳门特别行政区的建筑业职业安全健康面临极大的考验。与此同时，现行的工伤保险雇主责任制也有待进一步完善。

9.4.3　台湾地区的工伤保险制度

我国台湾地区自 1950 年 4 月 13 日公布“劳工保险办法”；1958 年 7 月 1 日颁布“劳工保险条例”，1960 年台湾地区行政主管机关指定在台湾地区实施，此后历经 14 次修正，逐步扩大台湾地区工伤保险的覆盖范围。同年正式成立“劳工保险局”专责办理劳工保险业务，将职业灾害保险纳入劳工保险之中，单独会计但无单独机构。台湾地区“劳工保险局”统筹劳工保险基金，为保险人办理劳工保险业务。劳工保险分为两类：一类是普通事故保险，包括生育、伤病、医疗、残废、失业、老年及死亡 7 种给付；另一类是职业灾害保险，包括伤病、医疗、残废及死亡 4 种给付。两者会计账务分开。1984 年台湾地区通过了“劳动基准法”。

1. “职业灾害劳工保护法”

台湾地区职业灾害保险费率共有行业别灾害费率、实绩费率（相当于我国的“浮动费率”）和上下班灾害费率三种。“行业别灾害费率”中费率最低的是金融业保险业 0.02%，最高为煤矿业 2.94%，上下班灾害费率为 0.05%，平均行业别灾害费率为 0.20%（含上下班灾害费率）①。

由于台湾地区以往的职灾补偿相关“法令”均分散在“劳动基准法”及“劳动保险条例”中，对职灾劳工的补偿或其他保障不足，在劳工团体的推动下，台湾地区立法机构于 2002 年通过了“职业灾害劳工保护法”，并于 2003 年 4 月 28 日颁布实施。

首先，扩大了职灾补偿保障范围。规定没有投保的劳工如果发生职灾，也可以最低投保薪资向“劳工保险局”申请补助；如果雇主是应投保而未投保，还会被处以相等于补助金额的罚款。

其次，规定了过失举证责任倒置。“职业灾害劳工保护法”中除了规定无过失责任的职灾补偿之外，如果在雇主有过失的情形下，劳工还可提起职灾过失的民事赔偿诉讼。由于劳工很难取得雇主过失的证据，所以在“职业灾害劳工保护法”中举证责任被转移：雇主必须证明自己没有过失，才能免除职灾赔偿。从“法律”向弱者倾斜的原则出发，职灾劳工可申请诉讼救助及减免申请保全等费用。

最后，增加了职灾劳工生活津贴。“劳动基准法”及“劳工保险条例”的残废给付都是一次性的，很难保障职灾劳工的基本生活，“职业灾害劳工保护法”中规定，职灾劳工如果丧失工作能力、生活必须使用辅助器具或需他人照顾，可向“劳工保险局”数年不等地申请生活津贴、器具及看护等补助。

---

① 于欣华，郑清风. 大陆与台湾地区工伤保险费率制度比较. 中国劳动，2012（3）.

2. 建立预防、补偿、康复整合的管理制度

为确实减少职灾的发生，有效协助劳工补偿，以及减轻雇主之责任与负担，促进经济发展，台湾地区建立起预防、补偿、康复整合的管理体制，在“职业灾害劳工保护法”基金支持下，陆续有若干职业伤病诊治中心成立，旨在建立良好的职业伤病诊断、补偿与复工管理制度以及职业灾害与职业病预防体系。其工作包括：门诊业务、职灾监控、职能复工、个案管理、工作现场访视、咨询卫教、教育训练、职业健检、职业病通报、院内会诊、P-C-R 模式倡导等项目。

3. 新增职业病种

官方原来订有 97 种明确疾病标准，但后来逐渐放宽认定标准。2004 年底再度修正放宽认定标准，不再以工时为主要认定标准，增列“工作时间以外考虑的工作形态”，如轮班、夜班、出差、不规律工作、时差、温度、噪声也可以纳入考虑，也新纳入了高血压脑病变、主动脉剥离等两项疾病，并自即日起实施新认定基准。有些劳工从事业务工作，未必能保证正常上下班的出勤记录，新修订的过劳认定基准就将正常工作时间以外之时数认定为加班时数，往后只要有工作事实且提出合理证明，证实其为工作所耗用的时间，皆可考虑列为工作过重导致过劳。

9.5 国外的工伤保险制度

9.5.1 美国的工伤保险制度

美国的工伤保险制度在西方资本主义国家中起步很晚，直到 1908 年才颁布《联邦雇员伤害赔偿法》，这是美国历史上第一个有关工人工伤补偿保险的立法，但是它的覆盖范围仅限于联邦雇员。同年又颁布了《劳工伤害赔偿法》，从而推动了各州工伤立法的正式实施。多数州在 1910—1920 年间进行工伤补偿制度立法。1911 年，最早通过违宪审查立法的州是新泽西州和威斯康星州。1948 年密西西比州最后一个通过立法。

1935 年，美国国会通过《社会保障法》，其后多次修改其中有关工伤保险的条款。直至目前，美国还没有全国统一的工伤保险立法，联邦政府只负责造船工人、港口工人、公务员和硅肺患者的工伤补偿，各州对工伤补偿自行立法，运作模式、补偿标准也不一致。

20 世纪 80 年代后期，因工伤保险成本持续增高，美国绝大部分州都颁布了改革工伤保险制度的相关法案，旨在借助改革降低雇主成本，并确保工伤保险待遇不变。

1. 组织管理

美国没有全国统一的工伤保险行政管理机构，主要由各州立法和通过商业保险来组织实施，所以各州之间差别较大，且因国家财政未给予补贴，因而没有被纳入社会保障方案。

美国的 50 个州中，有 3 个州采取工伤社会保险模式，4 个州采取工伤社会保险与商业保险并存的模式，其余的州均采取了由政府制定补偿标准、商业保险承保的模式。相应地，美国的工伤保险经办机构在各州也不相同。在采取了社会保险模式的州一般设有州工伤保险基金，负责工伤补偿的支付。采取社会保险和商业保险并存模式的州，工伤保险由州工伤保险基金管理委员会和保险公司共同经办。在采取了商业保险承保模式的州，由商业保险公司经办。

美国联邦政府中设立全国工伤补偿委员会，负责联邦政府工伤纠纷调解和仲裁；并在各州政府中设立工伤补偿局，作为州政府工伤纠纷调解和仲裁的机构。

2. 适用范围

美国工伤保险的范围由《劳工伤害赔偿法》确定，原则上适用于一切被雇人员和一切工伤事故，至今 99%的工人都在《劳工伤害赔偿法》的保护之下。各州的具体情况有所不同。各州在职业病享受工伤保险方面的规定差别很大，总体上分两类：(1) 法律明确适用工伤保险的几种职业病；(2) 规定工伤保险适用于所有职业病。

3. 基金筹集与给付

美国大多数州由雇主负完全赔偿责任，工伤保险基金完全来源于雇主的缴费，一般为工资总额的 2.3%左右，按保险风险缴纳保险费或自我保险。美国采用政府管制的办法来确定工伤保险的费率，在各州设立一个确定费率的机构，负责制定标准的报告表、建立行业和职业保险分类系统。雇主的缴费率按行业划分，同时实行差别费率，并规定费率可以上下浮动，以使企业积极做好预防工作。

美国工伤保险基金管理机构的设立因州而异，有的由州劳工补偿保险代理机构负责，有的由工伤保险委员会负责，有的由劳工局负责，还有的由法院管理。在美国比较盛行的工伤保险基金的运行模式有州营保险基金和雇主互助保险社。

美国工伤保险采取补偿制，分为医疗补助、伤害给付、职业康复三部分。医疗补助是对享有工伤保险待遇者予以免费治疗的项目；伤害给付是对工伤事故受害者予以经济补助，包括暂时伤残待遇、永久部分残疾待遇、永久完全残疾待遇和死亡待遇；职业康复规定是对受伤害工人给予复职机会，使其重新工作或重新训练工作能力。

4. 事故预防

美国的工伤保险制度是雇主责任保险和社会保险并存，各州根据自身实际，颁布和实施了不完全相同的工伤保险制度。尽管制度不完全相同，但各州均规定雇主要选取某些保险，保证其能切实履行工伤赔付责任。同时，美国强化了雇主的工伤赔偿责任，要求雇主在开展生产经营活动时注重安全问题，尽可能避免工人受伤。此外，多数州的雇主可通过“自保”实现对工伤保险相关法律的遵守。“自保”，即大型公司自行建立工伤保险赔偿基金，以分散风险①。

根据《职业安全卫生法》，美国于 1971 年成立了职业安全与健康管理局（OSHA），目标是通过与雇主和雇员的共同协作，营造更加安全的工作环境，确保全美工人的安全与健康。职业安全与健康管理局自成立以来，工作成效显著。美国劳工部还下设矿山安全卫生管理局（MSHA），制订矿山职业病和工伤预防项目计划。《职业安全卫生法》鼓励各州

① 昔国厚. 从美国实践看我国工伤保险制度如何完善. 中国安全生产报，2015-04-11.

建立和实施各自的安全卫生项目，由美国职业安全与健康管理局批准和监督，而且职业安全与健康管理局为批准运行的计划提供50%的运行费用。各州还联合成立了职业安全卫生州计划协会（OSHSPA），是一个旨在运行各自职业安全卫生项目的联合组织。职业安全卫生州计划协会各成员州和联邦职业安全与健康管理局共同合作，致力于改善全美员工安全卫生状况。

5. 康复

20世纪20年代，美国开始对退役伤残军人和工伤残疾人员实施职业康复计划，此后美国一直在拓展其工伤康复计划，并试图将工伤人员和疾病人员合为一体。由于伤残人数激增，造成社会保障负担过重，一般伤残者的职业康复则转投私人康复，从而形成了公共职业康复与私人康复并轨的双轨体制。私人康复主要集中在未纳入社会保障体系中的残疾人的职业康复，主要从事职业咨询、职业指导等业务；经费来源于商业保险公司，不属于社会保障制度范围。

9.5.2 德国的工伤保险制度

德国作为工伤保险制度的诞生地，在1884年首次颁布的《工伤事故保险法》中所形成的基本原则，仍为现行工伤保险法所依循。在长达120多年的历史中，德国的工伤保险制度不断延续和发展。

1. 组织管理

德国联邦劳动与社会事务部负责工伤保险的立法和监督；联邦州（市）设立劳动保护局（署）承担监督检查企业制定和履行劳动保护制度情况的职责；同业公会则具体负责工伤保险事务。

同业公会根据不同的行业分别建立，具有公共管理部门的性质，可称为半官方的自治机构。目前全国性的同业公会已达36个，可分为三大类：一是农业同业公会；二是公共系统的工伤保险经办机构；三是工商业同业公会。其中工商业同业公会是德国最大的也是最重要的工伤保险经办机构，包括近30家同业公会，参保的工商企业达300万家，参保人数4 217万，占德国工伤保险参保人数的90%以上。

德国工伤保险法律赋予工伤保险管理机构极大的自主权，让它们使用所有适用手段防止事故和职业病的发生；但同业公会在职业安全方面做出的规定须经社会保险办公室或劳动部批准才能生效。同业公会的自治性体现在三个方面：其领导机构即代表委员会和执行委员会由民主选举产生；机构具有充分的决定权和管理权；同业公会使用的资金全部来自雇主缴费，政府不负担任何费用，同时也不从中央到地方提取任何费用。

2. 适用范围

德国的工伤保险遵循从风险大的行业到风险小的行业逐渐进入工伤保险范围的发展原则。目前在德国，所有工业及商业部门内的雇员，只要存在雇佣关系，均可享受工伤保险，包括企业及公司的工人、管理人员、学徒培训人员、实习人员等。当发生工伤事故时，不必考虑其雇主是否已经为其向同业公会缴纳了工伤保险费，伤残人员及其遗属均可以享受工伤保险待遇。

工伤事故的范围包括在工作中发生的事故、上下班途中发生的事故及职业病。在上下班途中接送小孩（排除工作时间内）、搭他人车上下班而绕行、为省时而绕行、因修路改道而发生交通事故，也属于工伤事故。

3. 基金筹集与待遇给付

德国工伤保险基金的资金来源主要包括以下几个方面：雇主缴纳的工伤保险费、向第三方追索的赔偿费（主要针对通勤事故）、同业公会资产收益、滞纳金和罚金。

雇主缴费以工资额为基数，实行行业差别费率和单位浮动费率。行业差别费率由行业、行业内部确定的企业风险等级表、补充风险等级三个层次的差别费率共同确定，据此各行业总共达 700 多个费率。此外，对不同企业，要根据企业上一年的事故发生情况确定附加的费率，即实行浮动费率。工伤保险缴费实行以支定收的原则，征缴采取延后一年滞后收取的模式。

德国的工伤保险待遇，包括雇主发给的工资、医疗期间的待遇、参加培训和接受职业指导期间的待遇、年金待遇、遗属待遇以及各项补贴。参保人不分年龄、性别、婚姻状况、种族和就业时间长短，可以公平地享受待遇。伤残赔偿从 1957 年开始与生活指数挂钩，也就是与工资增长挂钩。1945 年之后，引入职业康复和职业培训之类的福利待遇。德国没有对工伤人员进行一次性高额赔付的待遇，这主要是考虑将有限的资金更多地用于工伤康复。

4. 事故预防

德国的工伤保险制度奉行“预防优先”的原则。德国的工伤预防体系实行双元制，即由两套体系负责工伤预防工作：一是国家劳动安全监察机构根据国家法律对企业劳动安全行为进行监察；二是工伤保险同业公会依照法律规定可以采取一切适当的手段来帮助企业防止工伤事故和职业病的发生。同业公会按照德国《社会法典》的规定将“预防、康复、补偿”作为自己的工作目标，并特别提出“先预防、后康复、先康复、后补偿”的工作原则。

5. 工伤康复

德国的工伤保险理念还包括“康复优于补偿”。他们认为，职工发生工伤后，重要的不是对职工进行经济上的补偿，而是要尽最大的努力，采取一切适合的手段，对职工进行最好的康复，使工伤职工能够重返工作岗位并享受生活，从而“降低社会总成本”。同业公会负责对在工作及上下班途中发生事故及患职业病的人员提供三方面的康复措施：医疗康复、职业康复和社会康复。通过采用最尖端的技术和最良好的医疗条件对工伤职工进行治疗，以寻求最好的医疗康复结果；通过早期康复介入，提供再就业培训来帮助工伤职工再就业；帮助工伤职工重新回到社会，享受正常的社会生活。在德国，没有单纯的疗养过程，而是尽量创造条件，使工伤职工尽早重新融入社会生活中去，这同时也可以节省工伤保险基金。

9.5.3 英国的工伤保险制度

早在 17 世纪 20 年代至 50 年代英国就产生了矿山和手工业的自助机构，通过会员自愿储蓄为工作中受伤、死亡的工人提供帮助。1897 年英国通过了《工人补偿法》，补偿型的英国工伤保障初步形成。其后，在工伤保险立法和《贝弗里奇报告》的基础上，英国于 1946 年颁布了《国民工业伤害保险法》和《国民保险（工业受伤）法》，工业伤害保险法正式作为国民保险法的一部分逐步完善起来。

英国的工伤保险发展是从一体到分离的过程，目前英国的工伤保险是独立的两个体系，即国家工伤保险和雇主责任保险，两者既相互分离，又存在交叉（见表 9-1）。

表 9-1　　英国现行两种工伤保险制度比较

	国家工伤保险	雇主责任保险
管理机构	就业和退休金部的特别就业中心	保险公司
缴费	雇主和雇员	雇主
缴费比率	雇主和雇员根据收入的不同进行缴费，缴费并入国民保险捐款	根据对企业的评估，包括索赔记录的登记率和经验相结合确定
特点	强制性	强制性　独立性
原则	无过错	过错
性质	国家保险	商业保险（国家保险的补充）

1. 国家工伤保险

国家工伤保险是国家社会保障的一部分，由国家立法强制实施，其特点是全面性和全民性。国家工伤保险是为那些在工作中遭受事故、伤害或疾病，没有选择向雇主追究赔偿，又没有建立责任制的雇员提供一个安全网。

（1）管理机构。英国涉及工伤保险的机构包括中央就业和养老金部、福利署、健康和安全委员会、健康和安全执行局等。英国卫生与社会保障部现在的就业和退休金部主要负责国家工伤保险事务，社会保障部的地方办事机构负责具体管理工伤保险费用和工伤保险待遇支付。

（2）覆盖范围。工伤保险的覆盖范围根据国民保险的目的设定，对象是受雇用的人，自雇者被排除在外。对于事故风险高的矿工另有单独的附加补贴制度。工伤保险提供的是非缴费性、无过错保险，只要是在工作中发生的事故或者是规定的某些类型的职业病，就能够享受保险待遇。

（3）基金来源与待遇给付。在英国，凡是在覆盖范围之内的雇主雇员必须缴纳国民保险捐，才能享受国家工伤保险。从 1948 年到 1975 年，社会保险金和工伤保险金是两个独立的基金，1975 年后工伤保险基金的所有基金和责任转换到国民保险基金中。目前工伤保险并不作为一个单独的收费项目，而是和其他国民保险捐款（national security contribution）一并缴纳。

国民保险基金主要来源于雇员和雇主的缴纳，缴纳标准按收入多少确定，每年公布一次。政府承担经济调查的成本和其他非缴费性的福利，并运用国库补足支出缺口，但是每年最高限额是支出的 17%。

工伤保险待遇由国民保险基金支付，由特别就业中心通过直接的银行账户划转，主要待遇项目包括：法定患病金、丧失工作能力福利、残疾生活津贴、护理津贴、就业税补助、疫苗伤害金、工伤残疾福利、减少收入津贴。除此之外，还有用于预防、康复和职业介绍等方面的费用。

（4）工伤预防。在英国，工伤保险和安全预防是两个独立的部门，工伤保险部门属于就业和养老金部，而安全预防机构是相对独立的机构，但是两者之间能够密切联系和合作，从而有效减少工伤发生率。英国政府每年都要向健康与安全委员会拨款，以确保安全与健康工作的顺利进行。

（5）职业康复。英国政府是职业康复的领导力量，每年都将大量的资金投入职业康复工作中。2005 年 4 月 14 日，英国就业和退休金部召开职业康复计划会议，通过了《提高工作能力：英国职业康复框架》，表明了政府要帮助人们进入、继续和返回工作的决心。该框架具体包括：设定康复的范围，使雇主参与康复的具体设定、实施，强调雇主、投保人、康复提供者管理康复的基本原则和方法，总结现在所遇到的康复的障碍，引进新的工作机制。

2. 雇主责任保险

雇主责任保险是针对那些负担向受伤害雇员赔偿费用的雇主的保险，是国家工伤保险的补充。这种赔偿往往是由于雇主疏忽而导致雇员在工作中受伤或生病，而对雇员进行的赔偿。英国的雇主强制保险可以追溯到 1880 年，但真正的发展是在 20 世纪 40 年代到 50 年代。现行的雇主责任保险条例颁布于 1969 年，大多数的雇主都被要求有义务防止工伤和职业病的发生。

（1）管理机构。英国保险联合会（ABI）和英国保险经纪人联合会（BIBA）负责雇主责任保险的一些政策管理和实施，包括出版风险评估报告等。另外，金融服务部门（FSA）也负责一些事项。

（2）覆盖范围。英国政府规定雇主必须参加雇主责任保险，否则将处以 2 500 英镑的罚金。一旦雇主加入，保险公司将颁发给雇主一个证明文件——保单，保单上记录了投保日期、保额等。

法律规定，一个雇主至少有 500 万英镑的保单，必须覆盖所有的雇员，包括合同工、临时工、普通工人。

（3）保费征缴及赔偿。英国雇主责任保险费在 1999 年还保持较低的水平，平均费用仅占一个企业应付工资总额较小的比例，但是 2000 年以后，保险费开始增长，尤其是在 2002 年有了较大幅度的提高，原因可能是多方面的，包括投资收益的下降、世贸大楼遭袭后再保险成本的增长以及索赔成本（法律成本和用于医疗鉴定的成本）的迅速增长等。

如果雇员符合雇主责任保险的赔偿要求，那么雇员将获得赔偿。但是，法律没有赋予雇员直接向保险公司索赔的权利，而是由雇主直接向保险公司汇报，最后由雇主支付给雇员。

（4）政府的责任。雇主责任保险虽然不是国家主办，但是国家在其中也发挥了重要的作用。包括：政府在雇主责任体系中承担康复的责任；通过改革雇主责任保险的实施体系，阻止不公平竞争来保护雇员；在法律范围内提高雇主责任保险的利益；联合工商、其他股东来将长期职业病风险和事故风险评估体系分离。

3. 英国工伤保障制度的特点

工伤保险的救济并不是工人可以得到的唯一救济，工人在受伤后可以选择接受保险的赔偿，也可以进行诉讼。能够证明雇主对损害有过错的，在接受赔偿之后，仍然可以提起诉讼，就补偿不足的部分进行弥补。政府机构一般并不介入工伤损害赔偿。赔偿责任完全由雇主承担，政府和雇员都不对此承担任何责任。受害人因伤残或者死亡而得到的赔偿与其受受害前的收入有一定的联系。在英国要为永久伤残者提供终身退休金。

9.5.4 日本的工伤保险制度

日本的工伤保险始建于1911年。1931年，日本政府颁布《劳动灾害扶助法》和《劳动者灾害扶助保险法》，将保险范围扩大到大部分室外作业的职业种类。1946年颁布的《劳动基准法》是日本劳动法律的基础。现行的工伤保险制度是在1947年9月《劳动者灾害补偿保险法》正式颁布实施后确立的。这部法律的第一条指出，制定这部法律的目的是对工人因业务上的事由或因上班造成负伤、生病、残疾或者死亡者予以迅速且公正的保护，实施必要的保险给付。同时，谋求促进这些因业务上的事由或上班而病残的工人重返社会，并救援该工人及其遗属，确保工人的劳动条件，以利于工人福利的改善。1996年5月，日本国会通过了《工伤补偿保险法》的修改草案。

1. 适用范围

法律规定，凡使用工人的单位均作为适用事业适用《劳动者灾害补偿保险法》。对企业来说，可以分为“强制适用事业单位”和“暂定任意适用事业单位”。“任意适用事业单位”是指使用工人通常不足五人的企业。但对具有法人资格的任意适用事业以及劳动大臣或地方主管人员认为发生工伤可能性较大的事业，都可以成为“强制适用事业单位”。政府规定的“暂定任意适用事业单位”是否参加工伤保险，主要取决于雇主和半数以上工人的意志。

国家公务员及国家机关工作人员适用《国家（地方）公务员灾害补偿法》，船员适用《船员保险法》，不在上述范围内。

2. 保障内容

工伤保险所指的灾害包括业务（工作）灾害和通勤灾害两种。业务（工作）灾害一般是指起因于业务工作的灾害。业务灾害必须是与业务工作有因果关系的灾害。通勤灾害通常是指起因于工人通勤的负伤、疾病、伤残或死亡。“起因于通勤”是指灾害与通勤之间存在一种因果关系，即通勤中所伴随的危险的具体表现。所谓“由通勤导致的疾病”，是指起因于通勤而导致负伤的疾病，以及其他明显起因于通勤的疾病。

此外还包括对于派遣到海外工厂工作的工人以及固定人群的“特别加入”规定。他们在蒙受业务灾害或通勤灾害时，原则上可以与普通工人一样领取保险金，享受同样的劳动福利待遇。

3. 工伤保险基金

一般是由雇主缴纳工伤保险费，雇员不缴纳工伤保险费。但是因通勤事故导致工伤的，雇员在领取疗养补贴时也要缴纳一部分费用，从雇员领取的休歇工补贴中扣除缴纳。因为日本认为，通勤事故虽然列为工伤，但其性质与一般工伤不同，雇主责任较轻，让受益人承担一部分费用比较公平。政府在国家预算范围内补贴支出亏空部分。各行业还要附加1‰的通勤灾害保险费率。

工伤保险缴费实行行业差别费率和费率浮动制度。行业费率依据不同的行业而有所差别，由劳动大臣确定。在行业费率的基础上再实行费率浮动制度。根据企业前三年实际支取的工伤保险金占所缴纳工伤保险费总额的比例（收支率）划分档次。费率会根据情况的变化而做出调整，每三年调整一次。调整的主要依据是各行业过去三年的保险收支情况及灾害事故发生情况等方面的统计。

4. 伤残鉴定

日本的伤残评定由劳动基准监督机构执行，全日本基层的劳动基准监督署有 300 多个。基层的监督署负责伤残等级鉴定并确定工伤保险待遇的给付。其伤残鉴定的依据有：(1) 伤残等级标准表（共分 10 个部位 14 级）；(2) 有关职业病的条令；(3) 医生的诊断意见。

5. 待遇支付

业务灾害的保险金支付，包括医疗补偿补贴、歇工补偿补贴、伤病补偿补贴、伤残补偿补贴、遗属补偿补贴、丧葬费、护理补偿补贴。通勤灾害保险金的种类与业务灾害保险金的种类类似，且支付的数额相同。

根据《工业安全与健康法》第 66 款的规定，当工人由于职业原因接受健康检查时，其为验血和有关大脑及心脏检测所支付的费用可以得到补偿。此外，《工伤补偿保险法》还提出了一些福利事业以提高工伤职工及其家属的福利待遇：建设和管理有关医疗及康复设施，为工伤职工提供必要的服务以促进其尽快康复。

日本的立法还对工伤保险赔付与民事侵权损害赔偿等的竞合进行了详细规定，保险补贴在其支付时，如与依据其他法令支付的补贴重复时，需进行必要的调整。日本在这方面的一些做法值得借鉴。

6. 事故预防

2001 年，日本厚生省与劳动省合并，成立厚生劳动省，对劳灾进行全面管理。合并后的厚生劳动省将安全生产与职业病防治结合起来，其中，劳动基准局主要负责劳动安全卫生事宜。劳灾保险由厚生劳动省劳动基准局劳灾补偿部管辖，并在全国 47 个都道府县设置了派出机构，即都道府县的劳动基准局，下属劳动基准署，全国联网。为加强工伤事故的预防工作，又建立了全国性的组织——中央劳灾预防协会，由厚生劳动省领导，主要任务是改善劳动者的工作环境，为职工创造安全舒适的工作环境。这种政出一家的管理体制将政府劳动安全卫生监察、工伤保险和事故预防管理紧密结合，有利于从总体上高效地改善安全管理现状和更好地建立工伤保险与事故预防之间的有机联系。

工伤保险对于上年度事故率高的企业，可通过调整费率来促使其加强预防；同时更注重通过改变雇员自己的行为来避免伤害和疾病的发生。工人在进行工作前经过了严格的训练，并且要求他们重复练习。

7. 工伤康复

厚生劳动省内劳动基准局下属的劳灾补偿部负责工伤康复的具体实施和管理。具体包括：设置并运营管理有关疗养、康复的设施；对工伤职工的生活疗养、家属或遗属升学、工伤职工及其家属或遗属必需的资金借贷等提供援助，开展对工伤职工及其家属或遗属提供援助所必需的事业（如提供特别支付金、看护费等）；以资金保障职工安全健康。

8. 管理

根据《劳动者灾害补偿保险法》第 2 款的规定，由政府负责管理工伤事故补偿保险。具体由厚生劳动省总监督和管理。厚生劳动省劳动基准局劳工赔偿处，通过地方劳动标准监察机构，具体实施保险执行项目。

本章小结

工伤保险是社会保险的一个重要分支。工伤保险所涉及的人群是遭受工伤或职业病风险的特殊工作人群，往往波及面比较大，而且会引发劳资争议和冲突，因而在大多数国家都是最早建立起来的险种之一。

工伤保险是指劳动者在生产经营活动中或在规定的某些特殊情况下遭受意外伤害、职业病，以及因这两种情况造成死亡、劳动者暂时或永久丧失劳动能力时，劳动者及其家属或遗属能够从国家、社会得到的必要的物质补偿。这种补偿既包括医疗、康复所需，也包括生活保障所需。现代意义上的工伤保险，不仅包括对因工伤、残、亡者的经济补偿和物质帮助，而且包括促进企业安全生产、降低事故率及职业病发生率，并通过现代康复手段，使受伤害者尽快恢复劳动能力，促进其与社会的整合。也就是工伤预防、工伤补偿、工伤康复三位一体。

中国的工伤保险制度从最初建立到发现问题并进行改革，最终形成基本的制度框架，取得了巨大的成就。本章还特别考察了中国香港特别行政区、澳门特别行政区、台湾地区的工伤保险制度的实施情况。

最后，还考察了美国、德国、英国、日本等国工伤保险制度的实施情况。

关键术语

工伤保险　　事故预防　　工伤补偿　　职业康复　　雇主责任保险制　　职业病　　工伤

复习思考题

1. 简述工伤保险的概念与特征。
2. 工伤保险制度有哪些功能？
3. 简述世界工伤保险制度的历史沿革。
4. 简述中国内地工伤保险制度的产生及发展历程。
5. 试描述中国内地工伤保险制度的未来发展趋势。
6. 请你谈谈对中国香港、澳门、台湾地区工伤保险制度的看法。
7. 试分析美国、德国、英国、日本工伤保险制度的特征。
8. 美国、德国、英国、日本工伤保险制度有哪些可借鉴之处？

参考文献

[1] A guide to the reporting of injuries, diseases and dangerous occurrences regulations 1985. HSE, UK, 1986.

[2] ACOEM Consensus Opinion Statement. The attending physician's role in helping patients return to work after an illness or injury, April 14, 2002.

[3] BERNACKI E J, TSAI S P. Ten years experience using an integrated workers compensation management system to control workers compensation cost. JOEM, 2003.

[4] Guidelines for reporting occupation and industry on death certificates US Department Of Health and Human Services, 1988.

[5] ILO. 职业安全与卫生百科全书. 北京：中国大百科全书出版社，1998.

[6] 陈刚. 工伤保险. 北京：中国劳动社会保障出版社，2005.

[7] 邓玉华. 待改革的澳门社会保障制度//郑功成. 变革中的就业环境与社会保障. 北京：中国劳动社会保障出版社，2003.

[8] 顾俊礼. 福利国家论析：以欧洲为背景的比较研究. 北京：经济管理出版社，2002.

[9] 郭晓宏. 日本劳动安全管理与工伤保险体制研究. 北京：中国劳动社会保障出版社，2010.

[10] 胡平. 精神损害赔偿制度研究. 北京：中国法制出版社，2004.

[11] 胡晓义. 工伤保险条例精解与实务. 北京：中国劳动社会保障出版社，2003.

[12] 李伟清. 侵权行为法与社会保险法的冲突与融合//沈宗灵. 法理学与比较法学论集. 广州：广东高等教育出版社，2000.

[13] 吕琳. 劳工损害赔偿法律制度研究. 北京：中国政法大学出版社，2005.

[14] 沈宗灵. 法理学与比较法学论集. 广州：广东高等教育出版社，2000.

[15] 孙树菡，王岩. 劳动者职业伤害法律保障. 北京：法律出版社，2006.

[16] 孙树菡. 工伤保险. 北京：中国劳动社会保障出版社，2007.

[17] 王利民. 侵权行为法归责原则研究. 2 版. 北京：中国政法大学出版社，2004.

[18] 王卫国. 过错责任原则：第三次勃兴. 北京：中国法制出版社，2000.

[19] 王泽鉴. 债法原理. 北京：中国政法大学出版社，2001.

[20] 斯密. 国民财富的性质和原因的研究：上卷. 北京：商务印书馆，1974.

[21] 维特. 事故共和国：残废的工人、贫穷的寡妇与美国法的重构. 上海：上海三联书店，2008.

[22] 张民安. 过错侵权责任制度研究. 北京：中国政法大学出版社，2002.

[23] 郑尚元. 工伤保险法律制度研究. 北京：北京大学出版社，2004.

[24] 世界各国工伤保险及保障制度的差别比较. 中国安全生产网，2010-12-10.

[25] 孙树菡，朱丽敏. 中国工伤保险制度 30 年：制度变迁与绩效分析. 甘肃社会科学，2009 (3).

[26] 周联侨. 香港中央雇员补偿保险机制的问题探析. 中国劳动关系学院学报，2009 (3).

[27] 于欣华，郑清风. 大陆与台湾地区工伤保险费率制度比较. 中国劳动，2012 (3).

[28] 苗国厚. 从美国实践看我国工伤保险制度如何完善. 中国安全生产报，2015-04-11.

学习网站

［1］http://www.mohrss.gov.cn
［2］http://www.fmprc.gov.cn/chn
［3］http://www.mhlw.go.jp
［4］http://www.jicosh.gr.jp
［5］http://www.lni.wa.gov
［6］http://www.cdc.gov
［7］http://www.twcc.tx.us
［8］http://www.cdc.gov

第 10 章

生育保险

本章导言

随着社会经济的发展、人类文明的进步以及人才竞争的日益激烈，各国更加重视妇女生育期间的基本生活和医疗保健水平。在本章中，我们首先阐述了生育保险制度的一些基本内容及其历史沿革，并介绍了当代西方国家的一些生育理论，然后详细分析了中国内地生育保险制度的发展历程、现状和趋势，最后介绍了中国港澳台地区以及世界上几个典型国家的生育保险制度设计，以兹借鉴。

重点问题

- 生育保险制度的基本内容
- 生育保险的理论基础
- 中国内地生育保险制度的改革及发展趋势
- 中国港澳台地区的生育保险制度
- 国外生育保险制度的发展及现状

10.1 生育保险制度概述

生育保险是工业化发展到一定阶段的产物，在国际劳工组织的推动下得以在世界各国普遍建立。作为一项专门针对生育妇女的权益保障措施，生育保险直接关系到原有劳动力的恢复和新生劳动力的健康成长，与个人、企业、国家乃至整个社会的利益密切相关。

10.1.1 生育保险的概念和特征

1. 生育保险的概念

所谓生育保险制度，是国家通过立法对处于生育事件发生期间的生育责任承担者提供一定的经济、物质及服务等各方面帮助的一项社会保险制度[①]。该制度旨在保障受保母婴在此特殊时期的基本生活和医疗保健需要，确保生育女性的身体健康恢复及整个社会的人口再生产。这里应该注意的是，生育保险发展至今，其对象已不再局限于“生育妇女”，在一些国家已经扩大到了男职工的配偶，甚至是所有处于生育期间的妇女及其配偶。尽管生育子女是妇女一方的天职，但生育责任却应由父母双方共同来承担，所以现代生育保险的保障对象定为“生育责任的承担者”更为准确。

生育保险所提供的待遇主要由带薪产假、生育津贴、生育医疗服务及生育补助四项内容组成。

（1）带薪产假。带薪产假是指生育女职工依照国家法律法规规定，在怀孕、分娩以及产后的一定时期内享受的有薪假期。各国设置产假的目的主要有两个：一是保证女职工产前身体健康和产后劳动能力的及时恢复；二是保证新生婴儿能得到母亲的悉心照料和哺育，为其后期的教育和健康成长奠定基础。

（2）生育津贴。生育津贴，也称生育现金补助，即生育保险的收入补偿，是指在法定的生育休假期间给予因生育而暂时中断工作、丧失劳动收入的女性劳动者的必要的经济补偿，其目的是弥补女性劳动者生育期间的工资收入损失，维持生育妇女及婴儿的正常生活水平，保证母婴健康。

（3）生育医疗服务。生育医疗服务是指由医疗服务机构向生育妇女提供的妊娠、分娩及产后的一系列医疗保健和必要的住院治疗服务，以及对新生儿的保健服务等，由此引起的费用由生育保险基金支付，也有许多国家将此项目置于医疗保险范围内，其目的在于及早发现孕产期的异常现象，帮助胎儿健康发育，保证新生儿的质量。

（4）生育补助。生育补助是指生育妇女享有的除基本的产假津贴之外的由政府提供的一定金额或实物的补助，主要有产前补助、出生补助、护理津贴等。从一定意义上讲，这些补助具有一定的福利色彩，但由于其与生育联系密切，也被视为生育保险待遇的一种，也有一些国家在家属津贴项目中提供类似的补助。

2. 生育保险的特征

生育保险具有社会保险的一些基本特征，如强制性、社会性、公平性等。但由于生育行为的特殊性，生育保险必然具有其自身的一些特点，具体表现为：

第一，生育保险实施的对象主要是处于生育期间的妇女劳动者，有些国家还要在此基础上加以限制，如符合法定婚龄、已婚、在同一单位的最低工作年限等。因此，相对于其他险种来说，生育保险覆盖范围较窄。随着社会的进步和经济的发展，一些国家和地区将生育保险的范围扩大至男职工供养的配偶甚至是所有的育龄妇女，还有些国家允许在女职工生育后给予其配偶一定的带薪假期，以照顾妻子和婴儿。

---

① 郑功成，等. 中国社会保障制度变迁与评估. 北京：中国人民大学出版社，2002：272.

第二，生育保险所面临的风险是由特定的正常的生理活动造成的，因而受保妇女一般不需要特殊的治疗，而是侧重于休息调养和营养补充，医疗服务也以保健、检查、咨询为主，产假也是生育保险所特有的待遇给付。生育导致的只是劳动能力的暂时丧失引起的收入中断。

第三，生育保险遵循“产前、产后均享受”的原则，即其保险期间覆盖了生育发生的前后。妇女怀孕后，由于生理变化导致其临产前的一段时间行动不便，无法正常工作且不宜过度劳累，而分娩以后也需要一定的休养时间，以便身体恢复和照顾婴儿。所以生育保险既要照顾到生育事件开始前的一段时间，也要覆盖到生育事件完成后的一段时间，而其他保险带有一定的善后的特点。

第四，生育保险具有同时保障劳动力的简单再生产和扩大再生产的双重功能，因而其保障水平较其他保险项目要高，带有一定的福利色彩。生育保险一方面保障了生育妇女的身体健康和劳动能力的恢复，另一方面对下一代的健康成长也发挥着非常重要的作用。生育保险这种“一手托两命”的性质决定其待遇给付不仅项目较多，而且水平也较高。

第五，在社会保险体系的诸多项目中，生育保险作为一个独立险种，其建立和实行的时间都相对较晚，这是因为妇女大规模地参与社会化劳动是在经济发展达到一定程度之后才出现的，而人们对女性生育的社会价值的认识也经历了一个过程。

正是由于生育保险具有区别于其他各险种的许多不同之处，一些国家才将其设定为一个单独的险种。但由于生育行为本身与某些医疗手段密不可分，生育过程也可能伴随某些疾病的产生或复发，致使生育保险与医疗保险有着十分紧密的联系。许多国家也因此将生育保险与医疗保险合并，称为“生育与疾病保险”，或者直接通称为“健康保险”。

10.1.2 生育保险制度的功能

生育保险是社会经济和社会保障发展到一定阶段的产物，作为专门针对女性的一项权益保障措施，不仅直接关系到两代人的健康与发展，而且与企业、国家以及整个社会的利益也是密切相关的。

1. 对个人而言

（1）有利于保障妇女在生育期间的基本生活和医疗保健需求，促进其尽快地恢复身体健康。妇女在生育前后的一段时间，由于机体变化明显，体力消耗大，精神压力重，甚至还伴有一定的疾病、残疾甚至死亡的危险，所以需要必要的休养调息，尤其对于职业女性而言，还要承受因无法继续正常工作带来的收入损失。生育保险通过为生育女性提供孕期保健、医疗服务、生育津贴和带薪产假，保障她们安全健康地度过整个生育期，及早地恢复身体健康和重新投入工作。

（2）有助于维护妇女的平等就业权。妇女参与社会化大生产是社会发展的客观要求和必然趋势，但由于传统的角色界定，使妇女在劳动力市场上处于相对弱势的地位，加上生育前后对其本身工作效率的影响，必然对企业造成直接或间接的经济损失，致使劳动力市场出现歧视女性的现象。而生育保险通过统筹社会基金缓解了女性就业与生育之间的矛盾，为女性创造了公平参与工作的机会，有利于女性劳动力资源的开发和女性在家庭和社会中地位的提高。

2. 对企业而言

生育保险对企业的作用主要体现在分散风险、提供公平的竞争环境上。生育保险分散风险的作用主要体现在两个方面：一是将个人的生育风险分散于社会之中；二是将企业间畸轻畸重的生育风险在各企业间加以平衡，这是由生育保险的社会统筹原则决定的。企业间由于行业性质的差异，女职工的数量可能相差很大，若生育费用均由企业负担，必会影响女职工多的企业在市场上的竞争力；而若实行社会统筹，就能有效地均衡企业之间的生育费用负担，促进企业间的公平竞争。另外，一些国家和地区的生育保险甚至惠及男职工，有利于保证在职男职工正常的劳动效率，提高其对工作的积极性。

3. 对社会而言

（1）有利于优生优育，保障人类的繁衍和劳动力再生产的连续性及质量。人类繁衍是社会存在和发展的基础。生育保险对生育女性孕期、产期、哺乳期采取一系列的保健措施，并给予其一定的产假和津贴，有助于保证新生儿的质量，为其健康成长奠定良好的基础，保障优生优育和劳动力的连续再生产。

（2）与各国的人口政策紧密相连，促进人口政策的贯彻实施。目前，一些西方国家的人口出生率很低，甚至出现劳动力短缺现象。为了缓解这一危机，许多国家都采取积极措施来鼓励生育。生育保险的不断修订与完善，很大程度上保证了人口政策的顺利实施。而在一些被“人口膨胀危机”所困扰的国家，则利用生育保险制度来控制人口增长，如印度和实行计划生育政策时期的中国。

10.1.3 生育保险制度的历史沿革

1. 生育保险制度的产生

在自给自足的小农经济和手工业时代，妇女在生育期间所面临的风险和各种需求都是由个人和家庭来承担与补偿的，生育风险对社会的影响也微乎其微。女性生育更多地被认为是家庭事务，而非人类社会的共同事务。随着工业化的加速发展，参与到社会化大生产中的妇女数量急剧增长，女性的生育问题对生产的影响也逐渐引起人们的重视。妇女作为社会的一大群体，肩负着双重职责，即天赐的生儿育女的职责和时代赋予的参加经济活动的职责。生育不仅是个人行为，更是一种社会行为。当广大妇女为尽生育天职而承受种种风险和损失时，社会理应给予其一定的补偿。生育保险应运而生，这在一定程度上源于对生育的社会价值的认同。另外，早期工会组织的妇女权益运动及妇女自身权益意识的觉醒，也在一定程度上促进了生育保险的产生和发展。

1883 年，德国在其颁布的《企业工人疾病保险法》中针对女性生育问题做了一些制度性规定，这也是世界上关于生育保险的最早的制度性规定①。同年，在其颁布的《疾病保险法》中，也纳入生育保险的有关内容，但是当时生育保险只是作为疾病保险的一部分实施，并且，生育保险基金发放也仅限于女性被保险人。

2. 生育保险制度的发展

继德国将生育保险纳入社会保险法规体系后，女性生育问题进一步引起了世界各国的

---

① 林义. 社会保险. 2 版. 北京：中国金融出版社，2002：191.

重视。许多国家陆续制定了对妇女劳动者在生育期间的保障措施。1911 年，意大利政府把生育保险列为疾病保险范围，并于 1912 年颁布独立的生育保险法，这也是世界上第一部独立的生育保险法①。

女性生育问题如此广泛地被重视，促使国际劳工组织于第一届国际劳工大会上讨论通过了关于女工产前和产后就业的公约，即 1919 年《保护生育公约》（第 3 号公约），这是有关生育保护的第一个国际标准。该公约第一次对生育保险做出了一些通用的国际规范。1920 年，国际劳工组织在第二届大会上又讨论通过了《农业女工生育前后保护建议书》（第 12 号建议书），将实施范围扩展至农业领域的女性农民群体。

继第一届国际劳工大会后，又有许多国家建立了生育保险制度或加设了生育保险相关内容。至 1935 年，全世界有生育保险立法的国家为 32 个②。有些国家甚至在疾病保险法颁布之前就颁布了生育保险法：西班牙 1929 年颁布了有关生育补助的立法，1942 年才颁布有关疾病补助的立法；阿根廷、古巴均于 1934 年颁布了生育保险法，而在 40 多年之后才先后颁布了疾病保险法③。

3. 生育保险制度的调整与完善

第二次世界大战后，妇女生育保险不仅在西方国家被看作福利政策的重要组成部分加以推行，而且在苏联、东欧和一些战后独立的新兴国家逐步建立起来。同时，随着科学技术的突飞猛进和世界经济的飞速发展，妇女就业率日益提高，女性就业歧视问题凸显，妇女权利意识进一步增强。各国政府及国际劳工组织均重新修订了原有的生育保险项目，并不断地加以调整和完善。国际劳工组织相继通过《社会保障最低标准公约》（1952 年）、《保护生育公约》（1952 年）和其指导性文件《保护生育建议书》等，推动了生育保险的进一步发展，促使其在更多的国家和地区得以确立和完善，从而使更多的生育妇女得到社会的关注和资助。

目前，世界上的绝大多数国家都根据本国的具体国情，参照国际标准制定相应的生育保护措施。而且，随着经济的发展，生育保险出现了一些新的发展趋势，主要表现为覆盖范围的扩大和待遇标准的提高。一些发达国家的生育保险适用对象已经包括非工资劳动者，“职工生育保险”转变为“全民生育保险”，如澳大利亚、新西兰、丹麦、芬兰、瑞典、英国等。而待遇标准的提高主要体现在产假的变化上：一是产假延长，有些国家已达 20 周以上，如芬兰规定为 33 周，德国规定为 32 周；二是产假过后又增加了育儿假和父育假，目的是让父亲也分担养育婴儿的责任。根据哈佛大学公共卫生学院发布的“2015 全球工作、家庭与平等指数”，在其监测的 168 个国家中，有 41 个国家向父母提供育儿假，27 个国家向男性提供父育假。总体来看，共有 45 个国家提供了父育假给男性，其中 27 个国家提供给男性的父育假不少于 14 周，16 个国家提供的假期长度在一年以上。例如加拿大魁北克省为新父亲提供带薪育儿假，新生儿父亲可以陪伴孩子和母亲 5 个星期，其间，可以领取工资的 70%。

---

① 刘燕生．社会保障的起源、发展和道路选择．北京：法律出版社，2001：137.

② 美国社会保障署．全球社会保障 1995．北京：华夏出版社，1996.

③ 同①.

虽然各国因经济发展水平、社会政策取向以及历史文化传统的差异，生育保险的覆盖范围、待遇水平及项目完备程度参差不齐，但在基本的内容、原则和宗旨上却是相通的。生育保险作为一项重要的妇女权益保障措施，正在世界范围内发挥着越来越大的作用。

10.1.4 生育变动与生育保险

产业革命后，随着社会经济的发展，西方发达国家的人口出生率呈现下降趋势，虽然第二次世界大战后一度出现婴儿激增现象，但 20 世纪五六十年代出生率再次开始持续下降；一些发展中国家的人口增长在工业化事业的推进过程中也开始放慢脚步。全世界人口出生率指标已从 1980 年的 27.2‰下降到 1990 年的 25.5‰，2000 年的 21.4‰，至 2014 年已降至 19.3‰[①]，世界人口持续下降的状况已是不争的事实。生育率下降是多种因素综合作用的结果，但经济因素是起终极作用的决定性因素。

首先，工业化的发展和科学技术的进步，使现代经济发展越来越依靠劳动者科学文化素质的提高，于是教育和经济之间的联系日益加强。这就促使父母增加对孩子的投资，尤其是智力投资，从而导致两种后果：第一，生育和培养孩子的成本升高；第二，随着孩子受教育年限的延长，孩子进入劳动力市场的时间延迟，从而作为劳动力为家庭提供收入的时间缩短，即为家庭带来的经济效益下降。于是越来越多的家庭走上少生少育的道路。

其次，经济的发展尤其是第三产业的发展，为妇女提供了更加广阔的就业空间，妇女的就业机会大大增加，市场工资率也日益提高，妇女对家庭收入的贡献不再无足轻重。这一方面，使得父母尤其是母亲的单位时间的价值提高，即抚养孩子的机会成本提高；另一方面，适应了经济发展需求，妇女受教育水平也大大提高，其价值观念发生了很大改变。她们越来越注重追求个人未来的目标和实现个人抱负，以满足其自我实现的欲望。而处于生育期间的妇女往往也正处于其成就事业的最佳时期，于是为了实现个人理想，许多人不愿再追求多子女。

最后，由于社会化大生产的发展，许多传统社会中的个人风险逐渐演变为社会风险，加上国家经济发展水平的提高，使社会保障事业的建立和发展成为可能。社会保障尤其是养老金制度的完善，使父母对子女的依赖性降低，人们逐渐破除“养儿防老”的观念，这也促使多生多育观念的淡化。

另外，现代避孕知识、避孕技术的发展和传播及现代医疗卫生技术的进步，也为父母决定生育子女的数量和生育间隔提供了自由选择空间。生育保险作为一项专门针对处于生育期间的妇女的特殊保障，与一个国家和社会的生育变动有着天然的联系。生育保险的政策倾向会对生育率产生抑制或促进作用。如发达国家，尤其是欧洲一些国家通过向全体育龄妇女提供生育保险待遇和依子女数量递增的子女津贴鼓励生育，而我国则曾经通过限制

---

① 朱之鑫. 国际统计年鉴. 北京：中国统计出版社，2000：58；中华人民共和国国家统计局. 国际统计年鉴. 北京：中国统计出版社，2005：126；中华人民共和国国家统计局. 国际统计年鉴（电子版）. 北京：中国统计出版社，2016.

生育保险享受资格来抑制生育。

为了有效实施生育保险制度，保证制度实施达到预期目标，必须准确把握本国或本地区的生育变动趋势，以便预测生育津贴的可能规模，使生育保险缴费率保持在一个合理的水平，从而促进整个生育保险事业的健康发展。

10.2 生育保险的理论基础

早在 20 世纪中期，西方学者便提出了著名的“孩子价值理论”，后来，美国哈佛大学经济学教授 H. 莱宾斯坦又提出了“子女成本与效用比较理论”，芝加哥学派的代表人物 G. S. 贝克尔提出了“孩子数量与质量选择理论”。这些理论都在试图解释工业化发展过程中生育率日渐下降的客观趋势。

10.2.1 孩子价值理论①

孩子价值理论认为，父母抚养和培育孩子是因为孩子具有社会的、经济的和心理的价值，孩子的价值有正价值和负价值之分。随着社会、经济和文化的发展变化，人们对孩子价值的评估也会发生变化。若正价值超过负价值，则生育率会保持较高的水平；反之，则生育率会下降。

孩子的正价值主要表现在五个方面：（1）感情收益，指孩子出生后甚至出生前带给父母的幸福、温暖、娱乐等精神上的收获，包含交流感情和消除孤独感，使家庭得到心理上的收益。（2）经济贡献，孩子成为劳动力后，通过工作为家庭带来的经济收入，尤其是在父母年老时为其提供经济保障。（3）孩子能使父母自我充实和发展，即父母会因子女的存在而更具有责任感和进取心，为了子女的未来，他们会不断地奋斗和自我完善。（4）孩子的同化效应，即父母从子女的成长和发展中，尤其是从子女取得的成就中获得一种自豪感，甚至从子女身上看到自身的价值。（5）家庭的内聚力和延续性，即孩子是夫妻感情维系和家庭生活和谐的纽带，而且能使家庭世代繁衍，得以延续。

孩子的负价值主要表现在五个方面：（1）情感成本，即孩子出生前后，父母需为其身体健康、文化教育、道德修养以及社会交往费心费神，付出心理上的代价。（2）经济成本，即抚育孩子所花费的种种费用。（3）机会成本和自由限制，即妇女生育期间暂时中断工作的收入损失，及有了孩子以后夫妻二人的娱乐休闲、职业变迁等方面受到限制。（4）体力消耗，父母因抚养和照料孩子而增加家务劳动和减少睡眠时间，严重者甚至会因此影响身体健康。（5）夫妻感情上的损失。孩子出世后，父亲或母亲会把更多的精力转移到孩子身上，夫妻双方有时会因教育子女意见不一而产生争执，影响夫妻感情。

孩子价值理论认为，在以手工劳动为基础的农业社会，孩子作为准劳动力，具有较高的经济价值，父母也更注重孩子的经济价值，于是倾向于多生育子女，尤其是儿子。随着

① 彭松建．西方人口经济学概论．北京：北京大学出版社，1987：258-261．

工业化和社会福利事业的发展，孩子的经济价值下降，与此同时心理价值上升，父母倾向于在每个孩子身上投入更多的精力，而在快节奏的生活下时间稀缺程度的加重以及抚育孩子费用的增加，促使人们倾向于少生优育。

10.2.2 子女成本与效用比较理论①

20 世纪 50 年代末，美国哈佛大学经济学教授 H. 莱宾斯坦将经济理论中的“效用”概念引入人口经济学，运用边际分析的方法讨论家庭收入变动对抚养孩子的成本和效用所产生的影响，解释当代世界经济发展过程中生育率日渐下降的客观趋势，提出了“子女成本与效用比较理论”。该理论认为，生育子女如同生产商品，父母在抚养和培育子女方面花费了资金、时间和精力，同时也从孩子身上得到了一定的满足和收益，如同消费者在消费某种商品或劳务时付出了成本的同时也得到了效用。

在 H. 莱宾斯坦看来，子女成本通常是指把一个孩子从怀孕起抚养到他（她）生活自立时为止的各种营养、教育、医疗等方面的费用和开支，以及父母为抚育孩子所损失的时间。这些成本具体又可分为两部分：直接成本和间接成本。这些成本对父母而言都是一种牺牲或损失，又被看作一种负效用（disutility），即父母为抚养孩子所花费的各种货币成本（包括直接支付的和按时间损失所折算的）及给其带来的不愉快或痛苦的感受。

父母为生育子女付出了成本，那就要从孩子身上得到相应的效用和收益。H. 莱宾斯坦在其《经济落后与经济成长》一书中提出生育孩子至少具有三种基本效用：(1) 消费效用（consumption utility），即孩子作为一种特殊的“消费品”可以成为父母快乐的源泉的效用。(2) 劳动/经济效用（work or income utility），即孩子作为准劳动力或劳动力进行生产或工作，从而给家庭带来的经济效益。(3) 保险效用（security utility），即子女对父母而言所具有的“养儿防老”的效用。1973 年，H. 莱宾斯坦通过进一步研究提出了孩子具有规避经济风险、长期维持家庭地位以及扩展家庭规模的三种补充效用。

H. 莱宾斯坦认为，父母“从子女身上得到的满足如果大于为养育子女所负担的‘费用’——在这里，所谓‘费用’应稍做广泛的解释——父母便会愿意多生子女”②；反之，若生育子女的成本大于子女所产生的效用，则父母会倾向于减少生育，从而使生育率下降。同时，H. 莱宾斯坦指出家庭规模的确定由父母对生育子女的数量选择完成，而是否需要生育则由对边际孩子（marginal child）的预计支出成本和可能提供的效用的比较决定。所谓“边际孩子的效用”，即新增加一个孩子给父母带来的效用。

一方面，随着家庭收入的提高，边际孩子的效用呈递减趋势。在 H. 莱宾斯坦看来，除孩子的消费效用与家庭收入水平无明显的相关性外，其他五种效用均随家庭收入的提高而呈弱化趋势。另一方面，随着家庭社会经济地位的提高，不论是边际孩子的直接成本还是间接成本都呈上升趋势，这就促使家庭生育观发生变化，家庭希望孩子人数下降。推及整个社会，则表现为生育率随着经济的发展而逐渐下降（见图 10-1）。

---

① LEIBENSTEIN H. The economic theory of fertility decline. Quarterly journal of economics, 1975 (89): 1-31；莱宾斯坦. 经济落后与经济成长. 台北：中华书局，1970：181-193.

② 莱宾斯坦. 经济落后与经济成长. 台北：中华书局，1970：186.

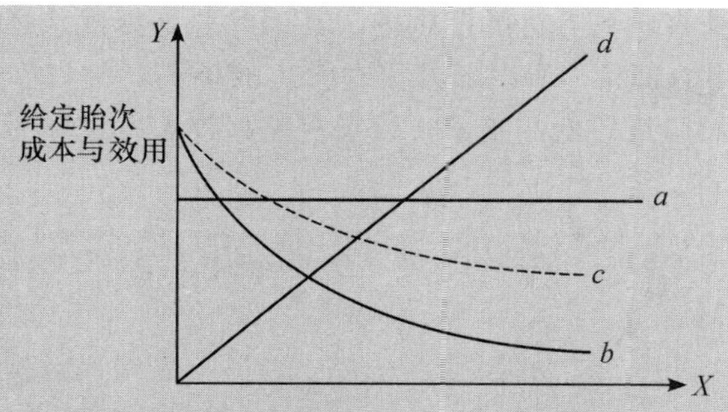

图10－1 孩子的边际效用图

资料来源：莱宾斯坦. 经济落后与经济成长. 台北：中华书局，1970：185。

10.2.3 孩子数量与质量选择理论[①]

这一理论是美国芝加哥学派的代表人物G. S. 贝克尔于20世纪下半叶提出的。这一理论首次运用西方经济学的“消费者需求理论”来分析家庭的生育行为和生育决策。G. S. 贝克尔把孩子看作“耐用消费品”（durable goods），认为父母会把一定的收入在孩子和各种市场商品之间进行配置，以获得最大程度的满足，即达到效用最大化。而且，他还进一步把孩子的数量和孩子的质量看作两种不同的商品，并认为二者之间具有一种此消彼长的关系。

在有关孩子成本的概念上，G. S. 贝克尔基本上沿用了H. 莱宾斯坦的分析，但进一步将其分为孩子数量的成本（花在孩子身上的与孩子质量无关的一切物质资本和人力资本）和孩子质量的成本（花在孩子身上的与孩子数量无关的一切物质资本和人力资本），也即孩子数量的价格和孩子质量的价格。

首先，在不考虑孩子质量的条件下，若家庭收入一定，则对孩子的需求将会取决于孩子数量的相对价格（孩子数量的价格与市场商品价格之比）。如果孩子的相对价格提高，则对孩子数量的需求下降，对其他市场商品的需求增加；反之，则会提高对孩子数量的需求。这种孩子数量的需求随其相对价格的变动即“相对价格效应”。家庭实际收入的增加会提高对孩子数量的需求，此即“相对收入效应”。而对于20世纪发达国家出现的收入与生育率之间的负相关现象，G. S. 贝克尔将其解释为一种“指示器”，即这一现象说明孩子的实际价格提高或者母亲生育孩子的机会成本提高。

其次，G. S. 贝克尔认为孩子的数量和孩子的质量之间存在一种负相关关系，即从满足父母欲望，使其得到效应这一角度来说，孩子的数量、质量是可以相互替代的。在父母时间有限、家庭收入一定的条件下，对孩子质量需求的增加必然会减少对孩子数量的需求；反之，对数量需求的增加必然会降低对质量的需求。毕竟，孩子数量增多，分配在每个孩子身上的医疗费用、教育费用必然会降低，从而影响孩子的质量。所以，父母必须在孩子的数量和质量之间加以权衡，做出选择。而从消费偏好分析，如果有两种

① 贝克尔. 家庭论. 北京：商务印书馆，1998：141－162.

商品供消费者选择，在消费者收入允许的范围内，其偏好总是择优选择，即选择质量比较好的商品①。孩子也是耐用消费品，所以随着家庭收入的提高，父母宁愿选择高质量的孩子，而不愿选择数量较多而质量较低的孩子，以求在家庭收入一定和时间稀缺的情况下实现效用最大化（见图 10－2）。

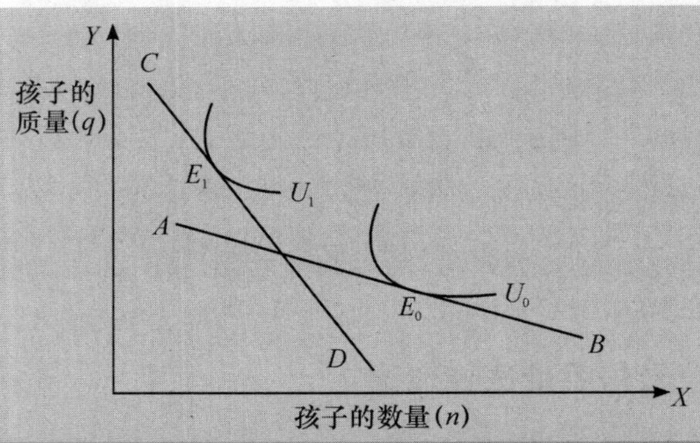

图 10－2　数量与质量的相互影响：一个典型家庭的无差异曲线和预算曲线

注：U_0、U_1：孩子数量和质量不同组合的无差异曲线；AB、CD：家庭的预算约束线；E_0、E_1：家庭对孩子数量和质量的需求均衡。

一方面，在现代以科技为先导的社会里，越来越要求人们具有较高的科学文化素质和专业技能，所以，只有高质量的孩子才更有可能在激烈的竞争中脱颖而出，成为获胜者，得到较高的社会经济地位。况且，高质量的孩子在青少年时期就有可能在学业或专业上得到较大的成就。可见，高质量的孩子的父母能从孩子身上获得较多的效用和满足。贝克尔通过对美国、日本及其他国家和地区的实例分析说明，随着家庭收入的提高，对孩子数量的需求降低，而对孩子质量的需求提高，即父母更愿意在孩子的教育、培训上投资更多，以提高孩子的质量，达到效用最大化。

另一方面，随着社会经济的发展，不论是孩子数量的价格还是孩子质量的价格都呈上升趋势，即抚养和培育孩子的总成本提高；而随着妇女就业领域的拓展和市场工资的提高，妇女生育的机会成本也在提高，所以尽管家庭收入相对提高，仍会减少对孩子数量的需求。因此，在西方发达国家和发展较快的发展中国家，家庭人口数量增长同家庭收入呈负相关关系，随着经济的增长，这些国家的生育率会下降。

10.3　中国内地的生育保险制度

我国的生育保险制度创立于新中国成立之初，经过“文化大革命”时期的变动，其性质由国家统筹逐渐转变成为企业保险。这种制度安排随着经济体制改革的不断显现出一些弊端，客观上要求改革。1994 年的《企业职工生育保险试行办法》使我国的生育保险重新走向社会保险的道路。目前，尽管生育保险制度的改革取得了很大的进展，但在实施过

① 彭松建．西方人口经济学概论．北京：北京大学出版社，1987：333.

程中还是出现了一些深层次的问题，需要加以探讨解决。

10.3.1　生育保险制度的建立

中国政府一贯主张男女平等，重视妇女的地位和作用。新中国成立前夕颁布的《中国人民政治协商会议共同纲领》及现行的《中华人民共和国宪法》均规定妇女在政治、经济、文化、社会和家庭生活等各方面享有同男子平等的权利，并且明确了妇女劳动就业的权利和男女同工同酬的权利，为保障女职工的各项权益，包括生育期间的权益提供了可靠的法律保障。

1951 年，当时的政务院颁发了《劳动保险条例》，初步建立了项目比较齐全的社会保险体系，企业女职工的生育保险作为一个相对独立的项目也被纳入其中。1953 年 1 月 2 日，政务院对《劳动保险条例》进行了修订，对女职工生育保险的覆盖范围、基金的征集与管理、产假及生育津贴、生育医疗服务、生育补助均做了详细和明确的规定。此外，1953 年《劳动保险条例实施细则（修正草案）》第 36 条、第 51 条等亦对生育保险待遇加以补充，内容也有所增加。

以上所确立的是企业女职工的生育保险制度，而机关、事业单位的女性工作人员的生育保险制度则相对独立。根据政务院分别于 1952 年和 1955 年发布的《关于全国各级人民政府、党派、团体及所属事业单位的国家工作人员实行公费医疗预防的指示》《关于女工作人员生产假期的通知》规定，机关、事业单位女职工的生育费用纳入公费医疗项目，由财政拨款，其基本内容和待遇标准与企业女职工基本一致，从而使女职工生育保险的覆盖面从企业女职工扩大到了机关、事业单位的所有女职工。

女职工劳动保护方面，1956 年 5 月 25 日国务院颁发了《工厂安全卫生规程》，对妇女卫生室的标准做了较为具体的规定。同年，商业部制定了《商业部所属各级国营商业企业及其附属单位工作时间暂行办法》，规定怀孕满 7 个月或产后未满 6 个月的女职工不得从事夜班工作；女职工怀孕期间所担任的现职工作不适宜时，应调换轻便工作；无轻便工作可调时，应缩短工作时间，工资照发。

总的来说，新中国成立初期建立起的生育保险制度是比较全面的，对维护女职工生育期间的特殊权益，保护其身体健康和基本生活，以及促进社会安定和生产建设的发展等各方面均发挥了积极的作用。

10.3.2　生育保险制度的调整

我国的生育保险制度在成立之初，实质上带有“国家统筹”的性质，然而经过“文化大革命”时期的修改与变动，该制度由一种国家保险制度逐渐演变成为一种企业保险制度。

1969 年 2 月，财政部颁发了《关于国营企业财务工作中几项制度的改革意见（草稿）》，不仅生育费用及相关支出由各企业自行负担，而且“随着‘临时工’都变成‘固定工’，生育保险也从适合多种用工制度变化成了只适合单一的用工制度”①，生育保险转变

---

① 郑功成．中国社会保障制度变迁与评估．北京：中国人民大学出版社，2002：279.

为企业保险。由于20世纪60年代初，我国已经完成了对私营经济的社会主义改造，确立了计划经济体制和劳动者的“单位所有制”，所以对这一转变并没有表现出较大的不适应。

1976年10月“四人帮”被粉碎，“文化大革命”结束，我国经济环境也开始发生转变。在这一背景下，国家相继颁布《工业企业设计卫生标准》（1979年）、《关于女职工保胎休息和病假超过六个月时的待遇规定》（1982年）、《女职工保健工作暂行规定（试行草案）》（1986年）等，对生育保险制度加以调整。

1988年，国务院在总结过去30多年经验的基础上，参考其他国家妇幼保健工作的做法，针对改革开放后经济发展的新情况，对职工生育待遇进行了修改完善，颁发了《女职工劳动保护规定》。该规定被看作是“我国建国以来保护女职工的劳动权益，减少和解决她们在劳动中因生理机能造成的特殊困难，保护其安全和健康的第一部比较完整的、综合性的女职工劳动保护法规”。其主要作用有以下几点：首先，将生育保险制度的覆盖范围扩大到我国境内的一切国家机关、人民团体、企业（包括外商投资企业和乡镇企业等）、事业单位的女职工，并实现了制度的统一；其次，制定了一系列对于妇女及女职工怀孕期、产期、哺乳期的劳动保护规定；最后，提高了生育保险待遇，将产假由原来的56天延至90天，并对难产、多胞胎生育假期以及哺乳时间做出特别规定。劳动部于1988年下发了《关于女职工生育待遇若干问题的通知》，进一步对流产产假等做了明确规定。

10.3.3 生育保险制度的改革

改革前的生育保险制度中，女职工生育期间的费用由其所在企业负担，缺少社会统筹和调剂，造成企业之间生育费用开支相差悬殊和负担畸轻畸重。列入企业成本的各项生育费用直接成为企业平等参与市场竞争的绊脚石，导致有些企业在市场竞争中失利，濒临破产或倒闭，无力兑现女职工的生育保险待遇。同时一些企业开始出现排斥女职工的行为，甚至恶意逃避生育费用支付，不仅难以保障女职工的平等就业权，而且严重侵害了女职工的社会保险权。对原有的生育保险制度进行深层次的改革，变以企业为载体的、缺乏调剂的自保型“企业生育保险”为全社会的、互助共济的“社会生育保险”，实现生育保险基金社会统筹已迫在眉睫。

1. 生育保险制度的改革探索

早在20世纪80年代初，我国政府就已经开始对传统的生育保险制度所暴露出来的缺陷予以关注，国务院有关部门会同中华全国总工会、全国妇联也着手进行了一些调查，研究制定改革政策措施①。20世纪80年代中期，一些地方政府也开始探索改革的出路。1988年7月26日，江苏省南通市人民政府颁布了《南通市全民、大集体企业女职工生养基金统筹暂行办法》，在全国率先进行以社会统筹为特征的生育保险制度改革。山东曲阜、湖南株洲、云南昆明、浙江绍兴等几十个市县紧随其后都开始了生育保险社会统筹改革。

① 早在1980年11月6日，中华全国总工会和全国妇联联名向中央书记处递交了《关于辽宁省一些企业对怀孕哺乳女工实行放长假的报告》，反映了沈阳、大连、鞍山三市一些企业对怀孕哺乳女工实行留职放长假，减发工资，撤销托儿所，不给哺乳女工喂奶时间等侵害女工权益的行为状况（郑功成，等. 中国社会保障制度变迁与评估. 北京：中国人民大学出版社，2002：280）。

截至 1994 年，全国相继有 20 个省 522 个市（县）进行了生育保险社会改革试点①。由于当时国家并没有统一的政策出台，各地对生育费用的筹集和分担方式并不完全相同，归纳起来主要有以下两种模式：

（1）生育保险基金社会统筹，即企业按男女职工总数或工资总额的一定比例定期向生育保险社会统筹机构缴纳生育保险费，建立“生育保险基金”。生育费用按“以支定收”的原则征收，统一管理，统一使用。女职工生育时，或由生育保险社会统筹机构直接支付给生育职工，或先支付给企业，由企业转付给职工。

（2）夫妻双方所在企业平均分担生育费用。女职工生育时所需的医疗费用及产假工资由夫妻双方单位各自承担 50%，生育费用标准由当地政府统一测算和规定。女职工生育时，由丈夫所在单位按标准的 50%补偿给女方单位，若实际费用超出统一标准，超出部分由女方单位负担。

总的来说，这两种模式都在很大程度上缓和了企业之间生育费用负担畸轻畸重的状况，有助于女职工生育期间保险权益的贯彻落实。但由于分担式的保险模式仍是局限于相关企业内部，互济性和约束力都不够强，尤其较难解决夫妻双方不在同一地区工作的情况，于是在后来的改革中逐渐被生育保险基金社会统筹模式取代。

2. 生育保险制度改革的实质推进

进入 20 世纪 90 年代以后，生育保险社会化与普及化的呼声越来越高，国家也非常重视相关法律法规的制定。1993 年 11 月 14 日，党的十四届三中全会通过的《关于建立社会主义市场经济体制若干问题的决定》中明确提出建立健全我国社会保障制度的重要原则和总体要求。此后生育保险制度的改革也迅速展开，四川、江苏、浙江、福建、山东等省市都先后建立了一些地方性法规。1994 年 7 月颁布的《中华人民共和国劳动法》对女职工的劳动就业权和生育保险问题做出了原则性规定，为生育保险的改革与立法工作提供了法律依据。

1994 年 12 月 14 日，劳动部在总结各地生育保险改革经验的基础上，制定并颁布了《企业职工生育保险试行办法》，明确我国生育保险今后的改革方向是实行社会统筹，成为我国推行生育保险制度改革最基础的部门规章，也标志着我国生育保险制度发展进入一个新的阶段。该办法的基本内容如下：（1）生育保险覆盖“城镇企业及其职工”，企业包括国有企业、集体企业、私营企业、合资企业、合作企业、独资企业以及股份制企业等。（2）生育保险基金实行市、地或县级范围统筹，按属地原则进行管理。（3）根据“以支定收、收支基本平衡”的原则筹集基金，参加统筹的企业按工资总额的一定比例（具体的基金提取比例由当地人民政府确定，最高不超过职工工资总额的 1%）缴纳生育保险费，职工个人不缴费。（4）企业缴纳的生育保险费作为期间费用处理，列入企业管理费用。（5）女职工生育依法享有产假、生育津贴和生育医疗服务等待遇。（6）生育保险基金由社会保险经办机构统一收缴、支付和管理，管理费用提取比例不得超过生育保险基金的 2%。同时规定了监督机制以及企业及社会保险经办人员违法行为的法律责任和处罚条款。《企业职工生育保险试行办法》使女职工生育保险从企业中剥离出来，走上社会保险的道路，

① 劳动和社会保障部. 新编生育保险政策问答. 北京：中国人事出版社，2003：30.

为全国范围内的生育保险社会化改革提供了充分的依据。

在此基础上，国务院于 1995 年 7 月 27 日发布的《中国妇女发展纲要（1995—2000)》，对生育保险的实施范围、覆盖方式及时间进度等做了更为明确的规定。劳动部从 1995 年至 1998 年相继发布了《关于贯彻实施〈中国妇女发展纲要（1995—2000)〉的通知》等一系列文件，对各地生育保险的社会统筹进度提出了更为具体的要求。国务院妇女儿童工作委员会于 1997 年 7 月发布《关于转发〈关于深入研究开展企业职工生育保险制度改革的会议纲要〉的通知》，针对生育保险社会统筹推行期间出现的一些问题，如基金结余较多、生育医疗费用“搭便车”消费等提出了指导性意见。同年 10 月，劳动部下发《关于印发〈生育保险覆盖计划〉的通知》，对不同地区的覆盖进度提出了不同的要求，并要求各地生育保险基金累计结余原则上不得超过上年度实际支付总额的 30%，超过的部分返还企业。

1998 年，我国医疗保险制度发生了历史性转变，由公费医疗、劳保医疗模式转变为统账结合的医疗保险社会化管理模式。为了与医疗保险改革衔接，1999 年 9 月，劳动和社会保障部、国家计生委、财政部、卫生部联合下发了《关于妥善解决城镇职工计划生育手术费用问题的通知》，将计划生育手术费用列入生育保险支付范围，但没有建立生育保险的地区，职工的计划生育手术费用由基础医疗统筹基金支付，生育保险与基本医疗保险均未参加的单位，职工的计划生育手术费用仍由所在单位按原渠道解决，从而保障了职工计划生育手术费用的落实。2004 年 9 月 8 日，劳动和社会保障部办公厅颁布的《关于进一步加强生育保险工作的指导意见》强调，要加强生育保险的医疗服务管理，协同推进生育保险与医疗保险工作，要充分利用医疗保险和医疗服务措施及手段，积极探索与医疗保险统一管理的生育保险医疗服务管理模式。同时，在各地实践的基础上，确定了河北省廊坊市等 8 个城市作为生育保险与医疗保险协同推进的重点联系城市。

3. 生育保险制度的进一步发展

在前期改革的基础上，这一时期生育保险制度的立法层次明显提高，相关规定更加完善，进一步促进了生育保险制度的实施。

2005 年 8 月，第十届全国人大常委会第十七次会议通过《中华人民共和国妇女权益保障法》(修正案)，增加了“国家推行生育保险制度，建立健全与生育相关的其他保障制度，地方各级人民政府和有关部门应当按照有关规定为贫困妇女提供必要的生育救助”的规定。2010 年《社会保险法》颁布，首次以国家基本法的形式对生育保险做出总括性规定，为职工特别是女职工依法享有生育保险权益提供了有力的法律保障。《社会保险法》将生育保险的覆盖范围扩大至所有用人单位和职工，从法律的层次确定了职工享有生育保险的权利；并对生育保险对象、基金筹集和待遇做出明确规定。生育保险待遇包括生育医疗费用和生育津贴，生育津贴按照职工所在用人单位上年度职工月平均工资计发；职工未就业配偶按照国家规定享受生育医疗费用待遇，所需资金从生育保险基金支付。2012 年 4 月 28 日，国务院发布《女职工劳动保护特别规定》，明确规定了女职工在产假、怀孕、流产等各个特殊时期的保护措施，进一步促进了女性生育保障水平的提高。在产假方面，由原来的 90 天增加至 98 天，其中产前可以休假 15 天；难产的，增加产假 15 天；生育多胞胎的，每多生育 1 个婴儿，增加产假 15 天。

2015年7月26日，人力资源和社会保障部、财政部发布《关于适当降低生育保险费率的通知》，决定从2015年10月1日起，在生育保险基金结余超过合理结存的地区降低生育保险费率。规定生育保险基金累计结余超过9个月的统筹地区，应将生育保险基金费率调整到用人单位职工工资总额的0.5%以内；基金累计结余低于3个月支付额度的，要制订预警方案，并向统筹地区政府和省级人力资源和社会保障、财政部门报告。

2015年10月29日，中国共产党第十八届中央委员会第五次全体会议通过的《中共中央关于制定国民经济和社会发展第十三个五年规划的建议》提出了两点重要精神：一是全面实施一对夫妇可生育两个孩子政策；二是要将生育保险和基本医疗保险合并实施。由此对生育保险制度的实施产生了非常重大的影响。

2017年2月4日，《国务院办公厅关于印发生育保险和职工基本医疗保险合并实施试点方案的通知》发布，确定在河北省邯郸市、山西省晋中市、辽宁省沈阳市、江苏省泰州市、安徽省合肥市、山东省威海市、河南省郑州市、湖南省岳阳市、广东省珠海市、重庆市、四川省内江市、云南省昆明市开展两项保险合并实施试点。试点在2017年6月底前启动，期限为一年左右。试点内容包括：统一参保登记、统一基金征缴和管理、统一医疗服务管理、统一经办和信息服务、职工生育期间的生育保险待遇不变。

为适应国家生育政策的改革，各地在产假方面也进行了相应的调整，例如，在2016年修改的《北京市人口与计划生育条例》中规定：按规定生育的，除享受国家规定的产假外，享受生育奖励假30天，其配偶享受陪产假15天。女职工经所在机关、企业事业单位、社会团体和其他组织同意，可以再增加假期1～3个月；《山东省人口与计划生育条例》则规定符合法律和该条例规定生育子女的夫妻，除国家规定的产假外，增加产假60日（增加后为158日），并给予男方护理假7日。增加的产假、护理假，视为出勤，工资照发，福利待遇不变；此外，河北、四川等地也均规定产假为158天，河南为98天加3个月。

近年来，生育保险覆盖面大幅度提高，受益人数不断增加。2017年末，参加生育保险的人数达19 240万，基金收入649.7亿元，支出762.9亿元①；参保人数比2010年增长56%。

10.3.4　生育保险制度的未来展望

尽管生育保险制度不断完善，但实施中仍然存在一些问题，如实施范围窄，统筹层次低，基金管理和支付多样化，部分地区基金支付压力大，费率难以降低等，尤其随着“全面二孩”政策效应的逐渐显现，将会为生育保险基金带来更大的挑战。在未来的发展过程中，这些问题均需加以重视和解决。结合生育保险的最新改革动向，生育保险将呈现出如下发展趋势：

（1）全面推进生育保险与医疗保险合并，生育保险制度进一步完善。两险的合并有利于提高生育保险的覆盖面，解决目前生育保险基金面临的支付压力，但是生育保险与医疗

---

① 人社部．2017年人力资源和社会保障统计快报数据．人力资源和社会保障部网，2018-02-02．

保险在运行规则、统筹层次和保障标准等方面存在的显著差别，也会成为两险合并的障碍，这是试点过程中需重点加以解决的问题。试点结束后，两险合并工作必将在全国范围内全面推开，由此意味着生育保险将步入发展的新阶段。生育保险管理的社会化、规范化水平大大提高，生育保险基金应对风险的能力也将进一步增强。

（2）生育保险覆盖面持续扩大。生育保险与城镇职工基本医疗保险合并实施后，已参加基本医疗保险的国家机关、事业单位、社会团体以及有雇工的城镇个体工商户及其职工都可享受生育保险待遇，加上生育保险缴费率降低对用人单位参保的激励作用，生育保险覆盖面将大大提升。随着城乡统筹步伐的加快，全民医保体系的建立，生育保险的实施范围将扩展到所有妇女劳动者。国务院发布的《中国妇女发展纲要（2011—2020 年）》指出，完善城镇职工生育保险制度，进一步扩大生育保险覆盖范围，提高参保率；以城镇居民基本医疗保险、新型农村合作医疗制度为依托，完善城乡生育保障制度，覆盖所有城乡妇女。

（3）生育保险促进生育功能加强。随着我国人口生育政策的调整，生育保险的功能也将由原来的限制生育向激励生育转变，必然要求适当提高生育保险待遇，调整生育保险待遇内容，如加大对产前检查保健和产后医疗护理费用支出的政策倾斜，推行育儿假或父育假，建立对婴幼儿的养育津贴，提升生育保险的生活保障功能等。

10.4　中国港澳台地区的生育保险制度

中国港澳台地区均没有相对独立的生育保险制度。受特殊的政治、历史条件所限，以及受自由主义经济思想的影响，香港、澳门对社会福利领域介入较晚，对妇女生育权益的保护也较晚；台湾则因为对社会保障制度的重视，对妇女生育权益的保护介入较早。

10.4.1　香港特别行政区的生育保险制度

香港的生育保险制度在其社会保障系统中并不是一个独立的保险项目，劳工生育风险的保障主要由雇主以职业福利的方式提供。从制度类型方面讲，香港的生育保险制度具有强制性的雇主责任制（仅指生育收入保障）和社会救助的双重属性，现行的法律依据是 1968 年颁布的《雇佣条例》及 1971 年建立的综合援助计划。

由于特殊的政治历史条件，港英政府在经济上长期实行自由放任主义，并将此理念贯彻到社会福利领域。20 世纪 60 年代以前，港英政府基本上采取“不干预政策”，没有法定的生育保障制度。之后随着经济的发展，一系列社会问题的凸显，港英政府不得不介入社会保障事业。

1968 年，港英政府通过颁布《雇佣条例》建立起雇主责任制，赋予雇员在收入性福利方面的一些权利，并规定香港的生育收入保障完全由雇主负担，并由雇主直接支付给符合条件的雇员。具体待遇包括产假和生育津贴，另对雇主不得解雇孕期妇女做出专门规定。女性雇员如果在预产期之前已经以连续和约为同一雇主工作至少 26 周，便可依法享受产假，产假周期的工资为正常工资的 4/5，且最多只付 10 周。

尽管香港对广大劳工的收入保障方面的支持力度较弱，但在医疗方面却提供了较强的保障。1997 年香港所有床位中，公立医院约占 92%①，私营部门的作用微乎其微，而公立医院和专科门诊服务收费低廉，且对低收入者可提供免费的服务，医疗服务成本主要由政府负担。此外，负责公共医疗的卫生署还设立了各种保健医院，包括母婴健康院，为儿童健康、母亲健康及计划生育提供服务。1997 年，香港当地出生的婴儿有 92%是在母婴健康院分娩的，38%的孕妇曾经使用过母婴健康院的保健服务②。

近年来，随着生活水平的提高和工作压力的加大，香港晚婚晚育甚至不婚不育的风气日盛。到 2002 年底，香港妇女的总和生育率已跌至 0.92%，没有孩子的家庭更是占全港家庭总数的 66%③。为了鼓励生育，从 2003/2004 财政年度开始，香港统一了子女免税额，改变过去那种第三名至第九名子女的免税额少于前两名子女的做法。学界也在呼吁增加子女免税额，适量延长妇女产假，保留女职员告产假的职位至少 1 年，以及立法给予父亲待产假的权利等。2010 年，香港的生育率已上升至 1.04%④，在全球排名中仅高于中国澳门地区的 0.91%。

10.4.2　澳门特别行政区的生育保险制度

同香港一样，澳门目前也没有独立的生育保险制度，其对妇女的有关生育期间的保障主要是由缴费式的社会保障服务和医疗保健福利提供。公务人员的生育保险制度另有专门的规定。

政府对社会福利事业的介入相对较晚，对妇女生育权益的重视和保护更晚。澳门社会福利问题真正受到政府的重视始于 20 世纪 60 年代后期诸多社会问题的出现；进入 20 世纪 80 年代以后，澳门地区的人口增长更快，政府也更加重视社会保障事务的发展。

为了加强对雇员的保障，1989 年澳葡政府建立了社会保障供款制度，并于 1990 年 3 月成立了社会保障基金。第 4/2010 号法律《社会保障制度》已于 2011 年 1 月 1 日生效，为双层式社会保障制度的第一层。制度以社会保险原则运作，财政收入主要来自制度受益人（雇员、雇主、任意性制度供款人士）的定额供款、政府总预算经常性收入的 1%拨款及博彩拨款。通过向合资格受益人发放养老金、残疾金、失业津贴、丧葬津贴、结婚津贴、出生津贴、呼吸系统职业病赔偿等，为居民提供基本的社会保障，尤其是养老保障，以改善居民的生活水平。

妇女生育权益保障的主要法律依据是 1993 年 10 月颁布的第 58/93/M 号法令和 1997 年 6 月颁布的第 39/GM/97 号批示。第 58/93/M 号法令规定社会保障基金发放的津贴包括生育妇女的出生津贴，但并没有做出具体实质的规定。直到 1997 年该基金才开始根据第 39/GM/97 号批示发放出生津贴，规定出生津贴金额为 1 000 澳门元，但每名受益人有

① 郑秉文，方定友，史寒冰. 当代东亚国家、地区社会保障制度. 北京：法律出版社，2002：292.

② 同①296.

③ 中国人口统计年鉴 2003. 北京：中国统计出版社，2003.

④ https://www.cia.gov/library/publications/the-world-factbook/rankorder/2127rank.ht.

权获发最多三次。随着经济的发展和社会保障基金储备金额的增加，出生津贴也有明显增加。关于产假，作为一般雇员的产妇，在生育前两胎时可享受有薪产假 30 天，享受条件是为同一雇主连续工作 1 年以上。

关于生育医疗服务，澳葡政府自 1986 年起开始推行有限免费医疗制度，根据第 24/86/M 号法令，凡妊娠待产和生产的妇女，只要持有澳门政府认可的身份证件，都可以在政府官办的医院和卫生司所属的各区卫生中心享有免费的医疗福利服务。另外，小型的私人诊所和社团及公司开设的医疗所对入住三等病房的孕产妇也免费提供医疗服务。同时，政府还增加了对镜湖医院等民间机构的资助，其中仅资助三等儿科和产科的免费医疗费用，一年就达 200 多万澳门元。根据第 170/2013 号行政长官批示，第 4/2010 号法律《社会保障制度》第 25 条第 1 款所指出生津贴调整为 1 700 澳门元；第 127/2014 号行政长官批示，出生津贴调整为 1 800 澳门元；第 121/2015 号行政长官批示，出生津贴调整为 1 900 澳门元；第 142/2016 号行政长官批示，出生津贴调整为 1 957 澳门元；第 26/2018 号行政长官批示，出生津贴调升为 5 000 澳门元。

澳门公务人员的社会福利自成体系。公务人员除了享受高薪待遇外，还有名目繁多的津贴，其中出生津贴为一次性支付，第 2/93/M 号法令规定为 2 000 澳门元。所有公务人员及其配偶均可享受政府的公费医疗，妇女享受有薪产假 60 天①。第 17/95/M 号法令将其调整为 2 300 澳门元。澳门回归后，公务人员的酬薪进行了 6 次调整，但结婚津贴和出生津贴自 1995 年起一直没有做过调整，2013 年澳门特区政府制定了《调整年资奖金、房屋津贴、家庭津贴、结婚津贴、出生津贴、丧葬津贴及遗体运送费用的分担的金额》法律草案，以薪俸点计算调升 7 项津贴，以减轻公务人员，尤其是基层人员的生活负担。12 月 6 日，行政会完成该法案的讨论，将出生津贴调整为 3 150 澳门元。

10.4.3 台湾地区的生育保险制度

台湾地区的生育保险制度属于强制性的社会保险制度，发端于 1950 年的“劳工保险办法”及实施细则，以及 1958 年的“劳工保险条例”和“公务人员保险法”，最初仅覆盖部分雇员、军人、公立学校教员、公务员等特定阶层。

与香港不同，台湾当局对社会保障的发展起到了决定性作用。20 世纪 50 年代初，为稳定社会，台湾当局出台了一些劳工保险和军人保险的相关措施。20 世纪 80 年代，随着台湾经济实力的逐步增强和社会各类矛盾的日益加剧，台湾当局开始逐步完善现有的社会保险制度，其中尤为显著的是使社会保险的覆盖范围得以扩大。

1980 年，台湾当局将生育给付范围扩及私立学校教职员，20 世纪 80 年代末 90 年代初，又先后建立“农民健康保险”“基层干部健康险”“低收入户健康险”，给付项目中均涉及生育给付和医疗给付。1995 年 3 月，台湾当局实行健康保险制度，并将之前的各项社会保险中多数有关医疗给付的项目合并，其中包括生育医疗给付。目前，台湾地区生育保险制度的主要依据是 1984 年颁布，后经 1996 年、1998 年两次修订的“劳动基准法”和 1995 年 2 月最新修订的“劳工保险条例”，里面对产假与津贴、生育医疗给付的资格条件

① 李淑蘋. 澳门社会福利管窥. 人口研究，1999 (4).

和给付标准都做了详细规定。1992 年 5 月修订的“农民健康保险条例”赋予农村女性的生育保险权益与女性劳工的大致相同，不同的是给付标准为分娩或早产按其事故发生当月投保金额一次给予 2 个月，流产按其事故发生当月投保金额一次给予 1 个月，若两者同时发生，则按比例增加。

根据“全民健康保险”的规定，当被保险人或其配偶发生生育事故时，由保险医事服务机构依据医疗办法给予门诊或住院诊疗服务，保险对象应自行负担门诊或急诊费用的20%及以上，但分娩时的住院费用自行负担部分免除。此外，根据“劳动基准法”的规定，女工在妊娠期间可申请改调工作，且工资不得减少。

目前，台湾地区也面临生育率逐年降低的问题。根据台湾当局统计，2004 年平均每位台湾妇女生育小孩仅 1.2 个；2010 年台湾地区生育率为 1.15%。另据推测，2022 年台湾人口将转为负增长①，所以台湾正在研究制定相应措施，以“利诱”民众多生育。为此，台湾当局还拟推出一系列措施鼓励民众生育。例如，育婴假：工作满 1 年、家中有 3 岁以下小孩的劳工，不分性别、婚姻状态，最长可请 2 年停薪留职的育婴假（公务员可以领取“折半采计”的年资）。又如：育婴津贴：产假期间每月可以领取 1 万多元津贴，最长可以领取 6 个月，以育婴人数为计算单位。此外，还包括人工受孕可领取津贴、增加 10 岁以下子女免税额等鼓励措施。

10.5　国外的生育保险制度

世界各国的生育保险制度具有许多相同的地方，但也存在多方面的差异。通过了解德国、英国、芬兰、瑞典、日本等发达国家的生育保险制度，可以得到一些对于改革我国生育保险制度的启示，促进生育保险制度建设的进一步完善。

10.5.1　国外的生育保险制度

1. 德国的生育保险制度

德国早在 1883 年颁布的《企业工人疾病保险法》中便将生育保险纳入其中，但是，当时的生育保险仅是作为疾病保险的一部分，且分娩补助金仅向女性被保险人发放。1941 年，分娩补助金的发放范围扩大至被保险人的妻子。1965 年，德国将生育保险从疾病保险中独立出来，且增加了对妇女的产前、产后照顾及妇女怀孕、哺乳期间的劳动保护规定。尽管德国生育保险已是一个单独的保险项目，但其在资金上与疾病保险仍是合为一体的，所有费用均由受保人和雇主负担，政府承担补助责任。

（1）享受条件：生育津贴的享受者必须是疾病基金机构的成员，且在分娩前参加保险 12 周，或者在产前第 10 个月至第 4 个月期间有连续雇佣关系；预产期前 6 周尚在工作或获准停工。而对于医疗补助（特别护理除外）和生育补助则无最低就业期限规定。

（2）产假及生育津贴：产假为 14 周，产前 6 周，产后 8 周，早产或多胎生育时，产

① http://www.jgames.net/Display.asp?RootID=145149，2005-02-07.

后休假延长为 12 周。产假期间由社会保险机构发放生育津贴，标准为投保人收入的 100%。此后 4 个月，每天最高 7 马克补助。

(3) 生育医疗服务：根据合同由医院、医生和药商向病人提供补助，费用由疾病基金机构支付，女性受供养者在怀孕期间也可免费接受产前检查及各种医疗服务，所需助产照顾或药品亦免费提供。

(4) 生育补助：每次生育，一次性支付 150 马克或更多金额的生育补助，具体标准因各保险基金的财务状况而异。女性受供养者同样可以获得相应的生育补助。8 岁以下的子女患病需要受保人照顾者由疾病基金机构给予带薪假期，每一子女每年至多 5 天。受保人或其配偶住院期间，家里有 8 岁以下子女需要雇人照顾者，由疾病基金机构支付雇工工资①。

由于“少子化”问题严重，德国政府采取了一系列鼓励生育的措施。例如，育婴假：自 2007 年 1 月 1 日起，生育女性可享受 12 个月的带薪产假，其伴侣则可享受 2 个月产假。又如，育婴津贴：无论是父亲还是母亲请育婴假，其间，每月可以领取原工资 67%的津贴，如果有一个人再请 2 个月育婴假，福利顺延 2 个月，即最高可以领取 14 个月。

2. 英国的生育保险制度

英国关于生育保险的法律依据是 1911 年颁布的《国民保险法》（包含失业保险和医疗保险两个部分），后经过多次修改和完善。目前的生育保险制度是与疾病保险合并立法的，实行社会保险现金补助和普遍医疗保障相结合的双重保障制度。资金来源于受保人和雇主的缴费以及政府财政，政府需负担法定疾病和生育补偿的部分费用、大部分医疗补助的费用以及经济调查后应支付的全部津贴。

(1) 享受条件：生育津贴又包括生育津贴和法定生育补偿，其享受条件分别为：生育津贴支付给产前 13 周内平均周收入至少达到 30 英镑且不具备资格享受“法定生育补偿”的所有雇员和自我雇用者，二者均须满足一定的缴费条件，即在预产期前 6 周缴纳保险费 26 周；法定生育补偿支付给产前（或领养孩子前）由同一雇主连续雇用至少 26 周，包括预产期前的第 15 周，且平均周收入至少达到 77 英镑者。医疗补助无最低合格期限规定。

(2) 产假和生育津贴：从预产期前第 15 周任何时间开始支付，共支付 26 周，支付标准为每周 100 英镑；若周收入少于 100 英镑，则均支付平均周收入的 90%。

(3) 法定生育补偿：支付 26 周，前 6 周支付平均收入的 90%，随后的 20 周每周支付 100 英镑；收入少于 100 英镑者，则均支付平均周收入的 90%。男职工之妻生育，由雇主支付 1 周至 2 周的法定生育补偿，每周 100 英镑。若领养孩子，则支付 26 周，每周 100 英镑；若周收入少于 100 英镑，则均支付平均周收入的 90%。

此外，新生婴儿可获得 250 英镑的首笔津贴，低收入家庭的新生婴儿则可得到 500 英镑。家庭里的首名婴儿每周可获福利 17.45 英镑，其后每名婴儿每周可得 11.7 英镑。

(4) 生育医疗服务：面向全体居民，无最低合格期限限制，由医生根据合同提供医疗服务，由国民保健中心支付费用，由公立医院直接提供医疗。

① 郜芬. 欧盟诸国社会保障制度研究. 昆明：云南大学出版社，2003.

3. 芬兰的生育保险制度

芬兰于 1963 年对生育保险制度首次立法，目前仍采用这部法律。芬兰的生育保险制度可以称得上是“全民生育保险”，其生育现金补助和医疗待遇均已覆盖到国内所有居民，入境移民经过 180 天的等待期后也可以享受到相应的待遇。资金来源于受保人、雇主缴费，政府弥补生育保险所需不足的费用，并提供必要的津贴。

(1) 产假和生育津贴：父母均享有产假及 5 个月的亲子假（产假 105 天），生育津贴的支付标准同疾病补助，从预产期前 50 天至 30 天起开始支付给母亲（存在不可排除的危险因素者除外，在这种情况下，整个孕期支付一种特别生育津贴）。此后支付给父母任何一方 158 个工作日的育儿津贴，多胎给付 218 天，收养孩子者可支付 100～234 天。此期间国家补助 300 欧元每月，雇主还要发放 60%～70%的工资。从出生到 17 周岁，每人每月可领取 120～172 欧元保育补助，为鼓励生育，孩子越多，补助金额越多。

(2) 特别护理津贴：每年支付给在医院或家里照顾患病子女的父母 60 天，若病情严重则为 90 天。单亲家庭孩子、残疾儿童，或慢性疾病儿童还可以获得额外补贴。年满 3 岁可进入市政托儿所，政府每月给予 200 欧元补助。

(3) 生育补助：分出生补助和子女补助，由家属津贴支付，政府承担全部费用。出生补助是孩子出生时给付，通常以实物形式支付，子女补助随孩子数量的增加而递增。

4. 瑞典的生育保险制度

瑞典采用的亦是社会保险与普遍保障相结合的生育保险制度，其首次立法是在 1891 年，现行立法是在 1962 年。生育现金补助的资金来源于受保人、雇主缴费以及政府的财政；医疗保健由政府的地区委员会负担全部费用。

(1) 产假：“准妈妈”在临产前 7 周就可以开始休假。此外，从 1974 年开始，瑞典就将产假从“妈妈休假”扩大到“爸爸休假”的范围。瑞典父亲在新生儿出生之时，有 10 天陪伴母婴的时间。

(2) 生育现金补助：所有居民都有资格得到法定的基本补助，如果产前投保至少 240 天，父母任何一方都有资格享受现金补助。父母领取的补助合并计算，补助金要交税。按照瑞典社会福利保障局规定，新生儿父母总共享有 16 个月的休假时间（480 天）。如新生儿为双胞胎，则父母休假时间再延长 180 天。休假时间由新生儿父母协商分配，父母任何一方都必须至少在家中陪伴孩子 2 个月（此规定不含单亲家庭）。父母津贴：480 天中，前 390 天可获得休假前工资收入的 77.6%；后 90 天按照国家规定标准给予，休假一方每天可获得 180 克朗的补助。

(3) 孕妇现金补助：对于那些需要干体力活的即将生产的女性雇员，若雇主不能将其调换到其他的轻便工作岗位，则在产前 60～10 天之间支付给怀孕女雇员现金补助，支付标准与疾病补助相同。

(4) 生育医疗服务面向全体居民，可以免费接受产前咨询和助产服务，产妇及婴儿均可在公立诊所接受免费医疗服务。

(5) 临时补助（“父母临时休假津贴”）：支付给需要照顾 12 岁以下子女（如果有慢性病或者残疾，则为 16 岁）的父母，头 14 天支付收入的 80%，此后为收入的 90%。若子女生病或照看子女者生病，每个子女每年支付 60 天补助（父母合并计算，包括子女出生时给予父亲的 10 天产假），补助金额每年随基金的调整而自动调整。“父母临时休假津贴”的上限为 120 天。

5. 日本的生育保险制度

日本的生育保险制度由雇员健康保险和国民健康保险共同支撑，前者提供现金和医疗补助，后者提供医疗补助。

雇员健康保险以各企事业单位的在职职工为被保险人，其基金来源于受保人、雇主缴费以及政府财政。该制度实施得比较早，其法律依据是 1922 年颁布、1927 年实施的《健康保险法》。随着日本经济的不断发展，雇员健康保险的覆盖范围逐渐扩大，包括临时工以及符合条件的被保险人的家属，对于离职者，若其离职前 12 个月内仍系受保者，则仍按原规定享受疾病和生育补助。生育补助的标准按基本工资的一定比例发放，支付产前 42 天（多胞胎 98 天）和产后 56 天；如果生育母亲领取工资或疾病现金补助，则停止支付或减发部分生育补助金。另外，每次生育发给一次性生育津贴 300 000 日元。

为解决少子化现象及 M 形就业模式①对妇女就业的限制问题，日本政府于 1991 年制定了《育儿休业法》，规定不论男女，养育不满一岁婴儿的正式从业人员可提出休假，雇主不得拒绝，也不得以此为由予以解雇。1994 年和 1999 年分别推行“天使计划”和“新天使计划”以鼓励生育。2001 年，《育儿休业法》被重新修订，将照看孩子的期限由孩子 1 岁提高到 3 岁，且为敦促企业尽快实施育儿休业制度设立了“育儿休业奖金”，对已执行该制度的企业进行奖励。

日本生育费用很昂贵，但是如果加入了国民健康保险，可以领取 15 万日元的医疗补助（正常情况下需要 20 万日元左右），基本解决生育费用的问题。

育婴假：请育婴假期间的薪水，2007 年 10 月起由原来的 40%提高到 50%。

日本有“育儿减税”方案，而职业妇女在家照顾幼儿，则有“留职有薪”方案，妇女可领工作时 40%的薪水在家专心育儿。另外，日本政府也鼓励幼儿园延长托儿时间，减轻双薪家庭的育儿压力。

育儿金：新生儿及未满 2 周岁的幼童，每个月政府会发给父母 5 000 日元的育儿金，第三胎将发 10 000 日元，直到小孩 12 岁为止。

国民健康保险覆盖未参加就业关联健康保险或其他特殊保险制度的所有市、镇或村的居民，其现行法律依据是 1958 年颁布、1998 年修订的《国民健康保险法》。国民健康保险的基金来源于受保人缴纳的国民健康保险税，且由政府负担医疗费用的 50%以及管理费和一些地方补贴，政府还会根据每个家庭的经济水平和被保险人数量决定保险费的减免情况。按法律规定，国民健康保险不提供现金补助，但所有的保险机构都提供一次性死亡或生育津贴。

---

① 由于传统的“男主外、女主内”的性别分工模式而导致的日本妇女毕业后参加社会劳动，结婚育儿期间又退出劳动力市场，待孩子入小学后再次进入劳动力市场的妇女就业模式（胡澎．日本在鼓励生育与促进妇女就业上的政策与措施．日本学刊，2004（6））。

10.5.2 国外生育保险制度对我国的启示

1. 拓宽生育保险的资金来源渠道

从世界各国的生育保险制度来看，不论是单独立法还是与疾病保险合并立法，一般均强调受保人、雇主以及政府三方的责任，即除了雇主缴费外，受保人自身也必须按照其工资的一定比例缴费，政府一般承担的是补偿不足的责任，但也有一些国家承担固定比例的责任。我国现行生育保险制度的基金主要由企业负担，职工个人不需要缴纳生育保险费，这与社会保险的基本原则以及国际惯例都是相违背的，也极易造成个人生育保险自我保障意识的淡薄。所以，随着我国生育保险制度的进一步改革，应逐步建立个人缴费的机制，以增强人们的生育保险意识，促进生育保险的进一步推广。

2. 强调受保人承担相应的义务

按照社会保险所固有的权利与义务相结合的原则，受保人要享受生育保险权利，必须尽到一定的义务。因此，除了澳大利亚、新西兰等少数国家规定凡符合国家公民资格和财产调查手续的妇女一律有权享受生育保险待遇外，大多数国家都要求受保妇女达到一定的缴费年限和工作时限。此外，一些国家还规定了女性劳动者的怀孕告知义务，即要求女工在休产假前必须事先通告雇主①。

我国实行计划生育政策，女职工为取得生育指标必须向企业提出申请，虽然这等于让受保人间接履行了怀孕告知义务，但并没有在生育保险的法规文件中加以明确。关于最低工作时限或最低缴费时限的问题在我国生育保险制度中也未涉及，而企业又不能以怀孕和生育为由辞退女工，也不能在招聘时调查女性是否怀孕，这极易导致生育保险实施过程中的“逆向选择”问题。因此，对享受生育保险待遇的享受设定一定的资格条件是必要的。

3. 扩大生育保险的覆盖范围

从世界范围来看，生育保险的覆盖范围是随着社会经济的发展逐步扩大的。首先，考虑到妻子生育对丈夫的影响，德国、荷兰、泰国、墨西哥、奥地利等一些国家已将生育保险的覆盖范围扩大至男职工的妻子；其次，随着非正规就业群体中女性比例的增大，英国、丹麦、菲律宾、葡萄牙等国已将生育保险的保障对象扩大到了非正规就业者中的自雇用者。另外，挪威、古巴、新西兰、意大利、澳大利亚、罗马尼亚等不少国家已经将生育医疗服务的对象扩大至全体居民，而不论其是否尽过缴费义务或是否曾经就业。

我国由于经济发展水平所限，不可能一下子覆盖到全体国民，但目前已经涵盖男职工未就业配偶，今后可以考虑将非正规就业者纳入其中。

4. 随着经济的发展逐步调整和提高生育保险的待遇水平

首先，在产假方面，随着经济的发展和对婴儿早期抚育及人口素质的重视，几乎所有发达国家的产假均有延长的趋势，且产假内容也日益丰富。许多国家除了提供传统的基本产假外，还增加了一定时期的父育假和育儿假。

在我国生育保险制度的改革过程中，也有一些地方在其生育保险法规中涉及父育假的内容，如北京市规定晚育者可增加奖励假 30 天，奖励假也可由男方享受，假期期间不得

① 乌日图. 医疗 工伤 生育保险. 北京：中国劳动社会保障出版社，2001：248.

降低职工的基本工资或者解除劳动合同，不休奖励假的，按照女方一个月基本工资的标准给予奖励①。虽然如此，但这一思想并没有在国家统一的生育保险制度立法中得以体现，且其出发点均是鼓励晚婚晚育。

其次，许多国家除了保障女性劳动者生育期间必要的收入补偿外，还发给相当数量的不同形式的其他补助，对非职业妇女也提供额外的生育补助。

一国的生育保险待遇应与该国企业和个人的承受能力以及政府的财政支付能力相适应。虽然我国的生育保险待遇不能与发达国家盲目攀比，但随着经济的发展和人们对生活要求的提高，生育保险待遇的标准应该适时调整，其项目内容的设置也应不断加以丰富，并更加体现人性化需求。

本章小结

生育保险制度是国家和社会为保障生育妇女及新生婴儿的身心健康而为相关的生育责任承担者提供一定的经济、物质及服务等方面帮助的一种社会保险制度。带薪产假、生育津贴、生育医疗服务、生育补助是生育保险待遇的四项基本内容。

生育保险与医疗保险有着紧密的联系，但也有其自身的特点，不论对企业、个人还是社会都具有积极的作用。在国际劳工组织的推动下，世界上大多数国家都根据本国的社会、经济发展状况制定了相应的生育保险制度。

我国的生育保险制度始于新中国成立之初，经过不断的改革与发展，目前的保障项目是比较齐全的，随着经济的发展和改革的深入，生育保险也呈现出新的发展趋势。

随着社会的不断进步，发达国家的生育保险制度呈现出一些新的特点，因此，我国在生育保险的继续改革过程中，既要注意与本国的经济发展水平相适应，也要注意借鉴国际上一些国家的生育保险制度的设计经验，以不断完善我国的生育保险制度，维护妇女的合法权益，促进社会与经济的发展。

关键术语

生育保险制度　　孩子数量与质量选择理论　　子女成本与效用比较理论　　人口出生率　　生育保险基金

复习思考题

1. 简述生育保险制度与医疗保险制度的联系与区别。
2. 简述子女数量与质量选择理论的基本内容。
3. 简述中国内地生育保险制度的发展趋势。
4. 简述国外生育保险制度的特点及其对我国的启示。

① http://www.fl5.cn/fagui/difang/fg4/200603/75820.ht，2003-07-18.

参考文献

[1] LEIBENSTEIR H. The economic theory of fertility decline. Quarterly journal of economics，1975：89.

[2] Having kids later：economic analyses for industrialized countries，siv gustafsson. Review of economics of the household，dordrecht，2005，3（1）.

[3] Social Security Administration（SSA）. Social security programs throughout the world：Europe 2004，Sept. 2004.

[4] Social Security Administration（SSA）. Social security programs throughout the world：Asia and Pacific 2002，Sept. 2002.

[5] 贝克尔. 家庭论. 北京：商务印书馆，1998.

[6] 莱宾斯坦. 经济落后与经济成长. 台北：中华书局，1970.

[7] 顾宝昌，李建新. 21 世纪中国生育政策论争. 北京：社会科学文献出版社，2010.

[8] 冯杰，韩树军. 中国社会保障. 郑州：河南人民出版社，2002.

[9] 何平. 社会保障概论. 北京：中国劳动社会保障出版社，2001.

[10] 劳动和社会保障部. 新编生育保险政策问答. 北京：中国人事出版社，2003.

[11] 刘燕生. 社会保障的起源、发展和道路选择. 北京：法律出版社，2001.

[12] 美国社会保障署. 全球社会保障 1995. 北京：华夏出版社，1996.

[13] 彭松建. 西方人口经济学概论. 北京：北京大学出版社，1987.

[14] 邵芬. 欧盟诸国社会保障制度研究. 昆明：云南大学出版社，2003.

[15] 孙丽萍. 生育保险与女职工劳动保护政策问答. 北京：中国劳动社会保障出版社，2004.

[16] 王云昌，张茂松. 社会保险理论与实务. 郑州：黄河水利出版社，2001.

[17] 乌日图. 医疗 工伤 生育保险. 北京：中国劳动社会保障出版社，2001.

[18] 杨菊华. 生育政策与出生性别比. 北京：社会科学文献出版社，2009.

[19] 郑秉文，方定友，史寒冰. 当代东亚国家、地区社会保障制度. 北京：法律出版社，2002.

[20] 郑功成，等. 中国社会保障制度变迁与评估. 北京：中国人民大学出版社，2002.

[21] 周平. 生育与法律：生育权制度解读及冲突配置. 北京：人民出版社，2009.

[22] 中国社会科学院人口与劳动经济研究所. 中国人口统计年鉴，2003.

[23] 朱之鑫. 国际统计年鉴. 北京：中国统计出版社，2000.

[24] 李卢霞，戴维周，孙晓燕. 国外生育保险制度概览及我国生育保险制度改革. 卫生经济研究，2005（11）.

[25] 李淑蘋. 澳门社会福利管窥. 人口研究，1999（7）.

[26] 胡澎. 日本在鼓励生育与促进妇女就业上的政策与措施. 日本学刊，2004（6）.

[27] 潘锦棠. 中国生育保险制度的历史与现状. 人口研究，2003 (3).

[28] 孙丽平，谢梦. 协同推进生育保险与医疗保险. 中国劳动保障，2005 (3).

[29] 夏怡然. 当代台湾人口转变及其原因分析. 市场与人口分析，2004 (10).

[30] 卢纯佶，程琳敏. 对生育保险与基本医疗保险合并实施的思考. 中国劳动，2017 (3).

[31] 曾飘. 生育保险与职工医保合并实施的难点与对策. 改革与开放，2017 (16).

学习网站

[1] http://www.ssa.gov

[2] http://www.labour.gov.hk

[3] http://www.mohrss.gov.cn

[4] http://www.stats.gov.cn

人大版公共管理类教材

公共管理类专业教材——学科基础课教材

书名	作者
现代管理学原理（第三版）（“十一五”国家级规划教材）	娄成武　魏淑艳
一般管理学原理（第四版）	张康之　周　军
管理学基础（第三版）	方振邦
管理学教程	方振邦
政治学原理（第三版）	景跃进　张小劲
现代政治学原理（第四版）	石永义　刘玉萼　张　璋
政治学教程	舒　放　刘琼莲
公共管理学（第二版）	陈振明
公共管理学——一种不同于传统行政学的研究途径（第二版）	陈振明
公共管理学（第二版）（“十二五”国家级规划教材）	蔡立辉　王乐夫
公共管理学（精编版）	王乐夫　蔡立辉
公共管理学（第二版）	张康之　郑家昊
公共管理概论（第二版）	朱立言　谢　明
公共管理学概论	曹现强　王佃利
公共管理学导引与案例（第二版）	王丛虎
公共管理案例	中国人民大学公共管理学院
公共政策导论（第四版）（数字教材版）	谢　明
公共政策概论（第二版）	谢　明
公共政策学——政策分析的理论、方法和技术（“十一五”国家级规划教材）	陈振明
政策科学——公共政策分析导论（第二版）	陈振明
公共政策学导引与案例	陈季修
公共政策案例	中国人民大学公共管理学院
公共经济学（第三版）（“十二五”国家级规划教材）	高培勇
公共经济学教程	秦立建
政府经济学（第四版）（“十一五”国家级规划教材）	郭小聪
政府经济学（第四版）	潘明星　韩丽华

公共管理类专业教材——方法课教材

书名	作者
管理定量分析：方法与技术（第二版）	刘兰剑　李　玲
公共管理的方法与技术（第二版）	魏　娜
公共管理实用分析方法	汪明生　胡象明

公共管理类专业教材——行政管理、公共事业管理专业教材

书名	作者
行政法学导论	姜晓萍
行政法学	朱新立　唐明良　李春燕
公共部门人力资源管理（第四版）	孙柏瑛　祁凡骅
公共部门人力资源开发与管理（第四版）（“十二五”国家级规划教材）	孙柏瑛　祁凡骅
公共部门人力资源开发与管理（第三版）	孙柏瑛
公共部门人力资源管理（第三版）	滕玉成　于　萍
公共部门人力资源管理	方振邦
公共部门人力资源管理概论	方振邦

书名	作者
公共部门人力资源管理案例	周均旭
公共人事制度	刘俊生
行政管理学（第四版）	郭小聪
公共行政学（第五版）	彭和平
公共行政学	张康之　张乾友
行政学导论（第三版）	齐明山
行政管理学导引与案例	陈季修
管理心理学（第二版）	范逢春
公共组织行为学（第三版）（“十一五”国家级规划教材）	孙　萍　张　平
公共组织学（第三版）	李传军
行政组织学（第二版）	张　昕　李　泉
公共事业管理概论（第三版）	朱仁显
公共事业管理概论（“十一五”国家级规划教材）	娄成武　李　坚
公共组织财务管理（第三版）（“十一五”国家级规划教材）	王为民
国家公务员制度（第三版）（数字教材版）（“十二五”国家级规划教材）	舒　放　王克良
国家公务员制度概论	郗永勤　刘碧强
公务员制度概论	李如海
公务员制度导论	孙德超
行政领导学（第三版）	朱立言　李国梁
领导学（第四版）	邱霈恩
领导学	王自亮
领导学：理念、行为与艺术	祁凡骅
领导学	孙　健
现代市政学（第四版）（数字教材版）	王佃利　张莉萍　高　原
市政管理学（第四版）（“十一五”国家级规划教材）	杨宏山
市政学导引与案例（第二版）	李燕凌
社区管理（第三版）	汪大海　魏　娜　郇建立
社区管理原理与案例	魏　娜
电子政务教程（第三版）（“十一五”国家级规划教材）	赵国俊
电子政府与电子政务（第二版）（“十一五”国家级规划教材）	张锐昕
电子政府概论（第二版）	张锐昕
管理信息系统	张维明　黄金才
行政伦理学教程（第三版）（“十二五”国家级规划教材）	张康之　李传军
公共危机管理导论（“十一五”国家级规划教材）	肖鹏军
公共危机管理概论	王宏伟
公共危机与应急管理：原理与案例	王宏伟
应急管理导论	王宏伟
行政决策学	许文惠　张成福　孙柏瑛
非营利组织管理	吴东民　等
非营利组织管理	康晓光
非营利组织管理导引与案例	崔向华　张　婷
当代中国政府与政治	景跃进　陈明明　肖　滨
当代中国政府与行政（第三版）	魏　娜　吴爱明
当代中国政府（第二版）（“十一五”国家级规划教材）	吴爱明
地方政府学概论（第二版）	方　雷
地方政府管理（第二版）	陈瑞莲　张紧跟
管理秘书实务（第三版）	赵锁龙
行政秘书学	唐　钧
公文写作与处理	赵国俊
机关管理的原理与方法（第三版）	赵国俊　陈幽泓
公共部门绩效管理	方振邦

书名	作者
政府绩效管理	方振邦　葛蕾蕾
政府绩效评估	蔡立辉
公共关系概论（第二版）	邹正方
政府公共关系（第二版）（“十一五”国家级规划教材）	廖为建　张　宁
社会管理	汪大海
社会管理——理论、实践与案例	陈振明
西方行政学理论概要（第二版）（“十一五”国家级规划教材）	丁　煌
公共行政学史	何艳玲
公共行政学经典理论导引与案例	付小均
西方公共管理名著导读	汪大海
管理思想史教程	方振邦　葛蕾蕾
文化管理学（第三版）（“十二五”国家级规划教材）	孙　萍
文化创意产业导论	魏鹏举
卫生事业管理（第二版）（“十一五”国家级规划教材）	李　鲁
教育经济与管理（第二版）（“十一五”国家级规划教材）	娄成武　史万兵
现代公用事业管理	崔运武

公共管理类专业教材——劳动与社会保障专业教材

书名	作者
社会保障概论（第六版）（教育部推荐教材）	孙光德　董克用
社会保障管理（“十一五”国家级规划教材）	邓大松　刘昌平
劳动经济学（“十一五”国家级规划教材）	董克用　刘　昕
劳动法与社会保障法	黎建飞　李静
人力资源管理	彭剑锋
社会保险学（第三版）	孙树菡　朱丽敏
社会保障基金管理	李春根
社会保险精算原理与实务	王晓军
社会保障国际比较	仇雨临
国际社会保障制度教程	穆怀中
员工福利概论（第二版）（“十一五”国家级规划教材）	仇雨临
医疗保障	王虎峰

公共管理类专业教材——土地资源管理专业教材

书名	作者
土地经济学（第七版）（“十一五”国家级规划教材）	毕宝德
土地法学	王守智　吴春岐
土地科学导论	叶剑平
土地资源管理学	张正峰
土地利用规划学	张占录　张正峰
不动产估价（第二版）（“十一五”国家级规划教材）	叶剑平　曲卫东
土地信息系统	曲卫东　韩　琼
地籍管理（第五版）（“十一五”国家级规划教材）	谭　峻　林增杰

公共管理类专业教材——城市管理专业教材

书名	作者
城市管理学（第三版）	杨宏山
城市管理法	王丛虎

书名	作者
城市总体规划原理	郤艳丽　田　莉

公共管理硕士（MPA）教材——核心课教材

书名	作者
全国公共管理硕士（MPA）核心课程教学指导纲要	全国公共管理专业学位研究生教育指导委员会
社会主义建设理论与实践（第三版）	李景治　蒲国良
公共管理英语（修订版）	顾建光
公共管理学（修订版）	张成福　党秀云
公共管理学原理（修订版）	陈振明
公共管理导论	竺乾威　朱春奎　李瑞昌
公共政策分析	陈振明
公共政策分析导论	陈振明
公共政策分析概论（修订版）	谢　明
政治学：基本理论与中国视角	任剑涛
公共部门经济学（第三版）	高培勇　崔　军
公共经济学	唐任伍
行政法学（修订版）	皮纯协　张成福
行政法学概论（第三版）	胡锦光
非营利组织管理概论（修订版）	王　名
非营利组织管理	王　名　王　超
公共管理伦理学（修订版）	张康之
社会研究方法	陈振明
定量分析方法（第三版）	谭跃进
电子政务理论与方法（第四版）	金江军
电子政务	吴爱明　何　滨
信息技术及其应用（第三版）	张维明

公共管理硕士（MPA）教材——专业方向必修课、选修课教材

书名	作者
公务员制度教程（第五版）	舒　放　王克良
比较政府与政治（修订版）	卓　越
当代中国政府与政治（第三版）	吴爱明　朱国斌　林　震
公共部门人力资源管理及案例教程（第三版）	陈天祥
领导学	祁凡骅　刘　颖
领导学教程	常　健
领导理论与实践	邱霈恩
西方公共行政管理理论精要	丁　煌
社会管理概论	唐　钧
公共部门绩效评估（修订版）	卓　越
公共危机管理（修订版）	王宏伟
公共部门危机管理（第三版）	张小明
公共部门战略管理（修订版）	陈振明
城市管理理论与实务	杨宏山
公共冲突管理	常　健
MPA 学位论文写作指南	汪大海

图书在版编目（CIP）数据

社会保险学/孙树菡，朱丽敏主编．—3版．—北京：中国人民大学出版社，2019.3
新编21世纪公共管理系列教材
ISBN 978-7-300-26594-0

Ⅰ.①社… Ⅱ.①孙… ②朱… Ⅲ.①社会保障-保险学-高等学校-教材 Ⅳ.①F840.61

中国版本图书馆CIP数据核字（2019）第002917号

新编21世纪公共管理系列教材·劳动与社会保障系列
社会保险学（第三版）
孙树菡　朱丽敏　主编
Shehui Baoxianxue

出版发行	中国人民大学出版社		
社　　址	北京中关村大街31号	**邮政编码**	100080
电　　话	010－62511242（总编室）		010－62511770（质管部）
	010－82501766（邮购部）		010－62514148（门市部）
	010－62515195（发行公司）		010－62515275（盗版举报）
网　　址	http://www.crup.com.cn		
	http://www.ttrnet.com(人大教研网)		
经　　销	新华书店		
印　　刷	北京七色印务有限公司	**版　　次**	2008年1月第1版
规　　格	185 mm×260 mm　16开本		2019年3月第3版
印　　张	16.75	**印　　次**	2020年4月第2次印刷
字　　数	380 000	**定　　价**	39.00元

教学支持说明

（教学课件）

中国人民大学出版社政治与公共管理出版分社秉承“出教材学术精品，育人文社科英才”的出版宗旨，多年来，出版了大批高质量的公共管理、教育学、政治学、政治理论公共课教材和学术著作。

我们为本教材制作了相应的 PPT 教学课件，任何一位采用本书作为授课教材的教师均可免费获得该课件。为了确保该课件仅为授课教师获得，烦请您填写如下材料，并将相关信息通过 E-mail 发送给我们，我们将在收到相关信息后通过 E-mail 给您发送该课件。欢迎您加入我们的 QQ 群（全国政管教师交流群，群号为 236159213），或登录我社官方网站（www. crup. com. cn），注册并认证成为教师会员，以获得更好的服务。

我们的联系方式：

地址：（100872）北京市中关村大街甲 59 号文化大厦 1202 室

中国人民大学出版社政治与公共管理出版分社

电话：（010）82502724　62514775（传真）

E-mail：ggglcbfs@vip. 163. com

QQ 群：236159213

兹证明__________大学/学院__________院/系__________专业__________学年第__________学期开设的__________课程，采用中国人民大学出版社出版的____________________（书名、作者）作为本课程教材。授课教师为__________，授课班级共______个、学生______人。授课教师需要与本书配套的教学课件。

联 系 人：____________________

通信地址：____________________

邮　　编：____________________

电　　话：____________________

E-mail：____________________

系/院主任：__________（签字）

（系/院办公室章）

______年_____月_____日